"十二五"普通高等教育本科国家级规划教材

面向21世纪课程教材

法学专业必修课、选修课系列教材

房地产法学

Real Property Law

（第五版）

高富平　黄武双　著

中国教育出版传媒集团

高等教育出版社·北京

图书在版编目（CIP）数据

房地产法学 / 高富平，黄武双著. --5 版. -- 北京：
高等教育出版社，2023.12（2024.12 重印）
ISBN 978-7-04-061266-0

Ⅰ.①房… Ⅱ.①高… ②黄… Ⅲ.①房地产–法学
–中国 Ⅳ.①D922.181.1

中国国家版本馆 CIP 数据核字（2023）第 190965 号

Fangdichan Faxue

| 策划编辑　姜　洁 | 责任编辑　可　为 | 封面设计　杨立新 | 版式设计　马　云 |
| 责任校对　张　然 | 责任印制　刁　毅 | | |

出版发行	高等教育出版社	网　　址	http://www.hep.edu.cn
社　　址	北京市西城区德外大街 4 号		http://www.hep.com.cn
邮政编码	100120	网上订购	http://www.hepmall.com.cn
印　　刷	中农印务有限公司		http://www.hepmall.com
开　　本	787mm×1092mm　1/16		http://www.hepmall.cn
印　　张	18.25	版　　次	2003 年 8 月第 1 版
字　　数	430 千字		2023 年 12 月第 5 版
购书热线	010-58581118	印　　次	2024 年 12 月第 3 次印刷
咨询电话	400-810-0598	定　　价	49.00 元

作者简介

高富平 男,1963 年生,中国政法大学法学博士、华东政法大学二级教授,长期从事民商法教学和研究,现为法律学院教授、民商法博士组组长,财产法研究院院长、民法研究中心主任、数据法律研究中心主任。深耕于财产法领域教学研究,在物权和房地产法领域有系统创新性的研究,同时在知识产权、数据等无形财产领域有引领性研究。在物权和房地产法领域出版有《物权法原论》《土地使用权与用益物权——我国不动产物权体系研究》《中国物权法:制度创新和设计》《英美不动产法:兼与大陆法比较》《我国私法规则的形成——以财产制度为核心》等专著和《物权法讲义》《土地法学》等教材。

黄武双 江西上饶市人,法学博士。1998 年毕业于华东政法大学并留校任教,现为知识产权学院教授,致力于知识产权法教学研究和律师实务工作。2002 年曾赴美国圣路易斯大学访学,研修美国不动产。出版了《房地产法新论》(合著)、《物业权属与物业管理》(合著)等著作。

第五版序言

本教材第一版于 2003 年面世,后经历了三次重大修订,此次为第四次修订。

在 2019 年《土地管理法》《城乡规划法》等法律作出重大修改后,意味着本书需要再一次系统修订。按出版社建议,我们对本书内容进行了一次全面更新,并增补了重要案例。

本次修订未做章节和结构调整,主要根据新制度或修订法律,更新了法律规定和相关知识点,揭示了法律规则的演进及趋势。涉及的法律主要有《宪法》《民法典》《土地管理法》《城市房地产管理法》《城乡规划法》《建筑法》《城镇国有土地使用权出让和转让暂行条例》《土地实施条例》《物业管理条例》《不动产登记暂行条例》等。

案例是准确理解法律、了解实务的最好方式,也是观察法律规则变迁的主要渠道。为了让读者获得更多的实务素材,本次修订将可视读的案例增加到 127 个。希望这些案例的增补能够丰富读者对房地产法的学习和研究。

本次修订仍然由高富平独自完成。本校吴一鸣、刘竞元副教授和我的学生于弋涵参与了第五版修订工作,在此一并致谢。

作　者

2023 年 3 月 29 日

第四版序言

本教材第一版于 2003 年面世,后经历了两次重大修订,此次为第三次修订。

本次修订缘于高等教育出版社建议对本书进行系统的内容调整、知识更新并增加电子阅读辅助功能。

本次修订删除了三章,分别是原第四章"房地产权关系",原第五章"房地产登记制度"和原第十五章"其他类型房屋的买卖"。删除的主要原因是,这些章节基本上属于物权法内容,放入房地产法有些多余。本次修订根据 2011 年颁布的《国有土地上房屋征收与补偿条例》重新编写了有关房屋征收和补偿的部分。

本次修订除根据立法变化对全部内容进行修订外,还对各个章节的文字表述进行了推敲,删除了一些不必要的内容,增补了许多配套案例,并将所有的案例制作成电子数据库,读者可以扫描书中的二维码,借助电子终端进行阅读。为了全面反映案件事实和法院观点,尽可能呈现法院的判决书,以便读者做进一步研究。

本次修订的目的主要是使本教材更加适合教学使用。本教材压缩了篇幅,使表述更精确、简练,但并未降低知识的系统性和减少知识点,同时通过增加实务案例,使学生可以深度研修。

本次修订仍然由高富平独自完成。我们将不断完善教材体系和内容,关注立法和司法实践进展,也将继续听取读者和使用单位意见,使教材日臻完善。

本校教师吴一鸣、刘竞元以及我的学生张献之、胡发杨参与了第四版修订工作,在此一并致谢。

作　者
2015 年 4 月 29 日

第三版序言

本教材第一版于 2003 年面世,2006 年进行了第二版修订。

自第二版出版以来,我国房地产行业飞速发展,房地产的法律环境发生了巨大变化。2007 年《物权法》颁布和实施,导致许多房地产法需要依据《物权法》作相应的调整,一些支撑房地产开发的制度和政策(如房屋拆迁)面临废止或重构。在此期间,最高人民法院出台了涉及区分所有、物业管理、房屋租赁等方面的司法解释,一些政府部门出台了相关规章和政策;全国人民代表大会常务委员会 2008 年将《城市房地产管理法》《土地管理法》的修订纳入立法议事日程。为了反映法律变化和未来房地产法趋势,作者于 2009 年开始了本教材的第二次全面修订工作。

本次修订的主导思想是:准确吸收新增或新修法律的精神和规则,依据《物权法》等相关法律修订房地产交易规则,全面反映现行房地产法对房地产开发、交易、房屋使用等方面的管制内容,构筑与物权法既相区别又相联系的房地产法体系;准确把握和解释现行法律,对实务中常见的法律问题进行剖析,对现行法未涉及的法律问题提出可资参考的法律规则。

本次修订除了校正错误,增补新内容、新规则外,章节内容上的主要变化如下:

第一,依据《物权法》等新颁布或修订的法律,对第一章至第五章的内容作了修订。

第二,删除了原来第七章的"房地产交易市场管理"一节,新增第十九章"房地产市场监管和税收",对我国房地产市场监管作出论述。

第三,对原第十四章至第十八章内容做了大幅度的修订,重新构思各章的结构,在原有基础上,修订了商品房买卖合同的履行部分,重新写了房地产租赁、抵押和房地产中介等章节。主要变化在于补充了原来缺省的对各种交易监管的内容,试图全面展现调整房地产法律关系的民事法律规范和房地产法规范的双重性、交织性。

第四,从我国物业管理的现状和实践出发,依据《物权法》重新构架了"居住物业管理"一编的内容,对我国物业小区或居住区物业管理的法律基础、法律制度和法律关系作了全新的论述。旨在将物权法的基本原理应用于物业管理,指出现行法律中物业管理制度设计和实现机制存在的问题,对物业管理中的基本法律关系进行了论述,在解决物业管理中法律问题的同时,对我国物业管理制度的完善提出了一些建议。

本教材仍然坚持运用法学理论解释和剖析现行法律,但又富有创新性地解决存在问题的方针,既解决实践中存在的问题,又分析现行制度缺陷并指出可资参考的改进建议。这使本书具有一定的理论深度,既能丰富房地产法学习者的理论素养,又能为我国房地产法律制度的完善尽一份力量。

本次修订在征询合著者黄武双教授的意见下,由高富平主笔完成。我们将不断完善教材体系和内容,关注立法进展和司法案例,增补新内容;虚心听取读者和使用单位意见,使本教材日臻完善。

　　我的学生王晓芳、刘竞元、孟俊红、鲍文林、吴一鸣、方晓宇、王晨飞等参与了本次修订和校对工作,在此一并致谢。

作　者
2010 年 4 月 1 日

第二版序言

本教材第一版自2003年出版后,得到同行和读者的肯定和厚爱,并在2006年被遴选为普通高等教育"十一五"国家级规划教材。为了不辜负社会各界对本教材的支持,我们对本书作了一次大幅度的修订。

这次修订在体例和框架上继续沿用第一版的写作思路、体系框架和写作风格,但在内容上作了全新调整。相较于第一版,第二版的主要变化如下:

第一,对每一编的内容都作了调整。原来第一编的主要内容没有变,但以建设用地使用权为主线重构第一编内容,不仅增加了有关土地使用权的内容,也使土地使用权取得和流转的论述更加条理化,而且"房地产权关系"也基本上是以土地使用权为基础重写的。第二编将"房地产开发监管"整理得更加清晰,并增加了有关建设工程施工合同的内容。第三编没有再按预售和出售两分法论述商品房买卖,而是先对商品房买卖做了整体论述,然后分两章论述商品房买卖合同中常见问题,并增加了个人住房按揭贷款制度和房屋买卖中介服务,取消了原来的第十五章和第十六章。第四编中,将原来物业管理内容扩写为两章。我们希望通过这样的内容调整,使本教材内容涵盖面更广、体系化更强、与实务结合更密切。

第二,增加了案例。在每一章都增加了若干案例,这些案例有的是说明法律规则的应用,有的是说明司法实践或立法中存在的问题。我们希望通过这些实际案例,增强学生对房地产学理论和规则的学习和掌握,同时使学生间接接触实务,掌握法律应用能力。

第三,吸收了最新的立法和司法解释。自第一版出版后,国家发布了许多新法规、部门规章,最高人民法院公布了几个重要的司法解释,这次修订参照、吸收了所有新法精神和规则,更新了过时的规则,使全书内容与时俱进。

第四,既重视现行法的实证分析,又注重理论创新。房地产法既具有理论性,又具有很强实务性,而我国现行房地产立法是在行政机关主导下逐步探索完善的,加上多头和多层次立法,这得使房地产法律规范体系显得异常混乱。本书一贯坚持从现行法出发分析问题,但又不拘泥于现行规范,而是对之进行梳理、整合和批判性分析,试图引导房地产法的发展方向。这次修订仍然坚持这一原则,在许多方面提出现行立法存在的缺陷和改进方向或措施。

房地产法的庞杂性和与时俱进的特征,决定了对房地产法学的探索永远不会停止,我们将继续真诚地听取各方反馈和建议,使本教材日臻完善。

联系邮箱:cclaws@ecupl.edu.cn

第二版写作分工如下:

高富平：第一章至第十章，第十二章，第十四章和第二十章。

黄武双：第十一章，第十三章，第十五章至第十九章，第二十一章和第二十二章。

在第二版修订中，吴一鸣、戚福平参与了部分章节的修订，王晓芳、许瑛、沙文韬参与部分章节校对工作，在此表示感谢。全书由高富平总审校。

作　者

2006 年 8 月 20 日

第一版序言

　　房地产法是规范房地产开发、交易和使用行为的法律规范。它的基础是物权法,但同时受许多行政法规的规制,因此形成独具特色的部门法。在我国房地产权制度重建和房地产市场形成过程中,所颁布的房地产法规多是从行政管理角度制定的,而房地产法教材也大都承袭行政法或经济法的思路。显然,继续维系现状,不利于稳定有序的房地产市场的形成,也不利于对房地产权利人权利的保护。在《物权法》或《民法典》即将出台、民事财产权利制度重建的今天,房地产立法和学科也应当重新定位。这种定位的目的是区分属于民事财产权范畴的房地产权利和调整规范民事财产权利行使的行政权力。

　　我们曾在《房地产法新论》(中国法制出版社,2000年8月第1版,2002年9月第2版)中提出了重构房地产法新体系的思路并对此作了尝试性探索。两年多来的实践证明这种思路得到社会认可,并代表着房地产法学的方向。这次高等教育出版社委托我们撰写房地产法教材,也是对这种思路的再次肯定。因此,本教材没有沿袭大多数房地产法教材的撰写框架,而是以房地产开发、销售以及物业管理操作流程为逻辑顺序,以民事权利为主线,结合现实问题展开论述。

　　作为教材,本书着重于理论体系构建、原理阐释和规则介绍。在撰写本书过程中始终突出以下特点:

　　第一,紧密结合实务。为了让读者能够深刻理解房地产法律,我们在各章节均提出了房地产实务中遇到的难题,并在结合立法与理论进行分析之后给出了思路。尽管有些问题我国现行法律尚缺乏规定,我们仍提出了解决问题的建议及其依据。我们认为,只有紧密结合实务的教材才有生命力,因为法律本身就是一门实践性学科。

　　第二,具有一定学术性。我们在导论部分提出了关于我国房地产立法体系的设想,旨在为我国将来建立完整的调整房地产法律关系的法律体系提供参考。在这种思想指导下,各编章均注重新房地产法理论的构建,在运用国内外立法及理论基础上,提出我们对各项制度和具体问题的分析。也就是说,本书并没有像大多数房地产法教材一样仅仅围绕我国立法展开,而是将现行立法融入我们的框架和理论体系中来论述。

　　第三,梳理了现行法规。遵循现行法律规定是本书写作基本原则,但在引用和诠释现行法的同时,我们还对其作了梳理。我国房地产立法存在立法主体复杂、层次混乱不清等严重问题。本书对不同主体、不同层次的现行法律规范进行了梳理,对有些最新但存在法理问题的法律规定予以分析并提出了适用建议。我们的目的是希望读者能够走出庞杂法律规范的迷雾,遇到纠纷时准确寻找法律依据。

　　第四,论述精简不繁。本书论述秉承精简原则,即使在介绍国外立法与理论研究成果方面,也是仅仅简要介绍相关立法体例与理论观点,并未展开过于繁杂的论述。之所以要精简不繁,是为了保持教材的风格。在措辞造句方面,我们也力求语言精练。

　　当然,这并不说明本教材已经尽善尽美。我们只希望它能够在大家的使用和反馈中不断完善,在此诚邀读者提出改进意见(联系邮箱:eclaw@doctor.com.cn)。

本教材适合本科生教学需要,亦可作为其他层次学习者的教学用书或房地产法读物。

本书之所以能够顺利出版,离不开高等教育出版社的吴勇、王卫权编辑的辛勤劳动,在此我们深表感谢!

本教材为合著作品,具体分工如下:

高富平:导论,第一章、第二章,第三章第一节、第二节,第四章至第九章,第十六章、第十七章。

黄武双:第三章第三节,第十章至第十五章,第十八章。

作　者

2003 年 3 月 1 日

目　　录

第一编　建设用地使用权制度

第二编　房地产开发

第三编　房地产交易

第四编 居住物业管理

导　论

　　随着我国经济体制改革的深入,房地产已经实现商业化开发、商业化供应(买卖),成为可流转的财产。于是,调整房地产开发、销售和利用法律关系的房地产法变得越来越重要。房地产是在政府推进下逐渐商品化并市场化的,因而房地产法不可避免地带有强烈的管理法色彩,而房地产法学也成为一门具有交叉性和综合性的学科。因此,首先要对我国的房地产立法和房地产法学进行基本定位。导论从房地产基本概念入手,剖析我国房地产立法中存在的问题,探讨科学的房地产法体系框架和内容,并介绍房地产法学的学习方法。

第一节　房地产相关概念与特征

一、房地产及其相关概念

（一）房地产

房地产是对房产和地产的简称。

土地经特定化之后成为物权客体,成为财产。地产即对特定四至地块的排他性支配权利。因此,地产的基本要件有二:一是特定地块,二是对特定地块的支配权。对特定地块的支配权可以是所有权,也可以是使用权。在我国,土地之上存在两种制度意义上的所有权,即国家(或全民)所有权和农民集体所有权。这两种土地所有权均不能自由转让,只能通过土地所有权人设定土地使用权方式,土地才能成为民事主体所拥有的财产。因此,土地使用权是我国土地产权的基本形式。土地所有权、土地使用权,再加上租赁土地使用权、土地使用权抵押权等土地权益,都同属于广义地产的范畴。

房屋是指,建筑于土地之上,供人居住和从事营业或其他社会活动的建筑物。房屋不仅包括住宅或办公楼,还包括一切有四壁的建筑物《城市房地产管理法》[①]第2条第2款规定:"本法所称房屋,是指土地上的房屋等建筑物及构筑物。"此处采广义概念,将房屋扩展至所有人工附属设施,如花园、道路等任何占有地面的建筑物。

本书采狭义房屋概念,即建筑于特定地块上的形成固定活动空间的建筑物[②]。将房屋的所有权或其他权益称为房产。

在理论上,房屋和土地或房产和地产均可以相互独立存在,即成立两个所有权。甲享有A块土地的所有权或使用权,而A块土地上的房屋归乙所有。但是,房屋必须建立在土地之上这一自然事实,使得房屋必须与土地或土地使用权结合在一起,才能被称为完整的财产。因此,一般而言,存在独立的地产,但没有脱离土地或土地使用权的独立的房产。而对房屋的处分自然都应当包括对土地(权利)的处分。

---

　　① 为表述方便,本书引用的法律、法规名称中有"中华人民共和国"的,一律省略之;部分法律、法规、规章、司法解释采用简称,具体参见书后附录。

　　② 与之对应的是《城市房地产管理法》所规定的构筑物。构筑物是指,在土地上建设的供人们居住、生产或进行其他活动的场所,比如桥梁。

房屋和土地的密不可分性表现在以下四个方面:(1)从实物形态看,房屋与土地是联结在一起的,房屋总是建在土地之上。(2)从权属关系看,房屋所有权是否合法,通常要先看房屋所占用的土地的使用权是否合法取得。非法占用土地所建造的房屋,尽管是自己投资建造,也不能取得房屋所有权。(3)从价格构成看,不论买卖或租赁房屋,房价和房租中都包含着地价和地租;而且,因级差收益导致的土地或土地使用权的价格差异也最终表现在房产价格上。(4)从处分看,即使将房屋和土地视为两个独立的物,对房屋的转让、出租、抵押等处分方式一般均包含对于土地使用权的处分。

因此,在法律意义上,作为一项独立财产,房产当然地包含土地或土地使用权,毋需称其为房地产。

（二）房地产与不动产

2007年的《物权法》首次在法律上使用不动产概念。不动产,指不可移动或移动后减损其价值或使用价值的财产。房地产与不动产密切关联,甚至可以说,房地产即是狭义的不动产,这主要是因为所有的不动产均与土地相关联。

土地因具有不可移动性、固定性特征,被称为不动产;因土地不可动,附着或固定于土地之上的东西因此也变得不可移动,也成为不动产。在这些附着物中,房屋等建筑物是附着于土地之上最重要的不动产。除此之外,还有生成的树木、庄稼、地上或地下矿藏等也属于不动产的范畴。从范围上,不动产包括土地及其土地之上附着的或内含的物质。因此,不动产是大于房地产的概念。不过,由于房屋是人们生活和生产的必需品,因而关于其建设、流转等规则的设定就显得非常重要,因而是最重要的不动产。也可以说,房地产即是不动产的代名词。从一定意义上而言,对房地产法律的研究,就相当于对不动产法律的研究。

（三）物业

物业一词来源于东南亚、我国香港地区,是作为房地产或不动产的同义语而使用的。具体而言,物业是单元性房地产的别称,它既可指单元性的地产,也可指单元性建筑物或整幢楼房建筑。本书认为,物业是房地产的另一种称谓,在许多场合下使用"物业"这个词并不会产生误解。例如,我们习惯称物业管理,而不称房屋、楼房的管理。另外,物业多用于建成房屋的买卖交易中,对于房地产开发,我们从来不说物业开发。因此,物业只是"房地产"一词在特定场合下的习惯用语。

二、房地产的法律特征

房地产是最重要的不动产。相对于动产,房地产具有以下法律特征:

（一）永久性

土地和房屋区别于其他动产的主要特征是其能够持久存在,因此二者也常被并称为"不动产"。永久性主要表现在房屋的可修复性,使用的耐久性和可增值性。房屋的永久性使得房地产成为租赁、抵押的主要客体。

（二）固定性

如前所述,土地和房屋是最典型的不动产,它总是固定于某一个地方,其位置不能随便移动。房地产这种空间的固定性使得房地产的开发、租赁、销售及售后服务等一系列经济活动只能就地进行。正因为这个特性,房地产成为最安全的财产,难以被隐匿,也被作为最常用的担保工具。

（三）特定性

不管是地产，还是房产，均为特定物。即使外型、风格、年代、建筑材料、建造标准完全相同的数幢房屋，处在不同的地理位置和环境，其价值就有差异；同一幢建筑，由于所处朝向、单元不同，其价值也会迥然不同。同样，每一块土地也因为区位等因素不同，而存在价值的差异。因此，房地产是典型的特定物。

（四）必要性

房地产是人类生存必需的财产。房屋是人们生活居住的基本场所，而居住是人们生活的基本条件。房地产法受到国家公共政策的影响，比如住宅政策、农地政策会影响到房地产权利的取得和行使。

（五）资产性

土地供给有限，导致房屋供给也有限。由于房地产是人们必需之财富，而其供给又是有限的，因此，房地产就具有了资本价值，具有保值和增值功能，也具有了投资的特性。它不仅能够像其他投资那样带来收益，而且其资本价值基本稳定不变、投资风险较小。

第二节　我国房地产立法

一、我国房地产立法的历史回顾和现行体系

（一）停滞时期（1949—1979 年）

新中国成立后，除了没收大地主、大资本家和大官僚的房地产外，政府对一般个人的私有房地产采取了保护的措施。但是，1956 年进入社会主义建设时期后，国家一直努力朝消灭私有的方向努力。在传统计划经济体制下，城乡中仍然存在私有房屋。在农村，房屋一直为农民个人所有；在城市，自用房仅限于历史上遗留下来的自用房，或者因城市扩张征用农地后，原农村自用房转为城市自用房。但是，在这一特殊历史时期，土地使用权并未成为一种独立的可流转的财产，只能随现有房屋的转让而转让（这一时期虽存在自用房转让，但数量极少）。加上当时蔑视法制的特殊政治背景，当时并不存在房地产市场，也没有相应的房地产立法。

（二）恢复时期（1979—1988 年）

1979 年，我国开始探索一条新的社会主义建设道路，我国房地产立法也开始起步。1983 年 6 月，由城乡建设环境保护部发布的《城镇个人建造住宅管理办法》，赋予了城镇个人建造住宅的权利。1983 年 12 月，国务院颁布了《城市私有房屋管理条例》，该条例成为新中国第一部保护城市私有房屋所有权、规范自用房交易的法规。同时，国务院还发布了《城市规划条例》（后为《城市规划法》取代）等行政法规，规范城市建设规划等其他土地管理事项。1986 年 6 月，全国人大常委会出台了《土地管理法》，对宪法所确认的两种土地公有形式及农村土地城市化唯一方式（征用制度）作了规范，同时对城乡建设用地和耕地保护也作了规范，从确立了我国土地归属和利用的基本规则。但是，这一时期的立法主要是以规范既有土地利用现状为内容，可流转的房地产制度还没有完全确立起来。

（三）创立时期（1988—2007 年）

从 1988 年《宪法》修正以及之后的《土地管理法》修改起，我国房地产立法进入新制度设计阶段。在土地方面的新制度设计是，在保留必要的划拨取得方式外，创立了有偿出让土

地使用权制度,并将土地使用权设计成为一种可转让、可继承、可抵押、可出租的财产权利。在此基础上,创立了可转让的房地产,形成了以土地使用权为基础的房地产市场。1990年5月,国务院发布了《城镇国有土地使用权出让和转让暂行条例》。该条例明确规定,"国家按照所有权与使用权分离的原则,实行城镇国有土地使用权出让、转让制度",中国境内外的公司、企业、其他组织和个人均可依照本条例的规定取得土地使用权,进行土地开发、利用、经营。此条例的颁布,为房地产市场的形成奠定了基础。

1994年,全国人大常委会颁布了《城市房地产管理法》。作为基本法,其在统一房地产法律、确立房地产基本制度方面作出了重要贡献。但因为当时没有出台不动产权利的基本法律,《城市房地产管理法》中包含了很多不动产权利的民事基本规则,并没有将其调整范围局限于房地产管理这一行政法律关系。同样,《担保法》(1995年6月30日公布)也是在缺失上位法的情形下,规定了物权的一些基本规则。随后,建设部、土地管理等部门在此基础上颁布了一系列房地产方面的法规、规章等。[①] 这些法规、规章基本上是围绕规范土地使用权出让、转让、出租、抵押等交易行为和房地产开发、房地产市场的管理展开的。目前房地产立法的基本框架,就是在这个阶段形成的。当然这个时期的房地产立法,仍然是一个粗线条的立法,既未废止之前所颁布的法规和规章,同时又有许许多多法规、规章出台。

(四)完善时期(2007年至今)

新制度创设时期的房地产立法,基本上是在经济体制改革大背景下,在住房制度改革和土地制度改革推进的过程中,不断探索制定出台的,一开始并没有清晰完整的方向,也不是建立在物权法指导思想上的。因此,立法多是部门规章及少量的国务院行政法规,并没有采用法律的形式。显然,我国的房地产法不应当是这样的庞杂无序,也不应相互重叠甚至冲突。2007年,《物权法》出台,为房地产法制度的整合和统一提供了契机;2008年,全国人大常委会将《土地管理法》和《城市房地产管理法》两部法律修订列入立法议事日程,揭开全面厘清房地产法与物权法关系,纯正房地产法律体系的序幕。由此,房地产法进入完善时期。

2021年1月1日,《民法典》正式施行。《民法典》"物权编"对《物权法》的部分内容进行了一定程度的修改,这也标志着房地产法进一步的完善与发展。虽然《物权法》已经失效,但在概念的界定上,应当将其定位为调整人对物的支配关系的法律规范的总称,实质意义的物权法除《民法典》"物权编"以外,还有《宪法》《土地管理法》等关于物权关系的一切

---

① 建设部为实施《城市房地产管理法》而颁布的规章有:《城市房地产开发管理暂行办法》(1995年);《城市房屋租赁管理办法》(1995年);《城市房地产转让管理规定》(1995年);《城市房屋权属登记管理办法》(1997年);《城市房地产抵押管理办法》(1997年);《城市房地产中介服务管理规定》(1996年)等。

在《城市房地产管理法》颁布前后颁布的其他法规、部门规章主要有:《土地管理法实施条例》(国务院,1991年);《建设用地计划管理办法》(国家计委、国家土地管理局,1996年);《土地权属争议处理暂行办法》(国家土地管理局,1995年);《土地登记规则》(土地管理局,1995年);《外商投资开发经营成片土地暂行管理办法》(国务院,1990年);《划拨土地使用权管理暂行办法》(国家土地管理局,1992年);《城市国有土地使用权出让转让规划管理办法》(建设部,1992年);《城市房地产市场评估管理暂行办法》(建设部,1992年);《城市房屋产权产籍管理暂行办法》(建设部,1990年颁布,2001年7月1日废止);《城市房屋拆迁管理条例》(国务院,1991年);《关于变更土地登记的若干规定》(国家土地管理局,1993年);《城市新建住宅小区管理办法》(建设部,1994年);《城市公有房屋管理规定》(建设部,1994年);《协议出让国有土地使用权最低价确定办法》(国家土地管理局,1995年);《农村集体土地使用权抵押登记的若干规定》(国家土地管理局,1995年)。

法律规范。①

二、关于我国房地产法体系重构的设想

（一）房地产法重构的必要性

通过上述房地产立法回顾，可以看出，我国房地产法充当着发育我国不动产物权体系的作用。过去，我国仅存在少量的房产，而不存在房地产；即使存在少量的房产，也不存在房地产市场。现在房地产市场的建立，②得益于有偿出让土地使用权制度的确立，得益于房地产开发推行和房地产市场的形成，而规范这一秩序的即为房地产法。

在我国，"用'房地产'来指称不动产，把调整房地产活动的各种法律、法规的总和称为'房地产法'，是因为这一概念在我国房地产活动中已使用多年，可谓上下认同、约定俗成"③。我们应当承认，在《物权法》出台之前，房地产法的确在替代着不动产法的作用，因为其调整的是房地产开发、交易、使用等全过程，包括房地产交易的基本规则（包括合同、交付、登记等）。但是，在《物权法》出台之后，有关房地产权利、交易等内容显然应当让位于《物权法》。此时再简单地将房地产法等同于不动产法不利于我国房地产法科学化及其今后的发展。2020年颁布的《民法典》标志着我国房地产法的进一步发展和完善。事实上，《民法典》"物权编"主要是规范不动产，它确立不动产的基本规范，而房地产权利的确认、保护和交易应当适用《民法典》。这要求，第一，现行房地产法应当依据《民法典》制定或修改；第二，现行房地产法中，凡是与《民法典》重叠和冲突的内容应当被删除，直接适用《民法典》及相关法律。

但是，这绝不意味着《民法典》"物权编"可以替代房地产法。相反，房地产法在我国经济社会中仍然发挥着重要的作用，房地产法仍然是我国不动产法律制度的重要组成部分。我们现在要做的是要纯正房地产法体系，协调其与《民法典》"物权编"的关系。

房地产法的主要作用表现在以下四个方面：

第一，可交易土地使用权的形成。不动产（房地产）的基础是土地使用权，虽然"物权编"也调整建设用地使用权等土地使用权，但土地使用权的设定及各类土地使用权的流转，则由现行的房地产法调整，不是民事法律可以规范的。在某种意义上，土地的一级市场主要由房地产法调整，而建设用地使用权的流转更多地受"物权编"规范。

第二，房地产开发。房地产开发是一种特殊的经营行为，受国家法律和政策调整，受政府的监管。一个房地产开发商需要办理房地产项目立项审批手续，获得建设用地规划许可证、建设工程许可证、施工许可证等。所有这些环节的规制都属于房地产法的核心内容。

第三，房地产市场调整。在我国，政府在房地产市场中担任着多重角色。作为土地所有者（由房地产管理部门代表），政府是建设用地使用权出让人，担任土地供应角色；作为土地利用管理者，政府要对土地的合理利用实行一定程度的管制，使城乡建设用地符合土地利用规划和城乡规划；作为立法者，政府有权制定法律规范，调整房地产开发、交易的各种行为；作为公共事务管理者，国家要确保房地产市场的健康、有序和稳定发展，因此要干预和监管房地产市场。这样必须有立法规范政府在房地产市场中的管理行为，规范政府在房地产市

---

① 崔建远：《物权法》（第五版），中国人民大学出版社2021年版，第1页。
② 房产市场，主要包括商品住房和商业用途的办公楼、宾馆等。
③ 王文正、韩强主编：《新编房地产法学》，高等教育出版社1998年版，第9页。

场中的民事行为(比如土地使用权出让行为),同时还要赋予和规范政府对房地产市场的监管权力。所有这些内容,显然不是"物权编"所能担当的。

第四,住房政策。政府除了推动和发展房地产市场外,还担负着公民的居住保障职责。为改善公民居住条件和环境,向不同收入层次提供相应的住房,尤其是保障低收入阶层的用房,国家要制定土地、规划、税收、市场等方面的公共政策。这些政策和法律也不能为"物权编"所替代。

因此,现行房地产法是可流转房地产的发育、房地产市场形成的法律基础,而"物权编"不可替代房地产法实现这些功能。准确定位房地产法,厘清房地产法与"物权编"的关系,使二者相互补充、相互协调是非常必要的。

(二)房地产法定位和重构思路

管理法意味着对房地产权利人的权利进行限制,对交易的行为进行规范、引导和监管。管理法是建立在承认当事人自主行使物权和自由契约权利基础上的强制性规范体系。因此,房地产管理法的基本定位是:

其一,房地产管理表现为对房地产经营行为规范和监管。房地产开发和交易是房地产产业核心,取得土地是为了开发房地产,房地产开发产生交易,之后又有物业管理介入房屋的使用,由此形成房地产业产业链。因此,房地产管理的核心任务是为房地产经营行为(包括房地产的开发、租售和后续管理行为)确立规范。管理或监管的对象是经营行为,通过对经营行为的规范和监管达到促进和规范房地产产业和市场的目的。

其二,房地产管理的目的表现为确保房地产交易的安全,保护弱势地位者的利益。规范经营行为的根本目的在于保障交易安全。有两类房地产交易需要特别关注:一是政府(土地所有权代表人)与开发商就土地出让和项目取得进行的"交易"。在这一交易中开发商处于弱势地位,因此规范的重点是政府行为(包括出让、开发项目审批和开发行为监管),合理界定双方的义务,能够给开发商以稳定的预期。二是开发商与消费者(小业主)之间的交易。在这一交易中消费者处于劣势,法律需要限制开发商(作为经营者)任意设定契约的权利,防止其滥用权利,欺诈消费者或进行不公平的交易。因此,政府、开发商、个人三者之间的利益平衡贯穿于房地产管理之始末。

其三,房地产市场监管。政府需要对房地产市场进行必要的监管。房地产市场监管主要是土地市场监管、开发过程监管、商品房交易监管。房地产交易监管的主要目的是校正房地产交易的不平等性、信息不对称、市场供需矛盾等因素对交易弱势造成的不利影响,既保护交易安全,又保护消费者。

现行《城市房地产管理法》的基本定位是"行业管理法 + 交易行为规范",以管理法为主导,管理和规范土地使用权出让、开发和交易三种行为。基于上述论述,本书认为,房地产管理法重构的主要目标和方向是:第一,剔除其与《民法典》"物权编"重复或冲突的内容,并以此为基础修订房地产交易部分的规则;第二,强化房地产管理,使房地产管理法成为房地产行业和市场的监管法,成为规范开发商经营行为和政府管理行为的法律。这是因为《民法典》出台之后,房地产管理法所承担的不动产交易规则的功能已经淡化,其主要作用演变为管理功能,即对开发和交易行为进行必要规范,实施必要监管,确保交易安全。

本书认为,房地产法重构可以分为三步走:首先,应当对《土地管理法》和《城市房地产管理法》这两部主要的房地产法律进行调整,剔除民事基本规则,从管理角度进行调整规定;其次,对这两部法律已涉及但还未细化的内容,在行政法规和部门规章中进行规定;最后,对于不适合现行社会经济需要的房地产法规进行法律清理工作。通过这些整合工作,我国房地产相关法律法规,应当形成以《民法典》为基础,以《房地产管理法》[①]为核心,以《土地管理法》等法律为支撑的房地产法律体系。

三、理想的房地产法体系

从法律渊源来讲,现行房地产法主要由《宪法》《民法典》《城市房地产管理法》《土地管理法》《城乡规划法》《城镇国有土地使用权出让和转让暂行条例》(以下简称《暂行条例》)以及众多的部门规章和地方立法构成。正如前面指出,现行立法非常庞杂且相互冲突重叠。为此本书提出一个较理想的房地产法体系。

本书认为,理想的房地产法体系应当是以规范地产、房屋建设以及房地产权利和行使为主的法律体系。这样一个新体系将由以下层次的法律法规组成。

(一)《宪法》

宪法确立土地归属和利用基本制度,因此是房地产法必须遵循的根本大法。

(二)《民法典》

《民法典》"物权编"沿袭了原《物权法》中的主要内容,并修改和新增了部分规则,其规范了物权法律关系,确立了土地所有权、房屋所有权、土地使用权以及这些物权的取得、丧失等变动规则,也规定房地产相邻关系准则、房地产的抵押等内容。

(三)房地产法律法规

房地产法律法规,是房地产供应(建设)和交易的具体规范,是房地产市场的调控法。主要包括土地使用权法、房地产开发管理法、商品房交易法、物业管理法等。

1. 土地使用权法

我国要建立以土地使用权为核心的不动产权利体系,必须建立统一的土地使用权取得规则。本书认为,首先应当将《民法典》所规定的划拨土地使用权定位于公益目的上,而基于其他目的的土地使用权均须通过出让方式获得,由此建立统一的土地使用权规则。本书建议在《暂行条例》的基础上,吸收一些成熟做法,如将《城市国有土地使用权出让转让规划管理办法》《协议出让国有土地使用权规定》等合并成一部规范土地使用权的法律。

2. 房地产开发管理法

我国房地产是在国家的参与和推动下发展起来的,这决定了国家对房地产业仍然要实行一定程度的管制,其中最主要表现在对房地产开发的管理上。因此,建议对《城市房地产管理法》进行修改,删除与《民法典》重复或冲突的内容,增加现行部门规章中较为成熟的内容,使其成为一部全面规范房地产开发和交易的法律。

3. 商品房交易法

由于我国房地产采用集中开发和供应(销售)的方式,开发商为商业目的开发出来

---

① 现行《城市房地产管理法》只对城市的房地产进行了规范调整。根据城乡一体化方案,《房地产管理法》的适用范围应当从城市房地产扩大到城乡房地产。所以,此处在"两翼"的设计中,用"房地产管理法"替代了"城市房地产管理法"这一名称。

的房屋称为商品房。商品房的交易虽然仍然需要遵循物权变动等基本规则,但存在以下两个因素,使得国家必须通过强制法在一定程度上对商品房交易加以管制:其一,商品房交易的信息不对称,如果开发商公开真实的信息,保护房屋买受人就成为需要解决的问题;其二,交易主体经济实力不对称,开发商往往会利用有利的市场地位,获得不当利益,增加购房者的风险和成本。因而还需要商品房交易法规制和校正商品交易中事实上的不平等,形成公平的交易秩序。例如,商品房开发过程的预售和出售监管就是房地产法所独有的。

4. 物业管理法

在房地产成片开发的前提下,房屋的使用问题也不再是之前物权法中与相邻关系相关的规范就可以解决的,现代的物业管理便应运而生。而物业管理又不是纯粹的民事契约可以解决的问题,因此需要专门的立法予以解决,这便是物业管理法。物业管理法也是房地产法的重要组成部分。

(四)相关法律法规和政策

房地产开发或房屋的建设均是在国家对土地的管理和城乡建设规划管理范围内,需要遵循建筑行业规范以及国家房屋政策等,因此,涉及土地管理法、城乡规划法、建筑法和住宅法等。这些法律法规均与房地产相关,影响或规范房地产行为,构成房地产的外围法律,也是重要的房地产法渊源,但从学科上讲,房地产法并不研究这些法律法规。

1. 土地管理法

土地管理法主要是国家规范土地利用的基本法,它除了确立土地归属和利用基本制度外,主要确立国家对土地利用的用途管制、土地利用规划制度、土地监察制度,促进土地的合理利用。因此,土地管理法与房地产法息息相关。

2. 城乡规划法

2008年1月1日起实施的《城乡规划法》确立了城乡统一规划法律体系的建立,将《城市规划法》中对城市规划区的规定和《村庄和集镇规划建设管理条例》中涉及集体所有土地规划的部分,统一进行了规定。城乡规划法是调整乡镇规划、城镇规划等制定、实施和管理过程中各种社会经济关系的法律规范,属于行政法范畴。房地产开发需要遵守城乡规划法的要求,办理必要的手续。

3. 建筑法

房屋属于建筑,房屋建筑必须遵循建筑法。建筑法主要规范一切建筑活动,以确保建筑工程质量和安全,促进建筑业健康的发展。这里的建筑活动包括各种房屋建筑、附属设施的建造以及与其配套的线路、管道、设备的安装活动。因此,建筑法也与房地产法密切相关。

4. 住房公共政策

保证每一个居民的基本住房需求是各国住房市场的基本政策或政策宗旨。我国政府十分重视经济适用房、保障性住房的建设,将居住条件和环境改善作为政府的重要职责。2007年,国务院出台了《关于解决城市低收入家庭住房困难的若干意见》,今后还将完善公共住房政策,制定土地、规划、税收、市场等方面的优惠政策,形成我国多元化的住宅建设和供应体系。这些政策将渗透到住房的生产开发、销售、租赁、持有等全部环节,成为房地产法的重要组成部分。

第三节　房地产法学概述

一、房地产法学研究对象

房地产法学研究的对象是房地产法,而房地产法调整房地产法律关系。一般认为,房地产法调整民事法律关系和行政法律关系两种性质的法律关系。^① 本书也持这样的观点。以下行为被认为是行政行为,当事人之间构成行政法律关系:建设用地规划或城乡规划、房地产项目审批、土地和房屋征收、房地产交易或市场监管行为。房地产开发建设行为、融资行为、各种建筑工程发包行为、土地使用权转让和房屋买卖行为等则属于民事行为。但是,在现实中,一种房地产行为或法律关系往往渗透着两重法律关系或者交织着行政监管关系和民事交易关系。两种法律关系的划分仅仅是解决法律问题时的分析工具。例如,土地使用权出让和转让本身是民事行为,但是这种民事行为受到政府各种管制,包括审批和登记等;即使租赁、抵押等纯粹的民事行为,也会涉及行政监管。

因此,两种法律关系是对房地产法调整对象的一种理论抽象。现实中二者往往交叉在一起,既不存在单一性质的法律关系,也不存在调整某一类法律关系的立法。研习房地产法者必须注意区分哪些行为的基础是民事行为,其受到行政行为干预的法律效力如何,是仅仅限制规范民事行为、产生行政违法效力,还是成为民事交易行为的有效要件,不履行特定的行政程序或遵守行政监管要求即导致交易行为无效。与此同时,我们也寄希望于立法者和政府,在制定规范时尽可能地区分两类行为和两种不同性质的法律关系,科学合理地规范房地产权人行为,施加适当的义务,促进房地产业和房地产市场健康有序发展。

二、房地产法学的主要内容:本书的基本结构

本书基本上按照土地、开发、交易和使用四个环节设计和安排房地产法的内容。因此,本书内容安排为四编:一是"建设用地使用权制度";二是"房地产开发";三是"房地产交易";四是"居住物业管理"。

(一)建设用地使用权制度编(第一章至第三章)

建设用地是土地开发的前提,是整个房地产市场的基础。因此,有关土地权利和利用制度、土地使用权的取得等构成我国的建设用地使用权制度。本书第一章是对我国建设用地制度的基本概述,在介绍我国土地归属和利用体制基础上,论述了我国建设用地供应现行做法、弊端及其改进措施,并探讨了现行土地权属及其争议解决问题。第二章论述可自由流转的土地使用权的主要取得形式——出让方式以及出让土地使用权基本规范。第三章介绍出让之外的可流转土地使用权的取得方式,主要介绍了划拨建设用地使用权商业化利用、国有土地租赁、土地使用权转让和出租等方式。

(二)房地产开发编(第四章至第八章)

土地开发和房屋建筑是房地产市场的基础。房地产开发是一种营利性活动,一方面表现为房地产开发企业组织实施一系列民商事活动的过程,以及在这一过程中形成的各种各

---

① 也有学者认为,房地产法调整的法律关系,除了这两类外,还有一种兼有经济行政法律关系和民事法律关系双重特性的特殊的法律关系。这类关系具体包括:(1)国有土地使用权的出让和受让关系;(2)公有住房出售和租赁关系;(3)国有资产(有关房地产部分)经营管理关系。本书也将此类归于民事法律关系之中。参见王文正、韩强主编:《新编房地产法学》,高等教育出版社1998年版,第9页。

样的民事法律关系;另一方面表现为政府在开发各个环节,对民商事活动各个过程的监督和管制行为及在这一过程中形成的纵向行政法律关系。这两种性质的法律关系往往交织在一起,相互影响,使有关房地产开发的法律问题显得异常复杂。这种交织的法律关系的法律调整是房地产法的特色。

本编共分五章,对房地产开发过程所涉及的主要法律问题分块进行了介绍。第四章论述了房地产开发基础,包括房地产开发的基本概念、类型、房地产的流程及资金运作方式。第五章全面勾勒了房地产开发过程中行政监管体系,主要论述房地产开发中的土地监管、工程监管和市场监管。第六章涉及建设工程施工合同,论述各种建设工程施工合同的订立及其纠纷处理。第七章涉及房地产开发中的质量控制体系,介绍了现行法中的建设质量监督管理体系、建设质量责任分配规则和房屋质量纠纷的解决方式。第七章落在房屋征收和补偿上,主要论述房屋征收与补偿条例实施主要问题。

(三)房地产交易编(第九章至第十六章)

房地产交易在形式上包括转让(买卖等)、租赁和抵押,在对象上包括土地使用权和房屋,而房屋又包括商品房和二手房。本编主要论述的是商品房交易。

商品房的交易,一方面涉及物权法,另一方面涉及房地产交易管制法。本编第九章至第十二章集中论述商品房买卖法律规制问题。第九章商品房买卖基础,对整个商品房买卖的流程和管制作了简要论述,介绍了我国特有的商品房预售制度,揭示了商品房预售的风险及其现行法确立的主要法律措施。第十章探讨商品房买卖合同缔结过程中的主要法律问题,着重探讨了预约合同(认购书)、合同条款和商品房广告三方面问题。第十一章论述商品房买卖中两种按揭贷款合同,揭示了我国个人住房按揭贷款运作规则、法律风险和防范,并对买卖合同和贷款合同履行中纠纷及其解决作了论述。第十二章论述商品房买卖合同履行中的几个法律问题。房屋租赁和房地产抵押是房地产另外两种重要交易形式,第十三章和第十四章主要论述这两种交易的法律规则和涉及政府管理问题。第十五章房地产经纪与估价,论述房地产市场不可缺少的中介行为,包括经纪业务、房地产评估等各种中介行为的法律规范和国家对中介市场的管理。第十六章房地产市场监管和税收,介绍和探讨我国特有的房地产市场管理体制和制度,并介绍了我国现行房地产交易的税收体系。

(四)居住物业管理编(第十七章至第十九章)

居住物业使用过程中涉及的主要问题是物业管理。本编从我国居住物业管理的实际出发,依据《民法典》《物业管理条例》等对我国物业小区物业管理的基础、业主自治实现机制和委托物业管理分别作了论述。第十七章在论述区分所有制度基本理论和制度规则基础上,重点分析我国特有的居住区区分所有体制,尤其是专有部分与共有部分界分及其权利行使规范,为之后的居住区物业管理论述奠定基础。第十八章论述了物业管理基础——业主自治机制的形成及其实现。第十九章论述物业管理的主要模式——委托物业管理的基本法律问题,包括物业关系的建立和终止、物业服务合同主要内容和纠纷处理等。

三、房地产法学习指南

房地产法既是一门具有独特理论体系的综合性学科,又是一门实践性和操作性较强的应用性学科。它不仅内容多、涉及面广,而且包含许多实务操作知识。学习和掌握房地产法需要下一定功夫。为帮助同学们更好地学习和掌握房地产法,特指出以下几点。

（一）掌握物权法的基本理论

房地产法的理论基础是物权法，因此必须掌握物权法的基本原理和制度。房地产法是具有中国特色的不动产法，它以物权法为基础并融入了行政管制方面的内容，但其权利设计的基础仍然是物权法。学习房地产法，首先应以《民法典》具体法律规定为基础，并结合物权法的基本理论。本书第一编基本上是《民法典》和物权法基本理论在房地产法中的运用。第一编是整个房地产法学习的基础。

（二）区分两种性质的法律规范

房地产法基本上由两种性质的法律规范组成，一种是民事法律规范，另一种是行政管理法律规范，现行房地产法均将二者融合在一部法律之中。虽然《民法典》已经将一些民事基本问题纳入调整范畴，但是仍然有很多与土地和房屋相关的具体民事法律关系需要由此前的法律法规来调整。毫无疑问，行政管理法律规范大多是限制民事权利或是一些程序性的规定，尽管它们也规范民事权利，但是这些法规大多具有强制性，违反该法规将承担行政责任，而不是民事责任，发生纠纷时需通过行政复议的方式加以解决。一般来说，行政机关不应干预属于民事法律关系的纠纷，而应由当事人通过协商、仲裁或诉讼的方式加以解决。

（三）熟悉实务性或操作性知识

房地产法涉及许多实务性或操作性知识。比如房地产开发中需要办理的各种审批手续及办理每一种手续所需要的文件。对于这些知识只需掌握基本程序即可，细节性的内容可在实践中逐步掌握。

（四）区分各种房地产法渊源的效力

房地产法的法律渊源不仅种类多，而且层次也多；不仅有大量的部门规章，也有大量的地方性法规和地方政府规章。在国家对房地产法进行整合之前，我们必然会面对大量的相互冲突和重叠的法律规范。对此，我们需要按照《立法法》所确立的原则，区分各种法规、规章的效力。

[思考题]

1. 什么是房产和地产？简述二者的关系。
2. 房地产、不动产、物业之间关系如何？
3. 试述我国房地产定位、重构的必要性和走向。
4. 房地产法调整哪两类法律关系？区分这两类法律关系的意义何在？
5. 如何看待本书对房地产法学基本内容的定位？

第一编

建设用地使用权制度

第一章　我国建设用地制度

房地产开发属于建设用地的商业化利用。建设用地的供应和建设用地使用权的取得是整个房地产法的基础。我国土地的公有制形式决定了整个房地产制度是建立在可流转的土地使用权基础之上的。本章以建设用地使用权为线索，论述了可流转土地使用权制度的形成及其特征，并在此基础上论述了我国现行城市建设用地的供应制度，指出了现行土地征收制度的弊端，探讨了城乡建设用地使用权的统一问题，并简要介绍了现行城市土地储备制度。最后还论述了我国所特有的土地权属争议行政裁决制度。

第一节　我国土地分类及其归属利用制度

一、土地分类及其意义

（一）建设用地和未利用土地

《土地管理法》第 4 条确立了我国的土地用途管制制度，即国家通过编制土地利用总体规划规定土地用途，并将土地分为农用地、建设用地和未利用土地。农用地指直接用于农业生产的土地，包括耕地、林地、草地、农田水利用地、养殖水面等；建设用地是指直接用于建造建筑物、构筑物的土地，包括城乡住宅和公共设施用地、工矿用地、交通水利设施用地、旅游用地、军事设施用地等；未利用土地是指农用地和建设用地以外的土地，包括荒地。这是法律对土地进行的基本分类。房地产法主要涉及建设用地。

这样分类的基础在于，建设用地区别于其他土地，是土地中商业化、财产化程度最高的一种。因此，除非法律有特殊限制，建设用地使用权一般可以自由流转，而其他两类土地的流转则受到主体资格或用途的限制，其中农用地转让，尤其是耕地的转让受到严格限制。《民法典》第 244 条规定，国家对耕地实行特殊保护，严格限制农用地转为建设用地。

（二）城市土地和农村土地

城市土地和农村土地，是依据土地权属性质或土地对应行政区划的性质进行的划分。《宪法》第 10 条规定，城市土地属于国家所有。《土地管理法》第 9 条明确规定，城市市区的土地属于国家所有。《民法典》第 249 条也规定，城市的土地，属于国家所有。但是，国家所有的土地并不仅限于城市土地，国家所有的土地还包括农用地、自然资源性土地。本书只涉及建设用地，因而城市土地往往也仅指城市的建设用地。

农村土地是归农民集体所有的土地。《土地管理法》第 9 条同时规定，农村土地，除法律规定属于国家所有的以外，属于农村集体所有。在现实中，通常以行政区划作为农村土地与城市土地的分界线。但行政区划能否作为农村土地和城市土地的分界线，法律并没有明确的规定。例如，对于农村集镇、县城的土地，农民集体所有与国家所有之间的界线并不明确，或者说根据已有的证据不能证明权利归属时，根据行政区划确定土地归属就存在不确定性。

农村土地和城市土地划分的意义在于，在现行法律制度框架下，农村土地不能够直接出让和流转,可流转的土地制度只针对城市土地。

（三）公益土地和私益土地

从土地用途或利用目的的角度,土地使用权可以分为公益土地和私益土地。

1. 公益土地

城乡公共设施所占用的土地、各级各类政府机关所使用的土地以及用于科、教、文、卫、体、医等公益事业单位或非营利事业单位的土地一并构成公益土地。这类为公共直接利用或为公共利益或公益目的而使用的土地,非经法定程序不得为个人获得。取得或享有此类土地使用权的单位,是代表国家利益而占有利用土地的。这类土地上的建筑物（所有权）不具有可交易性。因此,民事主体原则上不能取得任何用于公益目的而建造的房屋或其他建筑物,即使取得也不得改变房屋的既有用途。这类房地产的管理人也不得将此类房地产用于经营或进行商业化利用,否则有违公共利益目的。

2. 私益土地

用于公益目的之外的土地均为私益土地。进一步细分,私益土地大致可以分为用于个人居住目的的居住用地和用于工商业生产的商业用地。

因个人居住目的,原则上每个人都有权获得一定的土地使用权。个人可以通过购买房屋的方式取得相应的土地使用权,也可以经过政府批准获得小片宅基地,建设私有房屋。

商业用地专指饭店、写字楼、宾馆、工商业用房等所占用的土地。不过,需要注意的是,商品房开发属于商业行为,开发商是以出让方式取得商业用地,而一旦售卖给小业主之后,该地转变为居住用地。

划分居住用地和商业用地的意义在于,居住用地的使用权可以长期化或建立"地随房走"的规则。因为居住是人类生存的基本需要,我国实行土地公有制的根本目的在于实现住者有其地,居者有其屋,在国家不直接向居民提供房屋的情形下,国家有义务提供土地用于建筑居住房。为了保持居住房屋所有权的稳定性,一定期限之后收回土地使用权显然是没有意义或不明智的,应当让相应的土地使用权随居住的需要而继续存在。对于商业用途的土地,国家则可以建立有期限的使用制度,在期限届满时续期或出让给他人,实现土地资源社会利用效益的最大化。

因此,公益土地用于划分出那些不可交易的房地产。而私益土地中,住宅用地和商业用地的区分,可以促使我国建立两种有偿的、可流转的土地使用权制度。当然,这些规则需要国家法律加以规定。

二、我国土地归属和利用制度

由于我国对土地等重要生产资料实行的公有制包含全民所有制和集体所有制,因而,土地就相应形成了两种所有权形式:全民所有权和集体所有权。土地要么归国家所有,要么归农民集体所有,任何个人对土地不能拥有所有权。《宪法》第9条和第10条对土地资源归属作了原则性规定,《民法典》第260条明确了集体土地范围。

这种土地归属制度,是新中国成立后逐步建立起来的。改革开放以后,农民集体土地所有权和全民所有土地所有权体制保持不变,但对土地利用方式进行了改革,允许自然人、法人和其他组织取得土地使用权,并努力使土地使用权物权化,建立了以土地使用权为核心的土地物权制度。这是因为无论国家所有还是集体所有都属于制度性规定,不能实现土地利用。只有设立土地使用权，才能实现从归属到利用的目标。也只有从分散到特定主体利用，才能形成特定主体对特定地块一定期限的支配权，形成民法上的物权和财产权。

在国家所有情形下，除了少数土地由国家直接占有使用（如国家机构、国防用地等）外，大部分土地都（以出让方式等）分散给各个具体的民事主体（法人、自然人和社会组织）直接占有支配。同样，农民集体所有的土地，除少量被集体组织占有使用外，也通过各种方式被农民个人、乡镇企业占有支配。土地所有权的集中性或抽象性决定了我国必然分散利用土地，因此，尽管我国个人、法人和其他组织不能取得土地所有权，但他们可以取得一定期限的对土地的支配权——土地使用权。

改革开放后，农村土地利用方式由集体集中利用转变为以农户为单位的承包经营利用，城市土地从无偿划拨使用转变为有偿出让使用，这两种措施旨在寻找一种分散利用土地的最好途径。这两种将土地利用权转化为财产权的具体步骤，最终目的是将两种土地所有权"转换"为民法上的财产权利。对此，也有不少学者提出类似观点：一方面，城镇国有土地所有权主体——国家是一种抽象的存在，其权利必须由具体的主体去行使，即设立国家所有权的代表机关。另一方面，既然国家垄断土地所有权，在土地交易市场上就不可能存在所有权交易。要改变以前无偿无期限的国有土地使用状况，并使土地进入地产市场成为交易的客体，就必须设立另一种土地上的权利来取代土地所有权，让土地进入流通领域。这种权利在我国就是土地使用权。[①]

改革开放之后的一系列土地利用体制改革及其立法，均是在肯定两种所有权的前提下建立的适应市场经济需要的土地使用权体系。

三、可流转的国家土地使用权制度的创立

（一）两种土地使用权制度的创立

土地使用权并不是改革开放的产物，在计划经济时期国家也将土地使用权分散给国家机关、事业单位和国营企业等，不过那时的土地使用权人只有占有使用的权利，并没有处分的权利，这便是传统计划体制下形成的清一色的划拨土地使用权。由于土地使用权不能转让、出租或抵押，对任何单位来说，土地都不是一种真正意义上的财产。也就是说，不管主体性质如何，土地使用权的性质是一致的，直接体现国家利益。

改革开放初期，土地使用权制度改革之前，一方面，国有土地不能流转的现实与资源社会化配置的要求发生矛盾，妨碍着房地产市场的建立。另一方面，市场对土地的需求导致隐形土地市场出现，国有土地收益大量流失。为解决上述问题，国家在继续保持土地所有权不可流转的前提下，建立了有偿取得的可流转的土地使用权制度。

1988 年修改宪法时，删去了《宪法》第 10 条第 4 款禁止土地"出租"的规定，增加了"土地的使用权可以依照法律的规定转让"的规定。之后，《土地管理法》也作了相应修正，建立了土地使用权有偿取得、使用、转让和出租的制度。《暂行条例》规定了国有土地有偿使用制度，将划拨和出让确定为国有土地分散使用的两种方式。《民法典》[②]进一步明确，建

---

① 张双根、张学哲：《论我国土地物权制度》，载《中国土地科学》1997 年第 3 期。

② 《民法典》第 347 条第 1 款规定："设立建设用地使用权，可以采取出让或者划拨等方式。"

设用地使用权主要采取出让和划拨两种方式。①

土地使用权出让,是指国家以土地所有者身份与土地使用者订立出让合同,将土地使用权在一定年限内让与土地使用者,并由土地使用者向国家支付土地使用权出让金的行为。按照现行法律规定,中华人民共和国境内外的公司、企业、其他组织和个人,除有特别限制外,均可取得建设用地使用权。土地出让,不仅使国有土地得到分散利用,而且创制了一种可自主处分的物权法上的财产权利——土地使用权②,使土地(间接地)成为可有限流转的财产。

土地使用权划拨,是指县级以上人民政府依法批准,在土地使用者缴纳补偿、安置等费用后将该幅土地交付使用,或者将国有土地使用权无偿交给土地使用者使用的行为。这种建设用地使用权设立的目的是实现社会公共利益。因此,划拨土地使用权一般不得转让、出租和抵押。

由此,对于城市建设用地,形成了有偿出让使用权和无偿划拨土地使用权并存的双轨制。有偿出让取得土地使用权制度及其相配套制度,构建了一套适应市场经济体制需要的土地产权流转体制。

（二）可流转土地使用权的性质和法律特征

可流转土地使用权以出让土地使用权为典型,其基本特征可以代表可流转土地使用权的特征。依据传统物权法学说,出让土地使用权类似于大陆法系国家所建立的地上权。但我国的出让土地使用权具有更强的独立性。土地使用权人享有土地所有权的绝大多数权能,只是这种权能存在期限限制。具体而言,出让土地使用权具有如下特征:

（1）是一种直接支配土地的物权。土地使用权人享有的是直接占有、使用土地的权利,在性质上属于物权范畴。土地使用权人可以排除任何第三人对土地的无权占有、侵害、妨害或者可能妨害,而享有物上请求权。同时,基于对土地的占有使用,使用权人还可为他人设立地役权等权利。

（2）是一种具有较强独立性的物权。土地使用权具有物权的对世性特性,不仅可以对抗普通世人,而且可以对抗所有权人——国家。在出让合同有效期内,国家不得任意收回土地或干预土地使用权人的合理使用。只有基于公益需要才允许国家提前收回土地或征收土地。

（3）几乎具有相当于所有权的权能。土地使用权人不仅可以占有使用土地,而且可以转让、抵押、出租土地使用权。另外,土地使用权人死亡后,继承人也可以继承土地使用权。土地使用权与土地所有权的主要区别是,土地使用权存在一定期限并需由土地使用权人向国家支付一定金额的费用。除此之外,土地使用权的权能基本上囊括了土地所有权的所有权能。因此,土地使用权已成为权利人的一种财产。

这种可交易的土地使用权支撑了持续繁荣的房地产市场,因此,可以认为可交易的土地使用权已成为我国整个房地产的基础性权利。

---

① 应当明确的是,建设用地使用权在现行法律的框架下,是针对国家所有土地而设立的。

② 《民法典》"物权编"第十二章规定了"建设用地使用权"。如果没有特别说明,本书所说的出让土地使用权和《民法典》"物权编"所规定的建设用地使用权语义相同。

第二节　建设用地及其供应：农村土地征收制度

一、城市建设用地及其来源

（一）建设用地概述

建设用地涵盖了所有用于构筑房屋、设施等目的的土地。建设用地包括农村建设用地和城市建设用地。1998年修订后的《土地管理法》第五章将过去的城市建设用地和农村建设用地合并为一章，统称建设用地。[①] 这在形式上已将城乡建设用地规范统一起来，有利于编制土地利用总体规划，使城市总体规划、村庄和集镇规划与土地利用规划衔接，实行建设用地总量控制，以协调城乡建设用地。2008年1月1日起实施的《城乡规划法》明确了城乡规划是由城镇体系规划、城乡规划、镇规划、乡规划和村庄规划组成的一个规划体系。因此，建设用地涵盖农村建设用地和城市建设用地。

从本源上说，不管农村还是城市，建设用地均来源于非建设用地，包括农用地和未利用土地。但是应当明确的是，由于国家对国家所有的土地和集体所有的土地的价值取向不同，对集体所有的土地进行了严格的限制，因此《民法典》"物权编"所调整的建设用地使用权只针对国家所有的土地，且多针对城市土地。

从土地管理角度来说，建设用地可以分为两类，一类是存量建设用地，一类是增量建设用地。所谓存量建设土地，即已经成为建设用地的土地，由于前手的转让、租赁或其他形式的交易而为后手取得，用于新项目的建设。《土地管理法》第21条要求："……充分利用现有建设用地，不占或者尽量少占农用地"。所谓增量建设用地，即来源于农用地或未利用土地的建设用地。不管是在农村还是在城市，增量建设用地涉及占用农用地的，都必须办理农用地转用手续。[②] 在"青岛市国土资源和房屋管理局崂山国土资源分局与青岛乾坤木业有限公司土地使用权出让合同纠纷案"中，最高人民法院认为，政府批准是农业用地出让的有效要件，未经政府批准的土地使用权出让无效（参阅案例1-1）。

［案例1-1］

（二）城市新增建设用地来源

由于我国的农用地和未利用土地大多属于农民集体所有，加上城市本来就是在农村包围之中，因而城市新增建设用地主要来源于农村土地，包括农村农用地、农村建设用地和未利用的荒地。

本来农村土地用于建设后，农村自然地成为"城市"（从某种意义上讲，城市用地等同于建设用地）；同样，城市周边的土地因城市扩展也自然地成为城市的一部分。这里本不应涉及土地所有权的变化，因为农民集体作为农村土地的所有者完全可以出让土地使用权给建设者——农民集体继续拥有被纳入城市范围的那部分土地的所有权。但由于国家对于土地实行的土地政策的差异，我国采取国家征收制度，将农民集体所有的土地征收为国家所有，国家再将征收来的土地出让给建设单位，因而征收成为城市新增建设用地的唯一途径。因此，尽管《土地管理法》将城市和农村建设用地合并为一章，但是我国的建设用地规范却是不

---

① 2004年修订《土地管理法》时仍然沿用了此种体例。

② 《土地管理法》第44条规定："建设占用土地，涉及农用地转为建设用地的，应当办理农用地转用审批手续……"

统一的。《民法典》将建设用地使用权明确限定于国家所有的土地之上,并没有对集体所有的土地进行统一的规范。对于农村建设用地,仅仅就其中的宅基地使用权进行了规定。对于集体所有土地,乡镇企业可以利用其从事商业活动,一些乡镇也利用集体所有的土地进行土地开发或者建设成厂房出租经营等。因内容所限,本书不涉及农村集体建设用地利用问题。

二、农村土地征收及制度改革

(一)农地征收:现行规定

征收是国家强制性收购民事主体的财产以实现公共利益的一种制度。[①] 因我国不存在私人所有的土地,土地征收仅指国家对农村集体所有土地的征收。农民集体土地征收是指国家因建设的需要,强制将属于农村集体的土地收归国有,然后交给用地单位使用,并对农村集体经济组织进行补偿的行为。农地征收具有强制性、补偿性,其结果使原集体所有土地转变为国家所有。

《宪法》第 10 条第 3 款规定:"国家为了公共利益的需要,可以依照法律规定对土地实行征收或者征用并给予补偿。"《民法典》第 243 条也规定:"为了公共利益的需要,依照法律规定的权限和程序可以征收集体所有的土地……"《土地管理法》第 2 条第 4 款规定:"国家为了公共利益的需要,可以依法对土地实行征收或者征用并给予补偿。"第 45 条采取列举式对"公共利益"作出了更加详细的界定,明确因军事和外交,政府组织实施的基础设施建设、公共事业、扶贫搬迁和保障性安居工程建设、成片开发建设需要等 5 种情形属于公共利益范围,对"其他情形"的规定权也限于法律的规定。该规定有利于缩小征收范围,规范土地征收权。另外,还存在许多用以调整土地征收关系的规范性文件[②]。

我国对农地实行有偿征收,法律直接规定了补偿的种类和方式。早在 1982 年,《国家建设征用土地条例》就对征用农地程序和补偿作了详细规定(第 7 条至第 10 条)。这些规定后来为《土地管理法》所吸收,并增加了补偿的协商成分。2019 年修订后的《土地管理法》进一步细化土地征收程序,将补偿安置方案的听证制度正式以法律的形式进行规定;同时完善了征收补偿安置机制,该法第 48 条第 1 款明确"征收土地应当给予公平、合理的补偿,保障被征地农民原有生活水平不降低、长远生计有保障"。

总之,我国对农村土地实行征收的条件,一是为"公共利益需要",二是对被征土地涉及的农村人口进行补偿。[③]

(二)征收制度改革

征收是世界各国普遍存在的一种制度。征收的法理基础是:公共利益高于个人利益。由于征收是对私权利的严重限制,因此世界各国一般对征收规定了严格条件。主要有:其一,必须为社会公共利益;其二,必须对被征收人进行公平合理的补偿。征收相当于"强制

---

① 征收不同于征用。征用只是国家在紧急状态下临时占用私人财物,而征收则是为了公共利益而永久性剥夺私人财产所有权。我国在 2004 年宪法修改之前,法律文件大多混同使用,或者以征用代替征收。

② 最早全面规范征用制度的法律是 1958 年公布的《国家建设征用土地办法》,该办法被 1982 年《国家建设征用土地条例》(该条例已失效,主要内容为《土地管理法》所吸收)替代;1987 年,国家计委、国家土地管理局发布了《建设用地计划管理暂行办法》(已为 1996 年《建设用地计划管理办法》替代);1990 年,建设部也发布了《关于统一实行建设用地规划许可证和建设工程规划许可证的通知》,这些部门规章对建设用地的征用起到了很好的规范作用。

③ 应当看到的是,《民法典》第 243 条所确定的补偿办法较之以前的补偿方案,有了较大的改进。

性购买",只要符合征收条件,被征收人必须放弃所有权而接受补偿。2019年修正的《土地管理法》在农地征收制度上重点进行了以下两个方面的改革:

第一,农村集体经营性建设用地可不通过国家征收直接入市。不同于其他国家的征收制度,我国的征收制度针对的不是私人土地所有权,而是农民集体所有权。其根源于传统计划经济体制,是集体所有(小公有)必须向国家所有(全民所有——大公有)过渡或让位理念的产物。在2019年《土地管理法》修改以前,传统的征收制度是城市建设用地供应的唯一渠道,农民集体土地使用权不能直接进入市场,因而必须经过国家征收,变为国有土地,才能通过出让方式建立可流转的土地使用权。然而,新修改的《土地管理法》作出了重大的制度创新,取消了多年来集体建设用地不能直接进入市场流转的二元体制。根据该法第63条,在符合以下三个条件的情形下,集体经营性建设用地可以通过出让、出租等方式交由农村集体经济组织以外的单位或个人直接使用,同时使用者在取得农村集体建设用地之后还可以通过转让、互换、抵押的方式进行再次转让:(1)土地利用总体规划、城乡规划确定为工业、商业等经营性用途;(2)集体经营性建设用地已经依法登记;(3)2/3以上集体经济组织成员同意。①

第二,完善了土地征收制度,保障了农民监督权、参与权和话语权。2019年修改的《土地管理法》在土地征收补偿的程序、标准和范围上作出了如下调整:其一,对土地征收的公共利益进行明确界定,规定了六种需要征地的可以依法实施征收的情形;② 其二,该法第48条明确了土地征收补偿的基本原则,即保障被征地农民原有生活水平不降低,长远生计有保障,新法以区片综合地价取代原来的土地年产值倍数法来确定土地补偿费和安置补助费,此外,增加了农村村民住宅补偿和社会保障费的补偿,为被征地农民构建了更加完善的保障体系;其三,完善了土地征收程序,将批后公告改为批前公告。多数被征地的农村集体经济组织成员对征地补偿安置方案有异议的,应当召开听证会修改,进一步落实被征地的农村集体经济组织和农民在整个征地过程中的知情权、参与权和监督权。倡导和谐征地,征地报批以前,县级以上地方政府必须与拟征收土地的所有权人、使用权人就补偿安置等签订协议。

三、城乡建设用地市场的统一

(一)我国城乡建设用地市场并不统一

农村和城市的建设用地,虽同为建设用地,但权属不一、功能不一,导致建设用地的规则也不一致。农村宅基地只能为具有农民身份的人取得;农民集体土地使用权只有在符合

---

① 《土地管理法》第63条第1、2款规定:土地利用总体规划、城乡规划确定为工业、商业等经营性用途,并经依法登记的集体经营性建设用地,土地所有权人可以通过出让、出租等方式交由单位或者个人使用,并应当签订书面合同,载明土地界址、面积、动工期限、使用期限、土地用途、规划条件和双方其他权利义务。

前款规定的集体经营性建设用地出让、出租等,应当经本集体经济组织成员的村民会议2/3以上成员或者2/3以上村民代表的同意。

② 《土地管理法》第45条第1款规定,为了公共利益的需要,有下列情形之一,确需征收农民集体所有的土地的,可以依法实施征收:(1)军事和外交需要用地的;(2)由政府组织实施的能源、交通、水利、通信、邮政等基础设施建设需要用地的;(3)由政府组织实施的科技、教育、文化、卫生、体育、生态环境和资源保护、防灾减灾、文物保护、社区综合服务、社会福利、市政公用、优抚安置、英烈保护等公共事业需要用地的;(4)由政府组织实施的扶贫搬迁、保障性安居工程建设需要用地的;(5)在土地利用总体规划确定的城镇建设用地范围内,经省级以上人民政府批准由县级以上地方人民政府组织实施的成片开发建设需要用地的;(6)法律规定为公共利益需要可以征收农民集体所有的土地的其他情形。

规划,依法登记,并且在 2/3 以上集体经济组织成员同意后,才可以通过出让、出租等方式交由农村集体经济组织以外的单位或个人直接使用。城市建设用地则是任何人皆可取得的财产,完全不存在身份和其他条件的限制。由此形成两个相互并存但不能相融的房地产体系。

农村城市化的表现之一就是农村房地产的市场化或商品化问题的解决。更为准确地说,农村城市化要求农村和城市房地产享有相同的权利,适用相同的规则,以便土地可以市场化配置和自由流转。如果农村土地永远贴上农村标签而不能转化为城市土地,或者城市人口不能通过买卖或其他方式获得农村建设用地,城市将无法扩展,农村也永远无法吸引外部投资从而走向城市化。

我国人口流动受到户籍制度限制,加上农村房屋和城市房屋适用不同规则,农村集体土地使用权与国有土地使用权无法"对接",二者无法相互流通。另外,我国目前除了民法典中对宅基地使用权的规定外,房地产法一般只调整城市房地产而不涉及农村房屋。农村房屋的建造、登记、转让与城市房屋适用不同法律。而现在"小产权房"①的出现,形成了农村房屋交易的隐形市场。

本书认为,农村和城市房地产分离的做法,是有历史原因并与传统计划经济体制相适应的一种不合理的体制。不论路途如何崎岖,农村和城市房地产市场都应该逐渐走向统一。

（二）统一城乡建设用地市场的举措

2021 年,农业农村部在《对十三届全国人大四次会议第 1374 号建议的答复》中明确,为加快建立健全城乡统一的建设用地市场,促进城乡融合发展,自然资源部将会同有关部门,在"十四五"过渡期内,继续开展增减挂钩节余指标跨省域调剂,抓紧起草过渡期指标调剂管理办法,积极指导协调有关省份做好增减挂钩节余指标跨省域调剂工作。继续推动有关集体经营性建设用地入市文件出台,指导地方按照国家统一部署稳妥有序开展入市工作。具体应做好以下三个方面的工作:

一是跨省域调剂增减挂钩节余指标。2018 年 3 月,为攻克深度贫困堡垒,国务院办公厅印发《城乡建设用地增减挂钩节余指标跨省域调剂管理办法》,明确"三区三州"及其他深度贫困县增减挂钩节余指标由国家统筹跨省域调剂使用。截至 2020 年底,2018—2020 年国家统筹跨省域调剂工作已完成。

二是推进农村集体经营性建设用地入市。《土地管理法》明确,经规划确定为工业、商业等经营性用途,并经依法登记的集体经营性建设用地可入市交易。《土地管理法实施条例》对集体经营性建设用地入市的出让出租条件、规划条件、方案编制、纳入计划、签订合同、登记等进行了规定。自然资源部牵头起草了有关稳妥有序推进农村集体经营性建设用地入市的政策性文件,提出探索在双方自愿的前提下,农民集体妥善处理已使用土地相关权利人的补偿、达成一致收回建设用地使用权后,将符合规划的存量建设用地,按照农村集体经营性建设用地入市。

三是建设自然资源资产交易平台。目前,自然资源部正在按照党中央、国务院有关要

---

① 这是按照产权证的发证机关来区分的。国家发产权证的叫大产权;国家不发产权证的,由乡镇政府发证书的叫小产权,又称乡产权。因为由乡镇政府发证书的房子,是在农民集体所有的土地上而建设的,没有缴纳土地出让金等费用,价格只是同位置商品房价格的 40%—50%,所以吸引了大量不具有购买资格的城镇居民购买。

求,建设自然资源资产交易平台,将集体建设用地、林权等自然资源资产交易信息汇总起来,推进资源高效配置。[①]

四、城市土地储备制度

土地储备,是指市、县人民政府自然资源管理部门(原国土资源管理部门)为实现调控土地市场、促进土地资源合理利用目标,依法取得土地,进行前期开发、储存以备供应土地的行为。

从1996年在上海成立第一个土地储备机构开始,各地根据自己的情况操作了十数年后,国家第一次以法规的形式确立了土地储备制度。国土资源部[②]、财政部和中国人民银行于2007年11月联合制定了《土地储备管理办法》,该办法在2018年进行了修订,其中第2条对土地储备进行了明确的定义。同时,该办法还对市、县政府储备土地的主体、范围、程序、管理进行了规范。

(一)土地储备计划

结合当地经济和社会发展计划、土地利用总体规划、城市总体规划、土地利用年度计划和土地市场供需状况等,相关机构共同编制年度土地储备计划。同时该计划应当报同级人民政府批准,并报上级自然资源管理部门进行备案。土地储备计划应当涵盖年度储备土地规划、前期开发规划、供应规模、临时利用计划,以及计划年度末储备土地规模。

(二)土地收购

土地收购是指根据土地储备计划,土地储备机构收购或收回土地的活动。《土地储备管理办法》明确了可以纳入土地储备范围的土地,包括依法收回的国有土地,收购的土地,行使优先购买权取得的土地,已办理农用地转用、土地征收批准手续的土地和其他依法取得的土地。显然,土地收购泛指国家通过合法方式收回、征收、购买纳入土地储备范围的土地的行为。已被纳入土地储备计划的土地,在履行了相关的手续后,由土地登记机关办理注销土地登记手续后即纳入土地储备。

(三)土地开发与利用

土地储备机构负责对储备土地进行前期开发、保护、管理、临时利用及为储备土地、实施前期开发进行融资等活动。除了明确将前期开发融资单列一章"资金管理"进行特别的调整外,《土地储备管理办法》主要对前期开发、保护管理和临时利用进行了规定。

前期开发包括地上建筑物和附属物的拆迁和土地平整等。根据《土地储备管理办法》的规定,前期开发涉及道路、供水、供电、供气、排水、通信、照明、绿化、土地平整等基础设施的建设。

保护管理主要表现为防止侵害储备土地权利行为的发生。结合《民法典》第236条规定,权利人土地储备机构可以基于物权请求排除妨害或者消除危险。

临时利用是指在储备土地预出让或招标拍卖前,土地储备中心可以依法将储备土地单独或连同地上建筑物出租、抵押或临时改变用途,以防止土地闲置或浪费。

(四)土地供应

储备土地完成前期开发整理后,纳入当地市、县土地供应计划,由市、县人民政府自然资

---

① 参见中华人民共和国农业农村部官网。

② 2018年机构改革后,国土资源部被自然资源部替代。

源管理部门统一组织供地。储备土地的供应方式应当符合相关法律的规定。

土地储备制度虽然实现了统一征收、统一开发、统一出让、统一管理,但其是现行征收制度的产物,至少是维持了现行征收制度。尤其是在各地具体实行中,调控效果有所减弱,催生了地方政府的"土地财政"。虽然原国土资源部肯定了土地储备制度是我国第二轮土地改革的重要环节,但我们仍然应当谨慎地对待土地储备制度。

第三节　土地权属及其争议解决

一、土地权属确定

土地权属的争议是指有关土地所有权或者使用权归属的争议。目前关于土地所有权和使用权权属界定较为详细的规定是《确定土地所有权和使用权的若干规定》(以下简称《确权规定》)。

结合我国土地权利归属现状,土地权属争议主要表现在土地所有权和土地使用权两个层面上的纠纷。其中,土地所有权权属争议主要存在于两方面:第一,国家与农村集体经济组织之间因土地边界发生的争议;第二,不同集体经济组织之间因土地边界发生的争议。

（一）国家所有权与集体所有权边界的确定

因为我国实行社会主义公有制,土地也相应地采取国家所有和集体所有两种形式,但这两种土地所有权并没有进行登记确权。就国有土地而言,只存在土地使用权登记,而不存在土地所有权登记。[①] 对于集体土地来说,目前法律规定了集体土地所有权登记,但实践操作还非常困难。[②]

土地归属模糊或有争议的,除非可以证明归集体所有,一般将土地确定为国家所有。这一原则为《确权规定》第 18 条所确定。该条规定:"土地所有权有争议,不能依法证明争议土地属于农民集体所有的,属于国家所有。"

（二）集体土地确权和登记

农村集体土地所有权的确定,一直以来都采取"队为基础,三级所有"的模式。但由于农村集体的范围存在不确定性,农村集体之间的土地边界有时候也并不十分清晰,建设用地属于哪级集体所有这个问题尤为模糊。2014 年 11 月 24 日国务院颁布实施的《不动产登记暂行条例》将农村集体土地所有权纳入不动产统一登记。[③]2021 年 6 月 7 日,自然资源部对原国土资源部印发的《不动产登记操作规范(试行)》进行了修改,该规范对集体土地所有权首次登记、变更登记、转移登记和注销登记等内容进行了详细的规定。新修订的《不动产登记操作规范(试行)》第 7 条对于集体土地所有权登记进行了明确。尚未登记的集体土

---

① 对于国家所有权来说,有学者指出,"作为社会主义条件下的一种所有权形式,是国家对国有财产的占有、使用、收益和处分的权利,本质是全民所有制在法律上的表现。"参见王利明:《物权法论》(修订版),中国政法大学出版社2003 年版,第 272 页;转引自佟柔主编:《中国民法》,法律出版社 1994 年版,第 249 页。土地作为一种重要的自然资源,属于国家所有权客体。国家对土地所有权的行使,一定意义上也是全民所有制在土地法律上的表现。

② 2007 年 11 月 28 日国土资源部审议通过、2008 年 2 月 1 日起施行的《土地登记办法》第 2 条又一次确认了土地登记包括集体土地所有权的登记,2019 年修订的《不动产登记暂行条例》第 5 条也明确集体土地所有权可以办理登记。

③ 不动产统一登记就是将原来分散在土地、房屋、农业、林业、海洋等多个部门的不动产登记职责整合由不动产登记部门承担,按照统一的依据,在统一的登记系统上办理各类不动产登记业务,核发统一的不动产权证书。

地所有权,权利人可以申请集体土地所有权首次登记。集体土地所有权首次登记,依照下列规定提出申请:(1)土地属于村农民集体所有的,由村集体经济组织代为申请,没有集体经济组织的,由村民委员会代为申请;(2)土地分别属于村内两个以上农民集体所有的,由村内各集体经济组织代为申请,没有集体经济组织的,由村民小组代为申请;(3)土地属于乡(镇)农民集体所有的,由乡(镇)集体经济组织代为申请。此外,申请集体土地所有权首次登记,提交的材料包括:不动产登记申请书;申请人身份证明;土地权属来源材料;不动产权籍调查表、宗地图以及宗地界址点坐标;法律、行政法规以及《实施细则》规定的其他材料。

集体所有权主体确权有三个原则:一是土地家庭联产承包中未打破村民小组(原生产队)界线承包的土地,均应确认给村民小组农民集体所有。对于已经打破了村民小组农民集体土地界线的地区,应本着尊重历史、承认现实的原则,对这部分土地承认现状,明确由村农民集体所有。二是能够证明土地已经属于乡(镇)农民集体所有的,土地所有权应依法确认给乡(镇)农民集体。没有乡(镇)农民集体经济组织的,乡(镇)集体土地所有权由乡(镇)政府代管。三是不能证明属于乡(镇)农民集体所有或村民小组农民集体所有的集体土地,应依法确认给村农民集体所有。土地所有权主体以"××村(组、乡)农民集体"表示。[1] 集体土地所有权权属纠纷的产生与近些年土地价值的凸显相关。

在农民集体权属确定中,有些地方采纳时效取得制度。一农民集体使用另一农民集体所有的土地,连续满20年的,原所有权人在此期间未提出归还要求的,现使用人取得所有权。[2] 按照党中央、国务院决策部署及部工作安排,各地于2011年至2013年基本完成了集体土地所有权确权登记工作。[3]

(三)土地使用权权属确认

无论在农村,还是在城市,土地使用权基本满足特定主体对特定地块土地的支配权,并且土地使用权均已经登记,于是土地使用权之间的边界应当是清楚的。国有土地的使用权边界就成了国有土地与集体土地之间的边界线(四至)。但也不排除在一些情形下,土地使用权之间会存在争议,尤其是在涉及地块归国家所有还是归集体所有,权属或者边界难以确定的时候,易产生土地使用权争议。土地使用权间的纠纷往往是在土地使用权取得和行使环节产生。

二、土地权属争议的解决

(一)土地权属争议的行政裁决

在我国,土地所有权和使用权争议一直是通过行政途径解决的。2019年修改后的《土地管理法》仍然坚持这样的原则。该法第14条规定:"土地所有权和使用权争议,由当事人协商解决;协商不成的,由人民政府处理。单位之间的争议,由县级以上人民政府处理;个人之间、个人与单位之间的争议,由乡级人民政府或者县级以上人民政府处理。当事人对有关人民政府的处理决定不服的,可以自接到处理决定通知之日起三十日内,向人民法院起诉。在土地所有权和使用权争议解决前,任何一方不得改变土地利用现状。"于2003年公

---

① 参见国土资源部于2001年11月9日发布的《关于依法加快集体土地所有权登记发证工作的通知》。

② 《确定土地所有权和使用权的若干规定》第21条规定:"农民集体连续使用其他农民集体所有的土地已满二十年的,应视为现使用者所有;连续使用不满二十年,或者虽满二十年但在二十年期满之前所有者曾向现使用者或有关部门提出归还的,由县级以上人民政府根据具体情况确定土地所有权。"

③ 参见《自然资源部关于加快完成集体土地所有权确权登记成果更新汇交的通知》。

布、2010 年修改后的《土地权属争议调查处理办法》（以下简称《办法》），专门用于规范土地权属争议的解决。[①]

行政处理一般只受理权属争议，对于侵权案件和合同案件则应直接诉请人民法院审理。[②]权属争议本质上也属于民事案件，属于确权诉讼范畴。但是由于我国土地的特殊性，其本身与行政区划的界线相关联，故法律规定土地的权属争议由政府处理。这里的政府处理，在行政法上属于一种行政裁决，裁决的事项却是具有民事纠纷性质的争议。

根据《办法》第 4 条规定，土地所有权或者使用权归属争议案件由县级以上人民政府处理，通常先由土地管理部门申请、调查并出具处理意见，再由人民政府作出决定。土地争议案件的管辖具有一定的灵活性。尽管《办法》第 5 条至第 8 条对区、省和原国土资源部的案件管辖权作了详细的规定，但是，当事人发生土地权属争议，经协商不能解决的，可以依法向县级以上人民政府或者乡级人民政府提出处理申请，也可以依照规定向相应级别的自然资源行政主管部门提出调查处理申请。《办法》对土地权属争议行政裁决的受理、调查、举证责任、调解、处理决定等作出了详细的规定。

行政裁决采取先调解后处理的原则。[③]生效的调解书具有法律效力，是土地登记的依据。调解未达成协议的，自然资源行政管理部门应当及时提出调查处理意见，报同级人民政府作出处理决定。当事人对人民政府作出的处理决定不服的，可以依法申请行政复议或者提起行政诉讼。在规定的时间内，当事人既不申请行政复议，也不提起行政诉讼的，处理决定即发生法律效力，可以作为土地登记的依据。

（二）土地权属争议行政裁决的司法审查

根据 2017 年修正的《行政复议法》第 30 条规定，公民、法人或者其他组织认为行政机关所作出的具体行政决定侵害其土地所有权或者土地使用权，可以提起行政诉讼，并且将行政复议作为前置程序。[④]因此，土地权属争议救济途径和程序应当依照《土地管理法》和《行政复议法》进行，即先行政处理，对行政处理不服的，再进行行政复议；对行政复议不服的再提起行政诉讼。

当然，这种解决方式不无商榷之处。本书认为，对于所有权权属争议或者使用权权属争议涉及所有权范围的部分，即涉及全民所有和集体所有土地范围的争议，可以适用现行法律规定；而对于纯粹土地使用权权属或范围的争议，应当纳入普通的民事诉讼程序解决。这是因为涉及所有权的争议由政府处理具有历史延续性，而自土地使用权登记制度全面推行之后，土地使用权登记本身既是土地使用权属争议明确化的过程，也是土地使用

---

① 1995 年 12 月 18 日国家土地管理局发布的《土地权属争议处理暂行办法》同时废止。

② 《土地权属争议调查处理办法》第 14 条规定："下列案件不作为争议案件受理：（一）土地侵权案件；（二）行政区域边界争议案件；（三）土地违法案件；（四）农村土地承包经营权争议案件；（五）其他不作为土地权属争议的案件。"

③ 《土地权属争议调查处理办法》第 23 条规定："国土资源行政主管部门对受理的争议案件，应当在查清事实、分清权属关系的基础上先行调解，促使当事人以协商方式达成协议。调解应当坚持自愿、合法的原则。"

④ 《行政复议法》第 30 条规定："公民、法人或者其他组织认为行政机关的具体行政行为侵犯其已经依法取得的土地、矿藏、水流、森林、山岭、草原、荒地、滩涂、海域等自然资源的所有权或者使用权的，应当先申请行政复议；对行政复议决定不服的，可以依法向人民法院提起行政诉讼。根据国务院或者省、自治区、直辖市人民政府对行政区划的勘定、调整或者征收土地的决定，省、自治区、直辖市人民政府确认土地、矿藏、水流、森林、山岭、草原、荒地、滩涂、海域等自然资源的所有权或者使用权的行政复议决定为最终裁决。"

权（仅指可流转的土地使用权）财产化的过程。作为私权利的土地使用权的权属争议自然应当作为确权纠纷纳入民事诉讼来解决，力争尽快实现土地权属争议司法化、民事化。另外，当前在土地使用权权属争议中，行政处理、行政救济的实践效果并不理想，容易造成民事诉讼与行政诉讼判决的混乱和矛盾（参阅案例 1–2 "倪华芳等诉福清市政府土地使用权确权纠纷案"）。

［案例 1–2］

［思考题］

1. 简述土地用途分类及其意义。
2. 简述我国可流转国有土地使用权制度的形成及其特征。
3. 简述我国城市建设用地的供应及其改革方向。
4. 简述并评析城市土地储备制度。
5. 简述我国农村土地征收制度，分析存在的弊端，探讨可行的解决方案。
6. 试评析土地权属争议解决的现行规范。

第二章　建设用地使用权的出让取得

依据现行法,只有出让方式才能创设可自由流转的建设用地使用权。在法律上,建设用地使用权的出让是一种他物权的设定行为。本章第一节首先分析了建设用地使用权出让行为的性质,在此基础上对法律关系的当事人、出让合同和设定登记进行了分析,同时指出了土地用途限制对于出让土地使用权的影响。第二节论述了出让方式管制,详细分析了我国现存的四种出让方式,即协议、招标、拍卖和挂牌。第三节论述了建设用地使用权存续期限及其终止。

第一节　建设用地使用权出让规则

一、建设用地使用权出让行为

（一）出让的基本含义

国有建设用地使用权出让,是指国家以土地所有人身份将国有土地使用权在一定年限内让与使用者,由土地使用者向国家支付土地出让金的行为。

土地使用权出让制度是参考我国香港特别行政区的"批租"制度,并结合我国内地具体情况所创设的一种土地供应制度。[①]出让可以解释为所有权创设出独立的土地使用权,将之让与给受让人的行为。因此,出让可解析为两个行为,即创设行为和转让行为。不过在现实中这两个行为又是结合在一起的,其基础行为是土地使用权出让合同,然后交付土地并进行土地使用权登记。出让合同既是界定双方权利和义务的债权行为,也具有设定土地使用权的意思,而依据出让合同的登记行为完成了土地使用权设定的公示,使受让人取得具有对世性的物权。由此,土地使用权出让合同加设定登记,完成了物权设定行为,创设了物权性质的建设用地使用权。

（二）土地使用权出让性质争议

上述对出让行为的描述,决定了土地使用权出让是一种民事行为。虽然国家具有双重身份,但在国有土地出让行为中,国家是以土地所有权人的身份出现的,而不是以土地管理人（政府）身份出现的。土地使用权出让是所有权行使的结果,是创设他物权的私法行为,而不是具体行政行为。否则就难以解释土地使用权的财产性质。但是,理论界对国有土地使用权出让行为性质存在两种不同观点。一种观点认为国有土地使用权出让是一种行政行为,另一种观点认为其是一种民事法律行为。

认定是行政行为的主要理由为,土地出让方是土地管理者,是行政机关。政府管理土地的职能部门充当土地使用权出让人时,其行政管理者的身份没有改变;出让土地只是政府行使行政职能的表现,不完全是为了取得收益。另外,在现实操作中,土地使用权出让也多以

---

① 国务院于 1987 年 4 月提出土地使用权有偿出让的制度,在上海、广州、深圳和天津四个城市先予试点,后国家法律法规才确立了土地使用权的有偿使用制度。

土地行政管理机关为出让人,在存在管理与被管理的行政关系的情形下,土地出让主要体现国家分散利用土地的单方意志,受让方对土地出让期限没有多少协商余地。因此,土地使用权出让合同被确定为行政合同,而出让行为也是一种具体行政行为。

当然,在现实中,代表国家的各级出让人本身是行政机关,而且是行使土地管理权力的行政机关,这些机关既代表国家行使土地所有权,又代表国家行使社会管理职能,管理土地的利用。这使得土地使用权出让不免带有行政色彩。另外,现行的立法本身就没有很好地解决管理权和所有权的分离问题,在土地出让制度设计中存在出让行为行政化的成分,例如,土地出让金由政府的房地产评估机构确定、土地使用权期限由法律直接规定;订立出让合同的前提是房地产项目获得批准;在法律规定期限届满时,是由国家单方面决定是否续签合同等。

但问题在于,现行法律法规这样的规定是否合理或科学。土地使用权出让行为的基础仍然是民事合同,在出让合同中仍然应当遵守平等、自愿、有偿的原则,国家不应、也不能表现其相对于土地受让人的优越地位,合同内容必须是双方真实意愿的表达。要使出让后的土地使用权成为一种可流转的民法上的财产权,必须将出让行为设计成平等主体之间合意创设物权的行为。如果土地使用权是一个可以受出让人(国家)单方行为左右的权利,那么就不能创设出安全的、具有对抗世人效力的土地使用权。因此,我们不应该仅仅争论现行法律规定的土地使用权出让行为属于何种性质,而应该研究需要将其设计成何种性质。

实质上,司法实践也认可有关土地使用权出让合同纠纷的民事合同纠纷性质。最高人民法院于 2000 年 10 月公布的《民事案件案由规定(试行)》和 2011 年 2 月实施的《民事案件案由规定》[①]均将国有土地出让合同纠纷明确地列入民事案件案由中,在"马迭尔宾馆、黑龙江省哈尔滨市自然资源和规划局建设用地使用权出让合同纠纷再审案"中,最高人民法院将国有土地使用权出让产生的纠纷作为民事案件审理(参阅案例 2-1)。在"山西泰丰大酒店有限公司诉大同市土地管理局土地使用权出让合同案"中,法院将土地出让的行为视为民事行为,并确认土地管理局应当而且仅应当享有一般民事主体同样的权利,完全依照普通民事纠纷来解决政府(土地管理局只是政府的一个机构)与民事主体之间的纠纷(参阅案例 2-2)。

[案例 2-1]

[案例 2-2]

二、建设用地使用权出让法律关系的主体与客体

(一)建设用地使用权出让合同的主体

建设用地使用权出让合同主体包括出让人和受让人。建设用地使用权的出让人是土地所有权人,即国家。但是国家必须依靠各级政府机构来代表,代表国家行使建设用地所有权的行政机构即各级土地行政管理部门。根据《城市房地产管理法》第 12 条,土地使用权的出让由市县人民政府土地管理部门实施。从法律上讲,这里的土地管理部门只是国家这个土地所有权人的代表人,而不是出让人。不过,在现实中,人们往往把在合同上盖章的土地管理局理解为出让人。《暂行条例》第 11 条甚至直接将市县人民政府土地管理部门简称为出让方。本书认为,除非宪法明确城市土地归城市(法人)所有,否则这种简化方式是不符

---

① 该规定于 2020 年再次修正。

合宪法精神的。

此外,现实中的开发区管理委员会不能作为土地使用权的出让方。[1] 由于土地使用权出让的一级市场秩序较为混乱,各地政府擅自下放土地审批权力,导致开发区管理委员会出让土地使用权的情况严重,并且开发区管理委员会具有营利性质,由其出让土地使用权总是会带来许多弊端,对此国务院部署开展治理整顿土地市场的工作,明确提出要严格加强对土地的集中统一管理和统一供应,禁止违法下放土地征地、供地审批权,禁止违法出让、转让国有土地使用权。在"济宁通达液力传动有限公司与济宁经济技术开发区管理委员会建设用地使用权转让合同纠纷案"中,最高人民法院的判决也否认了开发区管理委员

［案例 2-3］

［案例 2-4］

会订立出让合同的效力(参阅案例 2-3)。但是,在过去相当一段时间,因这种现象普遍存在,法院也不轻易因此否定出让合同的效力。例如,在"浙江省浦江经济开发区管理委员会与浙江浦江永信电子有限公司出让金纠纷案"中,法院没有否认管理委员会的主体资格,只是纠正了将出让金转为借款的违规行为(参阅案例 2-4)。

受让人即欲获得土地使用权的人。理论上,受让人是没有范围限制的,可以是我国公民个人、法人和其他组织,也可以是外国自然人和法人和其他组织。《暂行条例》第 3 条对此作了明确规定:"中华人民共和国境内外的公司、企业、其他组织和个人,除法律另有规定者外,均可依照本条例的规定取得土地使用权,进行土地开发、利用、经营。"

(二)建设用地使用权出让合同的客体

建设用地使用权出让所移转的是一定期限的建设用地使用权,而不是土地所有权本身。尽管出让人要向受让人交付土地,由受让人占有使用,但出让合同移转的不是土地(土地所有权),而是对土地一定期限的使用权。2019 年《土地管理法》修改后,建设用地使用权的出让包括国有建设用地使用权的出让和集体经营性建设用地使用权的出让。

1. 国有建设用地使用权的出让

国有建设用地使用权的取得必须经过人民政府审批。《土地管理法》第 53 条规定:"经批准的建设项目需要使用国有建设用地的,建设单位应当持法律、行政法规规定的有关文件,向有批准权的县级以上人民政府自然资源主管部门提出建设用地申请,经自然资源主管部门审查,报本级人民政府批准"。审批制度的主要目的是实现国家对建设用地的总量控制和年度建设用地控制。用于房地产开发的出让土地使用权不得超出政府控制的指标。另外,建设用地使用权出让必须符合土地利用总体规划、城市规划。对于拟出让的土地,城市规划部门要审查其选址和布局是否符合城市规划、规划设计是否符合控制性规划条件,并颁发建设用地规划许可证(许可证是获得土地使用权的前置条件);建设主管部门要审查其是否有明确的开发项目,是否具备城市基础设施配套条件;房地产管理部门要审查其是否落实了拆迁安置房源和妥善的拆迁安置方案,以及地块上的房屋产权是否已界定清楚。所有这

---

[1] 最高人民法院《关于审理涉及国有土地使用权合同纠纷案件适用法律问题的解释》(以下简称《土地使用权解释》)第 2 条第 1 款明确规定:"开发区管理委员会作为出让方与受让方订立的土地使用权出让合同,应当认定无效。"但第 2 款将开发区管理委员会视为一种无权代理行为,认为该解释实施前,开发区管理委员会作为出让方与受让方订立的土地使用权出让合同,起诉前经市、县人民政府主管部门追认的,可以认定合同有效。

些都成为制约审批能否获得通过的因素。

本书认为，审批是我国对国有土地实行严格行政管制的重要手段，关系着出让的土地是否合法。因此，审批应当视为出让合同的生效要件，而不是合同的成立要件。但是，《土地使用权解释》第4条似乎没有将审批解释为合同的生效要件。[①] 该条规定："土地使用权出让合同的出让方因未办理土地使用权出让批准手续而不能交付土地，受让方请求解除合同的，应予支持。"二者结果差异并不大，只是在受让人拿不到土地又受让人主张解除合同时，可能会更加有利。最高人民法院在审理"时间房地产建设集团有限公司与玉环县国土资源局土地使用权出让合同纠纷案"时，认为国土资源局以该开发宗地未经浙江省国土资源厅批准为由，单方停止挂牌出让，拒绝与时间房地产建设集团有限公司订立国有土地使用权出让合同，应承担缔约过失责任，赔偿竞买人在缔约阶段所发生的信赖利益损失（参阅案例2–5）。

［案例2–5］

2. 集体经营性建设用地使用权的出让

在2019年《土地管理法》修改以前，只有国有土地可以以出让方式转让建设用地使用权，农村集体所有的土地不能以出让方式转让建设用地使用权。城市规划区内集体所有的土地，[②] 也只能先征收为国有，才能以出让方式创设建设用地土地使用权。[③]《土地管理法》重新修改之后，集体经营性建设用地使用权能够进入市场流转，其出让需要满足以下三个条件：其一，集体经营性建设用地要符合土地利用总体规划、城乡规划和国土空间规划，该土地为工业、商业等经营性用途；其二，入市流转的集体经营性建设用地必须产权明晰，已经依法办理了土地所有权登记；其三，土地利用年度计划应当对入市流转的集体经营性建设用地作出合理安排。在满足以上三个条件的前提下，集体组织通过2/3以上多数村民或者村民代表同意，可以通过出让、出租等方式将集体经营性建设用地交由单位或者个人在一定年限内有偿使用。

三、建设用地使用权出让合同

建设用地使用权出让实质上包含两种行为：一是签订建设用地使用权出让合同；二是设定建设用地使用权的登记。

（一）土地使用权出让合同

《城市房地产管理法》第15条第1款规定："土地使用权出让，应当签订书面出让合同。"《民法典》第348条第1款规定："通过招标、拍卖、协议等出让方式设立建设用地使用权的，当事人应当采用书面形式订立建设用地使用权出让合同。"建设用地使用权出让合同是国家以土地所有权人身份签订的，属于民事合同范畴。所以《暂行条例》第11条特别规定："土地使用权出让合同应当按照平等、自愿、有偿的原则，由市、县人民政府土地管理部门（以下简称出让方）与土地使用者签订。"但是，建设用地使用权出让合同内容并非完全由当

---

① 最高人民法院民事审判第一庭编著的《最高人民法院国有土地使用权合同纠纷司法解释的理解与适用》中提到，要求批准、登记的规范，应属于取缔规范，而不是效力规范。违反了取缔性的规定，可以由有关机关对当事人实施行政处罚，但不一定宣告合同无效。

② 比如，城市发展较快所出现的"城中村"。

③ 这意味着，从农村集体以租赁或"出让"方式取得土地使用权，继而开发房地产是不合法的，购买这种土地之上建造的房屋的人不能依法取得可流转的土地使用权。因而其上的建筑不具有可以自由流转的属性。在集体土地上建造的房屋被称为小产权房。小产权房的购买人面临不能获得法律上房屋所有权的风险。

事人自行决定,大多数内容是由法律直接规定,甚至还包括一些行政义务。

目前,建设用地使用权出让合同是由土地管理部门事先拟订好的示范文本①,因此可以协商的内容并不多。一般而言,建设用地使用权出让合同包括以下内容:(1)当事人的名称和住所。(2)土地界址、面积等。(3)建筑物、构筑物及其附属设施占用的空间。(4)土地用途。土地用途是根据建设规划确定的土地用途及利用要求。(5)使用期限。《暂行条例》第12条将土地使用权出让最高年限按下列用途确定为:①居住用地70年;②工业用地50年;③教育、科技、文化、卫生、体育用地50年;④商业、旅游、娱乐用地40年;⑤综合或者其他用地50年。(6)出让金等费用及其支付方法。出让金系获得一定期限土地使用权的对价,与土地使用期限密切相关,关系国家的土地收益和使用人的负担,体现着国家土地政策,因此,土地使用权出让合同必须对土地出让金的数额、支付方式和期限作出约定。(7)解决争议的方法。

出让合同应当包括合同正文,即国有建设用地使用权出让示范文本,并附有出让宗地平面界址图、出让宗地竖向界限、市(县)政府规划管理部门确定的出让宗地规划条件。

（二）主合同义务的履行及责任

在出让合同关系中,受让人的主要义务是支付出让金,出让人的主要义务是按合同提供土地。

《城市房地产管理法》对双方当事人义务的履行及其责任作了明确规定:土地使用者必须按照出让合同约定,支付土地使用权出让金;未按照出让合同约定支付土地使用权出让金的,土地管理部门有权解除合同,并可以请求违约赔偿(第16条);土地使用者按照出让合同约定支付土地使用权出让金的,市、县人民政府土地管理部门必须按照出让合同约定,提供出让的土地;未按照出让合同约定提供出让的土地的,土地使用者有权解除合同,由土地管理部门返还土地使用权出让金,土地使用者并可以请求违约赔偿(第17条)。

出让人提供的土地通常理解为适宜开发利用土地,如果出让合同没有具体规定,出让人与受让人容易就出让土地是否适格产生争议。比如,"上海虹城房地产有限公司诉上海市房屋土地资源管理局土地使用权出让合同案",就是围绕出让地块上存在三处民防工程是否影响开发或是否构成瑕疵履行发生的争议(参阅案例2-6)。

［案例2-6］

［案例2-7］

土地出让合同解除后,土地的收回也是一件复杂的事情。"上海福明置业有限公司申请执行杨浦区人民政府其他房地产开发经营合同纠纷案"即一起因出让合同解除,土地收回的执行较为典型的案例(参阅案例2-7)。

四、建设用地使用权设定登记

土地使用权出让是为了创设一种物权,而不动产物权经公示后才具有对抗效力,因此,土地使用权必须经登记产生物权效力。《民法典》第349条规定,设立建设用地使用权的,应当向登记机构申请建设用地使用权登记。

理论上,签订建设用地使用权出让合同产生出让人交付土地和受让人支付出让金的权利义务关系,属于债权行为,而登记则是双方设定物权(使用权)意思的公示,属于物权生效要件。因此,即使签订了有效建设用地出让合同,在未获得登记之前,受让人也只取得请求

① 《国有建设用地使用权出让合同》示范文本由原国土资源部联合国家工商行政管理总局共同发布,并适时修订,最新的文本于2008年4月发布。

出让人交付土地并办理登记的请求权（债权），而不能取得物权。因此，登记可以理解为创设土地使用权的物权行为生效要件。

《暂行条例》第16条对此作出了明确规定："土地使用者在支付全部土地使用权出让金后，应当依照规定办理登记，领取土地使用证，取得土地使用权。"根据2021年修改的《不动产登记操作规范（试行）》第8.1.3条的规定，申请国有建设用地使用权首次登记，需要提交不动产登记申请书、申请人身份证明、土地权属来源等材料，以出让方式取得土地权属的，应当提交出让合同和缴清土地出让价款凭证等相关材料。因此，登记是取得土地使用权的必要条件。建设用地使用权自登记时设立。登记机构应当向建设用地使用权人发放建设用地使用权证书。

建设用地使用权从性质上讲是所有权上设定的他物权，应当登记在建设用地所有权底簿上。由于国有土地并不存在所有权底簿，建设用地土地使用权的登记是独立建簿登记的。因此，出让建设用地使用权登记不仅是简单的他物权登记，而是在土地上创设可流转的建设用地使用权登记，具有初始登记的性质。它登记的内容较他物权登记复杂。除了登记权利人及土地范围——明确的四至（红线图）外，还需要登记土地的用途，除非今后更正，该用途永远附随于该土地使用权不得变更，并登记土地使用权的性质（出让、划拨或其他），以决定该土地的流转性等。

五、土地使用条件条款及其违反后果

土地使用条件条款包括土地利用条件条款和土地用途条款。

（一）土地利用条件条款

土地的利用条件规定在《国有建设用地使用权出让合同》示范文本的第13条。合同明确受让人对土地利用的条件，主要涉及主体建筑物性质、附属建筑物性质、建筑容积率、建筑限高、建筑密度、绿地率等。土地因为项目和产业政策不同，在利用条件方面也存在差异。如受让宗地用于工业用地，建筑容积率、建筑密度只需约定最低限指标，而对于住宅用地用于房地产项目建设的，建筑容积率、建筑密度要同时填写最高限指标和最低限指标。

（二）土地用途条款

《国有建设用地使用权出让合同》示范文本的第5条，事先明确了合同项下出让宗地的用途。

在出让期限内，土地用途也不是绝对不可改变。《城市房地产管理法》第18条、《民法典》350条、《暂行条例》第18条《国有建设用地使用权出让合同》示范文本第18条[1]对土地用途变更作了明确规定。如需改变合同约定的土地用途，有两种处理方式：一是由出让人有偿收回建设用地使用权；二是依法办理改变土地用途批准手续，签订国有建设用地使用权出让合同变更协议，或者重新签订出让合同。对于当事人选择采用第二种方式的，必须按照

---

[1] 《国有建设用地使用权出让合同》示范文本第18条规定："受让人应当按照本合同约定的土地用途、容积率利用土地，不得擅自改变。在出让期限内，需要改变本合同约定的土地用途的，双方同意按照本条第＿＿＿项规定办理：

（一）由出让人有偿收回建设用地使用权；

（二）依法办理改变土地用途批准手续，签订国有建设用地使用权出让合同变更协议或者重新签订国有建设用地使用权出让合同，由受让人按照批准改变时新土地用途下建设用地使用权评估市场价格与原土地用途下建设用地使用权评估市场价格的差额补缴国有建设用地使用权出让价款，办理土地变更登记。"

《协议出让国有土地使用权规范（试行）》规定的操作程序规范办理。

《土地使用权解释》第5条规定,受让方经出让方和市、县人民政府城市规划行政主管部门同意,改变土地使用权出让合同约定的土地用途,当事人请求按照起诉时同种用途的土地出让金标准调整土地出让金的,应予支持。

但是,已办理房地产转移登记或已预售的房屋占用土地的用途变更是否要征得全体产权人或预购人书面同意,在国家立法中尚未规定。本书认为,由于该种变更事关土地最终使用者的利用,因此,应当征得预购人或全体产权人同意。

（三）违反使用条件的法律后果

《暂行条例》第17条规定,土地使用者未按合同规定的期限和条件开发、利用土地的,市、县人民政府土地管理部门应当予以纠正,并根据情节可以给予警告、罚款直至无偿收回土地使用权的处罚。受让人违反合同利用土地,不仅要承担违约责任,还要受到行政处罚,因为土地用途受国家管制,国家管制的依据便是合同。这是由行政机关作为出让人的特殊身份决定的。在个人土地上设定用益物权时,用益物权人违约的,只能采取司法救济,而不能采取行政手段。根据住建部2012年发布的《建设用地容积率管理办法》,容积率等规划条件是国有土地使用权出让合同的组成部分,容积率等规划条件未纳入土地使用权出让合同的,土地使用权出让合同无效（第4条）。这意味着容积率等规划条件是建设用地设定的要件,缺失该要件法院可以认定出让合同无效。

《土地使用权解释》第6条认为,"受让方擅自改变土地使用权出让合同约定的土地用途,出让方请求解除合同的,应予支持"。这赋予了出让人在受让人擅自改变用途时的合同解除权。不过,土地使用权出让合同毕竟不同于买卖合同,它不仅涉及已经建设的建筑物的处置,而且可能涉及第三人,因此出让人应当谨慎行使解除权。

第二节　建设用地使用权出让的方式

一、现行法对建设用地使用权出让方式的管制

（一）现行法对土地使用权出让方式的管制

土地使用权的出让方式,实质上就是出让人选择受让人以及缔结合同的方式。《城市房地产管理法》第13条规定土地使用权出让可以采取拍卖、招标或者双方协议三种方式。国土资源部于2002年颁布的《招标拍卖挂牌出让国有土地使用权规定》（以下简称"2002年《招拍挂规定》"）,不仅对招标、拍卖方式的操作流程作出了规范,而且提出了一种新的公开出让方式——挂牌出让方式。因此,建设用地使用权出让有协议、招标、拍卖和挂牌四种方式。

在这四种方式中,协议出让方式因为缺乏公开性、竞争性,受具体经办人的主观因素影响较大,容易出现出让金偏低等不正常现象;其他三种方式则具有公开性、竞争性,避免了协议出让的弊端。因此,经营性土地的出让必须采取招标、拍卖或挂牌方式,协议出让方式只是前述三种出让方式的补充。

《城市房地产管理法》第13条规定,商业、旅游、娱乐和豪华住宅用地,有条件的,必须采取拍卖、招标方式。该条将协议方式出让限定在没有条件采取拍卖和招标的情形下,但是在实践中代表国家出让的土地管理部门采用协议出让形式的情况仍非常常见。

2002年《招拍挂规定》第一次明确了经营性用地必须实行招拍挂出让,确立了市场配置土地资源、确定土地使用权人的制度。原《物权法》第137条将工业用地出让纳入招标拍卖范围。①之后,国土资源部于2007年对2002年《招拍挂规定》进行了修订,颁布了《招标拍卖挂牌出让国有建设用地使用权规定》(以下简称2007年《招拍挂规定》)。2007年《招拍挂规定》第4条明确规定,工业、商业、旅游、娱乐和商品住宅等经营性用地以及同一宗地有两个以上意向用地者的,应当以招标、拍卖或者挂牌方式出让。

招标、拍卖和挂牌出让三者存在共同程序规则。根据2007年《招拍挂规定》,出让人应当根据出让地块情况,编制招标拍卖挂牌出让文件。招标拍卖挂牌出让文件应当包括出让公告、投标或者竞买须知、土地使用条件、标书或者竞买申请书、报价单、中标通知书或者成交确认书、国有建设用地使用权出让合同文本(第7条)。出让人应当至少在招标、拍卖或者挂牌开始日前20日,在土地有形市场或者指定的场所、媒介发布招标、拍卖或者挂牌公告,②公布招标拍卖挂牌出让宗地的基本情况和招标拍卖挂牌的时间、地点(第8条)。③

（二）出让方式管制的效力

对出让方式的适用范围作出强制性规范的理由和目的是防止出让机构不负责地低价出让土地,遏制国有资产流失和腐败现象。因而这种对使用权出让方式的限制属于行政管制范畴。

关于出让方式违反管制与出让合同(行为)效力的关系,法律并未明确。从目前的实践来看,违反出让方式限制而进行出让的(指本应采取公开方式,而采用协议方式的),一般进行行政处罚或补救,而不否定出让合同的效力。尤其是在出让土地已经投入建设的情形下,否定合同效力不利于土地资源有效利用。因此,对出让合同管制的违反,宜认定违反者只承担行政责任。

二、协议出让方式

协议出让国有建设用地使用权,是指国家以协议方式将国有建设用地使用权在一定年限内出让给土地使用者,由土地使用者向国家支付土地使用权出让金的行为。

根据《协议出让国有土地使用权规范(试行)》,可以采用协议出让使用权的国有土地的范围主要有:(1)供地环节的协议出让。供应商业、旅游、娱乐和商品住宅等各类经营性用地以外用途的土地,其供地计划公布后同一块地只有一个意向用地者的。(2)原划拨、承租土地使用权人申请办理协议出让,经依法批准的。(3)划拨土地使用权中的协议出让,经依法批准的。(4)出让土地使用权续期中的协议出让。出让土地使用权人申请续期,经审查准予的,可以采用协议方式。(5)法律、法规、行政规定明确可以协议出让的其他情形,主要包括出让土地使用权改变用途等土地使用条件时的协议出让。

协议出让并不完全实行意思自治,要受出让年限和最低价的限制。根据《协议出让国

---

① 原《物权法》第137条规定:"设立建设用地使用权,可以采取出让或者划拨等方式。工业、商业、旅游、娱乐和商品住宅等经营性用地以及同一土地有两个以上意向用地者的,应当采取招标、拍卖等公开竞价的方式出让。严格限制以划拨方式设立建设用地使用权。采取划拨方式的,应当遵守法律、行政法规关于土地用途的规定。"

② 此前的规定只是让其发布公告即可,而对于公告的地址并没有明确的条件。

③ 根据第9条规定,招标拍卖挂牌公告应当包括下列内容:(1)出让人的名称和地址;(2)出让宗地的面积、界址、空间范围、现状、使用年期、用途、规划指标要求;(3)投标人、竞买人的资格要求及申请取得投标、竞买资格的办法;(4)索取招标拍卖挂牌出让文件的时间、地点和方式;(5)招标拍卖挂牌时间、地点、投标挂牌期限、投标和竞价方式等;(6)确定中标人、竞得人的标准和方法;(7)投标、竞买保证金;(8)其他需要公告的事项。

有土地使用权规范（试行）》，协议出让最低价不得低于新增建设用地的土地有偿使用费、征地（拆迁）补偿费用以及按照国家规定应当缴纳的有关税费之和。国家为了更好地管理协议出让土地，还设立了协议出让公示制度和协议出让价格裁决机制。

三、招标出让方式

根据 2007 年《招拍挂规定》，招标出让国有建设用地使用权，是指市、县人民政府土地资源行政主管部门发布招标公告，邀请特定或者不特定的自然人、法人和其他组织参加投标，根据投标结果确定国有建设用地使用权人的行为。根据 2007 年《招拍挂规定》第 14 条，能够最大限度地满足招标文件中规定的各项综合评价标准，或者能够满足招标文件实质性要求且价格最高的投标人，应当确定为中标人。第 13 条第 2 款又规定，在招标出让活动中，对于按照"价高者得"的原则评标确定中标人的，因为参加投标的人都符合公布的条件，可以不成立评标小组，由招标主持人根据开标结果，确定有效投标价格最高者为中标人。[①]尽管如此，在实际操作过程中，招标人仍可以根据综合因素确定中标人（受让人）。

根据 2007 年《招拍挂规定》，招投标出让的，市、县人民政府国土资源行政主管部门应当根据土地估价结果和政府产业政策综合确定标底或者底价。标底或者底价不得低于国家规定的最低价标准。[②] 投标、开标依照下列程序进行：

1. 投标人在投标截止时间前将标书投入标箱。公告允许邮寄的，投标人可以邮寄，但出让人在投标截止时间前收到的方为有效。标书投入标箱后，不可撤回。

2. 出让人按照招标公告规定的时间、地点开标，并邀请所有投标人参加。由投标人或者推选代表检查标箱的密封情况，当众开启标箱，逐一宣布投标人名称、投标价格和投标文件的主要内容。投标人少于三人的，出让人应当终止招标活动。

3. 评标小组评标。评标小组由出让人代表、有关专家组成，成员人数为 5 人以上的单数。评标小组可以要求投标人对投标文件作出必要的澄清或者说明，但是澄清或者说明不得超出投标文件的范围或者改变投标文件的实质性内容。评标小组应当按照招标文件确定的评标标准和方法，对投标文件进行评审。

4. 招标人根据评标结果，确定中标人。按照价高者得的原则确定中标人的，可以不成立评标小组，由招标主持人根据开标结果，确定中标人。

中标人应与出让人签订成交确认书，并按确认书规定的时间与出让人签订土地使用权出让合同。

招标活动结束后，出让人应在 10 个工作日内将招标出让结果在土地有形市场或者指定场所、媒介公布。

四、拍卖出让方式

拍卖出让国有建设用地使用权，是指出让人发布拍卖公告，由竞买人在指定时间、地点进行公开竞价，根据出价结果确定国有建设用地使用权人的行为。

一般来讲，拍卖应由第三方或专业拍卖机构主持，由出价最高者获得土地使用权。

拍卖方式与招标方式略微有所不同。其一，招标方式可使招标人全面审视投标人各方面条件，并非只关注出让金数额；而拍卖方式，一般谁出价最高谁就可获得土地使用权，出让

---

① 实践当中，采取"价高者得"的评标方式确定中标人，程序简单，公开透明，易于操作。
② 此前规定，达到底价的竞买人有权利获得出让土地。而 2007 年《招拍挂规定》明确指出了底价的最低标准。

人可能无法控制受让人的其他条件。其二,招标出让方式中,各投标人一般只有一次投标机会。而拍卖中每个应买人可以随时报出更高价格,可以提出数次报价。

根据 2007 年《招拍挂规定》第 15 条,拍卖会依照下列程序进行:(1)主持人点算竞买人;(2)主持人介绍拍卖宗地的面积、界址、空间范围、现状、用途、使用年期、规划指标要求、开工和竣工时间以及其他有关事项;(3)主持人宣布起叫价和增价规则及增价幅度,没有底价的,应当明确提示;(4)主持人报出起叫价;(5)竞买人举牌应价或者报价;(6)主持人确认该应价后继续竞价;(7)主持人连续三次宣布同一应价而没有再应价或报价的,主持人落槌表示拍卖成交;(8)主持人宣布最高应价或者报价者为竞得人。

根据 2007 年《招拍挂规定》第 16 条,竞买人的最高应价或者报价未达到底价时,主持人应当终止拍卖。拍卖主持人在拍卖中可根据竞买人竞价情况调整拍卖增价幅度。

竞买人确定后,其余程序与招标相同,即要签订成交确认书,在交易场所、媒介公布拍卖结果,签订建设用地使用权出让合同,缴纳出让金等。

五、挂牌出让方式

挂牌出让国有建设用地使用权,是指出让人发布挂牌公告,按公告规定的期限将拟出让宗地的交易条件在指定的土地交易场所挂牌公布,接受竞买人的报价申请并更新挂牌价格,根据挂牌期限截止时的出价或者现场竞价结果确定土地使用者的行为。

根据 2007 年《招拍挂规定》第 17 条,挂牌依照以下程序进行:(1)在挂牌公告规定的挂牌起始日,出让人将挂牌宗地的面积、界址、空间范围、现状、用途、使用年期、规划指标要求、开工时间和竣工时间、起始价、增价规则及增价幅度等,在挂牌公告规定的土地交易场所挂牌公布(挂牌时间不得少于 10 个工作日,同时根据第 11 条的规定,挂牌出让的,出让公告中规定的申请截止时间,应当为挂牌出让结束日前 2 天[①]);(2)符合条件的竞买人填写报价单报价;(3)挂牌主持人确认该报价后,更新显示挂牌价格(在挂牌期间,出让人可根据竞买人竞价情况调整增价幅度);(4)挂牌主持人在挂牌公告规定的挂牌截止时间确定竞得人。

挂牌也是一种公开竞价确定受让人的方式。这种方式区别于拍卖招标之处在于竞买人遴选机制。根据 2007 年《招拍挂规定》第 19 条,挂牌期限届满,按照下列规定确定是否成交:(1)在挂牌期限内只有一个竞买人报价,且报价不低于底价,并符合其他条件的,挂牌成交;(2)在挂牌期限内有两个或者两个以上的竞买人报价的,出价最高者为竞得人;报价相同的,先提交报价单者为竞得人,但报价低于底价者除外;(3)在挂牌期限内无应价者或者竞买人的报价均低于底价或均不符合其他条件的,挂牌不成交。

在挂牌期限截止时仍有两个或者两个以上竞买人要求继续报价的,挂牌主持人应当对挂牌宗地进行现场竞价,确定出价最高者为竞得人。挂牌主持人在土地挂牌出让中,可以根据挂牌报价情况确定挂牌成交、挂牌终止或挂牌转为现场竞价。竞得人确定后,其余程序与招标相同。挂牌出让是一种新的出让方式,实践中对挂牌出让公告的法律性质有不同的理解,最高人民法院在"时间房地产建设集团有限公司与玉环县国土资源局土地使用权出让合同纠纷案"中将其认定为邀约邀请。

---

① 2 天的设定,是为了留下一定的审查时间。

第三节　建设用地使用权存续期限及其终止

一、出让建设用地使用权的期限

（一）建设用地使用权期限规定

我国现行法律规定了不同类型用途的国有建设用地使用权出让的最高年限。根据《暂行条例》第12条规定,土地使用权出让最高年限分三种:(1)居住用地70年;(2)工业用地、教育、科技、文化、卫生、体育用地、综合或者其他用地50年;(3)商业、旅游、娱乐用地40年。

土地使用权出让合同确定的土地使用权期限,应当与其用途相一致且限定在法定最高年限之内。如果超出该土地的最高年限,超出的期限不具有法律效力。尤其是在国有建设用地使用权转让、互换、出资、赠与或者抵押时,当事人约定的使用期限不得超过建设用地使用权的剩余期限。[①]

（二）建设用地使用权期满前收回

建设用地使用权的出让是给予受让人一定期限的使用权,国家保障受让人在合同确定期限内的使用权。也可以说,在出让合同确定的期限内,受让人具有对抗国家提前收回土地的权利。但是,土地使用权不是绝对不可以提前收回。有两种情形可以提前收回土地使用权:其一,因公共利益需要;其二,闲置土地达一定年限。

1. 因公共利益收回

《城市房地产管理法》第20条规定,国家对土地使用者依法取得的土地使用权,在出让合同约定的使用年限届满前不收回;在特殊情况下,根据社会公共利益的需要,可以依照法律程序提前收回,并根据土地使用者使用土地的实际年限和开发土地的实际情况给予相应的补偿。[②]《民法典》第358条规定:"建设用地使用权期限届满前,因公共利益需要提前收回该土地的,应当依据本法第二百四十三条的规定对该土地上的房屋以及其他不动产给予补偿,并退还相应的出让金。"

这主要表明:第一,国家尊重土地使用权人的权利,除非基于公益目的不得随意收回土地使用权。也就是说,土地使用权具有对抗出让人——国家的效力,以物权方式保护土地使用权。第二,基于公共利益收回土地时,国家应当按照公平原则补偿,以体现对财产权的保护(土地使用权人丧失对土地的支配权,但在经济上获得补偿)。

2. 因闲置而收回

依据《城市房地产管理法》第26条规定,以出让方式取得土地使用权进行房地产开发,满2年未动工开发的,可以无偿收回土地使用权,但因不可抗力,政府或政府有关部门的行为,或者动工开发必需的前期工作造成动工开发迟延的除外。支撑闲置收回的理由是,闲置有违社会利益,为促进资源的利用,将闲置土地收回。这是公法对私权限制的表现。2012年国土资源部发布的《闲置土地处置办法》对闲置土地作了重新定义。闲置土地是指国有

---

① 《民法典》第354条规定:"建设用地使用权转让、互换、出资、赠与或者抵押的,当事人应当采用书面形式订立相应的合同。使用期限由当事人约定,但是不得超过建设用地使用权的剩余期限。"

② 另外,《土地管理法》第58条第1款第1项还将"为实施城市规划进行旧城区改建以及其他公共利益需要,确需使用土地的"作为提前收回的理由。这种不分公益和私益目的而一律认为可以提前收回的合理性不无怀疑。

建设用地使用权人超过国有建设用地使用权有偿使用合同或者划拨决定书约定、规定的动工开发日期满一年未动工开发的国有建设用地。已动工开发但开发建设用地面积占应动工开发建设用地总面积不足 1/3 或者已投资额占总投资额不足 25%,中止开发建设满一年的国有建设用地,也可以认定为闲置土地(第 2 条),该办法对闲置土地的调查、认定和处置作了详细规定。

二、建设用地使用权期满终止和续展

《城市房地产管理法》第 22 条第 1 款规定:"土地使用权出让合同约定的使用年限届满,土地使用者需要继续使用土地的,应当至迟于届满前一年申请续期,除根据社会公共利益需要收回该幅土地的,应当予以批准。经批准准予续期的,应当重新签订土地使用权出让合同,依照规定支付土地使用权出让金。"

据此,住宅建设用地使用权期限届满后自动续期。而对于非住宅建设用地使用权,建设用地使用权出让合同约定的使用年限届满可能产生两种结果:一是受让人未续展或续展未获批准,建设用地使用权终止;二是受让人续展,建设用地使用权延长至新合同约定的期限届满。

(一)土地使用权期满而终止

国家允许建设用地使用权人续展土地使用权,如果建设用地使用权人未申请续展或申请未被批准,则土地使用权即被国家收回。

《城市房地产管理法》第 22 条第 2 款规定:"土地使用权出让合同约定的使用年限届满,土地使用者未申请续期或者虽申请续期但依照前款规定未获批准的,土地使用权由国家无偿收回。"显然,国家在收回建设用地使用权时,无须向建设用地使用权人支付任何对价或补偿。这是建设用地使用权作为"他物权"性质的权利的必然结果。

(二)土地使用权届满和续展问题

按照《城市房地产管理法》第 22 条和《暂行条例》第 41 条的规定,申请续展应当按照以下程序进行:(1)至迟于届满前一年申请续期。这种续展申请应向出让人或房地产管理部门提出。(2)办理必要续展审批手续,按照《暂行条例》第二章的规定重新签订合同。至于批准机关,是房地产管理机关还是其他行政机关,目前法规并没有明确。(3)支付土地使用权出让金,并办理登记手续。目前法规也没有相应的操作规则。

现行法确定的规则似乎不是简单的续展或续期,而是重新签署合同。由于续期不改变土地用途,只是出让金变化,完全可以通过维持原合同,同时签署续展协议的方式,将原合同期限延长,并确定要支付的出让金。《民法典》第 359 条虽然确定了住宅建设用地使用权期限届满的自动续期,但是对于非住宅建设用地使用权是否应当签订出让合同并交纳出让金并没有明确规定。

(三)住宅建设用地使用权期限问题

我国房屋所有权与土地使用权的结合类似于地上权结构,但土地所有人并非个人而是国家或集体;国家或集体所有制又必须确保每个人都有居住和生存所需的土地。另外,国家和集体均不存在死亡问题,其所有权可以永久存续,土地使用权也可以永久随房屋存续。在这种背景下,我国就更有理由将房屋用地使用权塑造成比地上权更具独立性的物权。

本书认为,对于住宅用房,应当确立房屋所有权吸附土地使用权的规则,使土地使用权永久与房屋所有权结合,只要房在,土地使用权就存在。对于商业用地或商业用房,比如厂房、商厦、饭店、写字楼等,其土地使用权应当有期限,以便期限届满时调整国家与经营者之间的利益关系,由产权人续签土地出让合同或由国家收回土地。这样,也便于实际操作,因为让分散的居民与国家重新签署任何出让合同并加备案登记是不现实的,而且在建筑物区分所有情形下签署合同也是不经济的。实际上,《民法典》第 359 条对出让居住用途的土地使用权自动延期的规定,已经采取这样的规则。

［思考题］

1. 试分析建设用地使用权出让行为的性质。
2. 简述建设用地使用权出让合同的主体和客体。
3. 简述建设用地使用权出让取得的要件。
4. 简述土地用途和使用条件条款的重要意义。
5. 简述我国现行法对建设用地使用权出让方式的规定。
6. 简述现行法对建设用地使用权终止的规定,分析其存在问题及解决方案。

第三章　建设用地使用权的其他取得方式

除出让方式外,我国还有划拨、租赁等建设用地使用权取得方式。本章第一节论述了划拨方式。早在 1990 年颁布实施的《暂行条例》中就确立了新的用于公益目的的划拨土地使用权,但同时该条例又允许商业目的划拨土地使用权进行商业化处分,使原来不可流转的土地使用权转变为可流转的土地使用权。因此,划拨建设用地使用权转轨是取得可流转建设用地使用权的重要方式。在我国存在两种土地租赁:一种是从土地所有权人(国家)处承租土地,称为国有土地租赁;另一种是从建设用地使用权人处承租土地,获得租赁建设用地使用权。由于这两种租赁的性质不同,本章分别在两节中加以论述。在土地二级市场,其他人可以以受让或租赁方式从建设用地使用权人处间接获得建设用地使用权。第三节主要讲述间接取得建设用地使用权的方式,包括建设用地使用权的转让和建设用地使用权出租。

第一节　划拨建设用地使用权及其流转

一、现行法对划拨建设用地使用权的规范

（一）划拨建设用地使用权的基本定位

1990 年《暂行条例》正式确定了划拨土地使用权,[1]1992 年国家土地管理局发布的《划拨土地使用权管理暂行办法》对划拨土地使用权设定及其转让、出租、抵押作了细化规范。[2]《城市房地产管理法》对划拨土地使用权作了更清晰的定位,该法第 23 条规定:"土地使用权划拨,是指县级以上人民政府依法批准,在土地使用者缴纳补偿、安置等费用后将该幅土地交付其使用,或者将土地使用权无偿交付给土地使用者使用的行为。依照本法规定以划拨方式取得土地使用权的,除法律、行政法规另有规定外,没有使用期限的限制。"《民法典》以国家基本法的形式在"物权编"的"用益物权分编"中对划拨方式设立建设用地使用权进行了确认。[3]因此,划拨是建设用地使用权的设定方式之一。

划拨方式实质上是行政批准决定行为。依据行政决定书,用地申请人在缴纳征用补偿安置费[4]后即可取得建设用地使用权,不需要向国家缴纳出让金,也不需要和国家签订任何合同。土地登记部门需要对所取得的划拨建设用地使用权进行登记,公示建设用地使用权的范围(四至)和权利人。另外,划拨土地使用者应当依照《城镇土地使用税暂行条例》的

---

① 该条例第 43 条第 1 款规定,划拨土地使用权是指土地使用者通过各种方式依法无偿取得的土地使用权。

② 根据自然资源部《关于第一批废止和修改的部门规章的决定》,自 2019 年 7 月 24 日起,《划拨土地使用权管理暂行办法》废止。

③ 《民法典》第 347 条规定:"设立建设用地使用权,可以采取出让或者划拨等方式。工业、商业、旅游、娱乐和商品住宅等经营性用地以及同一土地有两个以上意向用地者的,应当采取招标、拍卖等公开竞价的方式出让。严格限制以划拨方式设立建设用地使用权。"

④ 这些费用是支付给集体经济组织(农民)或者原用地单位的,并不是向国家支付土地使用费。所以,虽然缴纳了一定费用,仍然认为划拨建设用地使用权具有"无偿性"的特点。

规定,缴纳土地使用税。

以划拨方式取得的建设用地使用权最主要的特征是:行政性、无偿性和无期限性。这决定了划拨建设用地使用权不得转让、出租、抵押,因而具有不可交易性。划拨建设用地使用权之所以不得转让、出租和抵押,是因为划拨建设用地使用权的用途区别于出让建设用地使用权,限于公益用途。依据《土地管理法》第 54 条和《城市房地产管理法》第 24 条规定,只有下列建设用地才可以适用划拨方式取得建设用地使用权:(1)国家机关用地和军事用地;(2)城市基础设施用地和公益事业用地;(3)国家重点扶持的能源、交通、水利等项目用地;(4)法律、行政法规规定的其他用地。

现实操作中还有两点值得注意:第一,用于解决城市住房困难家庭和经济适用住房、廉租房等社会保障性住房用地[①] 应当纳入划拨建设用地使用权取得的范畴;第二,对于能源、交通、水利等项目用地的土地划拨取得范围应当进行限缩。

因此,划拨建设用地使用权被定位在公益事业和国家重点工程建设上。公益目的决定了划拨建设用地使用权的无偿性,也决定了其不可进入市场流转的特性。

（二）划拨建设用地使用权的特征

划拨建设用地使用权和出让建设用地使用权都是建设用地使用权,都属于用益物权的范畴,但两者还存在以下不同点:

（1）取得方式不同。划拨建设用地使用权是通过行政划拨方式取得,属于行政方式;出让方式,是通过合同创设可流转的财产权。

（2）对价支付不同。划拨土地不需要支付出让金,是无偿取得建设用地使用权的一种方式。在划拨农民集体土地时,由国家支付补偿金进行征收;即使由单位支付,也不属于出让金范畴。而出让方式取得建设用地使用权要一次性地交付出让金,数额相当于一定年限建设用地使用权的对价。

（3）存在期限不同。按照现行法律规定,划拨建设用地使用权是长期或无期限的;而出让建设用地使用权却存在一定期限,期限届满后未申请续展或续展未获批准,即告消灭,但居住目的的建设用地使用权除外。

（4）使用权性质不同。划拨土地不能直接进入市场,是一种不可交易的财产;出让建设用地使用权可进入市场,属于可交易财产。划拨建设用地使用权的价值主要体现在使用利益,而无法通过市场变现,故不具有财产的本质属性。

（三）划拨建设用地使用权的终止

划拨建设用地使用权没有明确的存续期限,只要公益目的一直存在,划拨建设用地使用权即应当存在。划拨建设用地使用权可能因公益目的实现或消失而终止,或者因使用者终止而终止。《暂行条例》第 47 条规定:"无偿取得划拨土地使用权的土地使用者,因迁移、解散、撤销、破产或者其他原因而停止使用土地的,市、县人民政府应当无偿收回其划拨土地使用权,并可依照本条例的规定予以出让。对划拨土地使用权,市、县人民政府根据城市建设发展需要和城市规划的要求,可以无偿收回,并可依照本条例的规定予以出让。无偿收回划拨土地使用权时,对其地上建筑物、其他附着物,市、县人民政府应当根据实际情况给

---

① 《经济适用住房管理办法》虽然对经济适用住房用地的划拨取得进行了规定,但是该办法仅是部门性规范文件,效力层级不高。

予适当补偿。"依此，划拨建设用地使用权将因公益目的实现、无须实现或者使用者终止而终止。

二、划拨建设用地使用权流转问题

在现实中，划拨建设用地使用权也存在适用于商业目的情况，而且现行法也允许特定的划拨建设用地使用权流转。这是因为，在我国存在两种划拨建设用地使用权。

（一）两种划拨建设用地使用权

1990年之前，企业或其他单位的用地都是无偿划拨取得。这样，在现实中就存在两种划拨建设用地使用权：一种是适用于公益目的新的划拨建设用地使用权；另一种是过去体制下形成的旧划拨建设用地使用权或传统划拨建设用地使用权。

本书认为，新划拨建设用地使用权的存在不仅是对历史或现状的承认，而且是意图建立与出让建设用地使用权有别的另一种建设用地使用权。国家可以利用这种建设用地使用权的设立实现各种公益目的，但不允许这些建设用地使用权进入市场交易。同时，现行法又允许用于商业目的传统划拨建设用地使用权进行商业化处分，借此将其转化为出让建设用地使用权，其目的在于建立清晰可分的两类建设用地使用权——可流转的出让建设用地使用权和不可流转的划拨建设用地使用权。

实际上，立法和现实操作中并没有严格区分这两种划拨建设用地使用权，因此导致许多不合理甚至腐败现象。现行立法允许划拨建设用地使用权人在一定条件下进行商业化利用，于是人们可通过各种渠道争取以划拨方式取得土地，并将其转让、租赁、抵押。这种现象扰乱了正常的土地市场秩序，破坏了公平竞争秩序，侵害了国家的利益。本书认为，简单地肯定现实不利于形成真正的双轨制，不利于地产市场统一。出路只有一条，即按照公益用地适用划拨方式和经营用地适用出让方式这条标准对现行划拨土地进行改造，形成新型的国有建设用地使用权双轨制的利用模式。

（二）非公益目的划拨建设用地使用权市场化处分的要件

鉴于划拨建设用地使用权的现状，《暂行条例》允许一些划拨土地使用权进行流转——市场化处分。这里的市场化处分，即赋予划拨土地使用者像出让建设用地使用权人那样转让、出租、抵押或投资等权利，使划拨建设用地使用权因处分而改变性质，成为出让性质的建设用地使用权，本书亦称之为"转轨"。

该条例第45条第1款规定："符合下列条件的，经市、县人民政府土地管理部门和房产管理部门批准，其划拨土地使用权和地上建筑物、其他附着物所有权可以转让、出租、抵押：（1）土地使用者为公司、企业、其他经济组织和个人；（2）领有国有土地使用证；（3）具有地上建筑物、其他附着物合法的产权证明；（4）依照本条例第二章的规定签订土地使用权出让合同，向当地市、县人民政府补交土地使用权出让金或者以转让、出租、抵押所获收益抵交土地使用权出让金。"

上述规定中，第（1）至（3）项是实质要件，最后一项是程序要件。

本书认为，划拨的实质要件应当增加一项，即该土地用于商业目的。因为允许此类划拨土地转轨是因为它们形成于旧的体制下，按照现在法律本应以出让方式取得，而因历史原因采划拨方式，因此需要校正到本来位置。但是，土地的性质不应从使用主体的性质判断，而应当从土地本身的用途来确定。《民法典》第347条也规定，严格限制以划拨方式设立建设用地使用权。而第 350 条也明确对于土地用途之改变进行了限制。[①] 因此,笔者把划拨土地转轨的实质要件列为三个:(1)用于商业目的或经营目的;(2)使用权主体为公司、企业、经营性组织;(3)房地产权证书齐全,即有建设用地使用权证和建筑物所有权证。

目前,我国允许经营目的划拨建设用地使用权在满足一定条件时通过市场化处分,转化为出让建设用地使用权。但市场化并不强制所有划拨建设用地使用权人补办出让手续统一"转化"。是否市场化,允许当事人自愿选择。

[案例 3-1]

这里需要特别指出的是,传统划拨土地使用权的市场化处分是弥补传统划拨土地缺陷的变通做法,并不能适应于所有的划拨建设用地使用权,应当限于商业用途的土地。而且本书认为,凡是 1990 年之后采用划拨方式取得的建设用地使用权,原则上也不应当允许其商业化处分,否则违背这项制度设计的初衷。尤其是公益性质的建设用地使用权,更不得用于投资建商业用房(参阅案例 3-1"某学院诉某房地产公司建房合同案")。

三、划拨建设用地使用权转轨方式和程序

划拨建设用地使用权本身不具有流转属性,如果允许划拨建设用地使用权流转,那么将有违市场公平原则。因此,划拨建设用地使用权流转的前提是办理出让手续。通过办理出让手续明确出让金、使用权期限,由此使得划拨"变性",转化为出让性质的建设用地使用权。本书称上述出让手续为划拨建设用地使用权转轨或商业化处分的程序要件。

为规范划拨土地的转化,原国家土地管理局曾于 1992 年发布了《划拨土地使用权管理暂行办法》[②]《关于划拨土地使用权补办出让手续及办理土地登记程序的说明》。[③] 国土资源部于 2006 年发布了《协议出让国有土地使用权规范(试行)》,该规范第 7 条成为确定划拨土地使用权转让方式及转让程序的直接依据。划拨建设用地使用权转轨,原则上需要先出让后处分,但由于交易实践的复杂性,也由于操作上的问题,现行法律也允许先处分后办理出让手续的变通做法。

(一)先出让后处分

划拨土地使用权申请转让,经市、县人民政府批准,可以由受让人办理协议出让,但《国有土地划拨决定书》等明确应当收回划拨土地使用权重新公开出让的除外。《协议出让国有土地使用权规范(试行)》第 7 条确定的划拨土地转化的正式程序是:

1. 申请与受理

原土地使用权人应当持下列有关材料,向市、县自然资源管理部门(原国土资源管理部门)提出划拨土地使用权转让申请:(1)申请书;(2)《国有土地使用证》《国有土地划拨决定书》;(3)地上建筑物、构筑物及其他附着物的产权证明;(4)原土地使用权人有效身份证明文件;(5)共有房地产,应提供共有人书面同意的意见;(6)法律、法规、行政规定明确应提交的其他相关材料。市、县自然资源管理部门(原国土资源管理部门)接到申请后,应当对申请人提交的申请材料进行初审,决定是否受理。

---

① 《民法典》第 350 条规定:"建设用地使用权人应当合理利用土地,不得改变土地用途;需要改变土地用途的,应当依法经有关行政主管部门批准。"

② 该法规被 2019 年 7 月 24 日实施的《自然资源部关于第一批废止和修改的部门规章的决定》废止。

③ 该法规被 2003 年 2 月 20 日实施的《国土资源部关于停止执行部分规范性文件的通知》废止。

2. 审查、确定协议出让方案

市、县国土资源管理部门受理申请后,应当依据相关规定对申请人提交的申请材料进行审查,并就申请地块的土地用途等征询规划管理部门意见。经审查,申请地块用途符合规划,并且符合办理协议出让手续条件的,市、县国土资源管理部门应当组织地价评估,确定应缴纳的土地出让金额,拟订协议出让方案。

市、县国土资源管理部门应当组织对申请转让地块的出让土地使用权市场价格和划拨土地使用权权益价格进行评估,估价基准期日为拟出让时点。

市、县国土资源管理部门或国有土地使用权出让协调决策机构应当根据土地估价结果、产业政策和土地市场情况等,集体决策、综合确定办理出让手续时应缴纳土地使用权出让金额,并拟订协议出让方案。

应缴纳土地使用权出让金额应当按下式核定:(1)转让后不改变用途等土地使用条件的。应缴纳的土地使用权出让金额 = 拟出让时的出让土地使用权市场价格 – 拟出让时的划拨土地使用权权益价格;(2)转让后改变用途等土地使用条件的。应缴纳的土地使用权出让金额 = 拟出让时的新土地使用条件下出让土地使用权市场价格 – 拟出让时的原土地使用条件下划拨土地使用权权益价格。

协议出让方案应当包括:拟办理出让手续的地块位置、四至、用途、面积、年限、土地使用条件、拟出让时间和出让时应缴纳的出让金额等。

3. 出让方案报批

市、县国土资源管理部门应当按照规定,将协议出让方案报市、县人民政府审批。

4. 公开交易

协议出让方案批准后,市、县国土资源管理部门应向申请人发出《划拨土地使用权准予转让通知书》,该通知书应当包括准予转让的标的、原土地使用权人、转让确定受让人的要求、受让人的权利、义务、应缴纳的土地出让金等。取得《划拨土地使用权准予转让通知书》的申请人,应当将拟转让的土地使用权在土地有形市场等场所公开交易,确定受让人和成交价款。

5. 签订出让合同,公布出让结果

通过公开交易确定受让方和成交价款后,转让人应当与受让人签订转让合同,约定双方的权利和义务,明确划拨土地使用权转让价款。受让人应在达成交易后 10 日内,持转让合同、原《国有土地使用证》、《划拨土地使用权准予转让通知书》、转让方和受让方的身份证明材料等,向市、县国土资源管理部门申请办理土地出让手续。市、县国土资源管理部门应当按照批准的协议出让方案、公开交易情况等,依法收回原土地使用权人的《国有土地划拨决定书》,注销土地登记,收回原土地证书,与受让方签订《国有土地使用权出让合同》。市、县国土资源管理部门应当公布协议出让结果。

6. 办理土地登记

受让人按照《国有土地使用权出让合同》约定付清全部国有土地使用权出让金,依法申请办理土地登记手续,领取《国有土地使用证》,取得土地使用权。

7. 资料归档

出让手续办结后,市、县国土资源管理部门应当对宗地出让过程中的用地申请、审批、交易、签订合同等各环节相关资料、文件进行整理,并按规定归档。应归档的宗地出让资料包括:(1)申请人的申请材料;(2)宗地条件及相关资料;(3)土地评估资料;(4)出让金额确定资料;(5)协议出让方案;(6)出让方案批复文件;(7)《划拨土地使用权准予转让通知书》等相关资料;(8)公开交易资料及转让合同等资料;(9)《国有土地使用权出让合同》等资料;(10)协议出让公告资料;(11)其他应归档的材料。

完成以上程序后,原划拨土地使用权即转变为出让土地使用权,适用出让土地使用权所有规则。例如,土地使用权变成有期限的权利,土地使用权期满后,土地使用者再转让、出租、抵押的,须重新签订土地使用权出让合同,支付土地使用权出让金,办理变更登记手续。

(二)先处分后出让

实务中,先处分后出让的情形更多,一般来说划拨土地的受让方直接与政府办理出让手续。建设部曾于1995年颁布并于2001年修改的《城市房地产转让管理规定》第12条规定,在一些情形下,经有批准权的人民政府批准,可以不办理土地使用权出让手续,但应当将转让房地产所获收益中的土地收益上缴国家或者作其他处理(应当在房地产转让合同中注明)。这些情形主要包括:(1)经城市规划行政主管部门批准,转让的土地用于建设公益事业的;(2)私有住宅转让后仍用于居住的;(3)同一宗土地上部分房屋转让而土地使用权不可分割转让的;(4)转让的房地产暂时难以确定土地使用权用途、年限和其他条件的;(5)根据城市规划土地使用权不宜作出让的;(6)县级以上人民政府规定暂时无法或不需要采取土地使用权出让方式的其他情形。

不过,该管理规定第13条又规定,依照第12条规定转让的房地产再转让,需要办理出让手续、补交土地使用权出让金的,应当扣除已经缴纳的土地收益。

从上述规定来看,不需要事先办理出让手续的土地适用范围是非常有限的,而且是限于自用或非营利性的使用。因此,实践中应当严格把握划拨土地使用权先处分的适用,将其限制在法律规定的范围内。同时,在其再转让时,及时补正手续,形成完全可流转的土地使用权。

四、划拨建设用地使用权流转的其他方式

目前,法律对于划拨建设用地使用权的定位和规范并不像本书所讲的那样清晰明了。现实中划拨建设用地使用权的形成因素和用途非常复杂,而且划拨土地上的房屋可以流转,导致划拨建设用地使用权可以通过许多变相的方式转让。换言之,划拨建设用地使用权不需要先办理审批或出让手续,即可作商业化的处分。

(一)划拨土地上的房屋转让

《城市房地产转让管理规定》允许划拨土地上的房屋转让。根据房地一致原则,允许房屋转让,即意味着房屋占用范围内的划拨建设用地使用权也必须随之转让。根据该规定,房屋转让涉及划拨建设用地使用权的,应当报有批准权的人民政府审批;有批准权的人民政府准予转让的,应当由受让方办理建设用地使用权出让手续,并依照国家有关规定缴纳土地出让金,但依照该管理规定第12条不需要办理出让手续的除外。因此,房屋转让可以导致划拨建设用地使用权随之转让。

(二)划拨土地上的房屋抵押

抵押应当适用先出让后处分(抵押)规则,这也是《暂行条例》确立的规则。但是,《城市房地产管理法》确认了划拨建设用地使用权可随房抵押,无须办理任何手续。该法第48条第1款规定:"依法取得的房屋所有权连同该房屋占用范围内的土地使用权,可以设定抵押权。"该条可以解释为:只要有合法的房屋所有权,其房屋占用范围内的建设用地使用权就可以设定抵押权。从第 51 条的规定 [①] 来看,该法也的确认可划拨建设用地使用权是无须办理任何手续即可随房抵押的。这里只要求在抵押权实现时,房地产管理机关可优先于抵押权人从拍卖价款中请求出让金。[②]

（三）划拨建设用地使用权直接抵押

划拨建设用地使用权和出让建设用地使用权都属于用益物权,按照法律规定可以成为抵押标的。划拨建设用地使用权抵押时,需经县级以上人民政府土地管理部门许可,通过履行批准手续设立抵押权。这一点和出让建设用地使用权权利人可以自行设立不同。在现实生活中存在以划拨建设用地使用权抵押的现象,2004 年后依法向土地管理部分进行抵押登记等同于批准。2004 年,国土资源部下发通知认为:"以国有划拨土地使用权为标的物设定抵押,土地行政管理部门依法办理抵押登记手续,即视同已经具有审批权限的土地行政管理部门批准,不必再另行办理土地使用权抵押的审批手续。"[③] 最高人民法院在规定出台后,进一步解释为:"在《通知》发布之日起,人民法院尚未审结的涉及国有划拨土地使用权抵押经过有审批权限的土地行政管理部门依法办理抵押登记手续的案件,不以国有划拨土地使用权抵押未经批准而认定抵押无效。已经审结的案件不应该依据该《通知》提起再审。"[④]

应当注意的是,划拨建设用地使用权在实现抵押权时,土地的价格应当减去依法补交的土地出让金后,才可用来清偿债务,因此划拨建设用地使用权的价格不宜高估。

（四）划拨建设用地使用权作价入股

根据《城市房地产管理法》,建设用地使用权可以作价入股、合资、合作开发经营房地产。

划拨建设用地使用权在"转轨"后,可以作价入股。现实中的变通做法是,国家以一定年限的建设用地使用权折为国家股,并不与企业签订出让合同,而是通过收取地租方式实现所有者的利益。这是一种不规范的入股方式,企业无须支付一大笔出让金即可取得建设用地使用权。正式入股方式是在企业改制为公司时,对建设用地使用权重新估价并作为资产入股。

建设用地使用权正式作价入股的基本步骤是:首先,由中介机构对拟入股建设用地使用权评估作价;接着,国家以股东身份依据评估数据参与分红。这是国家以投资形式把建设用地使用权纳入企业资产。

（五）企业破产和债务纠纷执行引起的划拨建设用地使用权流转

依据《土地管理法》第 58 条第 1 款第 3 项及《暂行条例》第 47 条的规定,破产企业以划拨方式取得的国有土地使用权不属于破产财产,在企业破产时,有关人民政府可以予以收回,并依法处置。纳入国家兼并破产计划的国有企业,其依法取得的国有土地使用权,应依

---

① 《城市房地产管理法》第 51 条规定:"设定房地产抵押权的土地使用权是以划拨方式取得的,依法拍卖该房地产后,应当从拍卖所得的价款中缴纳相当于应缴纳的土地使用权出让金的款额后,抵押权人方可优先受偿。"

② 显然,《暂行条例》与《城市房地产管理法》存在矛盾。这样的矛盾可以根据上位法优先于下位法原理解决,即优先适用《城市房地产管理法》,但这样会导致与《民法典》的规定不一致。

③ 国土资源部《关于划拨国有土地使用权抵押登记有关问题的通知》于 2004 年 1 月 15 日发布,该法规被国土资源部《关于公布已废止或者失效的规范性文件目录的公告》(2016 年 5 月 27 日发布)废止。

④ 最高人民法院《关于转发国土资源部〈关于国有划拨土地使用权抵押登记有关问题的通知〉的通知》于 2004 年 3 月 23 日发布。

据国务院有关文件规定办理。

2001年2月13日，国土资源部发布了《关于改革土地估价结果确认和土地资产处置审批办法的通知》，首次明确了企业的国有划拨土地权益，承认划拨建设用地使用权是一种财产权，规定了"企业改制时，可依据划拨土地的平均取得和开发成本，评定划拨土地使用权价格，作为原土地使用者的权益，计入企业资产"。但是，最高人民法院在2002年的司法解释中却认为，划拨建设用地使用权不属于破产企业财产。[①] 实质上，划拨建设用地使用权是否可以作为企业财产，在其他企业破产时也经常遇到。本书认为，最高人民法院司法解释严格地遵循了现行法律的基本规定，应予采纳。但是同时可以参照《城市房地产管理法》的规定，在给予国家从拍卖获取出让金的优先权的前提下，将划拨建设用地使用权纳入破产财产也不失为一种选择。这样，企业破产也成为划拨建设用地使用权转为出让建设用地使用权的一种方式。

事实上，在民事债务纠纷的审理和判决中，也时常遇到划拨建设用地使用权是否可以作为责任财产的问题。本书认为，在这种情形下，只要不违反用途管制（可征询相关部门意见），受理案件的人民法院可以裁决以划拨建设用地使用权随地上建筑物共同抵偿债务，但须按照国家有关规定先办理出让手续。在"中国长城资产管理公司济南办事处与山东省济南医药采购供应站、山东省医药集团有限公司、山东省医药公司借款担保合同纠纷案"中，最高人民法院认定，划拨土地使用权之上的建筑物抵押，2004年后土地行政管理部门依法办理抵押登记手续的，不以国有划拨土地使用权抵押未经批准而认定抵押无效（参阅案例3-2）。

［案例3-2］

根据《土地管理法》和《暂行条例》的规定，破产企业以划拨方式取得的国有土地使用权不属于破产财产。在企业破产时，有关人民政府可以予以收回，并依法处置。本书认同这种从严的观点，对于划拨取得的土地使用权的抵押和破产，应当严格区分是适用于公益目的新划拨土地使用权，还是在过去体制下形成的旧划拨土地使用权。同时，设计合理的机制，在允许国家从变卖或拍卖资产中优先获取出让金的前提下，将划拨土地使用权纳入破产财产。

第二节　国有土地租赁

一、国有土地租赁方式及其确立

《暂行条例》和《城市房地产管理法》都没有将租赁作为国有土地有偿使用方式。但是，实践中存在以租赁方式替代出让方式取得国有建设用地使用权的现象。1998年国务院重新制定的《土地管理法实施条例》确认了国有土地租赁制度，并将之认定为国有土地有偿使用的一种方式，该条例在2021年又进行了重新修订。[②] 1999年，国土资源部发布了《规范国有土地租赁若干意见》（以下简称《租赁意见》），对国有土地租赁作出了规范。但

---

① 最高人民法院《关于破产企业国有划拨土地使用权应否列入破产财产等问题的批复》于2002年10月11日由最高人民法院审判委员会第1245次会议通过，该司法解释于2020年进行了修正。

② 《土地管理法实施条例》第17条规定："国有土地有偿使用的方式包括：（一）国有土地使用权出让；（二）国有土地租赁；（三）国有土地使用权作价出资或者入股。"

原《物权法》并没有明确将租赁规定为建设用地使用权的设立方式,《民法典》延续了这一做法。①

国有土地租赁,是指国家将国有土地出租给使用者使用,由使用者与县级以上人民政府土地行政主管部门签订一定年限的土地租赁合同,并支付租金的行为。依据《租赁意见》的规定,国有土地租赁是国有土地有偿使用的一种形式,是出让方式的补充。

租赁方式主要适用于存量土地,即适用于土地转让、场地出租、企业改制和改变土地用途的情况(不排除适用出让)。而新增建设用地仍主要采用出让方式,租赁只作为出让方式的补充。对经营性房地产开发用地,无论是利用原有建设用地还是利用新增建设用地,都必须实行出让,不实行租赁。

[比较]国有土地租赁和国有土地使用权租赁②

在我国,存在国有土地租赁与建设用地使用权租赁两种建设用地租赁。二者的区别主要是:

第一,国有土地租赁指国家将土地出租与承租人,出租的客体是建设用地,承租人取得建设用地使用权。建设用地使用权租赁,指合法取得建设用地使用权的单位或个人将建设用地使用权出租与承租人,出租的客体是建设用地使用权。

第二,在土地供应市场中,国有土地租赁属于土地一级市场,建设用地使用权租赁属于土地二级市场。

第三,租赁主体不同。国有土地租赁的一方主体始终是政府,建设用地使用权出租的出租人则为拥有可流转建设用地使用权人。

第四,国有土地租赁所取得租赁建设用地使用权是可流转的建设用地使用权的一种,相当于出让建设用地使用权,因而拥有广泛的权利(依法转租、转让和抵押等);而建设用地使用权租赁是在建设用地使用权上设定的他项权,承租人的权利受到租赁合同的制约,一般仅按现状利用,没有处分的权利。

二、国有土地租赁类型及其租金

《租赁意见》将建设用地使用权租赁区分为短期租赁和长期租赁。短期租赁的年限一般不超过5年,长期租赁的年限不得超过法律规定的同类用途建设用地出让的最高年限。对短期使用或用于修建临时建筑物的建设用地,应实行短期租赁;对需要进行地上建筑、构筑物建设后长期使用的建设用地,应实行长期租赁。具体租赁期限由租赁合同约定。

《租赁意见》规定,国有土地租赁的租金标准应与地价标准相均衡。承租人取得建设用地使用权时未支付其他建设用地费用的,租金标准应按全额地价折算;承租人取得建设用地使用权时支付了征地、拆迁等土地费用的,租金标准应按扣除有关费用后的地价余额折算。另外,采用短期租赁的,一般按年度或季度支付租金;采用长期租赁的,应在国有土地租赁合同中明确约定土地租金支付时间、租金调整的时间间隔和调整方式。

---

① 《民法典》第 347 条第 1 款规定"设立建设用地使用权,可以采取出让或者划拨等方式",该条法律明确了出让和划拨两种设立方式,但"等"字是否包括租赁方式不无疑问。

② 此处仍然使用"国有土地使用权租赁"这一相对固定的表达,而并未使用"国有建设用地使用权租赁"。

本书认为,土地租赁适于长期使用土地;而短期使用土地或修建临时建筑物,可用地役权制度来替代。

三、国有土地租赁建设用地使用权的取得

依据《租赁意见》,土地租赁可以采用招标、拍卖或双方协议的方式,有条件的,必须采取招标、拍卖方式。这一规定完全将租赁作为出让的替代方式。事实上,租赁方式很难实行拍卖、招标,租赁合同一般只适宜采取协议的方式缔结。

按照《租赁意见》,租赁期限在6个月以上的,土地租赁即需要市县土地行政主管部门与土地使用者签订租赁合同。《租赁意见》规定了土地使用权租赁合同的必备内容,租赁合同应当包括出租方,承租方,出租宗地的位置、范围、面积、用途、租赁期限,土地使用权条件,土地租金标准,支付时间和支付方式,土地租金标准调整的时间和调整的幅度、出租方和承租方的权利义务等。

《租赁意见》没有涉及登记问题,似乎将租赁土地使用权置于债权地位。但《租赁意见》赋予租赁土地使用权与出让建设用地使用权同样的法律效力,规定承租建设用地使用权转租、转让或抵押时必须登记。既然租赁建设用地使用权的转租需登记,其母权利自然也须登记。由此可见,其租赁建设用地使用权的取得也必须登记。[①] 而且本书认为,长期的租赁建设用地使用权可以而且应当加以登记,使之物权化,成为具有对世效力物权。因此,国有土地租赁必须加以登记。[②]《不动产登记操作规范(试行)》第8.1.3条对国有土地租赁登记进行了规定,依法以国有土地租赁方式取得国有建设用地使用权的,当事人应当持租赁合同和土地租金缴纳凭证等相关证明材料,申请租赁国有建设用地使用权初始登记。

《租赁意见》并没有规定,在签署租赁合同时或之前是否需要政府批准或同意。但是本书认为,作为一种可流转土地使用权的创设方式,应当准用出让方式,应当把政府批准或同意作为国有土地租赁合同的生效要件。事实上,由于纳入国有土地租赁的多是存量划拨建设用地,根据划拨转出让的规则,也是要经过政府同意的。另外,改变土地用途的,提供城市规划部门批准的文件。这是政府用途管制的结果。

实践中,国有土地租赁一般须经过国土资源主管部门或房地产管理部门的批准,并进行建设用地使用权登记。

四、租赁建设用地使用权性质及其处分:现行规定和存在问题

按照《租赁意见》,国有土地租赁,承租人取得承租建设用地使用权。承租人在按规定支付土地租金并完成开发建设后,经土地行政主管部门同意或根据租赁合同约定,可将承租建设用地使用权转租、转让或抵押。从这些规定可以看出,租赁建设用地使用权取得了出让土地使用权的特性(除未明确规定可以继承外,基本上与出让土地使用权权能相同),完全被赋予以物权特征。

《租赁意见》规定的转租是承租人将租赁取得的土地使用权全部或一部分转租或分租给第三人,承租人和第三人成立次租赁关系,承租人继续享有租赁土地使用权,而次承租人

---

① 据猜测,《租赁意见》忽略了这一条。
② 注意,这里的登记与出让登记具有相同的性质,直接登记于独立建立的底簿,区别于在他人建设用地使用权上进行的他项权登记。

只享有土地的他项权。这里的他项权概念,相当于租赁使用权上再设定的用益负担。

租赁使用权的转让,是指承租人将租赁取得的土地使用权全部转让给第三人,承租土地使用权由第三人取得。在这里,《租赁意见》将租赁使用权的转让定位为租赁合同权利义务的转移,即合同权利义务概括转让。在承认租赁土地使用权具有对世效力的前提下,可以将其理解为租赁土地使用权的转让。这样,转让人(承租人)和受让人(第三人)要签订租赁土地使用权或合同转让协议,并办理登记;原租赁合同项下的权利义务,由新的受让人承继。

《租赁意见》没有规定租赁土地使用权可以单独抵押,仅规定地上房屋等建筑、构筑物可以依法抵押。建筑物抵押时,承租土地使用权随之抵押,但承租土地使用权只能按合同租金与市场租金的差值及租期估价,抵押权实现时土地租赁合同转让。

[比较]出让建设用地使用权与租赁土地使用权

二者的根本区别在于,出让行为的受让人一次性地支付了特定期限的对价,因而出让人与受让人签订的合同主要义务已经履行完毕,出让土地使用权人转让等处分行为原则上是无须出让人同意的,只要履行变更登记手续;而租赁的租金一般是按年给付的,因而在出租人与租赁土地使用权人之间始终存在租金给付的债权关系,因而在承租人转让、转租赁土地使用权时必须经过出租人的同意,否则就是无效的。因此,即使租赁使用权视为物权,可以对抗第三人,但是在其转让处分方面还应当受出租人同意的限制。

相应地,如果承租人拒绝支付租金,出租人是否可以终止租赁土地使用权呢?根据民法原理,出租人可以解除租赁合同,收回租赁土地使用权。由此可见,租赁土地使用权的稳定性要弱于出让建设用地使用权。

另外,由于租赁土地使用权存在租金债务,因而租赁土地使用权转让的价格低于出让建设用地使用权。在某种意义上,租赁土地使用权上存在债务负担,而出让土地使用权则不存在。第三人在取得租赁土地使用权时,要充分考虑租赁土地使用权的上述特征。

第三节　间接取得建设用地使用权

出让建设用地使用权取得后,可依法处分,从而涉及建设用地使用权的移转或暂时让渡,这就是间接取得方式。另外,在建设用地使用权抵押情形下,在抵押权实现时会发生与转让相同的效果;因转让、出租或抵押房屋时,根据房地一同处分原则,也会导致建设用地使用权转让、出租和抵押。这些方式共同构成建设用地使用权的间接取得。

一、建设用地使用权转让

(一)建设用地使用权转让条件

建设用地使用权转让是指建设用地使用者将建设用地使用权再转移的行为,包括出售、交换和赠与。三种转让方式的共同点在于建设用地使用权发生移转。

《城市房地产管理法》第39条规定,转让以出让方式取得的土地使用权应当符合两个条件:第一,按照出让合同约定已经支付全部土地使用权出让金,并取得土地使用权证书;第二,按照出让合同约定进行投资开发,属于房屋建设工程的,完成开发投资总额的25%以上,属于成片开发土地的,形成工业用地或者其他建设用地条件。《暂行条例》第19条第2

款明确规定:"未按土地使用权出让合同规定的期限和条件投资开发、利用土地的,土地使用权不得转让。"这一规定主要是为了防止炒卖地皮。在相当一段时期,司法实践对不具备转让条件的转让行为往往认定为无效,但根据2005年《土地使用权解释》第9条的规定,转让方未取得出让土地使用权证书与受让方订立合同转让土地使用权,起诉前转让方已经取得出让土地使用权证书或者有批准权的人民政府同意转让的,应当认定合同有效(参阅案例3-3"桂馨源公司诉全威公司等土地使用权转让合同纠纷案")。2020年,最高人民法院对《土地使用权解释》进行了重新修订。该解释第10条规定,土地使用权人与受让方订立合同转让划拨土地使用权,起诉前经有批准权的人民政府同意转让,并由受让方办理土地使用权出让手续的,土地使用权人与受让方订立的合同可以按照补偿性质的合同处理(参阅案例3-4"沈云林、陶彪等第三人撤销之诉")。当事人取得国有土地使用权证后未足额缴纳土地出让金,或对转让土地的投资开发未达到投资总额25%以上的,属转让标的瑕疵,不影响转让合同的效力(参阅案例3-5"海南医药开发公司诉中国人民建设银行湖北省信托投资公司恩施办事处土地使用权转让合同案"、3-6"中山市世光创建实业有限公司、苏文权等建设用地使用权合同纠纷案")。

[案例3-3]

[案例3-4]

[案例3-5]

[案例3-6]

（二）建设用地使用权转让与地上建筑物的关系

《民法典》肯定了建设用地使用权与地上建筑物一并处分原则。这一原则同样适用于建设用地使用权的抵押和租赁。建设用地使用权及其地上建筑物也可以分割转让,即将受让的一宗地分为二宗或二宗以上后再行转让的行为,包括因建筑物分割转让引起的建设用地使用权分割转让和大面积开发建设用地的使用者在开发后将其建设用地再行分割转让。国家对建设用地使用权的分割转让实行控制。《暂行条例》第25条第2款规定,土地使用权和地上建筑物、其他附着物所有权分割转让的,应当经市、县人民政府土地管理部门和房产管理部门批准,并依照规定办理过户登记。

（三）建设用地使用权转让与原出让使用权合同

建设用地使用权转让受原出让合同的约束,即建设用地使用权出让合同和登记文件中所载明的权利、义务也随之转移。受让人所享有的使用权年限,为出让合同规定的使用年限减去原建设用地使用者已使用年限后的剩余年限;受让建设用地的用途受原出让合同约束,需要改变出让合同规定建设用地用途的,应征得出让人同意并经土地管理部门和城市规划部门批准,重新签订出让合同、办理变更登记。①

另外,国家对建设用地使用权转让的价格实行管制。《暂行条例》第26条明确规定:"土

---

① 《暂行条例》第21、22、27条。

地使用权转让价格明显低于市场价格的,市、县人民政府有优先购买权。土地使用权转让的市场价格不合理上涨时,市、县人民政府可以采取必要的措施。"

（四）建设用地使用权转让的性质和要件

建设用地使用权转让后原权利人彻底放弃原权利,性质上属于物权转让范畴,可以准用于所有权移转规则。只是在建设用地使用权转让情形下,由于原权利人所享有的权利仅是依出让合同取得的一定期限的建设用地使用权,受让人因此只能享有原权利人剩余期限的权利。

作为一种物权转让行为,建设用地使用权转让必须签订转让合同,明确转让的价格、移转建设用地占有的时间等。同时,受让人必须取得登记,在登记后才能取得受让的建设用地使用权。在这里,登记不影响合同的效力,不登记仅享有占用建设用地的债权。[①]因此,建设用地使用权转让有两个要件:其一,签订书面转让合同;其二,进行变更登记并注销原使用权人的权利,取得建设用地使用权证。

二、建设用地使用权出租

（一）建设用地使用权出租概述

《暂行条例》专设一章"土地使用权出租",确立了建设用地使用权出租的基本规范。《暂行条例》第28条第1款明确规定:"土地使用权出租是指土地使用者作为出租人将土地使用权随同地上建筑物、其他附着物租赁给承租人使用,由承租人向出租人支付租金的行为。"

但《城市房地产管理法》只规定了"房屋租赁"而未规定建设用地使用权租赁。也就是说,该法只确认了因房屋租赁导致的建设用地使用权出租,而对单纯建设用地使用权出租,既没有明确规定,也没有明确禁止。由于建筑物和土地不可分,我国采取建设用地使用权和建筑物所有权一致原则,因而有两种土地使用权出租情形。一是承租人以承租土地使用权为目的订立合同,地上建筑物随同移转给承租人使用;二是承租人以使用地上建筑物为目的订立合同,建设用地使用权随之出租给承租人。有学者认为这两种区分的意义在于:前一情形下出租人必须等到租赁期届满才能收回土地使用权,后一情形下出租人可以基于法律规定将房屋收归自用而提前收回土地使用权。[②]这种解释有一定的合理性。

（二）建设用地使用权出租规范问题

虽然土地使用权出租具有法律依据,也具有现实需要,但是,因为其法律定性不明确,政府一直不鼓励这种处分方式。1995年国家土地管理局发布的《土地登记规则》第30条[③]曾规定了"土地使用权出租登记",并将其作为他项权登记范畴。但因当时的《物权法》没有肯定此种处分方式,因而之后原国土资源部颁发的《土地登记办法》对此并没有明确规定,《不动产登记条例》也没有相应的规定。缺失登记制度,土地使用权出租仅仅作为合同方式运营就失去制度保障,因而就失去了应用价值。

[①] 《土地使用权解释》第8条特别明确:"土地使用权人作为转让方与受让方订立土地使用权转让合同后,当事人一方以双方之间未办理土地使用权变更登记手续为由,请求确认合同无效的,不予支持。"

[②] 参见刘文琦:《论中国城市土地使用权法律权能》,载沈四宝主编:《国际商法论丛》第1卷,法律出版社1999年版,第571—572页。

[③] 第30条规定:"有出租权的土地使用者依法出租土地使用权的,出租人与承租人应当在租赁合同签订后十五日内,持租赁合同及有关文件申请土地使用权出租登记。土地管理部门应当在出租土地的土地登记卡进行登记,并向承租人颁发土地他项权利证明书。"

本书认为,允许建设用地使用权出租,并取得租赁建设用地使用权在我国具有重要意义。因为在现行物权法体系中,没有严格意义上以个人不动产为基础设定用益物权。允许建设用地使用权出租,可以成为建设用地使用权人保留物权前提下,处分土地使用权的一种方式。在建设用地使用权人存在部分闲置的情况下,应当允许建设用地使用权人出租,以有效地利用土地,缓和土地的供需矛盾。我国的建设用地使用权出租完全可被改造成具有中国特色的用益物权,设计成类似大陆法系国家的地上权制度,成为建设用地使用权人实现土地价值的一种方式。其实之前的他项权就是这样的制度安排。承租人经租赁后,在建设用地使用权簿上进行登记,即取得一定年限的租赁建设用地使用权。只是需要在法律上赋予承租人对土地的使用权并取得建筑物的所有权,用物权法规则调整土地使用权人和土地使用权的承租人之间的权利义务关系即可。

[思考题]

1. 试述两类划拨建设用地使用权及其划分意义。

2. 试述划拨建设用地使用权商业化利用("转轨")的条件和方式。

3. 简述从国家租赁取得建设用地使用权和建设用地使用权出租形成的建设用地使用权的区别。

4. 简述间接取得建设用地使用权的各种方式。

5. 简述建设用地使用权转让的基本要件和效果。

第二编

房地产开发

第四章　房地产开发基础

房地产开发是整个房地产业的基础,本章将对房地产开发作基本介绍。首先介绍房地产开发基本概念及其与建造自用房的区别;然后论述房地产开发的主体——房地产开发企业的设立及其运作,介绍房地产开发类型,并着重论述合作开发、项目公司运作和外资从事房地产等;最后论述房地产开发的整个流程及其房地产项目经营中的法律问题。

第一节　房地产开发概述

一、建设和建设项目

建设,即建筑、建造、施工,是运用各种材料改变土地状态,建筑具有各种使用价值的建筑物、构筑物的过程。在法律上,建筑或建设是原始取得建筑物、构筑物的所有权的方式。

在我国,房屋建设分为两种,一种是自用性房屋建设,另一种是经营性房屋建设。最典型的自用性房屋建设是自建住宅[①],另外许多工商企业自建厂房和办公楼宇也出于自用目的。经营性房屋建设(即房屋开发)是建筑房屋出售和租赁,获得利润的行为;所建房屋可以是住宅(即商品房),也可以是商业用房(厂房、库房以及商业、办公、旅游、餐饮、娱乐用房等)。经营性土地开发和房屋开发合称房地产开发。

从项目审批的角度,建设项目大致分为两类,一类是基本建设项目,另一类是房地产开发项目。两类项目的区别是:(1)从事房地产开发必须由具有房地产开发资质的公司进行,而一般基本建设项目是由建设单位直接发包给建筑商进行的,不存在开发资质要求;(2)只有纳入为房地产开发项目的开发或建设,才能租售经营,而其他基本建设项目,原则上不得进行销售、租赁;(3)因房地产开发属于经营行为,因而其各个环节的税收与基本建设项目也不一样;(4)房地产开发涉及环节多,受国家管制更加严格,从项目立项开始,房地产项目的各开发环节都受到直接约束和控制。

显然,房地产开发是房屋建设或工程建设的一部分,而不是全部。但两种建设都属于土地开发利用行为,也都属于建设行政主管部门管理的范畴。实际上,我国将房地产开发作为一种特殊行业加以管理[②],由此形成一套行业监管制度,这些行业监管制度大多不能直接适用于基本项目建设,比如配套建设、综合验收、资金监管、预售监管等。另外,房地产项目的全部开发过程必须接受计划、土地、规划、建设、消防、交通、教育、人防、环保、市政、城管、园林、卫生、技监、质监、安监、墙改办、房管等众多部门管理监督。

对于基本建设项目,由政府投资的基本建设项目是政府监管的重点,而其他基本建设项目的建设,行政主管部门的监管主要依据《建筑法》,侧重于建筑安全、建筑业秩序等方面

---

① 自用房主要集中在中小城市、镇和未设镇建制的县城、工矿区。2008年前,规范城镇居民建房的主要是《城镇个人建造住宅管理办法》。但该办法已被《国务院关于废止部分行政法规的决定》(2008年1月15日发布)废止。废止后,个人自用建筑应当适用《建筑法》《城乡规划法》等法律。

② 类似于银行业、保险业、证券业、烟草业等特殊行业的管理。

的监管。总体上,基本建设项目的开发建设主要是建设单位的建筑行为,主要应当遵循《建筑法》等相关法律,建设主管部门的监管也应当依据《建筑法》。《城市房地产管理法》第27条即将房屋建造规范转引到《建筑法》。

因此,房地产法涉及自用房,但主要调整房地产开发。在商品房开发中,建房人(又称建设单位)一般称为房地产开发商。

二、自用房应注意的法律问题

自用房仍然要报请房管机关批准,取得建设用地使用权,申领建设许可证,才能合法依据建筑取得房屋所有权。

城镇居民个人建造住宅必须按照国家有关规定,合法取得建设用地使用权,禁止任何单位和个人未经批准擅自占地建造住宅。城镇居民建造住宅用地必须依法到土地管理部门办理用地手续,方可进行住宅建设。否则,按照《土地管理法》第77条第1款的规定处罚,即"未经批准或者采取欺骗手段骗取批准,非法占用土地的,由县级以上人民政府自然资源主管部门责令退还非法占用的土地,对违反土地利用总体规划擅自将农用地改为建设用地的,限期拆除在非法占用的土地上新建的建筑物和其他设施,恢复土地原状"。

[案例4-1]

城镇个人建造住宅,还必须经城市规划管理机关审查批准,发给建设许可证后,方可施工。城镇个人建造住宅,必须符合城市规划的要求,不得妨碍交通、消防、市容、环境卫生和毗邻建筑的采光、通风。此外,在自用房时还应遵守建筑法和其他行政法律法规,如提前取得建设规划许可证,否则无法取得房屋所有权(参阅案例4-1"钦作青诉焦作市城乡规划管理局规划行政处罚案")。

三、房地产开发的概念和种类

房地产开发是以开发土地和建造房屋为内容的一项营利性活动,是一种商事行为。

房地产开发的对象或内容称为项目,即要建设的楼盘、构筑物等。开发商通常是一个项目的总体策划、管理运作者,它通常会将项目分割成不同的子项目或工程外包给建筑商完成。

房地产开发分为土地开发和房屋开发。

土地开发是指通过对未利用土地或利用不充分的土地投入一定的资金及劳动,搞好"三通一平"(通水、通电、通路、平整土地),或"五通一平"(通水、通电、通路、通气、通信、平整土地),或"七通一平"(通水、通电、通路、通邮、通信、通暖气、通燃气或煤气、平整土地),按照竖向规划进行土方工程施工,将自然状态的土地变为可供建筑各类房屋和各类设施的建筑用地,即把生地变为熟地的开发活动。[1]

房屋开发是指在具备建设条件的土地上,新建各类房屋的活动。一般包括基础工程建设、主体工程建设、配套和附属工程建设、安装和装饰工程建设等内容。房屋开发可能是在开发企业完成土地开发后接着进行房地产的开发,也可能是受让他人已经开发好的"熟地"进行房屋等建设。

完整的房地产开发通常包括土地开发和房屋的建筑及其租售经营活动,但土地开发和房屋开发可能分开分别由不同的人进行,其中任何一项单独开发活动也被称为房地产开发。

---

① 现在很多地方从事生地变熟地开发的公司,即一级土地开发公司,多是有政府背景的国有企业。

房地产开发是一项高风险的商业活动,其投资周期较长,市场波动大,既可能有巨额的利润,也可能出现亏损。为提高房地产开发投资的回报率和安全性,除了从投资经济学的角度做好项目评估、科学管理等工作外,还需要严格按照法律的规定来操作房地产开发的全过程,减少或避免房地产开发的法律风险。

房地产开发活动是一项涉及面很广的经济活动,要同土地管理、城市规划、建筑施工、市政、通信、供电、金融、商业、服务、环保等部门或行业相协调,非常复杂。

第二节　房地产开发企业运作

一、房地产开发企业概述

（一）房地产开发企业的概念

房地产开发企业又称开发商、发展商或建设单位,是从事房地产开发和经营的营利性组织,其特殊性在于主要从事房地产开发和经营。

房地产开发属于特殊行业,国家对房地产开发企业实行行政许可制。未取得房地产开发资质的企业不得从事房地产开发和经营。

房地产投资商是指投资于房地产开发、组成房地产开发企业的主体,即房地产开发公司的股东。实际上,开发公司只是投资商赚取利润的工具。

（二）房地产开发企业设立条件

房地产开发企业根据经营性质进行划分可分为两种,一种是专营房地产开发企业,一种是兼营房地产开发企业。

作为一种商业企业,在理论上房地产开发企业可以采用独资企业、合伙企业和公司等形态（中外合资形式的企业也应按照《公司法》组织为公司）。不过,实践中房地产开发企业多数是按照《公司法》采用公司形态。故房地产开发企业,一般称为房地产开发公司。

在我国从事房地产开发必须具备一定的条件。

1. 专营房地产开发企业条件

《城市房地产管理法》第 30 条规定了设立房地产开发企业应具备以下五个条件:（1）有自己的名称和组织机构;（2）有固定的经营场所;（3）有符合国务院规定的注册资本[①];（4）有足够的专业技术人员[②];（5）法律、行政法规规定的其他条件。

建设部于 1993 年开始对房地产开发企业实行资质管理,并发布了《房地产开发企业资质管理规定》（2000 年、2015 年、2022 年修改,以下简称《开发资质规定》）。该规定对房地产开发企业资质进行了较为详尽的规定,并对未取得资质证书及超越资质等级从事房地产开发经营等行为的企业规定了罚则。

2. 兼营房地产开发企业条件

根据现行法律规定,满足一定条件的企业也可以兼营房地产开发业务,成为房地产开发兼营公司。对兼营房地产开发企业虽然不定资质登记等级,但也有必要的条件要求。这些

---

① 《城市房地产开发经营管理条例》（以下简称《开发条例》）第 5 条规定,房地产开发企业的设立,应有 100 万元以上的注册资本。该条还规定,省、自治区、直辖市人民政府可以根据本地方的实际情况,作出高于 100 万元的规定。

② 《开发条例》第 5 条同时规定,房地产开发企业必须具备 4 名以上持有资格证书的房地产专业、建筑工程专业的专职技术人员,2 名以上持有资格证书的专职会计人员。

条件是:(1)凡在工商行政管理局登记注册的非生产型综合公司、信托投资公司,自有资金达2亿元以上,其中自有流动资金达到1亿元以上的企业;(2)中央各部门所属的工程建设公司达到建筑工程资质一级,自有资金达1亿元以上,其中流动资金达到5 000万元以上的企业;(3)地方工程建筑公司达到建筑工程资质一级,自有资金达5 000万元以上,其中自有流动资金达到3 000万元以上的企业。

(三)房地产开发企业设立的程序要件

房地产开发企业必须按照工商登记要求进行登记,取得营业执照,在取得营业执照后方具备从事房地产营业的资格。

房地产开发企业除进行一般的工商登记外,还必须到主管部门备案。《城市房地产管理法》第30条规定,房地产开发企业在领取营业执照后的一个月内,应当到登记机关所在地的县级以上地方人民政府规定的部门备案。《开发资质规定》对该条作了细化,根据该规定,新设立的房地产开发企业应当自领取营业执照之日起30日内,持规定文件到房地产开发主管部门备案。

备案是房地产开发企业接受主管部门监管的必要手续,是从事房地产开发的行政合法性要件。

(四)房地产开发企业的资质管理

由于房地产开发行业的特殊性,国家对房地产开发企业实行特别的监管。为此,对房地产开发企业实行资质等级证书制度。《开发资质规定》专门对房地产开发企业的资质等级管理作出了规定。对设立手续完备的公司,主管部门向企业颁发房地产开发企业资质等级证书;对不符合公司设立条件的,提请工商行政主管部门处理,如限期整顿或撤销等。

《开发资质规定》将房地产开发企业按资质条件划分为四个等级,并确定了相应的资质标准。房地产开发企业资质等级实行分级审批。一级资质由省、自治区、直辖市人民政府建设行政主管部门初审,报国务院建设行政主管部门审批。二级资质及二级资质以下企业的审批办法由省、自治区、直辖市人民政府建设行政主管部门制定。

国家对开发企业实行年检制度。一级资质房地产开发企业的资质年检由国务院建设行政主管部门或者其委托的机构负责。二级资质及二级资质以下房地产开发企业的资质年检由省、自治区、直辖市人民政府建设行政主管部门制定办法。二级资质及二级资质以下的房地产开发企业可以承担建筑面积25万平方米以下的开发建设项目,承担业务的具体范围由省、自治区、直辖市人民政府建设行政主管部门确定。各资质等级企业应当在规定的业务范围内从事房地产开发经营业务,不得越级承担任务。例如,甲公司是一个具有二级资质的房地产开发企业,现其欲开发建筑面积为50万平方米的大型社区。在现行的法律框架下,甲公司只能承担建筑面积25万平方米以下的开发建设项目;如果甲公司开发该社区,不仅可能会受到罚款的处罚,还可能被吊销资质证书,甚至被吊销营业执照。当然,这样的资质管理是否能起到应有的作用是值得研究的。《开发资质规定》还对资质证书的使用、监督管理作出了规范。资质证书是特定开发企业的资信证明,具有身份性,不得进行非法转让,甚至在企业发生分立、合并时也得重新申领资质证书;企业破产、歇业或者因其他原因终止业务时,应当注销资质证书。

二、房地产开发类型及运作

房地产开发除按照开发内容可以相应地区分为土地开发和房屋开发外,还可以从不同的角度加以分类。通常有以下分类。

（一）新区开发和旧区改建

新区土地开发是对生地进行基础设施建设，为城市建设提供新的建筑地段。最简单的新区土地开发是实现土地"三通一平""五通一平"或"七通一平"等。《城乡规划法》对城市新区开发作了基本要求：城市的建设和发展，应妥善处理新区开发与旧区改建的关系（第29条）；城市新区的开发建设，应当合理确定建设规模和时序，充分利用现有市政基础设施和公共服务设施，严格保护自然资源和生态环境，体现地方特色（第30条）。

旧区改造也称旧区开发，是对基础设施差、房屋质量差、不符合城市规划的地段进行改建，包括旧房拆迁和基础设施改造及建设。旧区改造涉及大量居民的安置问题，因此是一件非常复杂且代价昂贵的工程。《城乡规划法》第31条规定，旧城区的改建，应当保护历史文化遗产和传统风貌，合理确定拆迁和建设规模，有计划地对危房集中、基础设施落后等地段进行改建。

（二）单项开发、小区开发和成片开发

依据房地产开发规模的大小，可以将房地产开发划分为单项开发、小区开发和成片开发三种。

单项开发是指开发规模小、占地不大，项目功能单一，配套设施简单的开发形式。在新城区总体开发和旧城区总体改造中，这类开发往往会形成一个相对独立的项目，但其外貌、风格、设施等要求与总体开发项目相协调，并能够在较短时间内完成。

小区开发是指新城区开发中一个独立小区的综合开发或旧城区改造中一个相对独立的局部区域的更新改造。这类开发要做到基础设施完善，配套项目齐全。与单项开发相比，其规模较大，占地较大，投资较多，建设周期较长，一般分期、分批开发。

成片开发是面积更为广阔的综合性房地产开发，这类开发投入资金巨大、项目类型和数量众多、建设周期长，多是政府推动下由许多开发商共同参与完成的。如海南南洋浦开发区、上海浦东开发区等均属于这类开发项目的典型。

（三）合作开发、合资开发和独资开发

1. 合作开发

（1）合作开发的概念和特征

合作开发，是指一方提供建设用地使用权（供地方），另一方或多方提供资金（出资方），合作开发房地产，根据协议分配新建房屋的一种特殊开发形式。《土地使用权解释》对合作开发房产合同的性质、合作开发房产合同当事人经营资质以及合作开发的分配问题作了较为具体的规定。

合作开发与合资开发的区别在于，供地方和出资方并不必然组成独立的企业或只组成临时性项目公司（在完成房屋建设后自行解散），其最终的房屋或利润分配是按照协议进行的。在合作开发房地产中，通常是一方有地，另一方具有房地产开发的经营资格，二者合作共同开发，共担风险，按照协议分配房屋或房屋销售的利润。《土地使用权解释》第21条认为，"合作开发房地产合同约定提供土地使用权的当事人不承担经营风险，只收取固定利益的，应当认定为土地使用权转让合同。"（参阅案例4-2"陈全、皮治勇诉重庆碧波房地产开发有限公司、夏昌均、重庆奥康置业有限公司合同纠纷案"、案例4-3"达州广播电视大学与四川省聚丰房地产开发有限责任公司合资、合作开发房地产合同纠纷案"）。在"四川省聚丰房地产开发有限责任公司与达州广播电视大学合资、合作开发房地产合同纠纷案"中，最高人民法院也根据该规则认为,涉案合同虽然冠以"合作开发协议书"之名,但应当认定为土地使用权转让合同(参阅案例4-4)。

［案例4-2］　　　［案例4-3］　　　［案例4-4］

（2）合作开发的建设用地使用权问题

合作开发中,供地方主要义务是提供土地。由于在实践中,合作开发的供地方一般拥有的土地为划拨土地,因此,必须按规定办理批准和出让手续。

在得到有批准权的人民政府批准后,土地使用者还必须与该政府部门签订国有建设用地使用权出让合同,同时补交建设用地使用权出让金,将划拨土地改为出让土地。这是保证合作开发合法性的必要条件。1995年1月1日《城市房地产管理法》施行后,再合建经营房地产的,应当严格按照法律规定办理土地出让手续。如果在此之前,用划拨建设用地使用权合作建房地产,一般可以要求补办建设用地使用权出让手续,否则视该合作建房无效。

（3）合作开发的分配问题

合作进行房地产开发的,合作双方应当按照国家基本建设程序申请立项,共同办理建设用地规划许可证和建设用地批准等手续,或共同设立房地产开发项目企业,这样开发建设的房地产应属于双方共同所有。需要注意的是,在房屋初始登记时,房屋只能登记在建筑许可证载明的主体名下。因此,只有共同申领建筑许可证,才能确保双方共同获得房屋所有权。当然双方可以销售房屋、分配利润。至于双方的应得份额,应由双方在合同中约定。按照《土地使用权解释》第19条的规定,合作开发房地产合同约定仅以投资额确定利润分配比例,如果当事人未足额交纳出资的,则按照当事人的实际投资比例分配利润。实际建筑面积少于约定开发的面积的同样适用该条的规定(参阅案例4-5"甲公司诉乙公司建房合同案")。

［案例4-5］

2. 合资开发:项目公司①

房地产开发企业往往是由许多投资商按照《公司法》和有关房地产企业的规定组成房地产开发公司。除国有独资公司,开发企业多是合资成立的公司,投资者按照股权比例分配房屋或租售房屋所得的利润。

实际上,房地产开发企业在拿到具体开发项目后,通常会寻找项目投资者,组成项目公司,合资开发特定的项目。从20世纪90年代起,我国房地产开发过程中开始引入这种新的项目开发经营模式——项目公司制度。

项目公司是独立的房地产项目的运作商,它在法律上具有独立主体资格,它负责一个房

———————————

① "项目公司"是习惯称呼,法律上并没有采纳此名称。

地产项目运作的全过程,包括前期策划(可行性分析阶段的所有事务)、项目设计、报建、施工、竣工验收,最后再到房地产销售。

当该项目全部开发销售完成后,项目公司可以依法注销或转变为物业管理公司。

项目公司存在如下问题:项目公司在实务中往往经过营业登记,具有独立的主体资格,因项目的开发经营不善而资不抵债时,可以依法宣布破产清算,而不牵连其他项目或整个公司。因此,许多大型房地产公司开发一个项目就成立一个公司,或根据不同的房地产项目成立各自的项目子公司,不同项目之间互不影响,以降低开发经营风险。应当说,项目公司制度本身即是为房地产开发商提供合理地规避市场风险及法律风险的一项制度。但它的有效运行取决于项目公司的法律地位在法律上有一个明确的界定,以及现实中的规范操作,而无论国家还是地方,对房地产项目公司均无系统或专项规范。例如,如果项目公司在某一项目开发完成被整体转让或楼盘售罄后即告解散,之后产生的房屋质量责任由谁承担?工商部门在处理其注销申请时,通常要求项目公司提供担保人承诺承担担保责任。本书认为,这种做法欠妥。国外一般都要求建设单位或者施工单位买十年质量险,以保证建筑物的安全性和耐久性。这样的做法值得借鉴,以作为解决项目公司注销后无人承担可能出现的后续房屋质量责任等问题的方法。

3. 独资开发

房地产开发项目由一方投资开发的称为独资开发。因其法律关系比较简单,故不作赘述。

第三节　房地产项目经营和项目公司资本运作

一、房地产开发项目实施的基本程序

(一)房地产开发项目概述

房地产开发项目即房地产开发内容或要完成的工程内容。比如新建一片住宅小区或旧城改建等。如果把房地产开发视为一个生产过程,那么,开发项目也可以视为开发商要生产的"产品"。根据《开发条例》第10条的规定,按照国家有关规定需要经计划主管部门批准的,还应当报计划主管部门批准,并纳入年度固定资产投资计划。因此,房地产开发因为开发规模等的不同,在实践中的程序也存在一定差别,一种是需要纳入固定资产投资计划的房地产开发,另一种是无须纳入固定资产投资计划的房地产开发。后一种情况一般比较简单,在前一种情况下,一个完整的房地产开发项目的实施大致包括:立项;可行性研究;取得建设用地规划许可证;取得建设用地使用权;开工前的准备工作;施工;竣工验收等。

(二)房地产开发的基本流程

1. 立项

立项指的是根据城市社会经济发展计划、城市总体规划和分区规划、城市建设和住宅发展计划等的要求提出项目建议书,取得计划行政管理部门的批准。项目建议书获得批准后即为立项。

项目建议书主要内容包括:项目名称、主办单位和负责人、项目的必要性、项目规模和地点、投资额、进度以及效益的初步分析。

根据《建设项目选址规划管理办法》第4条的规定:"城市规划行政主管部门应当了解

建设项目建议书阶段的选址工作。各级人民政府计划行政主管部门在审批项目建议书时，对拟安排在城市规划区内的建设项目，要征求同级人民政府城市规划行政主管部门的意见"。因此，各级人民政府计划管理部门在审批建设项目建议书时，必须听取城市规划行政主管部门的意见。

2. 可行性研究

可行性研究是运用技术经济学的基本原理，对工程项目从技术、经济上论证其可行性，预测工程项目建成后的经济效果，并选择出最优的方案。可行性研究是项目投资决策的依据，也是编制设计任务书、筹集资金、申请建设执照等的依据。

可行性研究包括三个方面：一是市场需求和资源供给研究；二是工艺和操作技术研究；三是财务和经济效果研究。其中市场和资源是前提，技术是手段，经济效果最佳是目的，整个可行性研究都是围绕这个目的来进行的。

根据《建设用地审查报批管理办法》第4条的规定，建设项目可行性研究论证时，建设单位应当向建设项目批准机关的同级土地行政主管部门提出建设项目用地预审申请。受理预审申请的土地行政主管部门应当依据土地利用总体规划和国家土地供应政策，对建设项目的有关事项进行预审，出具建设项目用地预审意见。

3. 取得建设用地规划许可证

只有在取得了建设工程规划许可证之后，建设单位才能够委托建筑设计单位进行建设项目的初步设计。

4. 取得建设用地使用权

建设单位在取得建设用地规划许可证后，可以向土地管理部门申请建设用地使用许可，由县级以上人民政府批准后，方可取得建设用地使用权。

5. 开工前的准备工作：申领建设工程许可证

建设单位持批准的计划投资文件，上级主管部门批准建设的批文和建设用地规划许可证，向城市规划部门申请建设工程许可证。建设工程许可证是任何建筑工程施工的合法身份证，也是城市规划部门监督工程的依据。

6. 施工

房地产开发项目在取得了建设工程施工许可证后，施工单位依照施工图进行建设项目的施工，建设监理单位按照委托监理合同和法律的规定对建设工程的进度、投资和质量进行控制，建设单位也一般委派一定的管理人员（实践中称为甲方代表）进驻工地现场，处理工程建设过程中的问题。

7. 竣工验收

房地产开发项目竣工后，应当进行验收，验收合格后，才能交付使用并取得产权证。竣工验收合格，房地产开发项目的建设过程即告完毕，建设单位可依据验收结果办理大产权证。

8. 房屋租售

真正意义上的房屋租赁和销售是开发商取得大产权证之后的事情。但在现实中，房屋建设工程一开始，在满足预售条件之时，就开始房屋的销售或预租赁活动了。在取得大产权证之后只是合同的履行问题。

房地产开发一方面要接受行政监管，办理各种各样的行政审批、许可手续，另一方面又要与各种各样的参与人打交道,签署和履行种类繁多的合同,其现实运作要远比上述描述复杂。本书将在第五章介绍开发过程中的行政管制,而在第六章论述建设工程施工合同问题。

二、项目融资

一个完整的房地产开发项目从立项到租售完成,需要大量的资金。因此,以项目为核心的资本运作,成为房地产开发及其各种工程的核心。

(一)项目公司股权式融资

股权式融资是指项目所有人为吸引投资者,通过设立新项目公司进行融资。其特点是将投资者的资产与项目资产分割开来,彼此独立、没有追索权。股权式融资主要存在以下两种形式:

一是由项目的投资者(公司形式或非公司形式)成立一家专门为特定项目而成立的子公司,然后,由该子公司与其他投资者组成特定的投资机构进行项目融资。

二是由项目投资者共同出资设立一个新项目公司,该项目公司对项目资产拥有所有权,并负责项目的建设、经营和融资,并将追索权限定在项目公司的范围,以阻却项目债权人向投资者追索。这种形式在我国及世界其他国家和地区使用非常广泛,也是最主要的融资模式。

(二)银行贷款融资

这是项目公司作为借款人,以项目公司本身的现金流量和收益作为还款来源,以项目公司的资产作为贷款的担保物,向银行借款的融资方式。该融资方式一般应用于现金流量稳定的发电、道路、铁路、机场、桥梁等大型基建项目。该种融资方式主要存在以下两种形式:

1. 无追索权的项目融资

无追索权的项目融资也称为纯粹的项目融资,在这种融资方式下,贷款的还本付息完全依靠项目本身的经营效益。同时,贷款银行为保障自身的利益必须从该项目拥有的资产取得物权担保。如果该项目由于种种原因未能建成或经营失败,其资产或收益不足以清偿全部的贷款时,贷款银行无权向该项目的主办人追索。

2. 有追索权的项目融资

除了以贷款项目的经营收益作为还款来源和取得物权担保外,贷款银行还要求有项目实体以外的第三方提供担保。贷款银行有权向第三方担保人追索。但担保人承担债务的责任,以他们各自提供的担保金额为限,所以称为有限追索项目融资。

(三)项目融资:预售款或定金

房地产开发企业开发房地产达到一定条件,即可以向购买人或租房人预售或预租,预售获得的预售款就成为很多房地产开发公司开发资金的主要来源。在我国,预售通常伴有银行对购房者发放的按揭贷款,银行承担了很大的风险。

三、项目转让

(一)项目转让概述

房地产开发项目是经过一定的行政程序获得的开发内容,具有行政许可性质。但建设用地使用权因特定的项目存在而升值,导致项目可随建设用地使用权的处分而处分。《开发条例》第20条直接规定了项目转让,说明项目本身具有可转让性,项目的转让也是房地产经营的内容之一。

房地产项目转让的模式有两种:(1)以项目公司股权并购(兼并或收购)方式转让房地

产开发项目给合作各方以外第三人;(2)以项目合作各方权益比例的变更转让房地产开发权益,权益在合作各方内部转让。

（二）项目转让的条件和手续

项目转让往往是连同建设用地使用权的处分一起进行的。在实务操作中,项目转让必须具备以下三个条件:[①]

（1）转让的项目依法获得批准,一切手续合法。

（2）转让人已经依法取得建设用地使用权且已经交付土地出让金。如果项目用地属于划拨土地,又没有办理有关手续和补交土地出让金,那么该土地是不可转让的;否则,转让行为就会因建设用地使用权转让违反法律强制性规定或规避法律而被判定无效。

（3）办理必要的登记和变更手续,如建设用地使用权的变更登记手续和项目开发人主体的变更手续。根据《开发条例》第20条的规定,项目转让必须办理两个手续:一是到土地管理部门办理土地使用权变更登记;二是在规定的时间内到房地产开发主管部门将转让合同备案。

在"成都建川置业有限公司诉成都兴隆房地产开发有限公司、四川新基业房屋开发公司建房合同案"中,法院认定原告项目本身不符合法律要件,因而判决转让不合法(参阅案例4-6)。在"重庆禄福建设(集团)有限公司、夏琳案外人执行异议之诉案"中,法院认为当事人未办理必要的变更和登记手续,房地产开发项目未发生转让(参阅案例4-7)。

［案例4-6］

［案例4-7］

为了保护预购人的利益,维护交易安全,有些地方特别规定了预售后项目转让的条件。例如,在深圳须满足以下条件:已取得房地产预售许可证;受让方为房地产开发经营企业;取得已预售商品房建筑面积的2/3以上的预购人同意并经公证。

四、项目公司收购

由于在现实操作过程中,大多数项目均是由特定的项目公司运作的,因此通过项目公司的收购可以达到获得或转让在建工程或房地产项目的目的。

项目公司收购是获得在建工程或房地产项目的一种十分隐蔽的方法。因为它是运用组织变更或资本运作的方式实现的。表面上是公司资产变动,实质上是建设用地使用权和在建项目的转让或取得。

房地产项目公司收购相对于房地产项目转让具有手续简单、费用节省以及开发快捷的优点。当然,它同时也存在一定的风险,如被收购方是否对外提供过保证担保的风险以及是否对外签有已构成违约的合同的风险,等等。

五、BOT 融资

BOT(Build-Operate-Transfer)是指接受投资的东道国政府将一定期限的特许权(公共基础设施特许专营权)授予项目公司,以协议的方式让其融资修建、经营基础设施,并从营运收入中回收对基础设施项目的投融资、维护与经营的成本费用以及获得合理的利润,特许

---

① 《开发条例》第19条规定:"转让房地产开发项目,应当符合《中华人民共和国城市房地产管理法》第三十九条、第四十条规定的条件。"

期届满,基础设施无偿移交给东道国政府。

BOT 项目公司,一般是项目主办人在东道国依法设立的具体承办基础设施项目的企业。项目公司拥有公共基础设施的特许专营权,在特许期内对公共基础设施进行投融资、设计、建设、运营、维护并取得相关的利润。

一套完整的 BOT 投融资运作程序由项目公司与其他当事人缔结一定的法律关系(多以合同的方式)来完成。

项目公司对项目资产的所有权是一种非完全意义上的所有权,其行使须受到项目资产未来的所有人(政府)的限制,如不能出租项目资产,不能将项目资产抵押。

[思考题]

1. 设立房地产开发企业必须具备哪些条件?
2. 简述房地产开发的类型及其运作。
3. 合作开发的特点有哪些? 合作开发与联营有何异同?
4. 简述房地产开发项目实施的基本程序。
5. 比较房地产项目公司收购和房地产项目转让的优缺点。

第五章 房地产开发中的行政监管

　　本书将房地产行业的监管概括为五个方面：房地产开发行业参与主体监管，建设用地利用监管和规划管理，房地产开发行为监管，建筑施工管理和建筑物质量控制，房地产市场管理。本章论述涉及土地利用规划和房地产开发行为监管。

　　我国土地利用监管包括两个核心内容，即土地用途管制和建设用地利用的监管。国家通过一系列的措施贯彻实施这两个方面的管制。房地产开发必须遵循土地利用总体规划及其相关规划，而城市建设则必须同时遵循城乡规划法；规划部门一方面规划管理建设用地，另一方面规划管理建设工程。房屋开发建设过程至少要受规划部门和建设部门两个行政机构的监督，最后要经综合验收，才能交付使用。

第一节 房地产开发行业管制概述

一、房地产开发管制的理由

　　作为一种营利性活动，房地产开发是向社会提供商品（建筑物）谋取利益的行为，它受一般的市场竞争规则（经济规律）和交易规范（法律制度）调整。也就是说，房地产开发作为一种商事行为是可以靠自治自律发展的。但是，由于房地产业的特殊性，国家对房地产开发实行行政管制。《城市房地产管理法》确认和规定了房地产主管部门对房地产开发行业的管制，《开发条例》对开发过程中的管理做了进一步的细化。这些法律、行政法规和部门规章形成了房地产管制的基本法律体系。

　　国家对房地产业进行管制的必要性或原因主要可归结为以下几方面：

　　第一，房地产业关系国土资源的利用和城镇规划。土地资源的有限性决定了必须按建设用地计划对房地产开发用地进行数量控制，控制土地供应总量；房地产的开发也必须依据城乡规划，同时对土地的开发利用也必须按照项目规划的内容和进度进行。

　　第二，对房地产市场进行调控。房地产业如果完全受市场调控，则具有一定盲目性，为使房产的供应与社会需要相吻合，不仅有总量控制问题，而且有种类控制的问题。例如，要对花园别墅、高级公寓，以及商业地产（包括度假村、高档宾馆、写字楼等）进行控制，对满足工薪阶层需求的普通住宅，以及经济适用住房等保障性住房建设要进行政策鼓励或倾斜。

　　第三，对房地产开发质量进行监控。由于房地产属于长期性的产业，房地产的安全和质量涉及人身和财产安全、关系整个社会稳定，而且房地产的质量具有隐蔽性、潜伏性、不易修补或修复性，因此对房地产开发的质量必须进行统一管理和监控，避免质量低劣的房屋进入市场。

　　第四，打击房地产开发业的不法行为。土地本身是国家的财产，国家出让建设用地使用权的主要目的是向社会提供满足人民需要的房屋，当然允许开发商按照商业规则，赚取相应的利润，但是不允许炒卖地皮、偷税漏税、违法经营、坑害消费者以及侵害国家利益的行为发生。

　　第五，加强房地产开发金融的控制。房地产开发行业是一个资金密集型行业，一个房地产开发项目动辄几百万、上千万、几个亿,单靠房地产开发商的自有资金是不可能完成房地产项目的开发的,这就必然要求银行等金融部门加强对房地产开发的金融支持,但是由于房地产开发的周期很长,而影响房地产开发的风险又很多,因此房地产开发行业对金融的稳定性起着非常重要的作用。

在我国,房地产开发管理和监督机关为建设行政部门,并实行分级管理模式:国务院建设行政主管部门负责全国房地产开发管理工作;省、自治区、直辖市人民政府建设行政主管部门负责本行政区域内房地产开发管理工作;市、县人民政府建设行政主管部门或房地产行政主管部门负责本行政区域内房地产开发管理工作。

二、房地产开发监管的框架

房地产行业管制涉及房地产开发的方方面面,大致包括:(1)房地产开发企业主体及其他参与人的主体资格、资质管理(参见第四章、第七章);(2)建设用地利用监管和规划管理(参见本章第二节、第三节);(3)房地产开发行为监管(参见本章第四节);(4)建筑施工管理和建筑物质量控制(参见第七章)。

第二节　土地利用监管制度

一、建设用地规划和管理:现行法规概览

我国对土地的使用实行严格行政管制,因此房地产开发在获得土地和开发利用的各个环节都应当服从国家的行政管制,否则就可能出现违法用地或违法开发的情况。同时,任何建筑都在构筑人类生活居住的环境,为使人类居住生活布局更加合理和美观,房地产开发必须是在城市总体规划、村庄和集镇规划框架下进行。《开发条例》第10条明确规定:"确定房地产开发项目,应当符合土地利用总体规划、年度建设用地计划和城市规划、房地产开发年度计划的要求;按照国家有关规定需要经计划主管部门批准的,还应当报计划主管部门批准,并纳入年度固定资产投资计划。"因此,房地产开发必须遵循土地利用监管和城乡规划方面的法律。

1986年全国人大常委会制定,后经1988年、1998年、2004年和2019年四次修改的《土地管理法》是我国土地行政管理方面的基本法律规范。国务院先后于1991年[①]和1998年两次发布《土地管理法实施条例》(后经2011年、2014年和2021年三次修订),成为实施《土地管理法》的重要依据。

涉及土地利用规划的行政法规和部门规章还有:(1)《基本农田保护条例》(国务院于1994年发布的文本已失效,1998年发布的文本已于2011年修订)。(2)《建设用地审查报批管理办法》(国土资源部于1999年发布,经2010年、2016年两次修正;国家土地管理局于1990年发布的《出让国有土地使用权审批管理暂行规定》、于1988年发布的《关于国家建设用地审批工作的暂行规定》两个规定同时废止)。(3)《建设项目用地预审管理办法》(国土资源部于2001年发布,经2004年、2008年、2016年三次修改)。(4)《建设用地容积率管理办法》(住房和城乡建设部于2012年发布)。

这些法律法规及规章构成我国土地管理基本规范体系。

---

① 1991年的《土地管理法实施条例》已废止。

二、土地用途管制及其实施

（一）土地用途管理概述

土地用途管理是土地管理法确立的土地管理的基本制度，其核心是由国家根据社会的需要控制和引导土地的使用方向，严格限制农用地尤其是耕地转为建设用地。该制度特别重视耕地保护，合理配置土地资源，促进提高土地利用效率。

土地用途管制是土地管理的基本制度，它对初次取得土地的土地使用权人（开发商）及其之后受让人（包括房屋所有权人）均适用。它是附随于土地的义务，既具有债的效力，又具有行政强制执行效力。

实行土地用途管制的基础是区分土地的不同用途，然后制定土地利用规划。土地可分为已利用土地和未利用土地，而已利用土地又分为农用地和建设用地。在这样的大类下面，还有详细的分类。在土地按用途分类的基础上，编制土地利用总体规划，各土地利用单位和个人必须严格按照土地利用总体规划确定的用途使用土地。

（二）土地利用总体规划

我国实行土地利用总体规划制度，并且县级以上的每一级政府都应编制本辖区范围内的土地利用总体规划，分级审批后严格贯彻执行。土地利用总体规划的基本内容和目的是对建设用地实行总量控制，确保建设用地不超过上一级土地利用总体规划确定的控制指标。

各级土地行政管理部门必须编制土地利用的总体规划。编制内容的核心是编制各类用地规划平衡表和划分土地利用区。其目的在于加强政府对土地利用的宏观控制和计划管理，充分、合理地利用有限的土地资源，为国民经济和社会发展提供保障，为实施土地的用途管制提供依据。

（三）土地利用年度计划

土地利用年度计划是独立编制的分阶段实施土地利用总体规划的一种安排，是用于控制当年土地利用的一种法定的文件。土地利用年度计划是具体建设项目用地审批的依据。

土地利用年度计划，是国家对计划年度内国有土地使用权的具体安排，包括计划年度内新增建设用地、土地开发整理补充耕地量和耕地保有量等计划指标的具体安排。根据国民经济和社会发展计划、国家产业政策、土地利用总体规划以及建设用地和土地利用的实际状况编制。年度计划具有约束力，计划年度内的土地供应总量不得超过年度供应计划规定的各类用地指标，其中土地开发整理补充耕地应当不低于土地开发整理计划确定的指标。

（四）城乡规划

在城市、村庄集镇等每一个人口聚集区均有城市总体规划、村庄和集镇规划。这些规划中的建设用地规模是按照每一级土地利用总体规划进行编制的，其建设用地规模不得超过土地利用总体规划确定的城市、村庄和集镇建设用地规模。从空间范围看，土地利用总体规划覆盖所有的土地，合理组织开发利用整个土地，而城市规划、村庄和集镇的规划，只是土地利用规划的一部分。当然，在城市规划区内、村庄和集体规划区内，用地的布局、规模和用地选择应符合这些规划的要求，并适应专项规划的安排。

三、建设用地监管

根据《土地管理法》，除农村乡镇企业和个人外，任何单位和个人进行建设需要使用土地的，必须依法申请使用国有土地，且经县级以上人民政府批准；如果必须使用农业用地的，应当办理农用地转用审批手续，并经国务院或省级政府或市县人民政府批准后，由国家出面征收,再交使用单位使用。未办理征收手续,将会导致房地产开发商难以取得合法的土地使用权证,因而不能获得房产登记。

（一）建设用地审查报批制度

经批准的建设项目需要使用国有土地进行建设的,建设单位应当持法律法规规定的有关文件,向土地行政主管部门申请,主管部门审查后报本级人民政府批准（法律、法规及规章对审批权限作出了明确规定）。而根据国土资源部于1999年发布实施的《建设用地审查报批管理办法》,应当向建设项目批准机关的同级土地行政主管部门提出建设用地预申请,将审查提前到建设项目可行性研究论证阶段。根据《建设项目用地预审管理办法》,建设用地预审,是指自然资源管理部门在建设项目审批、核准、备案阶段,依法对建设项目涉及的土地利用事项进行的审查。预审根据建设项目的不同,实行分级预审,由相应级别的国土资源管理部门承担。

预审意见是有关部门审批项目可行性研究报告、核准项目申请报告的必备文件。而根据《建设用地审查报批管理办法》,建设单位提出用地申请时,应当填写《建设用地申请表》,并附必要的材料。①

《建设用地容积率管理办法》明确规定,以出让方式提供国有土地使用权的,在国有土地使用权出让前,城市、县人民政府城乡规划主管部门应当依据控制性详细规划,提出容积率等规划条件,作为国有土地使用权出让合同的组成部分。这意味着容积率等规划条件也是用地审批审查的重要内容。

建设用地审查实行土地行政主管部门内部会审制度。土地行政主管部门审查通过后报请人民政府批准,人民政府批准以有偿使用方式提供国有建设用地使用权的,由市、县人民政府土地行政主管部门与土地使用者签订土地有偿使用合同,并向建设单位颁发《建设用地批准书》。土地使用者缴纳土地有偿使用费后,依照规定办理土地登记。

批准以划拨方式提供国有建设用地使用权的,由市、县人民政府土地行政主管部门向建设单位颁发《国有土地划拨决定书》和《建设用地批准书》,依照规定办理建设用地使用权登记。《国有土地划拨决定书》应当包括划拨土地面积、土地用途、土地使用条件等内容。

（二）农用地转为建设用地的审批

农用地转为建设用地,必须经过依法审批,否则就是非法占用农地;这种农用地转用审批是国家对建设用地实行总量控制,控制土地利用的结构,保护农用地的必要手段,是土地管理中一个极为重要的环节。

农用地转用要以土地利用总体规划为依据,也就是在土地利用总体规划中,将会有一些农用地被列入建设用地的范围内,这些农用地的转用手续并不是一次统一办理,而是根据实际需要在土地利用年度计划中分批分次安排,并由原批准土地利用总体规划的机关批准。农用地转用的审批权集中于国务院和省级人民政府,但省级人民政府可以依法进行授权。除了国务院批准的和已由土地利用总体规划划定的建设用地外,其他的各种农用地转为建设用地的事项,也就是建设项目占用土地,涉及农用地转为建设用地的,审批权集中到省、自治区、直辖市人民政府。

---

① 建设单位提出用地申请时,应当填写《建设用地申请表》,并附具下列材料:(1)建设单位有关资质证明;(2)项目可行性研究报告批复或者其他有关批准文件;(3)土地行政主管部门出具的建设项目用地预审报告;(4)初步设计或者其他有关批准文件;(5)建设项目总平面布置图;(6)占用耕地的,必须提出补充耕地方案;(7)建设项目位于地质灾害易发区的,应当提供地质灾害危险性评估报告。

2019年修改的《土地管理法》在农转用和征地审批权限的问题上,主要进行了两个方面的重大调整:一是简政放权,除涉及永久基本农田的农转用审批事项必须由国务院批准之外,其他农转用审批事项可以由授权的机关来批准;二是谁审批谁负责,省级人民政府决定征地的,不需要再报国务院备案。从4号文和1号文的内容上看,其正是针对新修改的《土地管理法》关于农转用和征地审批权限下放的规定出台的配套落地政策。2020年国务院发布的《关于授权和委托用地审批权的决定》进一步明确,将非永久基本农田的农用地转为建设用地审批部分授权给省级政府批准,将永久基本农田的农转用审批和土地征收审批委托给部分省级政府。同时,自然资源部发布《关于贯彻落实〈国务院关于授权和委托用地审批权的决定〉的通知》,进一步将用地预审、先行用地批准权同步下放省级自然资源主管部门。

（三）基本农田保护制度

基本农田是为了保证主要农产品基本需求而划定并严加保护的耕作区域。国家实行基本农田保护制度,除国家重点项目经国务院批准外,其他任何建设项目(包括房屋建设)均不得占用基本农田,违反者不仅承担恢复原状责任,而且县级土地管理部门还要给予行政罚款处罚,甚至追究刑事责任。具体操作须参照《基本农田保护条例》。

国家实行占用耕地补偿制度。占用耕地的要"占多少,垦多少",没有条件开垦或者开垦的耕地不符合要求的,就应当缴纳耕地开垦费;占用耕地补偿制度的目标是以省为单位,确保本行政区域内耕地总量不减少或保持动态平衡。

第三节　城市建设用地规划管理

一、城市建设用地规划管理的依据和内容

（一）城市建设用地规划管理的依据

房地产开发必须遵循规划法,这是世界各国进行房屋建筑或房地产开发的一个通则。我国历来重视城市规划,国务院为此发布了《城市规划条例》等法规,将规划纳入法制的轨道。但随着改革开放进程的加快,特别是房地产业的兴起,城市规划任务更加繁重,问题日显突出,于是在总结该条例实施经验和借鉴国际相关经验的基础上,全国人大常委会于1989年发布了《城市规划法》,国务院于1993年发布了《村庄和集镇规划建设管理条例》。随着城乡一体化发展成为基本国策,全国人大常委会于2007年发布了《城乡规划法》[①],结束了城市和乡村两套规划体例的模式。

《城乡规划法》适用于城市、镇和村庄的建成区以及因城乡建设和发展需要,必须实行规划控制的区域。该法一方面对城乡规划本身的编制原则、要求、程序等作出规划,另一方面为个人、法人和其他组织进行建筑活动定制了规范。

（二）城市建设用地规划管理的内容

城市建设用地规划管理是指,城市规划行政主管部门对城市规划区内的建设用地的使用进行统一的安排和控制,使城市的各项建设用地能够协调发展。城市建设用地规划管理

---

①　该《城乡规划法》自2008年1月1日起施行。同日,1989年12月26日发布、自1990年4月1日起生效的《城市规划法》失效。《城乡规划法》于2015年第一次修正,于2019年第二次修正。

主要包括编制审批管理和监督管理。

编制审批管理,在城市规划区内从事建筑或开发活动要遵循的城市规划规范主要分两个方面:一是建设用地规划管理;二是建设工程规划管理。建设用地规划管理,根据《城乡规划法》规定,任何单位和个人需要使用城市、镇规划区内的土地进行建设,经城市规划行政主管部门审查批准,发放建设用地规划许可证。本节将主要论述建设用地规划管理,建设工程规划管理将放在下一节论述。

二、核发选址意见书

《城乡规划法》第 36 条规定:"按照国家规定需要有关部门批准或者核准的建设项目,以划拨方式提供国有土地使用权的,建设单位在报送有关部门批准或者核准前,应当向城乡规划主管部门申请核发选址意见书。前款规定以外的建设项目不需要申请选址意见书。"这一规定,对于以划拨方式提供国有土地使用权的情况,赋予城市规划行政主管部门在建设单位拟定可行性研究报告(建设项目设计任务书)阶段的选址工作中提出意见和建议的权力,其表现形式是核发选址意见书。

选址意见书的核发,并不是建设用地规划的组成部分,而是规划部门对于大中型建设项目的进行计划管理和规划管理的抓手,是在立项时对项目选址所出具的意见。建设项目选址意见书是大中型建设项目申请办理建设项目用地预审的必备法律文件。而建设项目选址意见书和建设项目用地预审意见又是办理固定资产投产手续两个必备法律文件。

根据该办法,建设项目选址意见书的内容包括三个方面:(1)建设项目的基本情况。(2)建设项目规划选址的依据。主要包括:经批准的项目建议书;建设项目与城市规划布局是否协调;建设项目与城市交通通信、能源、市政、防灾规划是否衔接与协调;建设项目对于城市环境可能造成的污染,以及城市环境保护规划和风景名胜、文物古迹保护规划是否协调。[①](3)建设项目选址、用地范围和具体规划要求。建设项目选址意见书实行严格的分级审批制度。

三、建设用地规划许可证

(一)建设用地规划许可证的意义

《城乡规划法》第 37 条[②]、第 38 条[③]是以划拨方式和出让方式取得建设用地规划许可证

---

① 1998 年,国务院发布了《建设项目环境保护管理条例》,并于 2017 年进行了修订。该条例要求生产性建设项目的建设单位在可行性研究阶段报批建设项目环境影响报告书等。开发区建设、城市新区建设和旧区改建等区域性开发,要求编制建设规划时,也要进行环境影响评价,但具体办法由国务院环境保护行政主管部门会同国务院有关部门另行规定。因此,开发企业应当关注有关法律的出台和规范内容。

② 《城乡规划法》第 37 条规定:"在城市、镇规划区内以划拨方式提供国有土地使用权的建设项目,经有关部门批准、核准、备案后,建设单位应当向城市、县人民政府城乡规划主管部门提出建设用地规划许可申请,由城市、县人民政府城乡规划主管部门依据控制性详细规划核定建设用地的位置、面积、允许建设的范围,核发建设用地规划许可证。建设单位在取得建设用地规划许可证后,方可向县级以上地方人民政府土地主管部门申请用地,经县级以上人民政府审批后,由土地主管部门划拨土地。"

③ 《城乡规划法》第 38 条规定:"在城市、镇规划区内以出让方式提供国有土地使用权的,在国有土地使用权出让前,城市、县人民政府城乡规划主管部门应当依据控制性详细规划,提出出让地块的位置、使用性质、开发强度等规划条件,作为国有土地使用权出让合同的组成部分。未确定规划条件的地块,不得出让国有土地使用权。以出让方式取得国有土地使用权的建设项目,建设单位在取得建设项目的批准、核准、备案文件和签订国有土地使用权出让合同后,向城市、县人民政府城乡规划主管部门领取建设用地规划许可证。城市、县人民政府城乡规划主管部门不得在建设用地规划许可证中,擅自改变作为国有土地使用权出让合同组成部分的规划条件。"

的具体规定。从规划部门获得建设用地规划许可证是获得建设用地使用权的前置条件。建设用地许可证是建设单位在向土地管理行政主管部门申请征收、划拨土地前,经城市规划行政主管部门确认建设项目位置和范围符合城市规划的法定凭证。

核发建设用地规划许可证的目的在于确保土地利用符合城市规划,维护建设单位按照规划使用土地的合法权益,为土地管理部门在城市规划区内行使权属管理职能提供必要的法律依据。根据2012年住建部发布的《建设用地容积率管理办法》,在国有土地使用权出让前,城市、县人民政府城乡规划主管部门应当依据控制性详细规划,提出容积率等规划条件,作为国有土地使用权出让合同的组成部分;以划拨方式提供国有土地使用权的建设项目,也应当事先由城乡规划主管部门依据控制性详细规划核定建设用地容积率等控制性指标,才能核发建设用地规划许可证。

土地管理部门在办理征用、划拨土地过程中,若确需改变建设用地规划许可证核定的意见,必须与城市规划部门协商并取得一致性意见,以保证修改后的位置和范围符合城市规划的要求。

在颁发建设用地许可证后,城市规划部门仍然应对征用划拨土地进行验核和监督检查,杜绝违章占地情况的发生,并对建设用地进行调整。另外,建设单位因施工、堆料等临时使用土地的,也得从规划部门获得临时建设用地许可证。

（二）建设用地规划许可证的取得

建设用地规划许可证是经规划部门对用地单位的申请审查批准后颁发的。这一审批程序大致有以下步骤:(1)现场踏勘。规划部门受理建设单位建设用地申请后,应当与建设单位会同有关部门到选址地点进行现场调查和踏勘。(2)征求意见。为了使建设项目的安排更趋合理,城市规划部门应当在审批建设用地前,征求环保、消防、文物保护、土地管理部门的意见。(3)提供设计条件。城市规划部门初审通过后,可向建设单位提供建设用地地址与范围的红线图,在红线图上应标明现状和规划道路,并提出用地规划设计条件和要求。《建设用地规划设计条件》是委托规划设计单位进行"总平面图设计"的依据,同时也是土地出让的必备法律文件。建设单位可以依据红线图委托方案设计,同时委托征地部门与被征地单位预先联系。(4)审查总平面图。主要审查用地性质、规模和布局方式、运输方式等是否符合城市规划的要求,建筑与工程设施是否符合合理用地、节约用地的原则。经批复的"总平面图",是申请《建设用地拆迁规划许可证》的必备法律文件。(5)核定用地面积。主要是根据城市规划设计用地额指标和该地块具体情况,核审用地面积,防止浪费土地。(6)核发建设用地规划许可证。由城市规划部门核发建设用地规划许可证。

在办理建设用地规划许可中,《建设项目选址意见书》《建设用地规划设计条件》和《总平面图》是最重要的三份法律文件。

四、建设用地使用监督管理

建设用地经城市建设用地规划管理部门审批后,行政部门要对用地单位用地情况进行监督检查,对违章用地行为进行检查处理。

建设用地单位在使用土地的过程中,城市规划行政主管部门根据规划要求应进行监督检查,随时发现并解决问题,杜绝违章使用土地情况。

依照上述法律规定,有下列行为之一使用城市土地者,属违章用地:(1)未领取建设用地规划许可证而使用土地的;(2)擅自改变用地位置或扩大用地范围的;(3)擅自改变规划用地性质的;(4)擅自出让、转让、买卖、交换、租赁土地的;(5)持非城市规划行政主管部门批准用地证件而使用土地的;(6)擅自改变经批准的总平面图而使用土地的。

城市规划行政主管部门发现违章占地行为,即向违章单位发出违章占地通知书,责令其停止使用土地,进行违章登记,并负责进行违章占地处理。违章占地处理,包括没收土地、拆除地上地下设置物、罚款和行政处分等。在现实操作中对于违章用地可能存在变通的做法,如果违章用地对城市规划暂无影响和相邻权益无纠纷的,在给予当事人一定处罚的基础上,可允许其申请补办有关批准手续,将"违法"变为合法,最终给予房地产产权登记。

五、违反《城乡规划法》的法律责任

违反《城乡规划法》的法律责任主要有行政责任和刑事责任。

（一）行政责任

规划主管部门对违法建设行为和占用土地行为有权给予行政处罚。违法的建设行为有:未取得建设工程规划许可证或者未按照建设工程规划许可证的规定进行建设的;在乡、村庄规划区内未依法取得乡村建设规划许可证或者未按照乡村建设规划许可证的规定进行建设等。当事人所要承担的行政责任包括限期拆除、罚款等。

（二）刑事责任

《城乡规划法》第69条规定:"违反本法规定,构成犯罪的,依法追究刑事责任。"

第四节 房地产开发行为监管

一、城乡建设主管部门对工程的监督

房地产开发主要受城乡建设主管部门监管。城乡建设主管部门的监管主要包括颁发建筑工程许可证和施工过程中的监管。为了加强对建筑活动的监督管理,住建部于2014年发布了《建筑工程施工许可管理办法》。[①]

（一）颁发建筑工程许可证

房地产开发项目在正式开工前必须完成以下事项:(1)依法取得城市房屋拆迁许可证,并开始进行房屋的拆迁工作;(2)取得了建设工程规划许可证;(3)已经按照法律的规定完成了建设项目的报建工作;(4)依法进行了建设项目施工的招投标工作,签订了建筑工程施工合同;(5)已经依法委托了建设工程监理单位,签订了委托监理合同;(6)办理了建设工程施工许可证或者取得了建设工程的开工报告。以上准备工作中,最为重要的是取得建设工程规划许可证。

建设工程规划许可证的作用主要有三方面:一是确认有关建设活动的合法地位,保证建设单位和个人的合法权益;二是作为建设活动进行过程中接受监督检查时的法定依据;三是作为规划部门有关城市建设活动的重要历史资料和城市建设档案的重要内容。

[①] 该办法自2014年10月25日起施行,2018年、2021年经过两次修改。1999年10月15日发布、2001年7月4日修正的《建筑工程施工许可管理办法》同时废止。

建设工程许可证的申办步骤如下：

第一，建设单位申请。建设单位持批准的计划投资文件，上级主管部门批准建设的批文和建设用地规划许可证，向城市规划部门申请建设，城市规划部门对于建设申请进行审查，确定建设工程的性质、规模等是否符合城市规划的布局和发展需求；对建设工程涉及相关行政主管部门的，则应根据实际需要，征求有关行政主管部门的意见，进行综合协调。

第二，确定规划设计要求。城市规划部门对建设申请进行审查后，根据建设工程所在地段详细规划的要求，提出规划设计要求，核发规划设计要点通知书（《建设用地规划设计要求》）。开发商取得《建设工程规划设计要求》后委托设计单位进行方案图设计［包括平面、立面、剖面、基础（平、剖）、墙身大样、人防工程、地下储藏室］及设计说明文本。同时，《建设用地规划设计要求》是报批《建设工程规划设计方案》的必备文件。

第三，方案审查。建设单位提出建设方案、文件、图纸后，城市规划部门对各个方案的总平面布置、交通组织情况、工程周围环境关系和个体设计体量、层次、造型等进行审查比较，确定规划设计方案，提出规划个性意见，核发设计方案通知书（《建设工程规划设计方案》）。建设单位据此委托设计单位进行施工图设计。

第四，核发建设工程规划许可证。建设单位持注册勘察设计证号的总平面图，个体建筑设计的平、立、剖面图，基础图，地下室平、剖面图等施工图，交城市规划部门进行审查，经审查批准后，发给建设工程规划许可证。

（二）施工监管

在进入施工阶段，城乡建设主管部门仍然要对工程建设实施监督。实践中称之为建设工程审批后的管理。其内容包括开工验线、施工中检查和竣工验收。验线是指城市规划部门对建筑单位是否按照建设工程规划许可证的要求放线加以检验，以便开始施工。进入施工阶段，城乡建设主管部门有权进入施工现场，了解建设工程的位置、施工等情况是否符合规划设计要求，其中包括工程开挖基槽后的验线，建设工程施工过程中的复验以及施工图设计变更管理。在竣工后，由规划部门进行验收。

有下列行为之一者，属违章建设，规划部门可以依法予以处罚：（1）未领取建设工程规划许可证或临时建设工程规划许可证施工的；（2）擅自改变经批准的设计图纸施工的；（3）擅自改变建筑物或构筑物使用性质的；（4）持临时建设工程规划许可证而进行永久性建设的；（5）虽领取建设工程规划许可证，但规划部门明确需验线而未经验线擅自开工的；（6）临时性建筑到期或规划部门发出拆除通知而逾期未拆除的；（7）持非城市规划部门批准建设的证件在城市规划区内进行建设的。

在"张增礼与广西壮族自治区南宁经济技术开发区管理委员会拆除违法建筑案"中，最高人民法院认为，未依法取得建设工程规划许可建设房屋，属于严重违反规划的情形，所建房屋系违法建筑（参阅案例5-1）。实践中也常会发生擅自改变规划，超出建筑许可范围的情况。这样的建筑往往也被视为违章建筑，难取得产权证。"上海市虹口区金殿苑业主委员会与上海包运房地产有限责任公司财产权属纠纷上诉案"即是一起典型的擅自加层建筑案例（参阅案例5-2）。另外，开发商改变小区公共设施规划，侵害小业主利益的情况也时有发生。在"曾某诉深圳市南山华庭房屋开发有限公司房屋买卖合同纠纷案"中，法院就判决擅自改变小区公共设施规划的开发商赔偿原告相应的损失（参阅案例5-3）。

［案例5-1］　　　　　　［案例5-2］　　　　　　［案例5-3］

二、建设部门对房地产开发的监管

（一）项目监管：项目手册

在我国，房地产项目不仅实行严格的事先审批，而且对项目也实行严格的管理。项目监管实行"谁审批、谁监管、谁负责"的原则。因此，项目监管通常由建设主管部门承担。

《开发条例》第18条规定："房地产开发企业应当将房地产开发项目建设过程中的主要事项记录在房地产开发项目手册中，并定期送房地产开发主管部门备案。"各地方建设主管部门据此建立了房地产开发项目手册管理制度。

房地产开发企业一般应当在取得《建设项目选址意见书》或立项批准文件后一定时间内（通常为15—30日内，各地规定不一致），到当地建管委或开发处领取《房地产开发项目手册》，或者在指定网站建立项目手册。凡是在城市规划区范围内国有土地上进行的房地产开发经营（含经济适用住房）的项目，都应建立项目手册。手册内容包括：企业概况、项目立项、设计审批、建设进度、投资进度、工程款支付、委托监理、项目联建、房屋销售、物业管理等全程信息。项目手册是建设管理部门对房地产项目监督管理的依据。项目手册建立后，开发企业应随着项目开发、销售的进度及时更新相关数据。例如，对各种投诉和重大问题处理、处罚情况、业主投诉处理等都应作出详细记录。

审批部门有责任对房地产项目实行跟踪监管，发现问题的，及时发出《房地产市场检查告知书》，督促开发企业整改。开发企业拒不整改或存在违法违规行为的，审批部门依照法定程序，转执法部门立案调查、处理。项目手册执行情况是开发企业资质年检的考核内容。

房地产开发企业在基础、主体结构、安装及装修工程竣工后，还应当将项目手册和相关证明资料送建设部门审核登记，在综合验收合格后，项目手册即在建设部门存档。

（二）项目资金监管

1. 项目资本金监管

《开发条例》第13条规定："房地产开发项目应当建立资本金制度，资本金占项目总投资的比例不得低于20%。"[①] 在现实中，最为关键的是由谁来监管项目资本金的落实。一般来讲，由建设主管部门承担项目资金的监督职责，并要求地方银行进行配合。资本金由主管部门（如开发办）与开发企业实行双控使用。有些地方甚至将项目资本金如数到位作为办理施工许可证的前提条件。

2. 预售款监管

商品房预售是支撑我国房地产开发的重要制度，而确保预售收入用于该项目有关的开

---

① 资本金占项目总投资的比例并没有限定于20%，国家根据其对房地产调控的需要，对比例可以进行调整，如需要控制房地产的过热发展，就上调资本金占项目总投资的比例。

发建设是保障房地产市场安全的重要措施。有些地方法规将预售款监管义务落实到建设主管部门,要求建设主管部门审查企业提出的支付工程款的申请资料,确保预售收入用于该项目有关的开发建设,跟踪检查预售款拨付给企业后的资金使用情况。但是,建设主管部门对预售款的监督管理到什么程度,监督义务和责任如何,并没有统一的认识和做法。

三、竣工验收

房地产开发项目竣工后,应当进行验收,验收合格后,才能交付使用。《开发条例》第17条明确规定:"房地产开发项目竣工,依照《建设工程质量管理条例》的规定验收合格后,方可交付使用。"

随着《行政许可法》的颁布实施和行政审批制度改革的推进,国务院已经取消了由政府组织实施的竣工验收制度,改由建设单位负责组织实施①,然后由建设主管部门备案的制度。实际上,我国竣工验收分为两类:一般建设项目的竣工验收和居住小区的综合验收。

一般建设项目的竣工验收,每个建设项目工程竣工后,建设方组织设计单位、施工单位、监理单位等参与主体验收,并取得消防、环保、规划验收合格证和相关资料文件,由建设方提出竣工验收报告,申请建设行政主管部门备案;主管部门收讫并确认后发给《房屋建筑和市政基础设施工程竣工验收合格备案证书》。竣工验收合格备案证书是建设方取得房屋产权证书的必备文件。

［案例 5-4］

综合验收合格的,主管部门签发《房地产开发建设项目竣工综合验收合格证》,之后还要向建设主管部门申请备案,取得《工程竣工验收备案表》。也就是说,备案表是判断开发商是否符合交房条件的依据。至于满足交付条件的房屋是否符合使用条件(房屋质量是否合格),仍然需要看房屋质量是否真正满足国家的房屋质量标准(参阅案例5-4"宋××与河南××置业有限公司房屋买卖合同纠纷案")。

［思考题］

1. 简述我国房地产管制的基本框架和理由。
2. 我国在哪些环节对土地利用进行管制?
3. 论述城市规划部门对建设用地规划监管。
4. 简述规划部门对建设工程的监管,论述建设工程规划许可的法律意义。
5. 简述住房和城乡建设部对房地产开发项目的监管。
6. 简述我国政府对房地产市场的管制框架。

---

① 由建设单位负责组织竣工验收小组,验收组组长由建设单位法人代表或其委托的负责人担任。验收组成员由建设单位的上级主管部门,建设单位项目负责人,建设单位项目现场管理人员及勘察、设计、施工、监理单位与项目无直接关系的技术负责人或质量负责人组成,建设单位也可邀请有关专家参加验收小组。

第六章　建设工程施工合同及纠纷处理

建设工程施工合同是房地开发建设的主要合同,是工程进度控制、质量控制和投资控制的主要依据。由于建筑施工的复杂性,施工合同订立和履行都是一件非常复杂的事情,因此依法订立详尽的合同,对于防止纠纷具有重要意义。本章第一节对建设工程施工合同作了简要的介绍,然后论述建设工程施工合同的订立过程,即建筑工程的发包和承包,重点介绍了招投标的法律流程;第二节主要论述建筑工程施工合同无效和解除、工程造价和工程款纠纷,尤其是论述了工程款优先受偿权实现和垫资款问题的解决。

第一节　建设工程施工合同的订立

一、建设工程施工合同概述

（一）建筑施工

建筑施工是指,施工单位依照施工图进行建设项目的施工,建设监理单位按照委托监理合同和法律的规定对建设工程的进度、投资和质量进行控制,建设单位一般也委派一定的管理人员（实践中称为甲方代表）进驻施工现场,处理工程建设过程中的问题。

在施工过程中需要注意的有:

（1）施工单位必须按照建筑施工图进行施工,保证工程施工的质量,不得偷工减料;在发现工程设计不符合国家的设计标准时,必须及时向甲方和监理单位提出,甲方必须及时向设计单位提出。如果情况属实,设计单位必须及时进行设计变更,由此给施工单位造成施工迟延的,施工单位有权要求顺延工期。施工单位必须注意安全施工,承担施工现场的安全责任。

（2）建设监理单位必须按照法律的规定、委托监理合同的约定和施工图对建设项目的投资、进度和质量进行控制,督促施工单位按照施工图和工程施工规范进行施工,控制工程建设的进度,并按时提醒建设单位向施工单位支付工程款。

（3）建设单位必须提供施工所需要的各种辅助条件,协调工程建设中发生的各种问题,对施工单位所提出的问题及时组织解决,按时支付工程款。

对上述事项作出事先安排的便是建设工程施工合同（以下简称"施工合同"）。

（二）施工合同的概念

在建设领域,习惯于将施工合同的当事人称为发包方和承包方。在房地产开发中,发包方就是开发商（又称建设单位）,而承包方就是具有资质的建筑企业。施工合同即建筑安装工程承包合同,是发包人与承包人之间为完成商定的建设工程项目,确定双方权利和义务的协议。依照施工合同,承包方应完成一定的建筑、安装工程任务,发包人应提供必要的施工条件并支付工程价款。施工合同是建设工程合同的一种,它与其他建设工程合同一样是一种双务合同,在订立时也应遵守自愿、公平、诚实信用等原则。

施工合同是建设工程的主要合同,是工程建设质量控制、进度控制、投资控制的主要依据。

（三）施工合同的组成

根据有关工程建设施工的法律、法规,结合我国工程建设施工的实际情况,并借鉴了国际上广泛使用的土木工程施工合同条件(特别是 FIDIC 土木工程施工合同条件),国家建设部、国家工商行政管理总局于 1999 年印发了《建设工程施工合同(示范文本)》(GF-1999-0201)。该示范文本在 2013 年和 2017 年又分别经历了两次修订,最新修订的示范文本(GF-2017-0201)是目前各类建筑施工标准合同文本。

《建设工程施工合同(示范文本)》由协议书、通用合同条款、专用条款三部分组成,并附有 11 个附件:附件 1 是《承包人承揽工程项目一览表》,附件 2 是《发包人供应材料设备一览表》,附件 3 是《工程质量保修书》,附件 4 是《主要建设工程文件目录》,附件 5 是《承包人用于本工程施工的机械设备表》,附件 6 是《承包人主要施工管理人员表》,附件 7 是《分包人主要施工管理人员表》,附件 8 是《履约担保格式》,附件 9 是《预付款担保格式》,附件 10 是《支付担保格式》,附件 11 是《暂估价一览表》。[①]

协议书是《建设工程施工合同(示范文本)》中总纲性的文件,规定了合同当事人双方最主要的权利义务,规定了组成合同的文件及合同当事人对履行合同义务的承诺,并且合同当事人在这份文件上签字盖章,因此具有很高的法律效力。协议书的内容包括工程概况、工程承包范围、合同工期、质量标准、合同价款、组成合同的文件及双方的承诺等。

通用条款是根据《建筑法》等法律对承发包双方的权利义务作出的规定,除双方协商一致对其中的某些条款作了修改、补充或取消外,双方都必须履行。它是将施工合同中共性的一些内容抽象出来编写的一份完整的合同文件。通用条款具有很强的普适性,基本适用于各类建设工程。

专用条款是通用条款的修改和补充,是针对不同建筑工程具体情况,由发包方和承包方协商拟定的当事人之间的特殊法律安排,对具体情况的明确或者对通用条款的修改、补充。

在施工实践中,施工合同不仅包括上述几个方面,以下文件也是施工合同的组成部分:（1）中标通知书;（2）投标书及其附件;（3）标准、规范及有关技术文件;（4）图纸;（5）工程量清单;（6）工程报价单或预算书,以及双方有关工程的洽商、变更等书面协议或文件等。

（四）施工合同的订立

施工合同作为合同的一种,其订立也应经过要约和承诺两个阶段。其订立方式有两种:直接发包和招标发包。大多数施工合同是通过招投标的方式订立的。

二、建设工程发包与承包概述

（一）建设工程发包

建设工程发包,是指建设单位(或总承包单位)将建筑工程任务(勘查、设计、施工等)的全部或部分通过招标或其他方式,交付给具有从事建筑活动资质的单位完成,并按约支付报酬的行为。

建设工程发包方式可分为招标发包和直接发包两种。招投标发包又有两种方式:一种是公开招标发包;一种是邀请招标发包。

为了保障建筑工程的质量和安全,法律禁止肢解发包,《建筑法》第 24 条对此也作了明

[①] 附件 1 是协议书附件,附件 2 到附件 11 是专用条款附件。

确规定。肢解发包,是指将应当由一个承包单位完成的建筑工程肢解成若干部分发包给几个承包单位的行为。

(二) 建筑工程承包

建筑工程承包,是指具有从事建筑活动法定资质的单位,通过招标或其他方式,承揽建筑工程任务,并按约取得报酬的行为。

承包建筑工程的单位应当持有依法取得的资质证书,并在其资质等级许可的业务范围内承包工程,否则就可能导致合同无效。在"唐山市新华金属屋顶成型安装有限公司诉丰润县冀东建材大世界开发公司等建筑安装工程合同纠纷案"中,无相应建筑资质等级成为法院认定合同无效的依据之一(参阅案例 6-1)。

但在司法实践中,承包人不具备相应资质并非都会导致合同无效,也存在例外的情况:一种例外情况是承包人在建设工程竣工前补充取得其超越的资质;另一种例外情况是内部承包行为。在"方远建设集团股份有限公司与温岭市电影发行放映公司建设工程施工合同纠纷案"中,法院认为承包人的内部承包关系并不违反法律禁止性规定,合同应属有效(参阅案例 6-2)。

[案例 6-1]

[案例 6-2]

三、建设工程招投标制度

(一) 建设工程招投标概述

建筑工程涉及多个环节,在现实中往往将之切割成不同项目,通过契约的方式发包给不同的主体完成。最常用的方式便是招标和投标。

建设单位就建设项目的勘察、设计、施工、监理等事项,依据《招标投标法》《建筑法》等法律法规,通过招标和投标这种竞争性缔约方式确定建设项目的勘察、设计、施工、监理实施者的法律行为。

调整建设工程招投标的法律主要是《建筑法》和《招标投标法》。另外,《房屋建筑和市政基础设施工程施工招标投标管理办法》(原建设部于 2001 发布实施,2018 年、2019 年进行两次修正)和最高人民法院于 2020 年发布的《关于审理建设工程施工合同纠纷案件适用法律问题的解释(一)》[①](以下简称《施工合同解释(一)》),对建设工程招投标及工程纠纷解决也具有指导意义。

(二) 建设工程招标

1. 招标性质和范围

招标的法律性质属于要约邀请。建设单位招标的根本目的是希望有施工单位就该建设项目向建设单位投标(要约),然后在建设单位提供的一系列要约中依据一定的原则和标准进行评选,对符合要求的要约(投标)进行承诺,签订一份建筑工程施工合同。

招标的适用范围是:施工单项合同估算价在 200 万元人民币以上,或者项目总投资在 3 000 万元人民币以上的项目,法律规定的例外情形除外。

强制招标的项目有:(1) 大型基础设施、公用事业等关系社会公共利益、公众安全的项

---

① 最高人民法院于 2004 年发布的《关于审理建设工程施工合同纠纷案件适用法律问题的解释》已于 2020 年废止;最高人民法院于 2018 年发布的《关于审理建设工程施工合同纠纷案件适用法律问题的解释(二)》,同于 2020 年废止。

目;（2）全部或者部分使用国有资金投资或者国家融资的项目;（3）使用国际组织或者外国政府贷款、援助资金的项目。

2. 招标方式

招标方式有两种:（1）公开招标,即招标人以招标公告的方式邀请不特定的法人或者其他组织投标;（2）邀请招标,即招标人以投标邀请书的方式邀请特定的法人或者其他组织投标。

（三）建设工程投标

投标所提交的法律文件称为"标书"。投标的法律性质属于要约。

根据《招标投标法》第29条的规定,投标人在招标文件要求提交投标文件的截止时间前,可以补充、修改或者撤回已提交的投标文件,并书面通知招标人。补充、修改的内容为投标文件的组成部分。

招标人可以在招标文件中要求投标人提交投标担保。投标担保可以采用投标保函或者投标保证金的方式,一般不得超过投标总价的2%,最高不得超过50万元。

投标过程中的禁止性规范有:（1）投标人不得相互串通投标报价,不得排挤其他投标人的公平竞争,损害招标人或者其他投标人的合法权益;（2）投标人不得与招标人串通投标,损害国家利益、社会公共利益或者他人的合法权益;（3）禁止投标人以向招标人或者评标委员会成员行贿的手段谋取中标。

（四）建设工程招投标实施程序

1. 招标

在招标阶段,招标人需要完成以下工作:（1）招标前的准备工作;（2）对投标单位的资格审查;（3）招标文件的编制（投标要求、规则和程序等）;（4）招标工程标底的编制与报审（可选）;（5）招标文件在县级建设行政主管部门的备案。

2. 投标

在投标阶段,投标人需要完成以下工作:（1）报送投标申请书;（2）参加资格预审;（3）购买、研究招标文件;（4）参加现场考察和标前会;（5）编制、报送投标文件。

3. 开标、评标、定标

开标,就是投标人提交投标文件的时间截止后,招标人依据招标文件规定的时间和地点,开启投标人提交的投标文件,公开宣布投标人的名称、投标价格及投标文件中的其他主要内容。评标,是指评标委员会按照招标文件确定的评标标准和方法,对投标文件进行评审和比较,并对评标结果签字确认的行为。定标,即招标人根据评标委员会提出的书面评标报告和推荐的中标候选人确定中标人。

4. 签订合同和备案

招标人和中标人应当自中标通知书发出之日起30日内,按照招标文件和中标人的投标文件订立书面合同;并送县级以上工程所在地的建设行政主管部门备案。实践中往往存在发包方借强势地位订立黑白合同的情形,最高人民法院《施工合同解释（一）》第22条规定,当事人签订的建设工程施工合同与招标文件、投标文件、中标通知书载明的工程范围、建设工期、工程质量、工程价款不一致,一方当事人请求将招标文件、投标文件、中标通知书作为结算工程价款依据的,人民法院应予支持。即法律并不认可与中标合同相抵触的其他合同（参阅案例6-3"甲公司诉乙公司工程合同案"、6-4"再审申请人新乡新星房地产开发有限公司与被申请人河南省第二建设集团有限公司建设工程施工合同再审案"、6-5"再审申请人无锡市世达建设有限公司与被申请人无锡市百田建筑设计咨询有限公司建设工程施工合同纠纷案")。

[案例6-3]　　　　[案例6-4]　　　　[案例6-5]

四、建设工程分包

分包,是指对建设工程实行总承包的单位,将其总承包的工程项目的某一部分或某几部分,再发包给其他的承包人的行为。

正常的分包是我国法律所允许的。《建筑法》规定,建筑工程总承包单位可以将承包工程中的部分工程发包给具有相应资质条件的分包单位。但是,除总承包合同中约定的分包外,分包必须经建设单位认可。

（一）现行法对分包的规制

《招投标法》第48条规定:"中标人应当按照合同约定履行义务,完成中标项目。中标人不得向他人转让中标项目,也不得将中标项目肢解后分别向他人转让。中标人按照合同约定或者经招标人同意,可以将中标项目的部分非主体、非关键性工作分包给他人完成。接受分包的人应当具备相应的资格条件,并不得再次分包。中标人应当就分包项目向招标人负责,接受分包的人就分包项目承担连带责任。"

《建筑法》第29条规定:"建筑工程总承包单位可以将承包工程中的部分工程发包给具有相应资质条件的分包单位;但是,除总承包合同中约定的分包外,必须经建设单位认可。施工总承包的,建筑工程主体结构的施工必须由总承包单位自行完成。建筑工程总承包单位按照总承包合同的约定对建设单位负责;分包单位按照分包合同的约定对总承包单位负责。总承包单位和分包单位就分包工程对建设单位承担连带责任。禁止总承包单位将工程分包给不具备相应资质条件的单位。禁止分包单位将其承包的工程再分包。"

最高人民法院《施工合同解释（一）》第1条第2款规定:"承包人因转包、违法分包建设工程与他人签订的建设工程施工合同,应当依据民法典第一百五十三条第一款及第七百九十一条第二款、第三款的规定,认定无效。"

（二）违法分包与劳务分包的比较

根据国务院《建设工程质量管理条例》第78条第2款的规定,违法分包是指下列行为:（1）总承包单位将建设工程分包给不具备相应资质条件的单位的;（2）建设工程总承包合同中未有约定,又未经建设单位认可,承包单位将其承包的部分建设工程交由其他单位完成的;（3）施工总承包单位将建设工程主体结构的施工分包给其他单位的;（4）分包单位将其承包的建设工程再分包的。

劳务分包,又称劳务作业分包,是指施工总承包企业或者专业承包企业即劳务作业发人将其承包工程的劳务作业发包给劳务承包企业即劳务作业承包人完成的活动。通常情形下,劳务分包不为法律所禁止。

劳务作业分包的范围包括:(1)木工作业;(2)砌筑作业;(3)抹灰作业;(4)石制作;(5)油漆作业;(6)钢筋作业;(7)混凝土作业;(8)脚手架作业;(9)模板作业;(10)焊接作业;(11)水暖电安装作业;(12)钣金作业;(13)架线作业。

劳务分包既不是转包,也不是分包。分包是将建筑工程的某一部分施工项目有限制地交由第三人施工建设;劳务分包则是将建设工程中的劳务部分转由第三人完成。专业分包工程除在施工总承包合同中有约定外,必须经建设单位即工程发包人许可;而工程的劳务作业分包无须经过发包人或者总承包人的同意。专业工程的分包人不能将其分包的工程二次分包,但可以将劳务作业部分交由第三人完成。

(三)违法分包责任

《建筑法》《招投标法》以及《民法典》对违法分包的行为,都有明确具体的禁止性规定。此外,根据《施工合同解释(一)》第6条的规定,建设工程施工合同无效,一方当事人请求对方赔偿损失的,应当就对方过错、损失大小、过错与损失之间的因果关系承担举证责任。损失大小无法确定,一方当事人请求参照合同约定的质量标准、建设工期、工程价款支付时间等内容确定损失大小的,人民法院可以结合双方过错程度、过错与损失之间的因果关系等因素作出裁判。

五、建设工程转包

转包,是指承包单位承包建设工程后,不履行合同约定的责任和义务,将其承包的全部建设工程转给他人或将其承包的全部建设工程肢解以后以发包的名义分别转给其他单位承包的行为。

由于工程转包危害极大,世界上大部分国家立法中都禁止转包行为,我国也不例外。《建筑法》第28条规定:"禁止承包单位将其承包的全部建筑工程转包给他人,禁止承包单位将其承包的全部建筑工程肢解以后以分包的名义分别转包给他人。"《施工合同解释(一)》也明确规定,承包人因转包建设工程与他人签订的建设工程施工合同无效。但实践中常有借分包之名行转包之实,这种操作仍是法律所禁止的,应负相应法律责任(参阅案例6-6"甲公司工程合同非法转包案"、6-7"上海曹乾建设工程有限公司与泰兴市文庆疏浚工程有限公司、浙江省正邦水电建设有限公司等建设工程施工合同纠纷上诉案")。

[案例6-6]

[案例6-7]

第二节　建设工程施工合同纠纷

一、建筑施工企业资质

从事建筑活动单位的资质审查制度,是指勘查、设计单位,建筑施工企业,工程监理单位经建设行政主管部门进行资质审查、取得相应等级证书,并在资质等级许可的范围内从事建筑活动的制度。

资质是对人员素质、管理水平、资金数量、技术装备和建筑业绩等的评定结果。

资质等级,是指按照人员素质、管理水平、资金数量、技术装备和建筑业绩等情形划分从事建筑活动的级别。

工程施工总承包企业和施工承包企业的资质实行分级审批,一级企业由国务院建设行政主管部门审批。二级以下企业,属于地方的,由省、自治区、直辖市人民政府建设行政主管部门审批;直属于国务院有关部门的,由有关部门审批。在一定条件下,低一级资质可以升为高一级资质。

承包建筑工程的单位应当持有依法取得的资质证书,并在其资质等级许可的业务范围内承揽工程,禁止建筑施工企业超越本企业资质等级许可的业务范围或者以任何形式用其他建筑施工企业的名义承揽工程。

根据《施工合同解释(一)》第1条第1款的规定,建设工程施工合同具有下列情形之一的,应当依据《民法典》第153条第1款的规定,认定无效:(1)承包人未取得建筑业企业资质或者超越资质等级的;(2)没有资质的实际施工人借用有资质的建筑施工企业名义的;(3)建设工程必须进行招标而未招标或者中标无效的。

需要特别指出的是,根据《施工合同解释(一)》第4条,如果承包人超越资质等级许可的业务范围签订施工合同,在建设工程竣工前取得相应资质等级,当事人请求按照无效合同处理的,法院将不予支持。也就是说,在这种情况下,合同效力可以补正。在"江苏华电工程设计院有限公司诉泰州开泰房地产开发有限公司建设工程设计合同纠纷案"中,在建设设计资质与合同效力的认定方面,再审法院坚持了原《施工合同解释》的柔性解释,虽然订立合同时没有相应的资质,但交付设计成果时取得相应资质的,不作为无效合同来对待(参阅案例6-8)。

［案例 6-8］

二、施工合同的无效和解除

(一)施工合同的无效

法律、行政法规和部门规章中调整施工合同的强制性规范非常多,如果违反这些规范都以违反法律强制性规定为由而认定合同无效,不符合《民法典》"合同编"的立法本意,不利于维护合同的稳定性,也破坏了建筑市场的正常秩序。正基于此,《施工合同解释(一)》明确了施工合同无效的范围:(1)承包人未取得建筑施工企业资质或者超越资质等级的;(2)没有资质的实际施工人借用有资质的建筑施工企业名义的;(3)建设工程必须进行招标而未招标或者中标无效的;(4)非法转包、违法分包的。

施工合同被确认无效后,建设工程经竣工验收合格的,承包人可以请求发包人参照合同约定支付工程价款。这就是通常所说的"无效合同,有效处理"的依据(参阅案例6-9"甲公司诉乙公司工程合同案"、6-10"新疆大黄山鸿基焦化有限责任公司与奥福科技有限公司建设工程施工合同纠纷民事上诉案")。

［案例 6-9］

［案例 6-10］

(二)施工合同的解除

合同单方解除分为法定解除和约定解除。约定解除,是指当事人按合同约定的解除权解除合同。法定解除,是指当事人依照法律规定的解除权而解除合同。

法定解除的解除权属于形成权,形成权只能由法律明确规定,没有法律明确规定,当事人一方无权解除合同。而约定解除无须法律明确规定。

《民法典》第806条规定了承包人的解除权和发包人的解除权,从而达到限制合同解除的目的。该条第1款规定了承包人的法定解除权:承包人将建设工程转包、违法分包的,发包人可以解除合同;第2款规定了发包人的法定解除权:发包人提供的主要建筑材料、建筑构配件和设备不符合强制性标准或者不履行协助义务,致使承包人无法施工,经催告后在合理期限内仍未履行相应义务的,承包人可以解除合同。

施工合同解除后,已经完成的建设工程质量合格的,发包人应当按照约定支付相应的工程价款;已经完成的建设工程质量不合格的,参照《民法典》第793条的规定处理。

三、工程造价和工程款纠纷

(一)工程造价纠纷

建设工程造价是指建设项目有计划地进行固定资产投资再生产,形成相应的无形资产和铺底流动资金的一次性费用的总和。

建设工程造价由建筑安装工程费用、设备、工器具费用和工程建设其他费用组成。建设工程造价是依据计价标准(工料机定额消耗量、基础单价等),根据造价的计算规则计算出来的。

在工程建设的发包方与承包方之间,在工程造价问题上总是处于矛盾状态:房地产开发商都必然会严格控制项目建设的工程造价,都希望尽量减少投入而获得尽可能多的产出;工程项目承包商都必然会按照工程造价"低中标、勤签证、高决算"的国际惯例获得相对高的收益。

工程造价纠纷的主要原因是:签订承发包合同时没有可以确定工程造价的设计概算或施工图预算;施工历经时日,原材料价格变动,双方对工程造价决算时分歧较大。

工程造价纠纷的主要应对策略是:可以用分阶段预决算程序强化对建设工程造价过程的控制,避免房地产开发项目造价纠纷的大幅度增加,保护承发包双方的合法权益。

(二)工程款纠纷

工程款是指工程建设过程中发生的建设单位应当向工程承包商支付的款项,是工程承包合同的对价。

建筑合同工程款确定方式有两种:约定和投标确定。

工程价款主要包括预付款、进度款和结算款签证、索赔款和保修金、履约保证金五项。原建设部的《建设工程施工合同(示范文本)》在通用条款中对此作了比较详细的规定。

《施工合同解释(一)》对工程价款的计算标准、工程款利息的计算标准以及工程款利息的起算标准也分别作了较为具体的规定。

关于工程价款的计算标准,《施工合同解释(一)》第19条规定:"当事人对建设工程的计价标准或者计价方法有约定的,按照约定结算工程价款。因设计变更导致建设工程的工程量或者质量标准发生变化,当事人对该部分工程价款不能协商一致的,可以参照签订建设工程施工合同时当地建设行政主管部门发布的计价方法或者计价标准结算工程价款。建设工程施工合同有效,但建设工程经竣工验收不合格的,依照民法典第五百七十七条规定处理。"

关于工程款利息的计算标准,《施工合同解释(一)》第25条规定:"当事人对垫资和垫资利息有约定,承包人请求按照约定返还垫资及其利息的,人民法院应予支持,但是约定的利息计算标准高于垫资时的同类贷款利率或者同期贷款市场报价利率的部分除外。当事人对垫资没有约定的,按照工程欠款处理。当事人对垫资利息没有约定,承包人请求支付利息的,人民法院不予支持。"

关于工程款利息的起算标准,《施工合同解释(一)》第 27 条规定:"利息从应付工程价款之日开始计付。当事人对付款时间没有约定或者约定不明的,下列时间视为应付款时间:(一)建设工程已实际交付的,为交付之日;(二)建设工程没有交付的,为提交竣工结算文件之日;(三)建设工程未交付,工程价款也未结算的,为当事人起诉之日。"

结合国际工程承包市场的做法,本书认为,推行工程款支付担保制度是解决拖欠工程款的一个有效的办法。我国一些省市的做法通常是,发包方将不低于工程造价 25%—50% 的资金存入银行监管账户,监管银行出具《建设资金到位证明》作为办理工程规划许可证、工程建设项目报建、工程招标投标、施工许可证的必备文件。

四、工程款优先受偿权的实现和垫资款问题的解决

（一）工程款优先受偿权的实现

1. 工程款优先受偿权的法律规定

《民法典》第 807 条规定:"发包人未按照约定支付价款的,承包人可以催告发包人在合理期限内支付价款。发包人逾期不支付的,除根据建设工程的性质不宜折价、拍卖外,承包人可以与发包人协议将该工程折价,也可以请求人民法院将该工程依法拍卖。建设工程的价款就该工程折价或者拍卖的价款优先受偿。"

工程款优先受偿权的规则可以归纳如下:

（1）工程优先受偿权的性质。建筑工程承包人的优先受偿权是一种法定优先受偿权,用以保护承揽人或工程承包人的劳动,也有学者称之为法定抵押权。

（2）承包人的工程款清偿不仅优先于普通债权,而且优先于以该工程设定的抵押权,但是工程款优先受偿权不得对抗已交付购买商品房全部或者大部分款项的商品房买受人(优先取得房屋所有权的优先权)。

（3）优先受偿的工程款包括工人工资、材料款等在工程建设中实际支出的款项,不包括发包人违约所造成的承包人的利息损失或违约金。

（4）优先权行使的期限为 6 个月,自工程竣工之日或合同约定的竣工之日起计算。工程进度款可通过其他民事诉请的办法来解决,但只要到了竣工之日或约定竣工之日,进度款就成了结算款,仍可得到优先权的保护。在"宁德市海军第六工程建筑处与福州怡和房地产公司建设工程施工合同纠纷上诉案"中,再审法院最终认定,将合同解除日认定为工程竣工日缺乏法律依据(参阅案例 6-11)。

［案例 6-11］

（5）行使优先受偿权时,承包人需以催告发包人支付工程款并给予发包人合理履行期限为前提。

2. 工程款优先受偿权的实现与交易安全的保护

为鼓励房地产开发,我国为房地产开发企业提供非常宽泛的融资渠道,土地使用权和在建工程均可以先后抵押获得贷款,而达到预售条件的在建商品房(实质上也是在建工程)也可以预售,获得融资。而一旦开发商挪用资金或因其他原因发生资金链条断裂,就会导致在建工程上的权利冲突。法律为了保护承包人的利益,赋予工程款优先受偿权;为了保护消费者或小业主的利益,又规定支付房价的买受人的权利优先于工程款。这样,只要有预售且买受人已交付房款(在目前情形下,银行已经支付了全部房款),工程优先受偿权几乎就难以实现。

承包人的工程款优先于一般抵押权,这往往使得在房地产开发过程中为开发商提供融资的银行处于不利地位。但工程款优先受偿权优先于工程抵押权具有充分的法理支撑。[①] 首先,它是基于法律规定产生;其次,它是基于对承包人劳动的特殊保护而产生的,属于费用性担保,因而应当给予工程款优先权优先于一般抵押权的特殊待遇。但是,工程款优先受偿无疑会给银行融资交易带来潜在危险。于是,学者提出这样的建议:为了保护一般抵押权的利益,使其知悉抵押物状况(包括是否拖欠承包人工程款),承包人的工程款额应实行预先登记制度。如果一般抵押权人事先知道存在拖欠工程款,可能不会同意发包人以建设工程作为抵押标的,但工程款是否拖欠往往要到工程款结算或竣工时才知道,因此预先登记似乎也不具有多少可操作性,最多只能登记工程款总额或剩余款的总额度。

在现实中,一旦出现烂尾楼,各种权利之间的冲突非常严重,如何既平衡它们之间的利益,又按照法律的规则处理,的确是一件非常棘手的事情。

（二）垫资款问题的解决

垫资,是指承包方在签订合同后,不要求发包方先支付工程款或者支付部分工程款,而是利用自有资金先进场进行施工,待工程施工到一定阶段或者工程全部完工后,由发包方再支付垫付的工程款。

根据现行的法律规定,可以对垫资行为的法律效力作如下总结:(1) 当事人对垫资和垫资利息可以约定,但约定的利息计算标准不能高于中国人民银行发布的同期同类贷款利率,超过部分无效;(2) 当事人对垫资没有约定的,按照工程欠款处理(这意味着承包人的工程垫资款可以享有工程款优先受偿权);(3) 当事人对垫资利息没有约定,承包人请求支付利息的,法院不予支持。

[思考题]

1. 简述建设工程施工合同的组成。
2. 简述我国建筑工程招投标流程及其规范。
3. 什么是分包和转包? 简述我国对分包和转包的规制。
4. 试以实际案例分析工程款纠纷的解决及其如何避免工程款纠纷发生。
5. 试论述工程款优先受偿权的实现与交易安全的保护。

---

① 在物权法中存在两个规则:一是法定优先受偿权(或担保物权)优先于意定担保物权;二是费用性担保物权优先于融资性担保物权。这两个规则是支撑工程款优先的理论基础。

第七章　房屋建筑质量管理

建筑质量不仅关系房屋的使用寿命和价值,更关系人民生命和财产的安全。但是,建筑质量具有隐蔽性、潜伏性和不易观测性。因此,国家对房屋等建筑业实行质量监管。本章主要介绍我国现行的房屋建筑质量的监督管理体系、房屋质量管理规范以及房屋质量责任承担问题。重点介绍我国的企业资质管理制度、工程建设监理制度、工程建设竣工验收制度,分析房地产开发过程中各个参与主体的质量保证责任、质量保证期、质量保修期及其区别,讨论房屋质量纠纷的解决。通过本章的学习,希望读者能够对我国现行质量监督管理体系(事前预防)和质量纠纷处理机制(事后救济)有较为全面的了解。

第一节　现代建筑质量控制体系

我国对房地产业实行严格的监管,其中一个重要目的便是确保建筑质量或建筑安全,为此我国建立了一套控制建筑质量的措施。这种质量监控体系包括建筑工程监理和行政监控,其中行政监控包括事先的参与企业资质审查制度、建筑过程中的监督管理制度和建筑竣工后房屋竣工验收制度。

一、参与企业资质控制

对参与房地产开发的企业进行主体资质认证和管理,主要是从主体上控制进入房地产开发业的企业条件和进入范围,以防止不具备相应条件的开发商、建筑商等承揽房地产开发业务,从根本上减少低劣工程的出现。参与企业的资质是一种事先的准入控制,试图从一开始防止那些条件不具备、诚信不好的企业进入开发、建筑行业,达到保证建筑质量的目的。除前述房地产开发企业外,建筑企业、勘察设计单位、工程监理单位等均存在资质管理。

（一）建筑企业的资质管理

目前,规范建筑企业资质的法律规范主要是 2007 年建设部发布的《建筑业企业资质管理规定》。[①] 该规定将建筑业企业分为工程施工总承包企业、专业承包企业和劳务分包企业三类。施工总承包资质、专业承包资质、劳务分包资质序列按照工程性质和技术特点分别划分为若干资质类别,各资质类别按照规定的条件划分为若干资质等级。

建筑业企业资质等级标准和各类别等级资质企业承担工程的具体范围,由国务院建设主管部门会同国务院有关部门制定,但建筑业企业资质许可的具体实施,由国务院、省(自治区、直辖市)和市级建设主管部门实施。在一般情况下,企业只能按照《建筑业企业资质证书》所核定的承包工程范围进行工程承包活动。

该管理规定还对资质证书的使用管理作出了详细规范,特别是确立了一套完善的动态管理体系,如按企业实际情况的变化对建筑企业资质等级或承包工程范围进行相应调整,进

---

① 该规定于 2015 年第一次修改,2016 年第二次修改,2018 年第三次修改。

行资质年度检查和其他形式的监督检查,对不符合标准的企业进行降级等处理,对违法使用资质证书以及其他违法行为进行处罚。

（二）勘察设计单位的资质管理

根据建设部于 2002 年 12 月发布,2007 年、2021 年两次修改的《建设工程勘察质量管理办法》第 6 条的规定,[①] 建设工程勘察和设计单位仍然有资质要求和限制。

（三）监理、项目经理等资质管理

除了以上三种类型企业单位资质认定和管理外,还存在其他领域的资质管理。如建设部于 2007 年发布的《工程监理企业资质管理规定》(该规定分别于 2015 年、2016 年、2018 年进行了修改),于 1995 年发布的《建筑施工企业项目经理资质管理办法》(已失效)。这些资质管理规定,形成了对几乎所有参与房地产项目的主体进行认证和管理的体制。

二、房地产开发过程中对建筑质量的监管

建筑行政管理部门始终把建筑安全工作放在重要位置。国务院于 2003 年出台了《建设工程安全生产管理条例》,确立了建筑企业及其涉及建筑的所有机构安全生产目标责任,并明确了各级安全生产监督管理部门的职责。其中,第 40 条明确,国务院建设行政主管部门对全国的建设工程安全生产实施监督管理,县级以上地方人民政府建设行政主管部门对本行政区域内的建设工程安全生产实施监督管理。建筑行政主管部门的主要监督措施是:（1）在审核发放施工许可证时,对建设工程是否有安全施工措施进行审查,对没有安全施工措施的,不得颁发施工许可证;（2）例行的安全检查和监督工作,包括检查建设工程安全生产的文件和资料、进入被检查单位施工现场进行检查等(这项工作委托给建设工程安全监督机构具体实施);（3）建筑材料控制制度,对严重危及施工安全的工艺、设备、材料实行淘汰。

2004 年建设部发布并于 2015 年被住建部修改的《建筑施工企业安全生产许可证管理规定》,建立了建筑施工企业实行安全生产许可制度。建筑施工企业未取得安全生产许可证的,不得从事建筑施工活动。该规定详细规定了建筑施工企业取得安全生产许可证的条件(包括范围、主体、对象、条件等)和申请程序。通过建筑安全许可制度,强化行政机关对建筑质量的监督。

我国还实行建筑单位质量体系认证制度。[②] 通过公正的第三方机构对建筑工程质量或质量体系作出正确、可靠的评价,从而提高建设单位或建筑单位的信誉,完善和提高建筑工程质量。

三、房屋竣工验收制度

在我国,房屋建筑实行建设工程的竣工验收管理制度。该部分内容请见第五章第四节。

---

① 该条规定:工程勘察企业必须依法取得工程勘察资质证书,并在资质等级许可的范围内承揽勘察业务。工程勘察企业不得超越其资质等级许可的业务范围或者以其他勘察企业的名义承揽勘察业务;不得允许其他企业或者个人以本企业的名义承揽勘察业务;不得转包或者违法分包所承揽的勘察业务。

② 《建筑法》第 53 条规定:"国家对从事建筑活动的单位推行质量体系认证制度。从事建筑活动的单位根据自愿原则可以向国务院产品质量监督管理部门或者国务院产品质量监督管理部门授权的部门认可的认证机构申请质量体系认证。经认证合格的,由认证机构颁发质量体系认证证书。"

第二节 工程监理制度

一、工程建设监理制度的建立

工程建设监理,是指监理单位受项目法人的委托,依据国家批准的工程项目建设文件、有关工程建设的法律法规和工程建设监理合同及其他工程建设合同,对项目实施或工程建设全过程进行监督和管理。

我国从 20 世纪 80 年代末开始试行和推广工程建设监理制度。

建设部于 1989 年 7 月 28 日发布了《建设监理试行规定》,于 1992 年发布了《工程建设监理单位资质管理试行办法》,到 1996 年转入全面推行阶段。1995 年,建设部和国家计委联合颁布了《工程建设监理规定》(取代了《建设监理试行规定》),以进一步规范工程监理业的发展,该规定于 2016 年废止。2001 年,建设部发布实施《工程监理企业资质管理规定》,取代了 1992 年发布的《工程建设监理单位资质管理试行办法》。2007 年,建设部又发布了修订后的《工程监理企业资质管理规定》,并在 2015 年、2016 年、2018 年由住建部对该规定进行了三次修改。

目前规范工程建设监理的主要法律法规有《建筑法》、《建设工程质量管理条例》(以下简称《工程质量条例》)《工程监理企业资质管理规定》等。

从国际惯例来看,监理制度贯穿工程建设项目的始终,包括投资决策阶段、设计阶段、施工招投标阶段、施工阶段(含保修阶段)。但目前,我国监理工作一般仅限于工程建设项目的施工阶段。

二、建设工程监理的特点

建设工程监理是建设单位对建筑工程实行监督的有力方式。专业的监理,不仅可以解决业主监督技能问题,而且可以促进社会分工和工程监理的专业化,有利于工程质量、工期与成本控制,实现建设速度、质量与效益并举。建设工程监理有以下特点:

（一）服务性

监理单位与业主是一种委托关系。监理在工程项目的建设工程中,利用自己工程建设方面的知识、技能和经验为业主提供高智能监督管理服务,以满足业主对项目管理的需要。

（二）专业性或专家性

监理单位必须具备一定的资格才能接受业主的委托从事监理活动。在接受委托后,监理单位还必须委派专业的监理工程师对工程项目进行监督、检查和验收。

（三）独立性或中立性

建设单位、施工单位和监理单位是工程项目的三方当事人。虽然监理单位是受业主(建设单位)的委托从事监理活动,但是为了确保建筑工程质量,监理必须保持其独立性。

（四）公正性

公正性是监理单位和监理工程师的基本职业道德准则。公正性也是监理单位进行工程监督的基本条件。

三、建设工程监理单位的任务和权利

《建筑法》第 33 条明确规定,实施建筑工程监理前,建设单位应将委托的工程监理单位、监理内容及权限,书面通知被监理的建筑施工企业。建筑工程监理应依照法律、行政法

规及有关技术标准、设计文件和建筑工程承包合同。对承包单位在施工质量、建设工期和资金使用等方面,代表建设单位实施监督。

目前,监理主要集中在施工招投标管理和工程承包合同管理两个方面。概括起来,建设工程监理的主要任务是"三控制、两管理、一协调"。"三控制"即质量控制、工期控制和投资控制。"两管理"是指对工程建设承发包合同和工程建设过程中有关信息的管理。"一协调"是指协调参与工程建设的各方关系,可以通过定期或不定期召开会议的形式来实现。

为了达到监理目的,监理工程师必须享有相应的权利。《建筑法》第32条明确了一些权利:工程监理人员认为工程施工不符合工程设计要求、施工技术标准和合同约定的,有权要求建筑施工企业改正。工程监理人员发现工程设计不符合建筑工程质量标准或者合同约定的质量要求的,应当报告建设单位要求设计单位改正。

按照国际惯例,现场监理工程师应当具有以下权利。

（1）监理工程师的决定权,如在工程承包合同议定的价格范围内,工程款支付的审核、签认;结算工程款的复核权,对索赔事项的审核、确认;对设计、施工总包单位选定的分包单位的批准或否决。

（2）监理工程师的审批权,包括审批承包商的施工组织设计或施工方案;发布工程施工开工令、停工令、复工令;对工程中使用的材料、设备施工质量进行检验;对施工进度进行检查、监督;对工程实际竣工日期提前或延误期限的鉴定。

（3）监理工程师的建议权,如对工程建设相关事项和工程设计的建议权;对不合格的承包商向业主提出撤换的建议权。

四、建设工程监理的范围

监理是基于业主的委托才可实施的建设活动,所以对建设工程实施监理应建立在自愿的基础之上。但在一些涉及公共利益的重大工程等方面,为确保工程质量和公众的生命安全,国家有权要求业主必须实施工程监理。《建筑法》规定,实施强制监理的建筑工程的范围由国务院规定。《工程质量条例》第12条明确必须实行工程建设监理的工程项目是:(1)国家重点建设工程;(2)大中型公用事业工程;(3)成片开发建设的住宅小区工程;(4)利用外国政府或国际组织贷款、援助资金的工程;(5)国家规定必须实行监理的其他工程。

五、建设工程监理责任

法律责任,就是法律所确定的违法行为者所应承担的制裁性法律后果。任何责任都是由相应的行为引起的,监理的法律责任也不例外。在监理活动中,有可能发生的违法行为主要有行政违法、民事违法和刑事违法三个方面。与之相适应的监理法律责任分为行政责任、民事责任和刑事责任。

（一）监理的行政责任

监理在提供服务时,必须履行遵守国家有关法律法规的义务。《工程质量条例》第五章详细规定了工程监理单位的质量责任和义务。根据《建筑法》和《工程质量条例》的相关规定,监理单位不得转让监理业务,也不得超越其资质允许的范围承接工程;监理工程师不得为伪造、涂改、出卖执业证等行为。如果监理单位和监理人员违反了这些规定,则不论其行为的后果如何,行政主管部门都将追究其相应的行政责任。

监理的行政责任由行政机关予以认定,一般由各级建设行政主管部门给予相应的处罚,包括责令改正、罚款、停业整顿、资质降低、吊销资质证书等形式。

（二）监理的民事责任

由于监理单位与业主之间存在委托与被委托的合同关系,因此监理单位承担的民事责任主要是违约产生的责任。

监理的违约方式主要表现为:监理单位或监理人员超越了委托合同所授予的权限;监理单位或监理人员由于自己的失职给业主造成了经济损失。

监理单位承担赔偿责任的情形有:（1）工程监理单位与建设单位或者建筑施工企业串通,弄虚作假、降低工程质量,造成损失的,承担连带赔偿责任;（2）将不合格的建设工程、建筑材料、建筑构配件和设备按照合格签字,造成损失的,承担连带赔偿责任。

监理单位作为独立的法人与业主签订合同,因此监理单位是承担民事责任的主体。但如果违约行为是由于监理人员的个人行为引起的,监理单位在承担民事责任后,有权向相应的责任人追偿。

（三）监理的刑事责任

刑事责任是监理工程师承担的最为严重的责任。《刑法》和《建筑法》对监理工程师承担刑事责任作了明确的规定。我国现有的法律缺少监理承担施工安全监督责任的具体规定,但在我国司法实践中,多认定监理人员应当承担此项责任（参阅案例7-1"严某甲等重大责任事故案"）。

［案例 7-1］

第三节　建筑工程质量责任

现行有关建筑工程质量的主要规范是《建筑法》和《工程质量条例》。另外,国务院颁布了《建设工程勘察设计管理条例》等法规,建设部发布了《建设工程勘察质量管理办法》。

一、建筑工程质量的责任人

（一）房屋质量问题概述

房屋质量缺陷是指房屋的实体、功能、环境等不符合国家相应标准或合同约定的要求。

房屋的建设是一个系统工程,房地产开发商是这一工程的组织者,而要完成这一工程则需要勘察设计单位、建筑企业、装饰企业、设备安装企业等许多主体的共同参与。而每一个参与者的工作质量都与最终产品的质量相关。因此,建筑工程质量是一件复杂的事情。为了确保工程质量,划清每一参与人在建筑工程中的责任,就有了关于建筑工程质量的法律规定。《工程质量条例》第3条明确规定:"建设单位、勘察单位、设计单位、施工单位、工程监理单位依法对建设工程质量负责。"上节已经论述了工程监理单位的责任。

需要指出的是,建筑工程质量有关的法律仅调整房屋（或工程）建设单位（开发商）与各个建筑参与人之间的关系。这是因为,这些参与者仅与建设单位发生直接的合同关系,而建设单位与最终用户（小业主）之间有关于房屋质量问题则属于另一层法律关系。在这里,建设单位作为出卖人,对购买房屋人（业主）承担房屋质量的瑕疵担保责任。

（二）现行立法对房屋（工程）质量责任的规定

1. 建筑质量标准

我国对建筑质量实行国家统一标准。《建筑法》第52条第1款明确规定:"建筑工程勘察、设计、施工的质量必须符合国家有关建筑工程安全标准的要求,具体管理办法由国务院规定。"2003年,建设部制定了包括城市规划、城镇建设、房屋建筑三个部分的工程建设标准体系,建筑工程施工安全专业标准包括在房屋建筑部分的体系当中。每部分体系分为三个层次,即基础标准、通用标准和专业标准。

2. 勘察、设计单位的责任

《建筑法》第56条明确了勘察设计单位的责任:建筑工程的勘察、设计单位必须对其勘察、设计的质量负责。勘察、设计文件应当符合有关法律、行政法规的规定和建筑工程质量、安全标准、建筑工程勘察、设计技术规范以及合同的约定。设计文件选用的建筑材料、建筑构配件和设备,应当注明其规格、型号、性能等技术指标,其质量要求必须符合国家规定的标准。同时特别规定,建筑设计单位对设计文件选用的建筑材料、建筑构配件和设备,不得指定生产厂、供应商(第57条)。

《工程质量条例》第三章详细规定了勘察、设计单位的质量责任和义务。根据《建筑法》和《工程质量条例》的规定,勘察、设计单位承担赔偿责任的情形有:(1)勘察单位未按照工程建设强制性标准进行勘察,造成工程质量事故,并造成损失的;(2)建筑设计单位不按照建筑工程质量、安全标准进行设计,造成工程质量事故,并造成损失的;(3)设计单位未根据勘察成果文件进行工程设计,造成工程质量事故,并造成损失的;(4)设计单位指定建筑材料、建筑构配件的生产厂、供应商,造成工程质量事故,并造成损失的。

3. 施工单位的责任

建筑施工企业应对工程的施工质量负责。依据《建筑法》第58条,建筑施工企业必须按照工程设计图纸和施工技术标准施工,不得偷工减料。工程设计的修改由原设计单位负责,建筑施工企业不得擅自修改工程设计。按照设计图纸施工,对建筑施工企业而言,既是一种义务,同时也是保护自己的方法。因为,严格按照设计图纸施工,可以避免承担因设计缺陷而产生的责任。

对于总承包与分承包建筑企业在同一建筑工程中的责任,《建筑法》第55条明确规定:"建筑工程实行总承包的,工程质量由工程总承包单位负责,总承包单位将建筑工程分包给其他单位的,应当对分包工程的质量与分包单位承担连带责任。分包单位应当接受总承包单位的质量管理。"

根据《建筑法》《工程质量条例》的规定,施工单位承担赔偿责任的情形有:(1)施工企业转让、出借资质证书或者以其他方式允许他人以本企业的名义承揽工程,对因该项承揽工程不符合规定的质量标准造成的损失,施工企业与使用本企业名义的单位或者个人承担连带赔偿责任;(2)承包单位将承包的工程转包的,或者违反建筑法规定进行分包,对因转包工程或者违法分包的工程不符合规定的质量标准造成的损失,与接受转包或者分包的单位承担连带赔偿责任;(3)施工企业在施工中偷工减料、使用不合格的建筑材料、建筑构配件和设备,或者有其他不按照工程设计图纸或者施工技术标准施工的行为,造成建筑工程质量不符合规定的质量标准的,负责返工、修理,并赔偿因此造成的损失;(4)施工企业违反建筑法规定,不履行保修义务或者拖延履行保修义务的,对在保修期内因屋顶、墙面渗漏、开裂等质量缺陷造成的损失,承担赔偿责任;(5)施工企业未对建筑材料、建筑构配件、设备和外购混凝土进行检验,或者未对涉及结构安全的试块、试件以及有关材料取样检测,造成损失的,依法承担赔偿责任。

法律规定的房屋工程质量的责任人主要有两类,即勘察设计单位和施工单位。两者在其承揽的业务范围内各负其责,但施工单位对工程质量负最终责任。

4. 建设单位的责任

《工程质量条例》第 7 条第 1 款特别规定,建设单位应当将工程发包给具有相应资质等级的单位。同样,建设单位在委托监理、勘察设计等专业单位时均存在这样的义务。如违反该义务应当承担相应的责任(条例规定了行政责任)。[①] 这意味着,建设单位在选择专业单位时应尽一定的注意义务,即选择适当资质的单位完成勘察设计和施工活动。

建设单位是建筑质量对外责任的承担者。一旦销售出去的房屋出现质量问题,对外承担责任的是开发商或房地产公司。如果房屋质量是由于某个环节造成的,比如是设计数据问题,那么,开发商再向设计单位索赔。因此,建设单位(开发商)并不是仅仅对选择这些参与人尽到注意义务或承担相应的责任,而是对整个产品(房屋)对外承担全部责任。

《工程质量条例》第二章详细规定了建设单位的质量责任和义务。需要建设单位承担赔偿责任的情形有:(1)未组织竣工验收,接收使用,造成损失的;(2)验收不合格,擅自交付使用,造成损失的;(3)对不合格的建设工程按照合格工程验收,造成损失的;(4)涉及建筑主体或者承重结构变动的装修工程,没有设计方案擅自施工,造成损失的。

5. 关于材料供应人的责任

《建筑法》及《工程质量条例》规定了建筑施工企业的检验义务,即施工企业必须按照工程设计要求、施工技术标准和合同约定,对建筑材料、建筑构配件和设备进行检验,不合格的不得使用。在现实中可能会出现建设单位自身把关不严或故意提供或要求施工单位使用不合格的材料的情况,此时建筑企业一定要坚持原则,否则造成质量问题,自己仍然逃脱不了干系。

为了防止建设、监理单位偷工减料等,一些建设行政部门要求建设单位在开工前到建设行政主管部门办理建设工程质量监督手续,并组织设计、施工、工程建设监理单位进行图纸会审。施工中,应当随施工进度对建设工程的质量进行检查,负责工程设计变更签证。

二、房屋质量的责任期限

(一)质量保证期

质量保证期,是指建筑单位或承包人对建设产品承担质量保证责任的最长期限。

《建筑法》第 60 条规定了施工企业对地基基础工程和主体结构的质量保证期。在合理寿命期限内,如这两项发生质量问题,建筑企业即承担责任;超过这一期限,则建筑企业无须负责维修或承担责任。

《民法典》第 802 条也规定:"因承包人的原因致使建设工程在合理使用期限内造成人身损害和财产损失的,承包人应当承担赔偿责任。"

(二)质量保修期

质量保修期,是指建筑企业保障交付的房屋在该期限内符合国家或行业标准,或者符合开发商房屋质量保证书等材料中所承诺的质量标准,若在该期限出现质量问题,建筑企业负责免费维修。《建筑法》第 62 条规定了建筑企业对建筑工程的质量保修期。

法律规定的是建筑企业对建设单位的免费维修义务,这种义务是否可以延伸到开发商的受让人(最终产权人)?本书认为,开发商向最终产权人承担的房屋质量保修期限不得低

---

① 根据原建设部《建设工程质量管理办法》(已废止),建设单位(房地产开发商)对其选择的设计、施工单位和负责供应的设备等原因发生质量问题承担相应责任。但国务院《建设工程质量管理条例》对此并没有明确。

于建筑企业对其承担维修义务的期限。因为这种义务是法律规定的建筑企业对业主承担的义务,在开发商将房屋转让给小业主后,小业主就替代开发商承受法律规定的建筑企业的应对业主所尽的义务。只是小业主不能直接要求建筑企业承担这项义务,而只能要求开发商移转其所享有的权利,否则建筑企业对建设单位的免费维修义务将会落空。

质量保修期并不是针对所有项目的。根据《建筑法》第62条,建筑工程的保修范围应当包括地基基础工程、主体结构工程、屋面防水工程和其他土建工程,以及电气管线、上下水管线的安装工程,供热、供冷系统工程等项目。但该条对于保修期限只是笼统地规定:"保修的期限应当按照保证建筑物合理寿命年限内正常使用,维护使用者合法权益的原则确定。具体的保修范围和最低保修期限由国务院规定。"

房屋保修期从竣工验收交付使用日期起计算。这也就是说,自竣工验收交付使用后,开发商只在上述期限内保证相应设施的质量符合验收标准,对不符合标准的负责维修或修缮。在保证期限以外,开发商就不再承担维修责任了。这时的维修服务是由物业公司提供,费用由房屋所有权人或使用权人支付。因此,竣工验收日起算的保修期对房屋具有特别重要的意义。

(三)最低保修期

《工程质量条例》第40条对建设工程的最低保修期作出了详细规定。在正常使用条件下,建设工程的最低保修期限为:(1)基础设施工程、房屋建筑的地基基础工程和主体结构工程,为设计文件规定的该工程的合理使用年限;(2)屋面防水工程、有防水要求的卫生间、房间和外墙面的防渗漏,为5年;(3)供热与供冷系统,为2个采暖期、供冷期;(4)电气管线、给排水管道、设备安装和装修工程,为2年。

其他项目的保修期限由发包方与承包方约定。建设项目的保修期,自竣工验收合格之日起计算。

(四)质量保证期和保修期的区分意义

依照法律规定,质量保证期和保修期均是施工企业对工程(房屋)质量承担责任的期限,但在这两个不同期限中,施工企业承担的责任不同。最主要的是,在保修期内,施工单位承担免费维修的责任;而在质量保证期内,施工者承担瑕疵担保责任,即在施工质量符合设计标准和国家质量标准的前提下,如发生房屋使用人人身和财产损失的,施工单位应当承担损害赔偿责任。但如果在这一期限中(已超出保修期),仅发生质量问题,需要维修的,施工单位不再负责免费维修。如果业主愿意让原施工单位维修的话,那么这是一种依合同而发生的承揽关系,是一种有偿服务。因此,质量保证期期限要比保修期更长,但适用范围又窄于保修期。

从另一个角度讲,质量保证期和保修期质量责任的性质和判断的标准不完全一样。对质量保证期的质量保证责任是法定的,是否承担责任的依据由法律规定;而尽管保修期质量保证责任也是法定的,但允许当事人作出不低于法定责任的约定。这样,保修期内是否产生保修责任,还可以依据合同作出判断。事实上,《房屋建筑工程质量保修办法》(以下简称《保修办法》)第3条对质量缺陷定义体现了这一点。

三、质量保修期责任的承担

(一)承担工程质量保修责任的主体

保修责任范围一般由法律规定。在现实中,为使责任明确,建设单位和施工单位之间要签署质量保证书。为此,原建设部在制定《建设工程施工合同(示范文本)》时,将《工程质量保修书》作为附件3一并制定。1999年12月24日，建设部对整个文本作了修订，并将修订后的《工程质量保修书》更名为《房屋建筑工程质量保修书》（2000年8月22日发布），2017年版的《建设工程施工合同（示范文本）》中的附件3仍然是《工程质量保修书》。建设部于2000年发布的专门针对保修期限内出现质量缺陷的修复责任的《保修办法》，也称工程质量保修书。该办法第6条规定："建设单位和施工单位应当在工程质量保修书中约定保修范围、保修期限和保修责任等，双方约定的保修范围、保修期限必须符合国家有关规定。"

另外，《保修办法》第17条明确下列情况不属于本办法规定的保修范围：（1）因使用不当或者第三方造成的质量缺陷；（2）不可抗力造成的质量缺陷。这样的规定是否完全妥当，也不无疑问。

（二）保修期内维修责任和维修费用承担

依据《保修办法》第4条，房屋建筑工程在保修范围和保修期限内出现质量缺陷，施工单位应当履行保修义务。但问题是，保修责任和维修费承担是否是一回事？《工程质量条例》第41条规定："建设工程在保修范围和保修期限内发生质量问题的，施工单位应当履行保修义务，并对造成的损失承担赔偿责任。"显然，这里将保修义务与维修费承担混同处理了。建筑质量问题可能是多方面的，或许施工单位对质量没有责任，如果依照法律规定，在保修期内无偿维修并承担损失的话，对施工企业可能是不公平的，至少是增加了他们的风险。本书认为，由施工单位负责维修并不意味着施工单位负担维修的费用；维修的经济责任应当由责任方承担。而且我们仍然认为，向房屋的最终用户承担维修和赔偿责任者仍然是建设单位或开发商（房屋的用户也无权直接要求施工单位履行"法定义务"）。如果质量问题不是因施工单位的责任造成的，即使根据法律应由它来维修，也不应当由它来承担维修的费用。这样，在实践操作中可能就有一个施工单位维修费的承担问题。

原建设部《保修办法》第13条对此作了原则规定，具有可采性："保修费用由质量缺陷的责任方承担。"这也就是说，保修费是由质量缺陷的责任人承担的，而不一定全是由施工单位承担的。按照现行法律规定和现实操作，一般是建设单位向施工单位提出维修，先由施工单位垫付。当然，如果是在房屋的保修期内，业主可直接向建设单位提出赔偿请求，建设单位可再向造成房屋建筑工程质量缺陷的责任方追偿（参阅案例7-2"江苏南通二建集团有限公司与吴江恒森房地产开发有限公司建设工程施工合同纠纷案"）。由于谁先垫付费用，谁就有可能要花费代价向真正的责任人追讨。实务中，这种做法对施工单位来说存在一定风险。而且因不可抗力引起质量返修，更不应当由施工单位承担（法律应当规定由谁来负担这种维修）。因此，在今后的法律法规中适当地解决这一问题显得尤为必要。

［案例7-2］

第四节　建筑工程质量纠纷

建筑工程质量纠纷有两类：一类是开发商与建筑企业之间的质量纠纷；另一类是开发商（出卖人）和小业主（买受人）之间的质量纠纷。

一、开发商与建筑企业之间的质量纠纷

工程质量出现问题，就建设单位与施工单位来说，一般责任应由施工单位来承担。《建

筑法》第58条规定："建筑施工企业对工程的施工质量负责。建筑施工企业必须按照工程设计图纸和施工技术标准施工,不得偷工减料。工程设计的修改由原设计单位负责,建筑施工企业不得擅自修改工程设计。"

[案例7-3]

此外,最高人民法院《施工合同解释(一)》第12条规定:"因承包人的原因造成建设工程质量不符合约定,承包人拒绝修理、返工或者改建,发包人请求减少支付工程价款的,人民法院应予支持。"

需要注意的是,此处的"建设工程质量不符合约定"应作广义的理解,不仅包括工程质量不符合双方当事人合同约定标准,还应包括不符合国家对建筑工程质量强制性的规范标准等情形,开发商、施工方均应承担相应责任(参阅案例7-3"潘广坤诉黄智忠建设工程合同纠纷案")。

二、开发商与购买人之间的质量纠纷

(一)质量投诉的范围

1997年建设部发布了《建设工程质量投诉处理暂行规定》(以下简称《暂行规定》),赋予各级建设行政主管部门接待和处理工程(含房屋建设)质量问题的权力,或者使之成为建设主管部门的一项"重要日常工作"。

根据该《暂行规定》,房屋投诉的范围限于新建、改建、扩建的各类建筑安装、市政、公用、装饰装修等建设工程在建设过程中和保修期内发生的工程质量问题。也就是从时间段上,它将投诉对象限定在施工过程中和保修期内发生的质量问题。超过保修期的,在使用过程中发生的工程质量问题,一般应当通过司法途径解决或由有关部门调处。

显然,这里的质量投诉是向行政主管部门反映工程质量问题,要求其处理的一种救济方式。要使之成为一种有效的质量监督机制,原建设部门应有强有力的查处能力和手段。虽然《暂行规定》中没有明确,但本书认为,质量投诉处理机构应当具有《工程质量条例》规定的行政处罚权限。也就是说,质量投诉处理机构在调查后认定存在质量问题时,可以按照《工程质量条例》第八章罚则中的规定加以处罚。如果不享有处罚权,那么投诉也就只能流于形式了。因此,关于此还应该有衔接性的规定。

(二)质量纠纷类型

1. 常见的房屋质量问题

实践中因交付的房屋不符合国家或行业标准或不符合合同约定而发生纠纷的情况十分常见。房屋质量问题有大有小,大致可以分为两类:一类是房屋质量不合标准,影响居住和使用,但可以通过修复或赔偿损失加以弥补;另一类是房屋质量严重影响居住使用,因而需要解除合同。

常见的房屋质量问题主要有:

(1)裂缝问题。主要由材料强度不够,结构、墙体受力不均,抗拉、抗挤压强度不足,楼体不均匀沉降,建筑材料质次,砌筑后干燥不充分等原因造成。

(2)渗漏问题。由于防水工艺不完善、防水材料质量不过关等原因导致屋面渗漏,多见于各种管线与楼板接合处。在雨季及厨房、卫生间用水量大时,渗漏严重影响使用人的正常生活,破坏地面装修,影响邻里关系。

(3)墙体空、墙皮脱落问题。墙体内部各砌块、层面之间连接不好,在压力、温差等作用下形成中空,致使墙体整体抗压能力降低,表面粉刷层易于脱落。有时在没有形成空鼓的情

况下,由于墙表面粉刷材料质次,粉刷工艺不合要求,也会造成墙皮大面积脱落。

（4）门窗密闭性差、变形问题。这主要是因为选用材料质量不好,木材干燥程度不够,或在安装后受潮,做工粗糙。

（5）公用设施设计不合理、质量不过关问题。如楼梯间位置不方便,楼梯宽度过小,电梯运行质量不稳定,公用照明设施不完善,消防安全设施缺乏等。

2. 商品房屋质量问题的解决

最高人民法院在《关于审理商品房买卖合同纠纷案件适用法律若干问题的解释》（以下简称《商品房解释》）中对交房时的质量纠纷的解决作了较为明确的规定。该司法解释将交房时质量后果分为两种情形:

第一,购房人可以解除房屋买卖合同的情形。（1）《商品房解释》第9条规定:因房屋主体结构质量不合格不能交付使用,或者房屋交付使用后,房屋主体结构质量经核验确属不合格,买受人请求解除合同和赔偿损失的,应予支持。（2）《商品房解释》第10条第1款规定:因房屋质量问题严重影响正常居住使用,买受人请求解除合同和赔偿损失的,应予支持。在"宁波正和置业有限公司与毛旭芸房屋买卖合同纠纷上诉案"中,法院认为开发商未能修复涉案房屋屋面等部位的行为已构成根本性违约,购房人要求解除房屋买卖合同的诉讼请求符合法律规定,予以支持（参阅案例7-4）。

第二,开发商应承担修复费用的情形。《商品房解释》第10条第2款规定:交付使用的房屋存在质量问题,在保修期内,出卖人应当承担修复责任;出卖人拒绝修复或者在合理期限内拖延修复的,买受人可以自行或者委托他人修复。修复费用及修复期间造成的其他损失由出卖人承担,由于涉及技术性问题,修补标准宜由专业的第三方机构进行评估（参阅案例7-5"张某诉某开发商房屋质量案"）。

［案例7-4］

［案例7-5］

3. 因房屋质量发生责任事故,造成人身和财产损失

房地产开发不仅可能在建筑过程中发生事故,导致财产损失,也有可能在房屋竣工验收后,因房屋结构或其他潜在质量问题,导致发生质量事故,给业主的人身和财产造成损失。对这样质量问题引起的人身财产损失,除了受损失的人可选择提起侵权之诉外,可能还涉及刑事责任问题。

（三）房屋买卖质量纠纷疑难问题

1. 合同诉讼时效问题

因房屋质量引起的合同纠纷,适用一般的合同诉讼时效,即自当事人知道或应当知道质量存在问题时起3年内。由于对于一般人来说,房屋买卖交接验收时只能检验外观质量,而对于内在质量问题,在任何时段发现时是否均可以以交付房屋不符合约定为由提起诉讼呢?房屋的保修期内,是不是提起房屋质量问题的限制时间呢?目前法律对此并没有明文规定。

2. 质量检验问题

消费者就房屋质量提起诉讼,往往会导致开发商追究设计人、施工人、监理人、建材供应人等人的内部责任。因此,房屋质量引起的纠纷往往是复杂并难以确定的。必要时,仲裁机

构或人民法院应当委托法定建设工程质量检验机构对有关建设工程质量进行检验,检查其是否属于合格工程或哪些环节存在质量问题,以确定最后的责任人。

　　建设部于 2005 年发布的《建设工程质量检测管理办法》明确了检测机构是具有独立法人资格的中介机构,应当取得相应的资质证书。但如何有效解决房屋质量缺陷引发的经济纠纷,规范房屋质量缺陷损失评估行为,统一评估程序和方法,使评估结果客观、公正、合理,是当前检测中的重要目标。即使是竣工验收合格的建筑工程,如果后来发生的瑕疵仍在质量保证期限内,施工方就应承担责任(参阅案例 7-6 "某造纸公司诉某建筑工程公司案")。在"无锡市怡庭物业管理有限公司诉江苏龙海建工公司等人身损害赔偿追偿权纠纷案"中,法院认为,若建筑物超过保修期限,但未超过合理使用年限而发生脱落致他人损害时,施工方应当承担责任(参阅案例 7-7)。

［案例 7-6］

［案例 7-7］

　　[思考题]

　　1. 简述我国建筑质量监控体系。

　　2. 简述我国建设监理的特点、任务以及强制监理的范围。

　　3. 建设监理的法律责任有哪些? 发生重大安全事故,监理应否承担责任? 理由何在?

　　4. 简述我国现行法对房屋(工程)质量责任的分配。

　　5. 何为房屋质量保证期? 何为房屋质量保修期? 两者有何区别? 房屋质量保修期内维修费用如何分担?

第八章　房屋征收和补偿

在《物权法》出台之前,拆迁是城市发展、旧城改造的重要途径。但《物权法》出台之后,城市房屋拆迁的合法性受到挑战,国务院于2011年制定颁布了《国有土地上房屋征收与补偿条例》,国有土地上房屋征收制度得以确立。本章在论述制度演变的基础上,主要论述《国有土地上房屋征收与补偿条例》的主要内容和实施中的问题。

第一节　国有土地上房屋征收制度的基本框架

一、房屋拆迁到房屋征收的制度演变

（一）拆迁制度的形成

现行城市拆迁制度形成于改革开放之后。随着经济快速发展,城市不断扩张,同时也开始大规模实施旧城改造,在重新规划和建设现代城市过程中诞生了城市拆迁制度。

在改革开放之前,城市建设用地采用征用的方式,当征用建设用地涉及房屋时,也给予安置或补偿。[①]1986年《土地管理法》规定了征用制度;2004年修正《土地管理法》时,将"征用"更名为"征收",但仅适用于农村土地。

为了解决政府资金严重短缺与不断增长的危房改造和现代化城市建设的需求之间的矛盾,政府在危房改造中开始与房地产开发商结合起来,"政府出政策,开发商出资金"的城市危房改造的模式逐渐形成,由此演绎出城市拆迁制度。为了完善城市拆迁制度并规范城市房屋拆迁行为,国务院于1991年颁布了《城市房屋拆迁管理条例》,对城市房屋拆迁的管理体制、审批权限和程序、补偿安置原则、法律责任等作出了原则性规定,使我国城市房屋拆迁走上法制化的轨道。2001年,国务院在1991年条例的基础上又发布了新的《城市房屋拆迁管理条例》（以下简称《拆迁条例》）,旨在加强对被拆迁人利益的保护。

拆迁是为了取得城市规划区内的国有土地,拆除土地上房屋给予相应安置和补偿的行为。建设单位单位的项目用地涉及地上房屋的,需要经政府批准,取得拆迁许可证,然后委托专门的拆迁单位（依法取得拆迁资格证书的企业或机构）,实施拆除房屋、对被拆迁人进行安置补偿等工作。所有拆迁工作均在县级以上地方人民政府负责管理房屋拆迁工作的部门监督管理下进行。在必要时,管理部门最大的权力在于可以授权拆迁单位实施强制拆迁。[②]

虽然房屋拆迁有一定的程序和规则,拆迁补偿也有一定的标准,但现实中往往难以一以贯之,导致拆迁人与被拆迁人之间的矛盾纠纷不断,不仅推高了补偿标准,而且成为社会不稳定的重要因素。除了实施中存在的问题外,拆迁制度本身也存在缺陷。

---

① 1958年国务院公布的《国家建设征用土地办法》规定:"遇有因征用土地必须拆除房屋的情况,应该在保证原来的住户有房屋居住的原则下给房屋所有人相当的房屋,或者按照公平的原则发给补偿费。"

② 1991年《城市房屋拆迁管理条例》第15条规定,被拆迁人无正当理由拒绝拆迁的,县级以上人民政府可以作出责令限期拆迁的决定,逾期不拆迁的,由县级以上人民政审责成有关部门强制拆迁,或者房屋拆迁主管部门申请人民法院强制拆迁。

（二）拆迁制度的缺陷

拆迁制度的缺陷主要体现在以下三方面：

1. 拆迁的形式和实质冲突

《拆迁条例》第 2 条明确将拆迁限定在城市规划区内国有土地上实施的"房屋拆迁"，但其实质是收回土地使用权的行为。在我国，实行房屋所有权与土地使用权结合的制度，房屋所有权人可以取得并享有土地使用权（尽管其种类和性质不同），土地使用权受法律保护并为房屋所有权所吸附。然而，拆迁制度只考虑对房屋拆迁和补偿，未考虑房屋所有权所吸附的土地使用权的价值。

2. 拆迁行为的定位模糊

在我国，房屋所有权和土地使用权受法律保护，非经国家征收任何人不得强制要求他人放弃所有权和使用权。也就是说，只有在两种情形下房屋所有权人和土地使用权人才会放弃所有权：其一，国家征收；其二，自愿转让。

现行的拆迁行为则定位模糊，不管是用于公共利益还是商业目的，凡城市建设涉及诸如旧城改造等需要拆除房屋的都采用拆迁方式。有些拆迁具有明显的公共利益（比如修路、架桥、街心公园等），有些具有明显的商业目的（如建设商业区等），更多的是混合两种目的的（多表现于综合开发项目）。既然现行的拆迁制度将拆迁人确定为建设单位（包括房地产开发商）而不是政府，则拆迁补偿应属自愿交易的范畴，但在现实中，拆迁的实施又充满着强制性，使其徒有平等自愿交易的外形。

3. 拆迁行为定性模糊

与定位模糊相联系，拆迁行为摇摆于民事行为和行政行为之间，没有清晰的法律定性。按照《拆迁条例》，拆迁法律关系发生在建设单位与房屋的所有人之间，二者之间发生直接的拆迁补偿关系，政府只是拆迁的管理机构。但在拆迁制度中存在一些特殊安排，使政府并非超脱于拆迁关系之外。第一，拆迁必须经过政府许可。拆迁人需取得房屋拆迁许可证，没有许可不能拆迁，而有了许可证，一切拆迁行为就合法化（就会得到政府的支持）。第二，拆迁行为往往是由拆迁办——具有拆迁资格的事业单位——完成的。拆迁办直属于拆迁主管机构，行使着某些政府权力。第三，拆迁补偿安置由拆迁人和被拆迁人之间协商，一旦达不成协议就由主管部门行政裁决；而经过裁决，原来属于民事范畴的拆迁行为就具有行政执行力。因此，政府始终在拆迁中扮演着积极的角色。从形式上看，拆迁的基础是平等主体之间的民事行为，但事实上具有明显的政府行为痕迹或特征。本质上，拆迁是政府直接参与下的"民事行为"。

4. 以拆迁决定替代征收

在法律上，征收是国家取得所有权的方式，同时私人所有权因国家的取得而消灭。拆迁是对取得所有权房屋的一种处置行为，只有征收取得房屋后需要拆除、迁移的，才存在拆迁。原来的拆迁制度的问题在于，它是用模糊的拆迁替代征收，只要取得行政部门颁发的拆迁许可证就可以启动拆迁程序，被拆迁人只能在拆迁补偿环节争取更多权益，而无法质疑拆迁许可的合法性。

（三）城市房屋征收制度的确立

拆迁制度的出现有其特定的历史原因和条件，而且它的确为旧城改造、城市发展提供了用地渠道。但民事行为与行政行为混合的拆迁行为，在法律的正当性上遇到质疑。于是原

《物权法》并没有肯定拆迁,而确立了房屋征收制度。

在原《物权法》之前,征收仅针对集体土地,而城市房屋只适用拆迁。原《物权法》第42条扩大了征收适用的范畴,将"征收单位、个人的房屋及其他不动产"纳入征收的范畴,《民法典》第243条也延续了这一规则。征收是政府基于公共利益的需要,强制收购私人财产而给予合理补偿的行政行为。显然,原《物权法》规定房屋征收制度后,原来的拆迁制度丧失法律基础,因为强制性消灭私人房屋所有权的行为只能由政府出面,且基于公共利益的需要才能进行。过去由建设单位作为拆迁人,在政府的审批和支持下强拆自用房的行为就是违反宪法和物权法的行为。既然房屋纳入了征收的范围,那么消灭房屋就应当区分公共利益和商业(私人)利益,只有基于公共利益的需要,才能由政府出面强制消灭私人房屋。那些非用于公共利益目的和非由政府出面强制要求他人放弃物权的行为就属于侵权行为。因此,原来的城市房屋拆迁制度应当予以废止,代之以新的房屋征收制度。

为了规范城市房屋的征收行为,为原《物权法》出台之后旧城改造等城市用地提供合法的手段,国务院于2011年颁布《国有土地上房屋征收与补偿条例》(以下简称《房屋征收条例》)。该条例废止了《城市房屋拆迁管理条例》,确立了城市国有土地上房屋征收制度。该条例通过后,拆迁制度即成为历史。

(四)《房屋征收条例》的适用

由房屋拆迁到房屋征收不仅仅是名称的改变,而是实质上的变化。它改变过去拆迁的模糊定位,将房屋征收明确地定位于基于公共利益而进行的政府行为,给了各级政府运用行政手段,实施旧城改建、城市扩张建设的合法手段。《房屋征收条例》的颁布意味着,非基于公共利益,政府不得实施强制房屋所有人搬迁的行为,建设单位只能以平等协商方式取得合法的开发用地。房屋征收制度出台,不仅大大限缩了原来意义上的城市拆迁,也使政府的房屋征收行为更加规范。

房屋征收特指国有土地上房屋征收与补偿活动,不包括农民集体所有土地上房屋。《房屋征收条例》仅调整国有土地上房屋征收,不调整农村土地上因征收引发的房屋征收和补偿。这是因为城市土地属于国家,国家对于城市土地不存在征收,仅存在房屋征收,收回土地使用权问题;而农村土地和房屋均存在征收,因此房屋征收仅适用于国有城市土地,而不适用于农村土地。农村土地和房屋征收应当作一体考虑,另行规定。

二、国有土地上房屋征收基本定位

(一)房屋征收行为及其行政法律关系

房屋征收是政府基于公共利益目的征收国有土地上的单位、个人的房屋并给予公平补偿的行政行为。

房屋征收是一种行政行为。在世界各国征收都被理解为国家强制剥夺私权的行政行为。在我国也不例外,房屋征收即政府因公共利益作出征收决定,并给予被征收人公平补偿的行政行为。正因为属于行政行为,因而《房屋征收条例》第3条明确房屋征收应当遵循"决策民主、程序正当、结果公开的原则"。

房屋征收法律关系的主体是征收人与被征收人因征收补偿而发生的行政法律关系。

房屋征收人是市、县级人民政府。房屋的征收决定由市、县人民政府作出决定(第8条),因而市、县人民政府应当确定为征收主体。市、县人民政府确定的房屋征收部门(以下简称"房屋征收部门")只是代表市、县人民政府具体实施征收的征收管理部门。《房屋征收条例》第 4 条明确规定,由市、县人民政府确定的房屋征收部门实施本行政区域的房屋征收与补偿工作,其他政府有关部门根据职责分工,配合、保障房屋征收与补偿工作的顺利进行。因此,房屋征收人应当理解为作出征收决定的市或县人民政府。条例改变了以前由建设单位作为拆迁人的做法,规定政府是征收人,由房屋征收部门组织实施房屋征收与补偿工作。

房屋被征收人即纳入征收范围的房屋产权人,包括房屋所有权人和公房的承租人。[①]

房屋征收人有权依据法律作出房屋征收决定,而被征收人对市、县级人民政府作出的房屋征收决定不服的,可以依法申请行政复议,也可以依法提起行政诉讼。在征收决定合法时,被征收人有权获得公平的补偿,有权就房屋补偿价格进行协商、谈判形成补偿协议,有权对政府的补偿决定提出复议和诉讼,维护自己的权利。总之,房屋征收人应当依据法律规定依法实施征收和补偿行为,被征收人有义务服从征收决定,也有权利依法维护自己的合法权利。为了便于分析,有时也将房屋征收法律关系划分为征收决定法律关系和征收补偿法律关系。

（二）房屋征收的条件

《房屋征收条例》第 2 条规定:"为了公共利益的需要,征收国有土地上单位、个人的房屋,应当对被征收房屋所有权人(以下称被征收人)给予公平补偿。"依据该条规定,房屋征收的基本条件有二:

其一,为了公共利益。公共利益高于私人利益,当公共利益与私人利益冲突时,个人应当作出牺牲。征收的正当性基础是单位、个人的财产权利应当让位于公共利益。因此,被征收房屋存在公共利益时或者有碍于公共利益实现,是启动征收程序的必要条件。

其二,对被征收给予"公平补偿"。在具备公共利益时,被征收人应当让位于公共利益的实现,但在经济上应当获得补偿。其牺牲主要体现在放弃物权上,而不是财产利益上。财产利益的公平补偿体现了公共利益和私人利益的平衡,体现对私人财产的保护。

上述既是世界其他各国征收的基本要件,也是我国房屋征收的基本要件。

（三）房屋征收的效果

一旦房屋被依法征收,将产生如下法律效果:其一,被征收人丧失房屋所有权,获得相应的经济补偿。其二,被拆迁人搬迁,房屋被拆除。其三,房屋所使用的国有土地被政府收回。

《房屋征收条例》第 13 条第 3 款特别规定,房屋被依法征收的,国有土地使用权同时收回。这里并非基于所有权人收回土地使用权。作为土地所有权人,国家(各级政府作为代表)与土地使用权人成立了民事法律关系,因此国家(所有权人)是无权随意收回土地使用权的。而国家只有在作为社会公共管理机构(公权力主体)时,才有强制收回土地使用权的权力。当国家作为公权力主体行使房屋征收行为时,同时收回土地使用权。如果征收补偿包括了土地使用权的价值,那么此时收回并不需要再另行补偿。如果征收补偿的价格不包括土地使用权的价值,那么收回土地使用权的补偿应当适用《民法典》第 358 条,即应当退还剩余的土地出让金,并按照征收补偿原理对剩余期限建设用地使用权的予以补偿。当然,《民法典》第 358 条主要是针对有偿有期限使用国有土地使用权(出让土地使用权)的情

---

① 需要特别说明的是,《房屋征收条例》并没有将公有房屋承租人列为补偿对象或被征收对象,但事实上,我国公有房屋的承租权已经取得类似所有权的房屋权利,不给予承租人补偿是不可能实施征收的。因此,在实施该条例过程中,不能机械地适用条例得出非所有权不予补偿的结论。事实上,凡是受法律保护的财产权都不得随意征收,凡征收当然应给予补偿。

况,如果是划拨建设用地使用权,那么即使补偿价值中不包括土地使用权价值,也不应当给予补偿,因为取得划拨土地使用权并不需要支付对价。

三、国有土地上房屋征收决定

（一）房屋征收决定的实质要件

市、县人民政府在作出房屋征收决定时,应当符合两个条件:其一,建设项目是为了公共利益;其二,建设项目符合各项规划。

1. 建设项目是为了公共利益

公共利益是征收正当性的基础,如何判定建设项目是为了公共利益至关重要。在法律上,公共利益的基本特征是不特定人可以直接或间接享有的利益。如果由特定人(包括特定的组织、特定的群体)享有,那么就不属于公共利益。各个国家对公共利益的理解和界定均不完全相同。《房屋征收条例》对公共利益的界定具有中国特色。第8条采取例举方式对公共利益作了较为宽泛的界定。

在公共利益的内涵方面,条文将"保障国家安全、促进国民经济和社会发展等"作为公共利益限定,这意味着适用房屋征收的公共利益非常宽泛。因为国家安全和经济社会发展是两个非常宽泛的概念,许多建设项目均可以套上国家安全或社会发展或经济发展的目的。为了减少公共利益界定的任意性,第8条列举了5项为了公共利益的项目:(1)国防和外交的需要;(2)由政府组织实施的能源、交通、水利等基础设施建设的需要;(3)由政府组织实施的科技、教育、文化、卫生、体育、环境和资源保护、防灾减灾、文物保护、社会福利、市政公用等公共事业的需要;(4)由政府组织实施的保障性安居工程建设的需要;(5)由政府依照城乡规划法有关规定组织实施的对危房集中、基础设施落后等地段进行旧城区改建的需要。

由于考虑到其他法律、行政法规还可能对"公共利益"有所规定,因此还有兜底条款"法律、行政法规规定的其他公共利益的需要"。

《房屋征收条例》对公共利益的界定具有两个特点:其一,非常全面,几乎涵盖了城市建设的方方面面。征收仍然可以被政府用于城市建设,尤其城市更新或旧城改造。虽然没有出现经济、商业等字眼,但是由于城市建设和开发的综合性,商业中心、写字办公楼宇完全可以以旧城改造名义纳入公共利益范畴。其二,房屋征收的公共利益界定呈现开放性,公共利益并不为《房屋征收条例》锁定,其他法律、行政法规亦可以确定哪些建设项目属于公共利益范畴。以上两个特点使得公共利益界定呈现一定弹性和扩展性。

因此,在条例对公共利益有明确界定的情形下,公共利益界定仍然是一个难题。因为界定太宽泛,可能丧失其规范意义,也使征收正当性受到质疑。为了严格和准确地界定公共利益,需要制定相应的程序,将公共利益界定纳入法制轨道,最好是将决定权最终交给人大常委会,而不是政府。另外,在公共利益评判中,应当引入量化标准。比如,建设项目公共设施、公共场所占比应当达到一定比例(比如60%)的建设项目,可以纳入征收范畴。

2. 建设项目符合规划

根据《房屋征收条例》第9条规定,纳入房屋征收的建设项目,除了满足公共利益要件外,还应当"应当符合国民经济和社会发展规划、土地利用总体规划、城乡规划和专项规划。保障性安居工程建设、旧城区改建,应当纳入市、县级国民经济和社会发展年度计划"。符合四个层次的规划成为房屋征收的另一个要件。为了防止政府利用规划制定或调整的权力为房屋征收铺路,该条第2款还特别规定:"制定国民经济和社会发展规划、土地利用总体规划、城乡规划和专项规划,应当广泛征求社会公众意见,经过科学论证。"

（二）房屋征收决定

根据《房屋征收条例》,房屋征收决定应当由市、县级人民政府作出（第8条）。市、县人民政府应当是征收人,对征收决定负责。在征收决定作出后,由房屋的征收部门拟定征收补偿方案,报市、县级人民政府（第10条）。这里讲的征收决定仅指征收决定。

征收决定的程序大致分四个阶段:准备阶段（对房屋进行评估和调查）;拟定征收方案并对其进行论证和征求意见阶段;对征收补偿费用的拨付和监管阶段;制定并公布征收决定阶段。

1. 准备阶段

由征收部门确定征收房屋范围。房屋征收部门同街道办事处、居民委员会、受委托的房屋征收实施单位、受委托的社会稳定风险评估机构和受委托的房地产价格评估机构对房屋征收范围内房屋的权属、区位、用途、建筑面积等情况组织调查登记,确定征收范围（第15条）。

确定征收范围有两目的:其一,锁定被征收房屋的现状。征收范围一旦确定后,不得在房屋征收范围内实施新建、扩建、改建房屋和改变房屋用途等不当增加补偿费用的行为,否则不予补偿。其二,征收范围内的房屋调查另一个目的是对被征收的房屋价值进行评估。调查登记工作和评估工作系为下一步拟定征收补偿方案做准备（《房屋征收条例》第15、16、19、20、24条）。

2. 拟定征收补偿方案并对其进行论证或征求意见阶段

市、县人民政府作出征收决定前,需要先制定征收方案。房屋征收方案由征收部门拟定,报市、县人民政府。

征收部门拟定征收补偿方案,应当组织城乡规划、国土资源、文物保护、建设、消防等有关部门对征收方案的合法性和合理性进行论证,并征求公众意见。另外,因旧城区改建需要征收房屋,多数被征收人认为征收补偿方案不符合《房屋征收条例》规定的,市、县级人民政府应当组织由被征收人和公众代表参加的听证会,并根据听证会情况修改方案。

3. 对征收补偿费用的拨付和监管阶段

根据《房屋征收条例》,在房屋征收决定前,应当按照有关规定进行社会稳定风险评估;作出房屋征收决定前,征收补偿费用应当足额到位、专户存储、专款专用（第12条）。如果未按照法律规定对该费用进行拨付和监管,就会面临房屋征收决定被撤销的可能。

4. 制定并公布征收决定阶段

在上述程序走完后,由市、县人民政府作出征收决定。征收决定涉及被征收人数量较多的,应当经政府常务会议讨论决定。由市、县级人民政府作出房屋征收决定并进行公告,公告内容应当附有征收补偿方案和行政复议、行政诉讼权利等事项。市、县级人民政府及房屋征收部门应当做好房屋征收与补偿的宣传、解释工作。

四、房屋征收补偿

征收中,被征收人为了公共利益放弃所有权,应当获得合理的补偿。合理的补偿是其放弃所有权的条件,补偿是征收制度中另一个核心问题。

（一）房屋征收补偿范围和补偿方式

根据《房屋征收条例》第17条,对被征收人给予的补偿包括以下三方面。

1. 被征收房屋价值的补偿

对国有土地上建筑物价值进行的补偿,按不低于房屋征收决定公告之日被征收房屋类似房地产的市场价格,并请有评估资质的评估机构进行评估确定。

虽然从字面上理解,被征收房屋的价值不包括土地使用权的价值,但由于房屋的"市场价格"通常包括土地价值,且土地使用权价值并不单独计算,因而被征收房屋如果能够按照"被征收房屋类似房地产的市场价格"进行补偿,那么征收补偿实际上是包括土地使用权的。

2. 因征收房屋造成的搬迁、临时安置的补偿

搬迁费和临时安置费用,各市一般都已确定具体数额及计算方式,详见各地出具的标准。如果向拆迁人提供周转房,则无须支付临时安置费。

3. 因征收房屋造成的停产停业损失的补偿

该费用针对非住宅类房屋商业房屋进行补偿,因为属个案,补偿标准不能统一,一般由征收当事人协商确定,协商不成的,可委托房地产价格评估机构评估确定。

根据《房屋征收条例》第21条,被征收人可以选择货币补偿,也可以选择房屋产权调换。产权调换也是以新旧房屋价值为基础的,一旦确定要调换的房屋,要与被征收人计算、结清被征收房屋价值与用于产权调换房屋价值的差价。现在通常采用货币补偿,给被征收人更多的选择权。

所调换的房屋由市县人民政府提供房屋,供被征收人选择。第21条特别规定,"因旧城区改建征收个人住宅,被征收人选择在改建地段进行房屋产权调换的,作出房屋征收决定的市、县级人民政府应当提供改建地段或者就近地段的房屋"。这一条是对被征收人的重要利好,避免调换房屋位置偏远,影响被征收人的生活质量。另外,《房屋征收条例》第18条还特别规定,对符合保障房条件的被征收人优先给予保障住房。这充分体现了法律对人民群众基本生活的保障。

（二）征收补偿方案确定

征收决定作出前,征收部门先对被征收提出一个补偿标准。《房屋征收条例》第19条确立了补偿价值的原则,并规定了借助第三方评估机构确定的方式。其基本原则是将市场价格作为基线,"对被征收房屋价值的补偿,不得低于房屋征收决定公告之日被征收房屋类似房地产的市场价格"。被征收房屋的具体市场价格应当由第三方评估,"被征收房屋的价值,由具有相应资质的房地产价格评估机构按照房屋征收评估办法评估确定"。同时,还给被征收人对评估价值提出异议的途径。被征收人可以向房地产价格评估机构申请复核评估。对复核结果有异议的,可以向房地产价格评估专家委员会申请鉴定。《房屋征收条例》还授权住建部制定"房屋征收评估办法"（第19条）,对房地产价格评估机构选定和评估原则作出了详细规定（第20条）。这些规定旨在努力获得一个公允市场价格,以供征收补偿参考。

但具体到每户或每个产权人的补偿,需要签署补偿协议,明确具体补偿方式和补偿额度。对于合法的征收决定,被征收人应当服从,但是在房屋征收补偿问题上,更多地体现为一种财产损失的补偿关系,应当允许被征收人协商确定具体房屋的补偿方案。《房屋征收条例》第25条规定:房屋征收部门与被征收人依照本条例的规定,就补偿方式、补偿金额和支付期限、用于产权调换房屋的地点和面积、搬迁费、临时安置费或者周转用房、停产停业损

失、搬迁期限、过渡方式和过渡期限等事项,订立补偿协议。

如果房屋征收部门与被征收人在征收补偿方案确定的签约期限内达不成补偿协议,或者被征收房屋所有权人不明确的,由房屋征收部门报请作出房屋征收决定的市、县级人民政府依照《房屋征收条例》的规定,按照征收补偿方案作出补偿决定,并在房屋征收范围内予以公告(第26条)。

（三）搬迁和安置

房屋被征收过程会产生两个需要解决的问题,一是搬迁问题,二是过渡或安置问题。《房屋征收条例》第22条承继原来的房屋拆迁政策,均给被征收人予以解决。

1. 搬迁问题

根据《房屋征收条例》第22条规定,因征收房屋造成搬迁的,房屋征收部门应当向被征收人支付搬迁费。这一规定是合理的。因为征收房屋被拆除,搬迁至他处居住,需要发生一定的费用,这笔费用由征收行为造成,理应给予合理的补偿。

2. 过渡或安置问题

在被征收人选择产权调换,征收时没有现房调换的情形下,就需要为被征收人提供过渡方案。根据《房屋征收条例》第22条规定,被征收人选择房屋产权调换的,产权调换房屋交付前,房屋征收部门应当向被征收人支付临时安置费或者提供周转用房。这也就是说,临时安置也有两种方式:一种是货币安置,提供临时安置费,由被征收人自己选择过渡房;另一种是为被征收人提供周转房或过渡房。至于过渡或安置期限可在征收补偿协议中约定,一般应当为被征收人将旧房交由征收人拆除之日起至搬迁到提供的调换房屋的期间。

第二节　国有土地上房屋征收实施和纠纷处理

一、房屋征收实施

（一）房屋征收实施主体

房屋征收实施单位不属于行政机构,而是专门从事房屋征收工作的非营利性单位。[①]

房屋征收部门可以委托房屋征收实施单位承担房屋征收与补偿的具体工作,但房屋征收实施单位不得以营利为目的。房屋征收部门对房屋征收实施单位实施房屋征收与补偿的行为负责监督,并对其行为后果承担法律责任。

房屋征收部门是行政机关,而房屋征收实施单位是为征收设立的事业单位或企业,但不得以营利为目的。房屋的征收实施单位只是纯粹的受托执行具体事务的主体,而不是责任主体。房屋征收部门与房屋征收实施单位是委托关系,征收部门有权并有义务监管实施单位,并对委托范围内实施的房屋征收与补偿行为负责,对其行为后果承担法律责任。

（二）先补偿,后搬迁原则

为杜绝被征收人在获得公平补偿之前就被强制搬离被征收房屋的现象,《房屋征收条

---

① 《房屋征收条例》第5条第1款规定:"房屋征收部门可以委托房屋征收实施单位,承担房屋征收与补偿的具体工作。房屋征收实施单位不得以营利为目的。"

例》第 27 条确立了房屋征收实施的先补偿、后搬迁原则。依据该条，实施房屋征收应当先补偿、后搬迁，作出房屋征收决定的市、县级人民政府对被征收人给予补偿后，被征收人应当在补偿协议约定或者补偿决定确定的搬迁期限内完成搬迁。根据该规定，征收人应当先履行补偿义务，支付补偿款，被征收人收到补偿款后即应履行搬迁义务，仅仅达成补偿协议并不足以实施搬迁。

为了避免传统征收拆迁过程中存在的暴力拆迁、强制拆迁，《房屋征收条例》明确规定："任何单位和个人不得采取暴力、威胁或者违反规定中断供水、供热、供气、供电和道路通行等非法方式迫使被征收人搬迁。"同时还规定了两项制度：其一，禁止建设单位参与搬迁活动；其二，政府不得强制拆迁，将强制执行权单独赋予人民法院。这实际上实现了征收权与执行权的分离，避免政府作为征收法律关系的一方，因强制执行自己的决定而可能存在利益驱动的不公正、不中立的现象。

（三）征收决定的强制执行

根据过去的拆迁条例，市县人民政府既可以责成有关部门强制拆迁，也可以申请人民法院强制拆迁，而依据《房屋征收条例》，房屋征收中搬迁的强制执行决定只能由市、县级人民政府申请人民法院实施。依据《房屋征收条例》第 28 条，市、县级人民政府依法提请法院强制执行的前提是：被征收人在法定期限内不申请行政复议或者不提起行政诉讼，在补偿决定规定的期限内又不搬迁。另外，该条还特别规定"强制执行申请书应当附具补偿金额和专户存储账号、产权调换房屋和周转用房的地点和面积等材料"，以确保征收人已经履行完自身的义务，具备强制执行的条件。

由于《房屋征收条例》将强制搬迁执行权交给了人民法院，为指导人民法院履行好这一司法职能，最高人民法院于 2012 年专门发布了《关于办理申请人民法院强制执行国有土地上房屋征收补偿决定案件若干问题的规定》①（以下简称《强制执行征收规定》），对人民法院强制执行的程序作了较为详尽的规范。主要内容如下：

1. 强制执行申请

强制执行的申请应当自被执行人的法定起诉期限届满之日起 3 个月内提出；逾期申请的，除有正当理由外，人民法院不予受理。申请强制执行，除提供《房屋征收条例》第 28 条规定的强制执行申请书及附具材料外，还应当提供下列材料：（1）征收补偿决定及相关证据和所依据的规范性文件；（2）征收补偿决定送达凭证、催告情况及房屋被征收人、直接利害关系人的意见；（3）社会稳定风险评估材料；（4）申请强制执行的房屋状况；（5）被执行人的姓名或者名称、住址及与强制执行相关的财产状况等具体情况；（6）法律、行政法规规定应当提交的其他材料。

2. 人民法院对强制执行申请的审查和载定程序

征收房屋的搬迁强制执行属于非诉行政案件，而且关系公共利益和被征收人的财产利益平衡，因而需要有相应的程序规范，使法院谨慎审查，公正执法。《强制执行征收规定》对法院审查决定作出程序性规定。其要点是：（1）人民法院应当在 5 日内立案。人民法院认为强制执行的申请符合形式要件且材料齐全的，应当在接到申请后 5 日内立案受理或收到

① 最高人民法院《关于办理申请人民法院强制执行国有土地上房屋征收补偿决定案件若干问题的规定》，2012 年 2 月 27 日由最高人民法院审判委员会第 1543 次会议通过，自 2012 年 4 月 10 日起施行。

最终补正的材料后 5 日内立案受理;不符合形式要件或者逾期无正当理由不补正材料的,裁定不予受理;(2)不予受理的裁定可申请上一级人民法院复议;(3)人民法院应当自立案之日起 30 日内作出是否准予执行的裁定;有特殊情况需要延长审查期限的,由高级人民法院批准;(4)立案审查,可以根据需要调取相关证据、询问当事人、组织听证或者进行现场调查;(5)人民法院可裁定予以执行,也可以裁定不予执行①。对不予执行的裁定,申请人可以申请上级人民法院复议。

3. 强制执行裁定的执行

根据《强制执行征收规定》第 8 条,人民法院裁定准予执行的,应当在 5 日内将裁定送达申请机关和被执行人,并可以根据实际情况建议申请机关依法采取必要措施,保障征收与补偿活动顺利实施。

根据《房屋征收条例》第 28 条的精神,房屋征收的强制搬迁执行是授权人民法院作出裁定并采取强制执行措施。但《强制执行征收规定》第 9 条认为,人民法院作出准予执行的裁定后,"一般由作出征收补偿决定的市、县级人民政府组织实施,也可以由人民法院执行"。从该解释来看,最高人民法院认为,法院的主要任务是审查强制搬迁执行的合法性,而一般情形下仍然由市、县人民政府具体组织实施,法院只是辅助或例外。这种态度虽有推诿嫌疑,但仍然有其正当性。因为征收中强制搬迁执行工作相对于其他案件要复杂和专业得多,政府部门建立有专门的组织机构负责搬迁工作,因而应当由政府部分继续实施,而不应当由人民法院来具体实施。

二、房屋征收纠纷解决

(一)对房屋征收决定的复议和诉讼

《房屋征收条例》第 14 条规定:"被征收人对市、县级人民政府作出的房屋征收决定不服的,可以依法申请行政复议,也可以依法提起行政诉讼。"该条明确地宣布征收决定的可诉性,且被拆迁人可以选择行政复议或行政诉讼,也没有将行政复议作为诉讼的前置程序。被征收人是征收行政行为的相对人,当然有权对征收决定提出复议或诉讼。该条明确规定了被征收人的救济权利。

[案例 8-1]

从字面上看,该条并未赋予与房屋征收决定有关的利害关系人申请行政复议和提起行政诉讼的权利。根据最高人民法院的出版物的解释,公用征收作为一种具体行政行为,征收决定相关人如果认为该行为侵犯其人身权和财产权,可依法申请行政复议或提起行政诉讼。尽管该条并未规定征收决定相关人的请求救济权,其仍可依据《行政复议法》和《行政诉讼法》的规定申请行政复议或提起行政诉讼。②(参阅案例 8-1"潘某诉招某房屋买卖合同案")

(二)房屋征收补偿方案纠纷

根据现行的《房屋征收条例》,征收部门要在市县人民政府作出决定前拟定征收补偿方案

---

① 根据《强制执行征收规定》第 6 条,具有下列情形之一的,人民法院应当裁定不准予执行:(1)明显缺乏事实根据;(2)明显缺乏法律、法规依据;(3)明显不符合公平补偿原则,严重损害被执行人合法权益,或者使被执行人基本生活、生产经营条件没有保障;(4)明显违反行政目的,严重损害公共利益;(5)严重违反法定程序或者正当程序;(6)超越职权;(7)法律、法规、规章等规定的其他不宜强制执行的情形。

② 参见江必新主编:《国有土地上房屋征收与补偿条例理解与适用》,中国法制出版社 2012 年版,第 145 页。

报市、县人民政府,政府应当组织有关部门对征收补偿方案进行论证并征求公众意见,市、县级人民政府作出的房屋征收决定公告应当载明征收补偿方案和行政复议、行政诉讼权利等事项。根据第14条规定,房屋征收决定可诉,但是房屋征收补偿方案单独是否可以申请行政复议、提起行政诉讼,并不清楚。在"叶某等诉某县人民政府房屋征收案"中,被征收人对征收补偿方案单独申请的行政复议被驳回(参阅案例8–2)。但在"刘佰军、郑州市人民政府再审案"中,最高人民法院认为,征收集体土地安置补偿方案属于行政复议范围(参阅案例8–3)。

[案例8–2]

[案例8–3]

(三)房屋征收补偿纠纷及其解决

房屋征收补偿纠纷有两种,一是因征收补偿协议产生的纠纷,二是因补偿决定产生的纠纷。

1. 补偿协议纠纷

根据《房屋征收条例》第25条第2款,补偿协议订立后,一方当事人不履行补偿协议约定的义务,另一方当事人可以依法提起诉讼。该条款明确了补偿协议的可诉性,但并未明确应当提起何种诉讼。提起何种诉讼,取决于补偿协议属于何种性质。而对于房屋征收补偿协议的性质,《房屋征收条例》也没有明确,存在争议。

在原房屋拆迁制度下,对拆迁补偿协议的性质,最高人民法院对达成拆迁补偿协议后一方反悔引发的诉讼,明确规定为民事诉讼。[①] 但这样的观点在房屋征收环境下丧失了合理性。因为原来拆迁存在模糊的定性,政府只是为建设单位(拆迁人)与房屋产权(被拆迁人)之间的拆迁关系进行背书,而不是直接当事人;而房屋征收是行政行为,有关征收的一切内容均应当纳入行政行为来考虑,征收补偿协议只是实施征收行为的一种手段,是将征收补偿方案具体化到每一个被征收财产和被征收人的手段。如果将此协议理解为民事协议,就会割裂征收决定和征收补偿之间的关系,将二者视为两种行为,也无法解释民事协议无法达成的情况下,未达成的民事协议如何可以转化为补偿决定,并通过行政行为确定具体补偿内容。事实上,征收当然地包含补偿,且补偿是征收的核心内容。将征收补偿协议作为行政合同,以行政诉讼方式解决纠纷,不仅符合其本身的性质,而且有利于人民法院单一机构一揽子解决征收纠纷。如果补偿协议属于民事纠纷,当被征收人对征收决定和补偿协议均不服时,就会分别产生行政诉讼和民事诉讼两种不同性质的诉讼,不利于纠纷的解决。

2. 补偿决定纠纷

根据《房屋征收条例》第26条,在征收补偿方案确定的签约期限内达不成补偿协议,或者被征收房屋所有权人不明确的,可由市、县级人民政府按照征收补偿方案作出补偿决定。而被征收人对补偿决定不服的,可以依法申请行政复议,也可以依法提起行政诉讼。显然,

---

① 最高人民法院《关于受理房屋拆迁、补偿、安置等案件问题的批复》(1996年7月,法复〔1996〕12号)认为:"公民、法人或者其他组织对人民政府或者城市房屋主管行政机关依职权作出的有关房屋拆迁、补偿、安置等问题的裁决不服,依法向人民法院提起诉讼的,人民法院应当作为行政案件受理。""拆迁人与被拆迁人因房屋补偿,安置等问题发生争议,或者双方当事人达成协议后,一方或者双方当事人反悔,未经行政机关裁决,仅就房屋补偿、安置等问题,依法向人民法院提起诉讼的,人民法院应当作为民事案件受理。"

征收补偿决定是市、县级人民政府对被征收人单方作出的强制补偿决定,该决定属于具体行政行为的范畴,对被征收人的财产权利有重大影响,因此属于行政复议和行政诉讼的范围。

三、征收监督

由于房屋征收既关系城市发展和公共利益,又关系人民群众的财产利益,为了使全国的房屋征收工作更加规范,促进各地房屋征收依法开展,《房屋征收条例》建立了房屋征收监督体系。

（一）上级政府对下级政府的监督

《房屋征收条例》第6条第1款确立了上级人民政府对下级人民政府房屋征收与补偿工作的监督职责或职权。这是因为,市、县级人民政府是房屋征收的征收人,其行为当然地受到上级人民政府的领导和监督,上级政府也当然地享有这样的权力。监督的主要目的在于有效防止下级政府及其相关部门滥用职权,有效处理突发性事件,保障被征收人的申诉权,依法做好行政复议工作,维护征收秩序和被征收人的合法权益。

除了上下级政府之间的监督外,《房屋征收条例》第6条第2款还明确规定,国务院住房城乡建设主管部门和省、自治区、直辖市人民政府住房城乡建设主管部门应当会同同级财政、国土资源、发展改革委等有关部门,加强对房屋征收与补偿实施工作的指导。这里的指导不是对具体征收行为的监督,而是对房屋征收的有关政策、规范性文件的制定等的指导,因而是多部门协同指导。各部门应当协同开展工作,积极对各种新情况、新问题展开调研,积极应对,及时制定相关措施和规范性文件指导全国和下级地方征收补偿实践。

（二）行政监察和审计监督

由于城市拆迁曾经是社会矛盾的焦点,也是重要的社会不稳定因素。为了加大对违法征收行为的监督和制约力度,《房屋征收条例》增加了行政监察的规定,建立了房屋征收与补偿工作的行政监察制度。监察机关应当加强对参与房屋征收与补偿工作的政府和有关部门或者单位及其工作人员的监察。

行政监察是政府系统内部重要的监督制约方式,监察机关应当加强对参与房屋征收与补偿工作的政府和有关部门或单位及其工作人员合法性的监督,对各种违法行为提出监察建议,按照有关规定查处违法行为。

由于征收补偿费是征收补偿的关键,《房屋征收条例》第29条还特别引入了审计监督,对征收补偿费用管理和使用情况予以监督,并公布审计结果。在房屋征收中,补偿费用是通过政府财政支付,专款专用。审计监督不仅要监督拆迁人的奖金是否到位,而且要监督使用情况,防止挪用、拖欠、克扣、挤占补偿费用的情况发生。

（三）社会监督

根据《房屋征收条例》第7条,任何组织和个人对违反该条例规定的行为,都有权向有关人民政府、房屋征收部门和其他有关部门举报。

（四）征收档案及其信息公开制度

建立征收补偿档案,将分户补偿情况在房屋征收范围内向被征收人公布,是《房屋征收条例》第29条第1款确立的新制度。房屋征收补偿问题的核心在于公平公正。这里的公平公正不仅是指同一征收范围内的相同条件的人获得的补偿相一致,而且包括不同时间被征收人获得的补偿标准相一致。如果房屋征收部门建立房屋征收补偿档案,并将分户补偿情况在房屋征收范围内向被征收人公布,那么就可以防止先签约者吃亏的现象,实现相同条件房屋获得相同的补偿,避免过去通过抗拒搬迁争取更多补偿利益的现象,不断推高补偿标准。同时,如果能够建立完善的补偿档案,供不同时期的人们查阅和参考,那么人们也会对征收补偿有合理稳定的预期。根据基本的补偿标准加上物价上涨、货币贬值因素就可以估算出补偿数额。因此,建立征收补偿档案,并向所有被征收人公开信息作为征收部门的法定职责,作为征收的一项基本制度具有重要的意义。建议房屋征收主管部门将征收档案管理作为征收的一项基础工作来抓。

四、法律责任

为规范和监督征收人,促进依法征收,最有效的制度约束是规定行为人的法律责任。《房屋征收条例》专章规定了征收、被征收人和参与人的法律责任。

(一)征收人的法律责任

市、县级人民政府及房屋征收部门的工作人员、直接负责的主管人员的下列行为受到法律禁止,否则承担相应的法律责任,包括刑事责任、国家赔偿责任、民事责任和行政责任。(1)征收部门工作人员不履行《房屋征收条例》规定的职责,或者滥用职权、玩忽职守、徇私舞弊行为;(2)征收工作人员采取暴力、威胁或者违反规定中断供水、供热、供气、供电和道路通行等非法方式迫使被征收人搬迁的行为;(3)贪污、挪用、私分、截留、拖欠征收补偿费用的行为。

(二)中介机构的法律责任

为了确保房屋征收补偿的合理性和公平性,作为第三方的房地产价格评估被引入被征收房屋的价值评估中。中介机构必须坚守职业操守,排除外界干扰,确保估价报告客观、公正和中立。依据《房屋征收条例》第34条,房地产价格评估机构或者房地产估价师出具虚假或者有重大差错的评估报告的,依据情节轻重和后果,评估机构和评估师将承担相应法律责任,包括行政责任、记录信用、吊销资质、赔偿损失、刑事责任。

(三)被征收人的法律责任

《房屋征收条例》第32条特别规定了非法阻碍征收补偿工作的责任。征收行为是国家为了公共利益而采取的行政行为,对于依法实施的征收行为,被征收人应当理解、支持和配合,而不应当采取过激或极端行为阻碍执法。被征收人采取暴力、威胁等方法阻碍依法进行的房屋征收与补偿工作,应当受到相应的法律制裁。构成犯罪的,依法追究其刑事责任;构成违反治安管理行为的,依法给予治安管理处罚。

[思考题]

1. 房屋征收的性质和基本法律关系如何? 它与过去的房屋拆迁制度有何区别?
2. 房屋征收决定的条件和程序如何?
3. 房屋征收补偿的范围和方式如何? 如何确定被征收人的补偿内容?
4. "先补偿,后搬迁"原则的法律意义如何?
5. 房屋征收的监督体系如何?

第三编

房地产交易

第九章 商品房买卖基础

商品房买卖是房地产交易中最主要的内容,它以物权法上物权移转取得基本规则为基础,同时融入了国家对房地产交易管制的内容,因而最能体现房地产法特色。

本章分三节,第一节对整个商品房买卖基础概念、流程和法律管制框架作了简要介绍,重点论述了现行法和实践中行政主管部门对商品房买卖的监管。第二节论述商品房预售,对我国特有的商品房预售作了系统的论述,揭示了商品房预售的风险及其现行法确立的主要应对措施,如商品房预售许可制度、预售款监管、预售合同的备案制度等;此外还对预购人的权利及其保护制度的完善。第三节简略地论述我国商品房从开发到销售的过程中存在的两次不动产登记。

第一节 商品房买卖概述

一、房屋买卖的分类和销售形式

（一）商品房买卖与非商品房买卖

商品房是我国特有的概念,仅指房地产开发商开发出来的用于租售的房屋。

房地产开发商必须有特定的资质,单位自建出售给职工的房屋不属于商品房。

商品房买卖特指开发商向小业主（买受人）转让房屋所有权的行为,即一手房买卖。因此,从开发商买得的房屋再售卖（转卖）的行为（俗称二手房买卖）不属于商品房买卖。

理论上讲,商品房买卖强调的是出卖人的身份为开发商且首次出售的行为,而不管买受人是个人还是法人。只是在个人购买商品房时,具有适用《消费者权益保护法》的可能性。[①]

商品房买卖与非商品房买卖划分的意义在于,二者适用的法律有时不完全一样,许多调整商品房买卖的法规、司法解释并不适用于普通的二手房买卖。例如,《商品房销售管理办法》（以下简称《销售办法》）、《城市商品房预售管理办法》（以下简称《预售办法》）等主要调整商品房买卖的法律法规不适用于二手房买卖。二者的共同点在于,遵守不动产买卖的一般规则,比如签订房屋买卖合同、办理过户登记等。

（二）商品房买卖中的预售和现售

商品房买卖分两种,即预售和现售。对应地,存在两种商品买卖合同:一种是商品房预售（简称期房买卖）合同;一种是商品房现售（现房买卖）合同。根据《销售办法》第3条,商品房现售,是指房地产开发企业将竣工验收合格的商品房出售给买受人,并由买受人支付房屋价款的行为;商品房预售,是指房地产开发企业将正在建设中的商品房预先出售给买受人,并由买受人支付定金或者房价款的行为。两者签署合同的时间点或条件不一样。预售是在房屋未建成时签署房屋买卖合同;现售是在已经建成房屋后签署房屋买卖合同。预售合同也是买卖合同,只是房屋没有建成,其成立受到更多行政规制,但本质上仍属于房屋买

[①] 许多地方法规已经明确规定,个人购买商品房可以适用《消费者权益保护法》。

卖合同范畴。

关于商品房预售的规制将在第二节论述,这里仅涉及商品房现售的管制。

二、商品房买卖的条件及其行政监管

(一)签订房屋买卖合同的条件

从理论上讲,订立买卖合同并不以出卖人是否现实地拥有某物或享有对该物的所有权为条件;只要在实际履行合同时,出卖人能够实际地移转出卖物的占有并移转所有权即可。只是在出卖人根本不具有生产或获得出卖物的条件或根本不存在交付标的物的意思的情形下,出卖人与他人签署合同的行为,可能构成合同欺诈。因此,我们在动产买卖合同中,允许制造商在货物未生产出来之前与客户签署合同,这种合同并不因为出卖人的货物不存在或出卖人对货物不享有所有权而否定买卖合同的效力。

[案例9-1]

[案例9-2]

这样的规则原则上也适用于房屋买卖。在出卖人未建造好房屋或出卖人未登记取得法律意义上的所有权的情形下,不能轻易否定买卖合同的效力。在"李某诉吴某夫妻房屋买卖合同案"与"王建峰诉陈科等返还原物纠纷案"中,法院认为办理产权证并不是商品房买卖合同的成立要件(参阅案例9-1、9-2)。

(二)我国对商品房销售的管制

1. 商品房买卖的条件

从理论上讲,现房买卖的唯一条件是开发商已经取得房屋产权证(俗称大产权证)。但现行法律对商品房销售条件作了较为详细的规定,这些规定主要是从行政管理的角度加以规定的,它原则上不影响房屋买卖合同的效力。

《销售办法》第7条规定,商品房现售应当符合以下条件:(1)现售商品房的房地产开发企业应当具有企业法人营业执照和房地产开发企业资质证书;(2)取得土地使用权证书或者使用土地的批准文件;(3)持有建设工程规划许可证和施工许可证;(4)已通过竣工验收;(5)拆迁安置已经落实;(6)供水、供电、供热、燃气等配套基础设施具备交付使用条件,其他配套基础设施和公共设施具备交付使用条件或者已确定施工进度和交付日期;(7)物业管理方案已经落实。

为了实施监督,《销售办法》要求房地产开发企业在商品房现售前将房地产开发项目手册及符合商品房现售条件的有关证明文件报送房地产开发主管部门备案。

2. 销售方式监管

在现实中,开发商往往会采取许多促销方式,以促进房屋的销售。但是,《销售办法》第11条规定,房地产开发企业不得采取返本销售或者变相返本销售的方式销售商品房;房地产开发企业不得采取售后包租或者变相售后包租的方式销售未竣工商品房。

返本销售指开发商定期向购房人返还购房款的销售方式;售后包租指开发商向购房人承诺,对其所购买的商品房,由开发商承租或者代为出租并支付固定年回报的销售方式。①

---

① 这些销售行为常以承诺售后高回报、低风险的方式促销商品房,加快资金回笼速度或者为滚动开发提供资金支持。其表现形式通常是,以提供固定年回报、原价(或增值)回购、承诺无(低)风险投资等方式,销售公寓式酒店、分时度假酒店、酒店式公寓、酒店式办公楼、产权式百货商场、产权商铺等。

这些销售形式存在着欺诈行为或者复杂的权利关系。因此,《销售办法》对这些销售方式加以禁止。事实上,这些销售方式虽然隐含风险,但并不必然会引发风险,这主要取决于开发商是否诚信履约。对这些销售行为进行监管确有必要,但完全禁止似乎不符合市场经济规律。

《销售办法》第12条还禁止分割拆零销售。分割拆零销售则是开发商将成套的商品住宅分割为数部分出售给购房人的销售方式。本书认为,这种销售方式违背了建筑物区分所有的基本原理,应当予以禁止。

3. 房屋销售合同的网络备案和登记

为了提高商品房交易信息的透明度,规范商品房销售行为,有些城市实施了商品房销售合同网上备案和登记办法。例如,上海市于2004年发布了《商品房销售合同网上备案和登记办法》,对辖区内新建商品房的销售(包括预售和现售)进行合同网上备案和登记。继上海之后,青岛(2005年)等城市也相继发布类似规定,实行网上备案和登记制度。

市房地产交易中心建立登记中心,通过网上备案登记,达到以下目的:第一,公开开发商及其所要销售的楼盘的具体情况,① 目的在于使买受人充分了解其商品房出售的合法性及其状况,保护买受人;第二,通过网络缔结合同;第三,便利过户登记和变动公示;第四,利用网络备案登记数据,定期汇总、分析和发布全市新建商品房的交易信息,并提供网上公开查询服务。

网络备案和登记仅仅是行政管理措施,还是对合同的效力产生影响是一个值得关注的问题。本书认为,在国家法律没有相应的规范之前,地方法规这些措施宜视为行政管理措施,不宜轻易认为违反这些管理措施就会影响合同效力。需要注意的是,这些措施在一些方面是有利于当事人的,比如信息公示,但它将私人交易过分透明化,似乎不符合私人交易的一般规则。

三、商品房买卖的一般流程

(一)选定房屋

房屋买卖属于特定物买卖,签署买卖合同之前必须将房屋特定化,选择和确定要购买的房屋。

1. 现房的选定

如果房屋已经建成,房屋买受人一般要实地查验房屋,查验所购房屋的位置、朝向、结构、面积、周边环境等,了解房屋建造材料、结构、得房率等,最后选定所要购买的房屋。

2. 期房的选定

选定房屋,对于期房买卖来讲,就是查看所购买房屋的图纸,弄清其位置、朝向、结构、面积、建造材料、周边环境等。由于这些均未有实物造型,因此,一般来说主要依赖建筑物所在小区的总体规划图、每幢楼的设计图、要购买房屋设计图等加以判断。另外,开发商的售楼广告、承诺书、实物展示等均是参考的依据。

---

① 例如,《上海市商品房销售合同网上备案和登记办法》第5条规定:"房地产开发企业取得商品房预售许可证或者新建商品房房地产权证的,市房地产交易中心应当通过网上操作系统,即时公布下列信息:(一)商品房预售许可证或者新建商品房房地产权证;(二)商品房物业管理区域的规划平面布置图、建筑分层平面图;(三)商品房的楼盘表,包括总的单元(套)数,以及每单元(套)的部位、结构、面积等测绘结果;(四)房地产抵押、查封等权利限制情况;(五)商品房销售合同的示范文本;(六)商品房拟销售的价格。"

3. 选定房屋的判断

[案例9-3]

不管是期房,还是现房,选定房屋主要依据一幢楼房总体设计图纸中成套房屋的编号。在购买期房场合,出卖人向买受人展示的往往是所谓的"样板房"。样板房只是说明所购房屋大致结构、式样等,买受人所购买的房屋只是规划图纸上标明的编号,而且是以预售合同中写明的编号为准。即使是现房,如果买受人查验的房屋与合同中标明的房屋编号不一致,也是以合同中编号为准。在"叶某诉北京合生房地产开发有限公司房屋买卖合同案"中,即说明了这一规则(参阅案例9-3)。

(二)签署买卖合同

在选定了房屋之后,买卖双方即签署买卖合同或预售合同。

在现实操作中,买卖合同由两部分组成:一部分是由国家或各地方房地产管理部门制定的标准合同文本;另一部分是可由当事人协商的补充条款。

房屋买卖合同主要条款是:所购房屋编号、面积、价款、付款方式、交付和过户期限、违约责任等。

买卖合同具有法律效力,一旦签署,即要承担履约责任。因此当事人应当谨慎,在未确定是否要买所选购房屋之前,不要轻易在合同上签字。

签署预购意向书或预购书不是签署买卖合同的必要步骤。但在现实操作中,开发商往往要求选购房屋的人先签署认购书或预购书。该认购书具有合同效力,主要约定购房者在限定时间内签订正式合同,否则视为购房者违约,定金将依定金罚则不予返还。"卢永光、张金永与温州世贸房地产开发有限公司商品房买卖预约合同纠纷案""王军彪等与祁继法等房屋转让合同违约纠纷再审案"都有关定金罚则的运用(参阅案例9-4、9-5)。

[案例9-4]

[案例9-5]

(三)签署抵押或按揭贷款合同

在购房人有足够的财力时,可以选择一次性付款或分期付款,否则只能采取"首付款 + 银行贷款"的支付方式。房屋买卖通常需要安排银行贷款。在我国,根据所购买的房屋能否进行抵押登记,房屋买卖通常有两种贷款安排,一种是按揭借款,一种是抵押贷款。

通常,两种贷款是与买卖合同同时签署和办理的。在分离时,一般应在买卖合同中载明,买卖合同以贷款合同签署作为生效条件,以防止贷款合同不能签署时,购房人要承担不能付款的违约责任。关于个人住房按揭贷款,参见第十一章。

(四)交付房屋

房屋交接验收是房屋买卖中的重要环节。开发商交付房屋的条件是:房屋必须经过房屋质检部门验收合格,水、电等基本设施齐备,物业管理单位已到位。但买受人负有验收义务,要检查房屋质量是否有问题,查看装修、清点设备。发现问题要及时反映,以求维修、配齐。在经过以上检验并确认检验结果与合同的约定无差别后,就可以与开发商签订物业交付核验单或房屋交接单。在签订了核验单后,接收钥匙,完成物业交付。

(五)办理登记

在房屋交付后,最后一道程序是办理房屋产权证。如果开发商在交房时已经取得大产权证,那么买受人可以很快办理好房产证。如果开发商还没有取得大产权证,那么这个过程要相对漫长一些。但不管怎样,要求开发商办理房屋产权证,是非常重要的事情。只有办理完房屋所有权转移登记手续,申领到《不动产权证书》,[①] 商品房的交易才算完成,买受人才算真正取得房屋所有权。

第二节　期房买卖:商品房预售

一、商品房预售及其特点

（一）商品房预售

商品房预售是指房地产开发企业将正在建设中的商品房预先出售给买受人,并由买受人支付定金或者房价款的行为。

商品房预售相当于事先订立买卖合同购买将来建成的房屋。商品房预售与现售的重要区别于在于标的物不同。预售的标的是正在建造的未建成的房屋,习惯上称为期房或楼花。

未建成的房屋从范围上包括已经开始建造但未竣工或已经竣工但尚不具备交付条件的房屋。在现实中,房屋是否具备预售的条件是由政府来控制的,买受人通常只要看开发商是否取得预售许可证。

在预售交易中,买受人通常已经支付完首付款或全部款项,但不能够获得要购买的房屋所有权;开发商已经获得价款,却只能给予买受人将来取得所购房屋所有权的承诺。也就是说,买受人只获得将来取得房屋所有权的权利,这种权利被称为期待权。期待权本质上属于债权,只是这种债权经预告登记可以对抗在后的买受人。

（二）商品房预售的特点

其一,交易标的不确定。开发商在预售时,通常只是进行前期建设,而房屋建设需要大量的资金,经过一定的建设周期。在这样的长期建设过程中存在许多不确定因素,如原材料涨价、政策变化等。而在预售安排中,其风险分配不均衡,买受人几乎承担了主要风险。甚至可以说,我国的预售类似于委托建房,而买受人对于其资金投向等无任何控制和监督权利。

其二,开发商与买受人地位相对不平等。对于大多数个人买受人来讲,开发商不仅经济实力雄厚,而且由于卖方市场之压力,个人很少有与开发商进行谈判的能力。

这两点决定了必须对预购商品房设计保护弱者的法律机制,同时实施必要的行政监督。现行法规定了商品房预售许可制度、预售款监管、预售合同的备案制度等行政措施。

二、商品房预售许可制度

（一）预售许可

《预售办法》第 5 条规定了商品房预售的条件:（1）已交付全部土地使用权出让金,取得土地使用权证书;（2）持有建设工程规划许可证和施工许可证;（3）按提供预售的商品房计算,投入开发建设的资金达到工程建设总投资的 25% 以上,并已经确定施工进度和竣工交付日期。

---

① 不动产统一登记实行后,市民新购商品房办证,将由原来分别办理《房屋所有权证》《国有土地使用证》改为 1 个部门办理 1 本《不动产权证书》即可,收费保持不变。原来各部门依法已经发放的证书继续有效,不强制要求更换证书。

开发商是否具备这些条件不是由买受人来判断,而是由商品房的行政主管机关——建设行政主管部门判断。这种判断即是商品房预售许可制度。开发企业进行商品房预售,应当向房地产管理部门申请预售许可,取得商品房预售许可证,未取得该证的,不得进行商品房预售。

为此,《预售办法》规定了办理预售许可证的行政程序——商品房预售许可证办理需要提交的文件① 和程序,这些程序是受理、审核、许可和公示。②

经审查,开发企业的申请符合法定条件的,房地产管理部门应当在受理之日起 10 日内,依法作出准予预售的行政许可书面决定,发送开发企业,并自作出决定之日起 10 日内向开发企业颁发、送达商品房预售许可证。

经审查,开发企业的申请不符合法定条件的,房地产管理部门应当在受理之日起 10 日内,依法作出不予许可的书面决定。书面决定应当说明理由,告知开发企业享有依法申请行政复议或者提起行政诉讼的权利,并送达开发企业。

需要注意的是,现实中政府部门有时也将预售许可作为调控房地产市场的一种手段,因此,预售许可的条件可能因时因地而有特别的规定。

（二）预售登记

房地产管理部门对预售许可审查和批准过程也是预售登记过程,预售登记和预售许可实质上是一回事。准确地说,预售许可是预售登记的结果。但仔细考察《开发条例》第 23条和第 24 条的规定,预售许可审查侧重于实质条件,而预售登记侧重于程序或形式化的数据提供和记载,两者存在区别。

预售登记的申请人为开发商,登记机构为房地产管理部门。预售登记除了满足预售三个条件外,还必须提供另外四个文件:（1）营业执照和资质等级证书;（2）工程施工合同;（3）预售商品房分层平面图;（4）商品房预售方案。经过预售登记,主管部门形成一个商品房预售许可登记的数据库。该数据库成为之后的预售合同备案登记的基础。

由于计算机网络的使用,现在预售登记也都实现了电子化。在电子环境下,预售备案主要流程是:开发商先登录当地房地产交易管理系统进行注册;然后将测绘成果转化为楼盘表;在线填写预售信息,提交申请表;最后开发商加盖本单位印章（骑缝章）的预售商品房申请表、商品房预售方案和楼盘表到房地产管理部门办理商品房预售许可证。

预售登记的效力在于便利买受人查询开发商预售条件,并由此形成预售合同备案的基础。预售登记对预售合同没有直接影响,但预售许可证是预售合同生效要件。

（三）预售许可签发人的责任和买受人的义务

由于商品房预售的特殊性,政府介入买卖交易中,"替"买受人"把关",旨在保护买受人。这样,在预售买卖中,当事人的注意义务主要演变为查验开发商是否有预售许可证;而行政机关有义务依法审查开发商是否具备预售条件,并对审查不严承担责任。

［讨论］预售许可机构的责任

建设行政机关对商品房预售许可审查是书面审查,甚至《预售办法》第 8 条审核项规定

---

① 《预售办法》第 7 条。
② 《预售办法》第 8 条。

"开发企业对所提交材料实质内容的真实性负责"。但本书认为,建设行政机关对商品预售条件的审查是实质审查,它应当对于审查不严或因重大疏忽、渎职等行为导致不具备预售条件的开发企业取得商品房预售许可证承担责任。如果建设行政机关向那些不具备预售条件的人颁发了预售许可证,买受人因此遭受损失,那么买受人可以要求行政机关予以赔偿(适用《国家赔偿法》)。只是现行法并没有明确规定,受害的买受人很难追究行政机构审查不严的责任。

对于购买期房的买受人来讲,除了了解开发商资质、开发楼盘的情形、所购房屋的设计等外,在预购交易中主要的注意义务是,查验开发商是否拥有预售许可证。现行法规并没有明确地规定买受人的这一注意义务,只是规定了政府义务和开发商义务。首先是政府的义务。房地产管理部门负责预售登记,应当将登记资料公开,供公众查阅,公众也有权查阅。[①]其次是开发商的义务。房地产开发企业预售商品房时,应当向买受人出示商品房预售许可证,售楼广告和说明书应当载明证书的批准文号。[②]通过这两条确保当事人能够注意到开发商是否具有预售资格。

(四)预售许可证与预售合同的关系

预售许可证是预售合同的生效要件,凡是未取得预售许可证而签署的预售买卖合同,应当理解为无效合同。理由是:其一,《开发条例》第 22 条将办理"预售许可证"作为预售的前提要件,《预售办法》第 6 条第 2 款规定也重申这一规定,即"未取得《商品房预售许可证》的,不得进行商品房预售";其二,在理论上,预售许可证是行为资格要件,缺失该要件,预售合同应当理解为无效。

开发商在未取得预售许可证的情况下,对外进行预售、签署合同的行为属于违法行为,其法律后果有二:

其一,行政责任。开发企业未取得《商品房预售许可证》预售商品房的,县级以上人民政府房地产开发主管部门可责令开发商停止违法行为,没收违法所得,可以并处已收取的预付款 1% 以下的罚款。[③]

第二,民事责任。出卖人未取得商品房预售许可证明,与买受人订立的商品房预售合同应当认定无效。《商品房解释》第 2 条对此作了宽限处理,"在起诉前取得商品房预售许可证明的,可以认定有效"。如果合同无效,按照《民法典》第 157 条[④]规定处理,如果因无效给买受人造成损失,开发商应当承担相应的过错责任。

三、商品房预售款的监管

商品房预售的风险除了来自市场、政策等变化外,还来自开发商的诚信程度。其中主要涉及开发商是否将预售所得款项全部用于买受人所购房屋的建设。于是如何确保预售款用于特定房屋建设就成为降低预购风险的重要问题。

现行法并没有提出行之有效的预防风险的方案。甚至《预售办法》第 11 条也仅重复了

---

① 参见《开发条例》第 23 条、第 24 条;《预售办法》第 8 条。
② 参见《开发条例》第 26 条、第 27 条;《预售办法》第 9 条。
③ 参见《开发条例》第 36 条。该条是《城市房地产管理法》第 67 条的具体化,主要明确了罚款金额。
④ 原《合同法》第 58 条规定,合同无效、被撤销或者确定不发生效力后,行为人因该行为取得的财产,应当予以返还;不能返还或者没有必要返还的,应当折价补偿。有过错的一方应当赔偿对方因此所受到的损失,双方都有过错的,应当各自承担相应的责任。法律另有规定的,依照其规定。

《城市房地产管理法》第 45 条第 3 款规定的"商品房预售所得款项,必须用于有关的工程建设",而将商品房预售款监管的具体办法交由房地产管理部门制定。为此,各地的地方性法规对预售款的监管作出了具体的规定。

目前商品房监管制度已在全国数十个城市得到实施,有的由政府主管部门直接监管,[①] 有的由市房地产交易中心负责预售款的收存和使用,[②] 有的由监管银行监管[③],等等。从运行情况来看,由政府或由政府设立的机构(事业单位)实施监督,无法承担监管失误造成的损失(赔偿的话只能是国家赔偿,不能承担民事赔偿责任);而银行作为协管方,同样不对监管失误承担民事责任。本书认为,重庆市由项目监理机构实施监管的模式[④] 值得借鉴。另外,济南市由担保公司监管也是将来的发展方向。济南市的基本做法是:为购房者的预售款设立专户,专款专用,由担保公司进行监管和担保,开发商不按规定使用预售款将被暂停房屋预售。一旦发生房产商挪用预售款或卷款潜逃等意外,给购房者造成损失,担保公司将承担全部经济赔偿责任。[⑤]

总之,只有引入具有公信力和赔偿能力的第三方进行商业化、契约化的监管,才能有效地对预售款实施监管,保证预售款专项用于项目开发,防范预售款被挪用、套牢等风险。

当然,政府在预售款监管方面也不是完全无所作为。政府可以将预售款监管措施的落实作为商品房预售条件之一,甚至可以将监管协议规定为预售合同一个必备的附件,同时履行适当的行政监督职责。只是政府的监督责任仅是事后行政处罚,[⑥] 与民事责任(或保证责任)是两个概念。

对于买受人而言,为了保护自己的利益,商品房的买受人可以在签订预售合同之前,主动要求预售方出示预售款的监管协议。这也是买受人保护自己权益的一种方法。

四、预售合同的备案

(一)现行预售合同的备案制度

《城市房地产管理法》第 45 条第 2 款规定:"商品房预售人应当按照国家有关规定将预售合同报县级以上人民政府房产管理部门和土地管理部门登记备案。"《开发条例》[⑦]《预售

---

① 参见《贵阳市商品房预售款使用监督管理暂行规定》(该规定于 2002 年颁布,经过 2019 年、2020 年和 2022 年三次修改)

② 如《广东省商品房预售管理条例》第 32 条规定:"预售的商品房所在地的市、县房地产交易登记机构负责监督管理商品房预售款收存和使用。"广州市国土房管局发布的《关于加强广州市商品房预售款监督管理的通知》规定,由广州市商品房预售款监督管理小组(设在广州市房地产中介服务管理所)对专用账户内的商品房预售款进行监督。监控银行向开发企业划拨监控账户内预售款时,必须凭国土局商品房预售款监督管理小组开具的《预售专户资金拨付批准书》,否则,不得向其拨付任何款项。

③ 1997 年发布的《上海市房地产转让办法》第 38 条曾明确规定"委托监管机构监管"。但是,2000 年修改后的第 38 条仅笼统地规定:"房地产开发企业收取的商品房预售款,应当委托监管机构监管,专项用于所预售的商品房的建设。监管机构对预售款监管不当,给预购人造成损失的,应当承担连带责任。"至于监管机构由谁承担,交由市场决定。

④ 参见重庆市第一届人民代表大会常务委员会于 2002 年 6 月 7 日通过的《重庆市城镇房地产交易管理条例》。

⑤ 参见《济南市商品房预售款监管实施细则》。

⑥ 《预售办法》第 14 条规定:开发企业不按规定使用商品房预售款项的,由房地产管理部门责令限期纠正,并可处以违法所得 3 倍以下但不超过 3 万元的罚款。

⑦ 《开发条例》第 26 条第 2 款规定,房地产开发企业应当自商品房预售合同签订之日起 30 日内,到商品房所在地的县级以上人民政府房地产开发主管部门和负责土地管理工作的部门备案。

办法》①也对预售合同的备案作了相应的规定。根据这些规定,本书对现行预售合同备案作以下描述和分析:

(1)预售合同的登记机关。《城市房地产管理法》笼统地规定预售合同应当向县级以上人民政府房产管理部门和土地管理部门登记备案,没有明确向哪个部门登记。从理论上讲,预售合同的备案机关应当与预售登记机关相一致。如果预售登记是在房产管理部门,那么由房产管理部门进行预售合同的登记便顺理成章。当然,在土地管理部门和房产管理部门合一的城市,就不存在在哪个部门登记的问题。

(2)国家实行登记备案制度的立法目的主要是通过对商品房预售合同的管理,对房地产开发商预售商品房行为的合法性进行审查,以保护预购人的合法权益。其行政管理性质表现在,预售合同备案由预售人单独申请,不需要买受人配合。也就是说现行法只是将预售合同的备案确定为预售人的一项法定义务,而不是买受人的权利。

(3)预售合同备案应当在预售登记的基础上进行。如前所述,预售登记之后,房地产管理部门已经形成了电子化的预售楼盘表,清楚地记载了可预售楼盘的信息。基于此,预售合同的备案,应当在每份预售合同指向的房屋处加以记载或将预售合同放置于该文件夹中,以便查询。在预售登记电子化情形下,预售合同的备案也可以以电子方式进行。

(二)预售合同备案的效力

《城市房地产管理法》没有对预售合同的备案登记效力作出规定。各地赋予商品房预售合同登记的效力,综合起来有以下两种:其一,备案为预售合同的生效要件②;其二,备案不是预售合同的生效要件,而是合同的对抗要件。从目前的司法实践和理论界的共同探讨来看,第二种观点已经成为我国普遍接受的规则。尤其是关于登记与合同的效力在最高人民法院出台的《商品房解释》中得到明确。该解释第 6 条第 1 款规定:"当事人以商品房预售合同未按照法律、行政法规规定办理登记备案手续为由,请求确认合同无效的,不予支持。"该解释还充分肯定了意思自治效力,其第 2 款认为,如果当事人约定以办理登记备案手续为商品房预售合同生效条件的,则从其约定;只是在当事人一方已经履行主要义务,对方接受的情形下,不能以有约定而轻易地否定合同效力。

因此,最高人民法院在司法解释中对预售合同备案与合同的效力采取的基本观点是:预售合同备案登记非合同生效要件,有约定的例外。但最高人民法院的司法解释并没有解决预售备案的对抗效力。所谓预售合同备案的对抗效力是指,预售合同经备案后,买受人取得所购房屋所有权的权利(债权)具有对抗第三人的效力。如果预售人将已经预售出去的房屋再转让给后预买受人,那么前买受人因预售合同的备案而具有对抗后买受人的效力。同样,如果是在后的预售合同先备案,那么后预买受人的债权可以对抗前买受人的债权。

因此,债权对抗效力的完整意思是,备案不影响债权的效力,但是谁先登记,谁的登记债权即可以得到实现——取得所有权,而不能实现的债权,只能寻求违约救济。

综上,本书认为,在确立备案不影响合同效力规则之后,必须赋予合同备案的对抗效力,

---

① 《预售办法》第 10 条第 1 款规定,商品房预售,开发企业应当与承购人签订商品房预售合同。开发企业应当自签约之日起 30 日内,向房地产管理部门和市、县人民政府土地管理部门办理商品房预售合同登记备案手续。

② 例如,《广州市商品房预售管理实施办法》第 14 条规定:"开发企业应当在签约之日起 30 日内持商品房预售合同到市交易登记机构办理审核、登记手续……凡未经审核、登记的商品房预售行为无效。"再如,《珠海市房地产登记条例》第 44 条规定,"商品房预售人不依法办理商品房预售合同登记备案手续,造成预售合同无效"。

这样才能完整解释预售合同备案的价值。不过,现行法律对于预售合同备案并不完全按照这样的思路设计,因此需要对预售合同备案登记进行改造。

（三）预售合同备案改造：预告登记

在现行许多涉及房地产的法律文献中,大多将预售登记视为预告登记,认为预告登记的效力在于使债权具有保全效力、顺位保持效力等（这些效力均是对抗效力的体现）,因而预售合同备案也当然地具有这样的效力。本书认为,从现行法规定并不能推出这样的结论,但是现行预售合同备案应当改造成这样的制度。

根据上述对现行预售合同备案的描述,本书认为,应当确立以下制度和规则,即可以使我国的预售合同备案等同于预告登记。

第一,建立预售合同登记底簿制度。任何一项权利要使其具有对抗第三人的效力,必须使其公示；正是基于公示,法律上推定世人应当知道存在先买债权,因而对后买人产生对抗效力。因而必须建立预售合同登记的数据库（底簿）,使第三人能够查询。

本书建议,这样的底簿应当建立在预售登记的基础上。预售登记以每幢建筑物图纸为基础,为每一独立可售单元房屋建立一个底簿（在电子情形下表现为账户）。一旦该单元房屋被预售,那么预售合同的备案即记载在该底簿上,以表明该房屋已经出售给某某人。而后手要购买房屋时,有义务查询这一底簿,只有在没有先买记载的情形下,才可签署预售合同。如果明知其有先买人还签署预售合同,则后手作出的是"自甘冒险"的行为,需对其后果自负其责。

第二,预售合同的备案登记应当确定为买受人的权利,而非预售人的义务。预售合同的备案登记不影响合同的效力,只令买受人债权具有对抗效力,因而是一项保护买受人的制度,其可以选择是否采取这样的保护。如果将之变成预售人的义务,那么并不符合预告登记制度的本义。①

此外,还应当按照《不动产登记暂行条例》的规定,履行必要的程序,以将现行的预售登记改造成为预告登记,以确保预售交易安全。实质上,一些地方立法已经按照这样的思路规定预售合同的备案登记。在处理预售合同备案效力问题时,应当关注所涉及的地方法规。

五、买受人对预售合同权利的处分

（一）预购人的权利

在签署商品房预售合同之后,商品房预购人（即买受人）通常交付了首付款,并通过银行按揭贷款支付了剩余房款。商品房的预购人在登记之前尽管只享有合同债权,但该债权因预售合同备案（预告登记）而具有物权效力,即具有对抗效力的债权（期待权）。最高人民法院在司法解释中也对支付大多数房款的预购人的权利给予物权性保护,赋予其对抗工程款优先受偿权,但预购人这种权利的行使规则并不明确,还需得到司法界的认同和接受。正如"张某申请异议执行案"所揭示的,预购人购买的房屋虽未获登记但应给予物权性保护,因此不能作为开发商的财产,被用以偿还债务（参阅案例9-6）。

［案例 9-6］

---

① 本书认为,由于在某种意义上现行法将预售合同备案登记为预售人的义务,因而将备案作为合同的生效要件也是有道理的。因为其本身是从行政管理的角度规定这项制度的,将之理解为生效要件可以督促义务人履行其义务。而一旦将之变成具有对抗效力的制度,即应当由预买人履行这项义务。由于登记需要预售人配合,因而宜规定成预买人请求为登记的权利。

（二）预购商品房合同权利的转让

预售商品房买卖合同权利的转让，在现实中也被简化为"预售商品房的转让"，是指在商品房预售合同签订之后，买受人将请求开发商将来交付预售房屋并移转所有权的权利转让给第三人的行为。《城市房地产管理法》第 46 条规定："商品房预售的，商品房预购人将购买的未竣工的预售商品房再行转让的问题，由国务院规定。"但至今为止，国务院关于该问题的规定一直未出台。各地就此问题的规定也各异，有的地方允许转让，有的地方禁止转让，有的地方未作任何规定。本书认为，预售商品房买卖合同的权利可以转让，而且法律也不应当或没有任何理由禁止。

结合地方法规的规定，本书认为，预售商品房买卖合同权利转让的要件和规则主要有：

1. 订立债权转让合同

预售商品房转让属于债权让与范畴，因此，预售商品房转让合同为债权让与（合同权利转让）合同。根据《民法典》"合同编"有关规定，预售商品房买卖合同权利的转让合同的签署应分两种情形：

第一，债权和债务概括让与。在买受人尚未付清预售商品房总价款的情形下，买受人应当在征得预售人（房地产开发企业）同意前提下，与受让人订立预售合同债权和债务转让合同。其理由是，在买受人尚未付清价款前，这种转让属于债权债务的概括转让，应当遵循《民法典》第 555 条的规定 [1]，预售人的同意是债权和债务转让合同的生效要件。

第二，单纯债权的让与。已经付清预售商品房总价款的，属于债权转让，依据《民法典》第 546 条的规定 [2]，买受人只要书面通知房地产开发企业，即可以与受让人订立预售商品房转让的合同，实现债权的转让。未经通知，转让合同仅在转让人与受让人之间有效。

2. 变更预告登记

预售商品房合同权利转让合同签署后，应当办理转让合同的登记备案手续。这种登记属预告登记的变更，即将在原预售合同备案（或预告登记）的底簿上，记载新的权利人。如果转让没有进行预告登记，那么受让人则需要申请新预告登记。不管哪种登记，都使受让人取得的合同权利（债权）具有对抗效力，这是保护受让人的一种制度。

3. 转让的效果

预售的商品房转让时，预售合同载明的权利、义务随之转移。最为重要的是，出卖人（预售人）要向新受让人交付房屋，新买受人（债权受让人）要履行付款义务（在概括转让情形下）。而且一旦受让人变更了预告登记，那么其债权同样取得对抗第三人的效力。

[讨论]预售商品房转让的限制问题

预售合同权利的转让属于合同转让，其本身并不涉及房屋本身的转让。但事实上，合同权利转让的结果是达到了房屋买卖的效果，俗称"炒楼花"。也就是，转让人和受让人通过债权让与的方式实现房屋（物权）的最终移转。另外，债权让与方式可以规避过户交易烦琐的手续和契税。显然，允许预售合同权利的转让会加速商品房的转让。在 2003—2005 年房

---

① 《民法典》第 555 条规定，当事人一方经对方同意，可以将自己在合同中的权利义务一并转让给第三人。

② 《民法典》第 546 条规定，债权人转让债权的，应当通知债务人。未经通知，该转让对债务人不发生效力。

地产过热、房屋价格持续上升时期,遏制预售合同权利的转让便成为一项临时措施。例如,上海市 2004 年发文,通过不允许预售商品房转让进行预告登记的办法,限制预售合同权利的转让。① 该规定并没有完全禁止预售合同权利的转让,我们也不能认为因为出台了这样的规定就认为预售合同的转让无效。但是,由于不能进行预告登记,对于次买受人来说存在潜在的风险,因此可以达到扼制转让的效果。

（三）预购商品房设定担保

商品房预售合同签署后,买受人取得请求出卖人交付并移转所有权的债权。由于该债权相对安全,实现的可能性较大,并辅之以预告登记,使其具有对抗效力。因此,在理论上,预购商品房(债权)可以用于担保目的。

为了推动房地产市场的不断发展,缓解房地产市场的资金短缺,加快资金周转,解决购房人的资金问题,原建设部颁布的《城市房地产抵押管理办法》(以下简称《抵押办法》)第 3 条第 4 款肯定了预售商品房抵押;这里的抵押是以所购买房屋的期待权作为抵押以获得银行购房贷款。② 这种抵押即通常所说的"按揭"。但是,《城市房地产管理法》和《民法典》对预售商品房(债权)抵押均没有规定。我国法律似乎并不承认预买商品房债权(期待权)可以用于其他目的的抵押。也就是说,将预售商品房(债权)用于如担保其他债务的履行或融资贷款是不被法律接受的,将预售商品房的债权为其他债权设定抵押,存在抵押无效或不能实现的风险(当然,这一规则会随着法律的修改而有不同的结果)。

第三节　从大产权证到小产权证:商品房产权变动登记

在我国,房地产开发实行集中开发、分散销售的体制。这种开发体制有利于集约利用土地并统一用地规划。但在房屋取得方面存在两次登记,即开发商对建筑物的整体登记(俗称取得大产权证)和之后小业主对特定物业的分割登记(俗称取得小产权证)。

一、大产权证登记的意义

取得大产权证在法律上称为房屋的初始登记。一般来讲,开发商合法取得土地使用权,经过合法的开发行为,在房屋竣工验收合格后,即可获得初始登记,取得大产权证。大产权证的法律意义主要如下:

首先,大产权证是判断开发商开发的房屋是否合法的最重要标准。一般来讲,开发商是否拥有合法的建设用地使用权证,是否缴纳足额的土地出让金,开发过程是否遵循了有关法律等,消费者无从判断,也不需要判断。消费者只要看开发商是否拥有大产权证。因此,大产权证的登记也具有政府监管的功能。

其次,大产权证也是开发商能够移转所有权的前提。现房不仅指物理形态上房屋已经竣工验收,而且指法律状态上开发商已办妥房地产权证(大产权证)的商品房。此时,开发商不仅可以签署房屋买卖合同,而且也具备了移转房屋所有权的条件。购买人只有在开发

---

① 上海市人民政府《关于预售商品房转让问题的决定》(沪府发〔2004〕16 号)规定,"自 2004 年 4 月 26 日起,预购人购买的预售商品住房应当在竣工并取得房地产权证后进行转让,并按规定办理房地产转移登记;在取得房地产权证前,房地产登记机构不予办理预售商品住房转让的预告登记"。

② 另外,一些省、市地方立法对预售商品房抵押也开了绿灯。例如,《北京市房地产抵押管理办法》第 5 条第 2 项规定,依法取得所有权或期待权益的房屋(含附属物)可以依照该办法设立抵押。

商取得大产权证之后,才能进行房屋登记,取得法律上的房屋所有权。

最后,大产权证是购买人判断出卖人是否享有权利及其权利是否完全的依据。开发商必须保证所交付的房屋产权清晰、合法,不存在产权纠纷和财务纠纷,不存在抵押权等他项权利,也不存在租赁关系和不合理的相邻关系等。为了保护自己,购房者应注意"大产权证"标明的房地产权利人是否与卖方名称一致,有无其他权利人。如存在共有人,开发商(卖方)应提供共有权人同意出售的书面证明。另外,购房者应特别注意"房地产其他权利情况"一栏有无他项权利记载。如有抵押权或其他权利的记载,该权利通常具有对抗购房者的效力。在签署房屋买卖合同时,购房者可在附加条款中约定开发商清除他项权的期限,并将之作为解除合同和违约赔偿的条件;如果已经签署合同,可以拒绝受领房屋或解除购房合同。如果当事人明确约定以取得大产权证作为交付条件,当事人即可据此寻求违约赔偿;若无约定,在法定期限内开发商无法取得大产权证,购买人有权解除合同。

二、大产权证分割和小产权证取得

小产权证是购买人购买了开发商开发的楼盘中某一单元房屋而取得的产权证书,是大产权证移转登记的结果。开发商将其房屋移转给单个业主,单个业主取得某一单元房屋的所有权并经登记,便拥有独立的所有权证书,俗称小产权证。

小产权证是相对于大产权证而言的,事实上,大产权证到小产权证的演变也不是简单的移转登记,而是包含分割产权或设立相对独立产权的登记。也就是说,这里的移转并不仅仅是将其所有的权利移转给购买人,而是将一个整体物业的产权,分割成若干独立产权,转让给每个小业主,形成区分所有。

按照区分所有的原理,一幢物业只有具备可以分割成为独立产权的条件,才能形成单独所有权,办理小产权证;而那些不能分割的部分及作为物业管理用房等共用部分的房屋,则不能办理小产权证,只能作为该幢物业的共有或共用部分存在。开发商若已经将可出售的物业出售完毕,即意味着大产权证的使命结束。即使没有出售完毕,开发商也不能再以大产权证继续保留未出售的房屋所有权,而应将其转换为小产权证。否则就会出现产权重叠的现象。因此,大产权证具有过渡性。

单独物业产权形成的特殊过程中,小业主总是处于被动地位,如果开发商不诚信,极易导致权利冲突。例如,从开发商能够预售房屋起,他不仅可以处分每一单元房屋的期权(期房),而且可以对整个在建工程进行抵押处分。如果开发商不能及时清偿在建工程抵押贷款,小业主的房屋取得权、按揭贷款的银行抵押权、在建工程抵押权就会发生冲突。这是期房买卖可能遇到的风险之一。

三、小产权证与建设用地使用权的关系

在开发商取得大产权证时,建筑物与建设用地使用权是一一对应的关系,特定的建设用地使用权对应特定的房屋。一旦完成分割销售,建设用地使用权即变为小业主们的共有财产。此时,建设用地使用权亦应当进行变更登记,将建设用地使用权人由开发商的名字变更为全体业主的名字。这是大产权证到小产权证演变的自然结果。

但是,现实中并没有进行这样的变更登记,多数情形下,开发商仍然是法律上的建设用地使用权人,因此就出现"合法"地在业主们拥有的绿地上建造商店等现象。要防止开发商滥用权利,就必须在制度设计上坚持房地产权一致原则,将开发商的建设用地使用权移转到小业主名下。

[**思考题**]

1. 试从商品房预售和现售的区别,谈一谈商品房预售的风险。

2. 简述我国商品房买卖中的行政监管体系,试分析其必要性和法律效力。

3. 论述我国商品房预售许可证制度的基本内容和法律意义。

4. 试述我国现行法中的预售合同备案制度的完善。

5. 试以实际案例论述商品房预购人在预购合同不同履行阶段的权利及其保护。

6. 简述商品房买卖中大产权证的法律意义和大产权证到小产权证的登记规则。

第十章　商品房买卖合同

商品房买卖不仅价值大,而且法律关系复杂,因此,买卖合同在商品房买卖中占有重要地位。通常,商品房买卖关系缔结包括认购和签署合同两个环节。本章第一节论述商品房认购中的法律问题,分析认购书的性质和效力;第二节论述商品房买卖合同内容,介绍商品房买卖合同的通常条款和补充条款,论述条款纠纷的解决;第三节论述商品房买卖合同中最有争议的售楼广告的法律效力。

第一节　购房过程中的预约合同

一、房屋买卖中预约合同

在商品房买卖实践中,在签订预售合同或者出售合同之前,开发商往往会要求购房者与其签订"商品房认购书"(或称"认购意向书""商品房订购"等)。这种认购书,通常涉及商品房房屋位置、楼层、面积、价格等条款,其目的是约束认购人在约定时间内前来签订预售合同或出售合同。因此,从法律属性上来看,认购书应视为一种预约合同,它是和本约合同相对应的一种合同。这种认购书签订后,购房人与开发商之间由于认识上的差异,经常会引发纠纷。

所谓预约,是指为将来订立一定合同而签订的合同;将来应订立的合同则被称为本约。预约以发生将来订立一定合同的债务为目的,属于债权合同,应适用关于债权合同的一般原则。[①] 既然预约是合同的一种,就必须满足合同的有效要件,即主体合格、权利义务具体确定、意思表示真实、内容不违反法律或社会公共利益。

预约合同先于本约合同而订立,处于"先合同"阶段,是规范缔约当事人在本约合同之前行为的手段。这种规范手段主要靠解约定金或悔约定金条款来实现。

预约合同主要用于在合同谈判阶段,当事人已经预见到了本约合同的利益,但又不愿意即时放弃选择其他缔约机会的自由时。预约合同既给了购买人购买机会,又给了其悔约的自由。

预约合同是为了签订本约合同而签订的临时性(暂时性)合同,其效力具有阶段性。预约合同基于以下原因而终止。

(1)本约的订立。预约合同是为签订本约合同作准备而签订的合同,本约合同的订立意味着预约合同的目的已经实现,预约合同的效力应当终止。

(2)预约的解除。如果预约中缔结解约定金条款,则任何一方当事人都可以选择适用定金罚则的方式来解除预约合同。

(3)预约转化为本约。如果以预约合同形式缔结的契约已具备了本约合同的实质性条

① 参加史尚宽:《债法总论》,中国政法大学出版社 2000 年版,第 12—13 页。

款,则可以认定为以预约合同形式出现的契约实质上已经成为本约合同了。①

二、认购书的内容

(一)认购书的订立

认购书作为合同,应当符合合同的成立要件和生效要件。就商品房买卖关系而言,作为预约合同的认购书一般应包括以下内容:

(1)拟买卖房屋的基本信息。这些信息一般应包括房屋的坐落位置、房屋的预测(或实测)面积。

(2)拟买卖房屋的价格。价格是买卖双方当事人关注的焦点之一。如果预约合同中缺乏拟买卖房屋的价格条款,则难以确定将来房屋预售或出售合同的义务,预约合同的目的也难以实现。

(3)定金条款。为了约束预约合同双方当事人,尤其是出售人为了约束认购人,商品房的出售人一般都会在认购书中设定定金条款。

(4)协商签订房屋买卖合同的期限。商品房的出售人希望通过设定一个较短的期限来约束认购人前来进一步协商签订期房预售或现房出售合同。

(二)认购书中的定金

认购书中的定金对认购书而言属于解约定金,② 即当事人可以适用定金罚则为代价而解除主合同。一方违反认购书条款拒绝签订预售或出售合同时,应当适用定金罚则。不过在具体案件中是否适用《民法典》第586条的定金罚则,应当依据当事人是否构成违约而确定。

(1)如果认购协议并未明确约定商品房的价格、面积、朝向等具体条件,而是把这些条件完全留待将来去协商,但后来开发商与购房人又未能就商品房价格、面积和朝向等条件协商一致,从而未能签订商品房预售或出售合同的,开发商应当将定金返还给购房人。理由是,没能签订商品房预售或出售合同,是因为双方未能就合同的内容达成一致意见,而不是购房人单方存在某种违约行为。

(2)如果认购协议就将来要签订的本合同的条件已经作了明确的约定,而购房人不同意依预约合同的条件去签订本合同,则购房人应承担预约合同的违约责任,开发商有权拒绝向购房人返还定金。如果双方当事人就认购协议约定的条件之外的事项未能达成一致,从而未能签订商品房预售或出售合同的,购房人和开发商都不存在违约行为,亦不应承担违约责任,此时,开发商应将定金返还给购房人。

(3)如果开发商在签订预售或出售合同时,提出了与认购协议约定不同的条件而导致商品房预售或出售合同无法签订的,开发商应承担认购协议的违约责任。依据我国《民法典》的规定,开发商应向购房人双倍返还定金。

认购协议中的定金,在签订预售或出售合同以后如不退回则转化为购房款,而不能当然地理解为转变成预售或出售合同中的定金。因为在签订预售或出售合同以后,原先的认购协议就因履行完毕而终止。此后,约束开发商与购房人的协议只有预售或出售合同。如果

---

① 例如,《法国民法典》第1589条规定,双方当事人就标的物及其价金相互同意时,买卖的预约即转化为买卖。

② 民法理论一般将定金划分为证约定金、成约定金、违约定金、解约定金和立约定金五种。参见史尚宽:《债法总论》,中国政法大学出版社2000年版,第513—514页。

当事人双方约定将原先认购协议中的定金转化为预售或出售合同的定金,从其约定。

《民法典》第586条规定,定金的数额由当事人约定,但不得超过主合同标的额的20%。如果认购书中的定金超出了房款的20%,则超出部分应当认定为购房款。《商品房解释》第5条① 规定,认购人依据认购书支付给出售方的定金高于房价款总额20%的,应当认定为认购书已经转化为商品房预售或出售合同(本约合同)。

实际操作中,定金高于房价款20%的认购书主要出现在商铺或办公楼等商业性房产的买卖过程中。

三、认购书的违约责任

(一)认购书的违约情形

认购书签订后,购房人必须履行认购书条款所规定的义务。未能签订期房预售或现房出售合同,应当由过错方承担违约责任。最高人民法院《商品房解释》第4条② 对此作了较为明确的规定,具体分析如下:

(1)如果认购书中明确约定,购房人应当在某个具体时间之内前来与开发商协商签订合同,购房人则负有在约定时间内与开发商协商的义务。如果购房人不履行该义务,显属违约行为,应当承担相应的违约责任。

(2)如果预购人在约定时间内已经前来与开发商协商但未能达成合意,对认购人而言并不一定构成违约。因为认购书条款一般较为简单,并未涵盖购房人所关心的全部事项。假如双方存在分歧、无法达成合意的内容恰恰是该些事项,则对认购人而言也并不意味着违约。其理由很简单,即合同的签订必须完全建立在双方自愿协商的基础之上,未能协商一致而签订预售或出售合同的情形下,对于认购书双方当事人而言均不存在违约行为,无须承担违约责任。

(二)认购书违约责任的承担

认购书属于合同,因而违反认购书约定的一方当事人应当承担相应的违约责任。实践中,经常有人将认购书违约责任混同于商品房预售或现房出售合同的违约责任。本书认为,认购书的违约责任与作为本约合同的商品房预售和现房出售合同的违约责任是不同的。以下简要分析认购书违约责任的承担方式:

(1)违反认购书应承担的违约责任的主要形式为适用定金罚则。如前所述,认购书主要靠定金条款来约束双方当事人。支付定金的一方违约无权请求返还定金,接受定金的一方违约将双倍返还定金。

(2)如果认购书约定了违约金条款的,守约方可以向违约方主张违约金。当然,如果既约定了定金条款又约定了违约金条款,则守约方可以选择适用定金条款或违约金条款。从目前认购书的操作实践来看,违约金条款的约定较为少见。

(3)损失赔偿。一般而言,守约方选择适用了定金条款或违约金条款,即意味着已经主张了全部的违约责任。极少数情况下,如果认购书所约定的定金或违约金的数额低于守约

---

① 该条规定,商品房的认购、订购、预订等协议具备《销售办法》第16条规定的商品房买卖合同的主要内容,并且出卖人已经按照约定收受购房款的,该协议应当认定为商品房买卖合同。

② 该条的具体内容为:出卖人通过认购、订购、预订等方式向买受人收受定金作为订立商品房买卖合同担保的,如果因当事人一方原因未能订立商品房买卖合同,应当按照法律关于定金的规定处理;因不可归责于当事人双方的事由,导致商品房买卖合同未能订立的,出卖人应当将定金返还买受人。

方造成的损失（此处的损失包括为缔结认购书、履行认购书而发生的成本），则守约方可以按照实际损失额来主张赔偿责任。

（4）不能强求确认本约合同已经成立生效。认购书属于预约，因而违反预约者应当承担预约合同之违约责任。认购书之定金条款或违约金条款实际上就是赋予预约合同当事人一方以选择是否订立本约合同的自由（权利）。一方当事人拒绝签订本约时，守约方只能主张违约责任，而不能直接认定本约合同已经成立生效。

在"仲崇清诉上海市金轩大邸房地产项目开发有限公司合同纠纷案"中，开发商金轩大邸公司未按约履行其通知义务，并将商铺销售一空，导致涉案意向书中双方约定将来正式签订商铺买卖合同的根本目的无法实现，被法院认定构成违约，应承担违约责任（参阅案例10-1）。

［案例10-1］　　　［案例10-2］

在"上海骏丰置业发展有限公司与潘某某等商品房预售合同纠纷上诉案"中，认购书的履行也可能导致商品房买卖合同主要义务的履行，此时就不能允许开发商拒绝订立合同，或者简单地以开发商拒绝订立预售合同而否定买卖合同的成立（参阅案例10-2）。

第二节　商品房买卖合同条款

一、商品房买卖合同条款概述

（一）商品房买卖合同条款的主要内容

《民法典》第470条规定，合同的内容由当事人约定。依此，商品房买卖合同的内容也应当由当事人约定。同时，我们也必须考虑到，合同双方当事人——预售人和预购人毕竟实力悬殊。那么，应当如何维持预售人和预购人利益的基本平衡呢？我国实践中的做法是，由相关主管部门拟订商品房预售合同、商品房买卖合同的范本，当事人在该合同范本的基础上作适当的增补，签订预售合同。当然，在法律上，此类合同范本并非强制性的，当事人完全可以另行协商签订合同。然而，实践中很少有预购人能与预售人自行协商签订商品房预售合同，或者即使有协商的合同条款，也非常有限。因此，本书认为，光靠预购人自己难以保护自身利益，政府管理部门在预购人利益保护方面应发挥一定作用，如政府管理部门可以完善预售合同范本，尽量考虑预购人的利益。2014年新版《商品房买卖合同示范文本》明确将公共服务及其他配套设施（以建设工程规划许可为准）载入通用条款，即是通过合同明确约定配套设施，避免广告宣传与合同不一致引发纠纷。

一般而言，我国各地政府管理部门拟订的预售合同范本主要包括以下内容：（1）预售行为合法的依据，如土地使用权情况、建设工程情况以及预售许可证等；（2）预售商品房的坐落位置；（3）预售商品房的面积（含套内面积和公摊面积）；（4）预售单价和总价；（5）付款方式及期限；（6）竣工、交付及产权移转的时间；（7）风险的移转；（8）税费的负担；（9）前期物业管理事项；（10）合同的登记备案事项；（11）合同的解除条款；（12）违约责任及争议的解决方式。

（二）商品房买卖合同的补充条款

以上条款确实为商品房预售合同的主要内容，但仅有以上条款还不足以明确所有的内容。实践中,预购人在商品房交付以后,往往在日照时间、采光及通风状况、朝向、绿化等诸多方面与预售人之间发生纠纷。为了避免该些纠纷的产生,本书认为,各地政府管理部门应当将以下条款纳入合同范本。如果当地地方政府管理部门尚未将其纳入合同范本,预购人在签订合同时,也应当尽量通过协商的方式将其写入预售合同之中。

1. 房屋朝向、日照时间、采光程度等自然条件

房屋的自然条件对居住者的舒适程度、身体健康状况均有较大影响,因而,该些条款应当予以明确。例如,可以约定所购房屋朝南的厅堂及房间于冬至日的日照时间不得少于4小时,等等。

2. 贷款未获通过与预售合同效力之间的关系

一般而言,预购人均选择以贷款的方式来支付部分房价款。如果预购人的贷款手续未能获得审批,将影响预购人的购房能力。

3. 小区平面布局情况

小区的布局环境是影响房屋售价的重要因素,因此,对于小区内建筑物高度及相互之间的距离、会所的位置及产权归属、各种设施(垃圾箱、变电房、水泵房等)、绿化状况(绿化率、绿化植物种类等)等要素必须予以明确。

4. 质量及维修条款

质量问题是房屋的关键要素,双方可以约定:预售人在交付房屋时能够取得相应的合格证明;既可以执行《建设工程质量管理条例》关于保修期的规定,也可以约定一个更长的保修期。

5. 市场差价损失的赔偿

有些预售人在合同履行过程中,故意实施违约行为而迫使预购人主动提出解除合同,因为此时房屋价格已经有较大幅度的上涨。如果解除合同时,预售人仅仅返还预售合同中所约定的价款,则对于预售人而言意味着获利。

6. 广告的约束力

开发商在预售商品房时均会投入一定财力做广告宣传,如在报纸上刊登广告、散发印制精美的售楼书等。这些广告的内容往往夸大其词,误导购房者,影响购房者的决策。所以应当对广告予以约束。

7. 建筑结构、材料及装修标准、设备

房屋的建筑结构和材料对房屋的质量有重要影响,预购人应尽量将前述内容在合同中明确约定。现在,越来越多的房屋出售时为全装修房,而全装修房所使用的材料、设备等将影响房屋的价格,因此这些内容也应尽量在合同中明确约定。

二、商品房买卖合同条款纠纷的解决

(一)合同条款的补漏与解释

《民法典》第510条规定,合同生效后,当事人就质量、价款或者报酬、履行地点等内容没有约定或者约定不明确的,可以协议补充;不能达成补充协议的,按照合同有关条款或者交易习惯确定。如果合同已经作了约定,但当事人对合同条款的理解有争议的,应当按照合同所使用的词句、合同的有关条款、合同的目的、交易习惯以及诚实信用原则,确定该条款的真实意思。合同文本采用两种以上文字订立并约定具有同等效力的,对各文本使用的词句

推定具有相同含义。各文本使用的词句不一致的,应当根据合同的目的予以解释。①

在合同已有明确约定的情况下,对合同条款的理解发生分歧也是常见的。本书认为,对合同条款理解发生争议时,首先应判断该合同条款是否有效。在合同条款有效的前提下,可以根据上述合同条款解释规则加以解释。

（二）合同条款争议的解决

1. 商品房价款的计价单位

《销售办法》第 18 条规定:"商品房销售可以按套（单元）计价,也可以按套内建筑面积或者建筑面积计价……按套（单元）计价或者按套内建筑面积计价的,商品房买卖合同中应当注明建筑面积和分摊的共有建筑面积。"《销售办法》第 19 条第 1 款规定:"按套（单元）计价的现售房屋,当事人对现售房屋实地勘察后可以在合同中直接约定总价款。"建设部、国家工商行政管理总局《商品房买卖合同示范文本》（2000 年）计价方式与价款也规定了"按套（单元）计算"的方式。实践中,各地的商品房买卖价款通常采取按照建筑面积或套内面积计价的方式,但也允许当事人选择以按套（单元）计价的方式。

如果商品房买卖合同中未明确约定究竟是采取按面积计价还是采取按套（单元）计价的方式,应当根据合同的有关条款作出合理的解释。合同中标明每平方米单价的,除了有相反的明确约定之外,应当认定为是采取按面积计价的方式结算房价款;合同中未标明每平方米单价,只有房款总额的,应当认定为是采取按套（单元）计价的方式结算房价款。

采取按套（单元）计价而购买的商品房,出售人交付的房屋的面积应当以合同载明的为准。如果出售人交付的房屋面积少于约定面积,售房人应承担退回相应价款的义务。在"肖某诉某房地产咨询公司房屋买卖合同案"中,法院判决按套购买的房屋,交付仍按实测面积退还购买人多付的房款,具有一定合理性（参阅案例 10-3）。

当然,最好的办法就是,双方在合同中规定出现实际交付面积与约定面积不符时的解决方案。例如,可以约定仅为公摊面积增减的,其房价不变;套内面积增减的,在一定比例以内的,据实结算（单价按总房价除以合同约定的建筑面积计算）,面积增减在比例以外的,购房者可以解除买卖合同,或由开发商承担补偿责任等。

2. 公共部位出售条款纠纷

建筑物区分所有权包含单独所有权和共有权。其中的共有权所针对的客体就是公共部位。按照建筑物区分所有权的理论,公共部位是不能脱离单独所有部分而独立处分的,只能与单独所有部分一并处分。例如,即使整栋大楼的人都同意将电梯及其电梯间转让他人,该电梯及其电梯间的转让合同亦属无效。也不能将公共绿地转让给个别业主（参阅案例 10-4"单燕琴与上海保利建锟房地产有限公司商品房预售合同纠纷上诉案"）。

［案例 10-3］

［案例 10-4］

---

① 《民法典》第 142 条规定:有相对人的意思表示的解释,应当按照所使用的词句,结合相关条款、行为的性质和目的、习惯以及诚信原则,确定意思表示的含义。无相对人的意思表示的解释,不能完全拘泥于所使用的词句,而应当结合相关条款、行为的性质和目的、习惯以及诚信原则,确定行为人的真实意思。

第三节　售楼广告与宣传资料的效力

一、广告法律效力的一般规则

房地产开发商为了推销自己的商品房,会利用各种宣传媒介做商品房预售广告。广告中可能作出有关商品房质量、购房优惠条件、商品房所在小区环境等方面的承诺。然而,交付房屋时购房人却发现原先广告中的许诺成了泡影。购房人发现上当后,能否基于房地产开发商在广告中的许诺而要求开发商赔偿,或者要求开发商退房以及承担其他违约责任呢？这需从现行法律中寻求关于广告效力的有关规定。

（一）民法典的规定

《民法典》第473条规定,要约邀请是希望他人向自己发出要约的意思表示。寄送的价目表、拍卖公告、招标公告、招股说明书、商业广告和宣传等为要约邀请。商业广告的内容符合要约规定的,视为要约。

如果商品房销售广告中所承诺的关于商品房及其物业小区的内容已经明确具体,而不是采用难以量化的模糊语言的,如采用绿化率不低于50%、小区有游泳池和配套小学等表达方式的,应当将其视为要约。除非预售合同明确将其排除作为合同条款,否则开发商均应兑现广告中的许诺;未兑现广告中的具体内容的,应承担违约责任。不过,在司法实践中,往往也考虑购买人注意义务来判断是否构成虚假宣传。在"刘某等诉上海旭博置业公司案"中,虽然旭博公司在商品房销售宣传时将有关小学和中学作为配套学校（学区房）进行宣传,明显存在不妥之处,但刘某等亦负有对重要事项进行必要了解和核对的义务。基于此,法院未支持刘某等认为开发商存在虚假宣传的主张,也未支持要求赔偿因此遭致的购房损失主张（参阅案例10-5）。

［案例10-5］

（二）最高人民法院司法解释的规定

最高人民法院《商品房解释》第3条对售楼广告和宣传资料的效力作了明确规定。商品房的销售广告和宣传资料为要约邀请,但是出卖人就商品房开发规划范围内的房屋及相关设施所作的说明和允诺具体确定,并对商品房买卖合同的订立以及房屋价格的确定有重大影响的,构成要约。该说明和允诺即使未载入商品房买卖合同,亦应当为合同内容,当事人违反的,应当承担违约责任。

二、售楼广告和宣传资料中的民事欺诈

如果房地产开发商所做的预售广告中的承诺是根本无法实现的,这种误导消费者的广告则构成虚假宣传,属于缔约过程中的民事欺诈行为。例如,在商品房预售广告中,房地产开发商宣传作出了在经建设（规划）主管部门审定的建筑设计方案、有关批准文件中不存在的配套设施等方面许诺;或作出了无法实现的解决迁入户口指标、提供银行按揭等许诺。针对此种广告,预购人可以要求解除合同并请求赔偿相应损失。房地产开发商除了承担民事责任之外,还应承担相应的行政责任。

（一）民事责任

1. 民法典的规定

《民法典》第148条规定,一方以欺诈手段,使对方在违背真实意思的情况下实施的民

事法律行为,受欺诈方有权请求人民法院或者仲裁机构予以撤销。

2. 消费者权益保护法的规定

《消费者权益保护法》第 49 条规定,经营者提供商品或者服务有欺诈行为的,应当按照消费者的要求增加赔偿其受到的损失,增加赔偿的金额为消费者购买商品的价款或者接受服务的费用的一倍。

此外,部分地方立法对售楼广告和宣传资料中欺诈内容的民事责任作了更为严厉的规定。如《福建省房屋消费者权益保护条例》(2001 年),《上海市消费者权利保护条例》(2002 年通过,2014 年修订)等。

(二)行政责任

1. 反不正当竞争法的规定

《反不正当竞争法》第 20 条规定:经营者违反该法第 8 条规定对其商品作虚假或者引人误解的商业宣传,或者通过组织虚假交易等方式帮助其他经营者进行虚假或者引人误解的商业宣传,由监督检查部门责令停止违法行为,处 20 万元以上 100 万元以下的罚款;情节严重的,处 100 万元以上 200 万元以下的罚款,可以吊销营业执照。经营者违反该法第 8 条规定,属于发布虚假广告的,依照《广告法》的规定处罚。

2. 广告法的规定

《广告法》第 55 条规定:违反该法规定,发布虚假广告的,由市场监督管理部门责令停止发布广告,责令广告主在相应范围内消除影响,处广告费用 3 倍以上 5 倍以下的罚款,广告费用无法计算或者明显偏低的,处 20 万元以上 100 万元以下的罚款;两年内有三次以上违法行为或者有其他严重情节的,处广告费用 5 倍以上 10 倍以下的罚款,广告费用无法计算或者明显偏低的,处 100 万元以上 200 万元以下的罚款,可以吊销营业执照,并由广告审查机关撤销广告审查批准文件、一年内不受理其广告审查申请。医疗机构有前述规定违法行为,情节严重的,除由市场监督管理部门依照本法处罚外,卫生行政部门可以吊销诊疗科目或者吊销医疗机构执业许可证。广告经营者、广告发布者明知或者应知广告虚假仍设计、制作、代理、发布的,由市场监督管理部门没收广告费用,并处广告费用 3 倍以上 5 倍以下的罚款,广告费用无法计算或者明显偏低的,处 20 万元以上 100 万元以下的罚款;两年内有 3 次以上违法行为或者有其他严重情节的,处广告费用 5 倍以上 10 倍以下的罚款,广告费用无法计算或者明显偏低的,处 100 万元以上 200 万元以下的罚款,并可以由有关部门暂停广告发布业务、吊销营业执照。

三、样板房、楼盘模型的效力

本书认为,样板房和楼盘模型属于其中一种售楼宣传材料,其法律约束力应当与宣传资料一致。为了规范开发商在销售现场设置样板房和楼盘模型的行为,《销售办法》第 31 条作了相关规定。该条规定:房地产开发企业销售商品房时设置样板房的,应当说明实际交付的商品房质量、设备及装修与样板房是否一致,未作说明的,实际交付的商品房应当与样板房一致。

如何理解实际交付的房屋与样板房之间的一致性呢?这是一个难题。本书认为,要求实际交付的房屋与样板房在每一个具体细节上都保持一致是不现实的。如果样板房和实际交付的房屋均为毛坯房,只要实际交付的毛坯房经过验收合格即可。如果样板房和实际交付的房屋均为装修房,实际交付的房屋的装修材料与样板房一致即可。如果实际交付的房屋和样板房之间一个为毛坯房、一个为装修房,则二者之间难以比较。因此,前述《销售办法》所称的"一致"应当根据具体情况加以判断。在"张某商品房预售合同纠纷案"中,法院认定全装修房与原样板房存在一定的差异,但该差异尚属在合理范围内,不足以影响使用,未支持张某等拒绝交接房屋的主张,而仅给予恢复原状及赔偿违约金救济(参阅案例 10-6)。

[案例 10-6]

[思考题]

1. 试以实例论述预约合同的效力和违反预约合同应承担的责任。

2. 结合房屋买卖合同的特点,试以实例说明对房屋买卖合同条款的解释。

3. 哪些售楼广告宣传可以视为合同?以实例说明之。

第十一章 个人住房按揭贷款

商品房买卖往往需要大量的资金。我国对于个人住房屋买卖实行按揭贷款制度,以解决个人购买房屋的资金短缺问题。按揭制度的基本特征是以所购房屋作为担保从银行取得贷款,用于支付房款。我国内地的按揭区别于香港地区的不动产按揭,是以抵押为基础的一种制度安排。本书涉及我国存在的现房按揭和期房按揭,但重点讨论期房按揭。

本章第一节先概要介绍了按揭,并论述我国现房按揭贷款及其操作中的基本规则;第二节论述期房按揭,揭示期房按揭制度的产生、性质和法律特征,并论述了期房按揭的实务操作的基本规则。第三节论述了期房抵押的融资功能及其给银行、买受人和开发商带来的风险及其调控。第四节从不同的角度揭示了房屋预售合同解除与抵押贷款合同关系,并论述了个人住房按揭买卖主要纠纷的处理。

第一节 现房按揭

一、现房按揭概述

现房按揭即指购房人(借款人)以所购房屋作为抵押,从贷款人处获得一定数额的款项,用于支付房款,而贷款人取得房屋抵押权的行为。购房抵押贷款包括两个法律关系,即借款人(即将取得所有权的购房人)与贷款人(银行)之间的借贷关系和抵押人(即将取得所有权的购房人)与抵押权人(银行)之间的财产抵押担保关系。现房按揭是以抵押为基础的制度安排,两重法律关系存在于相同的当事人之间,因而在购房抵押贷款关系中,不涉及出卖人。购房抵押贷款,既应用于开发商与购买人之间的现房买卖,也广泛应用于二手房的买卖。

在房屋买卖过程中,购房人往往仅签署买卖合同,支付首付款或定金,需要用将要取得的房屋(房屋还没有登记在购房人名下)作为抵押获得贷款,用于偿付剩余房款。贷款人通常是银行,银行在购房人取得房屋产权证的时候,也同时取得抵押权登记,取得他项权证。由于房屋买卖与贷款安排是同时进行的,甚至贷款往往也是房屋买卖的重要条款。因此,在签署抵押贷款合同时,购买人并没有取得所有权;而且,在其取得房屋所有权之后,他本人并没有实际付清房屋的价款,其房屋价款是用按揭银行贷款支付的。因此,个人房屋按揭贷款存在一定缔约和履行风险。为此现行房屋抵押贷款实践中,需要担保公司担保,以增强现房抵押贷款的安全。

[比较] 房屋抵押贷款和购房抵押贷款的区别

现房买卖中的按揭贷款安排,非常类似于普通的抵押贷款,只是有一些特殊之处。第一,贷款期限及其还款方式不完全一样。在房屋为其他债务进行担保的情形下,一般来讲该债务通常为短期债务,其清偿也多为一次性。而房屋买卖中的抵押贷款,通常为长期债务(在我国最长为30年),其债务清偿为按月分期清偿。一般来讲,在长期债务中,即使享有抵押权,债权人承担的风险要远高于短期债务。因此,房屋买卖中的房屋抵押贷款的风险高于普通房屋抵押贷款。第二,按揭是用购买房屋担保购买房屋借款债务的一种特殊抵押,它是用抵押权人的钱(债务)形成的财产用来抵押的,不是独立的财产,因而可用来担保清偿债务的担保物的价值就是有限的。

二、现房按揭操作

（一）以按揭付款的方式购买现房

现房指已经建好的商品房和可流转的二手房。这些房屋具备过户的基本条件,即出卖人拥有房屋产权证,在买卖合同签署、买受人支付首付款或全部款项(银行贷款)后,即可为贷款银行办理抵押手续。

一般来讲,普通的按揭房屋买卖需要经过以下步骤:(1)卖方和买方签订住房转让合同。(2)买方向银行提出贷款申请,贷款额按照下列公式计算:贷款额＝所购住房市场价格 × 二手房贷款成数。(3)卖方与买方到房地产管理部门办理房屋产权过户手续。(4)银行与买方申请办理抵押登记手续。(5)银行向买方发放贷款,根据买方的授权,将贷款划到卖方开立的账户上。

普通的房屋按揭贷款的关键环节是,银行将贷款划到卖方的账户(按买受人指示,划付贷款)的时间点。其至少有两种模式。第一种模式是在房产办理完过户并办理抵押后才放贷。具体操作是:卖方在买方支付首付款后,即为买方办理过户手续;买方同时为银行办理抵押登记;银行取得抵押登记(受理日后 20 天,抵押登记生效,银行取得抵押登记证书)后按买方指示,向卖方付款。在这种模式下,出卖人存在较大的风险,银行相对来说要安全一些。现实中存在变通方式,抵押登记受理后(收件收据开好后),可以放款,但需要担保公司担保。第二种模式是买受人支付首付款后,银行即放贷(按买受人指示向出卖人划付贷款),在出卖人获得全部款项后,再为买受人办理过户手续。在买受人办理过户时也同时为银行办理抵押登记。在这种模式下,银行面临较大风险,因为房屋能否过户、抵押登记能否实现尚不确定。除非买受人提供额外的担保,比如担保公司担保,否则银行不会选择第二种付款方式。

（二）以按揭付款的方式购买按揭现房（转按揭）

按揭是目前大多数房屋买卖的付款方式。出卖人出售的房屋本身是按揭贷款购买的,还有剩余按揭贷款没有还清,其转让正在按揭当中的房产时要征得抵押权人即原借款银行的同意;而且办理新的按揭之前,要先清偿前一个按揭。这样,购买按揭房屋的按揭贷款涉及所谓的转按揭问题,更加复杂。这里涉及两个特殊程序:一是卖方提前偿还银行贷款,与银行解除债权债务关系,撤销抵押登记;二是买方申请二手房贷款,以所购住房作为新贷款的抵押担保,办理抵押登记。

以按揭方式购买按揭房屋大致需要以下步骤:(1)卖方向银行提出转按揭申请,经银行审查同意的,由银行、卖方和买方签订协议,银行同意卖方转让住房,卖方承诺将售房款优先用于偿还银行贷款并授权银行从其在银行开立的账户上直接扣收尚未偿还的贷款本息,买方承诺交易时将房款划入卖方在银行开立的账户上。(2)卖方和买方签订住房转让合同。(3)买方向银行提出新的贷款申请,贷款额可以为卖方剩余贷款余额,也可以按照下列公式计算:贷款额＝所购住房市场价格 × 二手房贷款成数。(4)银行经审批同意后,与买方签订新的借款合同和抵押合同,出具同意贷款的承诺函。(5)卖方与买方办理产权过户手续。

（6）银行与卖方到房地产管理部门办理注销抵押登记手续,同时与买方申办新的抵押登记手续。（7）银行向买方发放贷款,根据买方的授权,将贷款划到卖方开立的账户上,然后根据卖方的授权,从账户上直接扣收卖方尚未偿还的贷款本息,终止原借款合同。

在转按揭交易中,由于业主的房屋是仍为按揭中的房屋,无法进行二次抵押,因此需要先发放第二笔贷款,用于还清业主的第一贷款,才能进行产权过户,[①]然后再次申请抵押贷款。因此,转按揭过程中有可能出现以下几种风险:卖方的贷款由买方还清后,突然改变主意,拒绝过户;买方贷款后拒绝为卖方还贷;银行拒绝提前放贷;交易完成后卖方无法顺利拿到剩余房款;交易完成后买方无法顺利拿到房产证。现实中存在一些不同制度安排,以减少转按揭交易中的风险。

（三）转按揭:各种前按揭贷款清偿方案

按揭房转让的特殊之处在于,需要先将前一按揭还清,才能进入新按揭买卖。这一过程在实务中被称为"赎楼"。在现实中,可能有卖方自己赎楼,甚至买方用购房款"帮"卖方赎楼的情形,但这毕竟不是常例。于是就有各种中介机构来解决转按揭贷款清偿或"赎楼"的问题。

1. 由担保公司赎楼担保

由担保公司赎楼有两种操作方式。一种是担保方式。在下面两个条件满足后,按揭银行就可以放款给买受人,并依买受人指示划入出卖人账户（一般限于未还贷款额度,多余部分划入出卖人存款账户冻结）。这两个条件是:（1）买受人申请按揭银行担保,按揭银行审批通过;（2）担保公司与出卖人、买受人和（买受人的）按揭银行签署四方担保协议,同意为银行办理买受人的按揭贷款并清偿出卖人的按揭贷款提供担保。

另一种是担保公司垫资方式。担保公司需要使用自有资金或通过银行贷款,先行偿付出卖人所欠其按揭银行的贷款,这样买受人的按揭银行即可与买受人签署按揭贷款合同,在取得抵押登记后发放贷款,并按买受人指示偿付担保公司的垫款。

现实中,采纳第一种方式的担保转按揭较为普遍。不管哪种方式,皆由担保公司负责办理赎楼、注销、过户及抵押等手续,客户所需付出的只有担保手续费及少量公证和查档费用。

2. 房屋中介公司赎楼担保

由于担保赎楼所涉及的程序和手续相对复杂,不少有实力的二手房中介公司纷纷推出担保赎楼服务。出卖人委托中介公司出卖按揭房屋,中介公司替出卖人（原房主）偿还其在银行的购房贷款余额,同时中介公司再帮助二手房买受人办理新的二手房购房贷款,最后中介公司再从二手房新买受人交纳的购房款中,提取公司此前替二手房原房主垫付的银行还款。这样,因中介公司的介入,买卖双方及银行顺利完成转按揭全过程。

现在我们假设一个案例,来说明中介操作下的转按揭流程。

假设甲手中有一套贷款 27 万元的房屋,该房屋在建行的贷款仍有 18 万元没有还清。现甲将该房屋委托中介公司出售,客户乙欲购此房。双方通过该中介公司签订了房屋买卖合同,同意以 30 万元的价格成交该套房屋。乙先期支付 10 万元作为购房首付款。然后,甲前往建行办理"按揭变更"手续,即申请提前还款。同时由中介公司担保,乙在工行申请办

---

① 从理论上讲,办理抵押后的房屋仍可转让,亦可再抵押,但在房屋交易实践中,为了保障交易安全,银行通常不愿意这样做。

理了 20 万元的二手房按揭贷款,并申请工行提前放贷,然后支付给建行 18 万元,用于提前还贷并解除抵押。其后业主甲委托中介公司办理房屋过户手续(将甲的房屋过户到乙的名下)。待过户成功,中介公司为贷款银行(工行)办理抵押并登记,然后将房产证交予乙,并将乙向工行申请的 20 万元贷款中剩余款 2 万元交予甲。

在实际操作中,可能需要许多当事人的参与并提供相关证明,更加复杂。在这样的简单案例中,业主甲须先还清其在建行的剩余 18 万元房屋按揭贷款,才能进行房屋产权的过户。而买方乙需申请贷款并由银行提前放贷才能为甲还清其在建行的贷款,而此时甲的房屋产权过户手续尚未办理。在通常情形下,转按揭都会顺利实现,但在一些情形下,可能会出现以下几种风险:(1)甲在建行的贷款由乙还清后,突然改变主意,拒绝过户;(2)乙拒绝还贷;(3)银行拒绝提前放贷;(4)交易完成后甲无法拿到剩余款。在转按揭过程中,当事人必须知道这些风险,谨慎应对和处理每一个环节。

第二节　期　房　按　揭

一、我国期房按揭制度概述

(一)我国期房按揭制度的确立

期房也称"楼花",正式的说法是商品房预售产生的期待权。期房随着我国住房商品化改革的推进和房地产开发深入而被逐渐引入我国的商品房买卖实践,并形成既定的操作模式。

1987 年,中国人民建设银行颁布了《住宅储蓄存款和住宅借款试行办法》。建设银行对需要买房的单位和个人开办了住宅储蓄,吸收储蓄存款,发放商品房贷款和住房券,推动房地产金融业有了进一步的发展。

1994 年,国务院作出《关于深化城镇住房制度改革的决定》后,福利分房逐步取消,居民个人购房已是大势所趋,越来越多的银行陆续开办了预售商品房抵押贷款业务。1997 年 4 月 28 日,中国人民银行发布《个人住房担保贷款管理试行办法》。尽管该办法暂在国家安居工程试点城市试行,但毕竟为期房按揭提供一个法律上的依据。

1997 年,建设部发布《城市房地产抵押管理办法》,明确提出:"预购商品房贷款抵押,是指购房人在支付首期规定的房价款后,由贷款银行代其支付其余的购房款,将所购商品房抵押给贷款银行作为偿还贷款履行担保的行为。"该办法还针对预购商品房抵押贷款作出了一些专门的规定。[①]

1998 年,中国人民银行发布《个人住房贷款管理办法》。尽管该办法没有提出如"预购商品房抵押贷款"这样的概念,但实际上包含了这样的概念。实践中的个人住房贷款合同就是依据该办法制订的。

1998 年,国务院发出《关于进一步深化城镇住房制度改革加快住房建设的通知》。该通知提出"发展住房金融"的目标,提出"扩大个人住房贷款的发放范围,所有商业银行在所

---

① 例如,第 20 条规定:"预购商品房贷款抵押的,商品房开发项目必须符合房地产转让条件并取得商品房预售许可证。"第 27 条规定:"以预购商品房贷款抵押的,须提交生效的预购房屋合同。"第 34 条规定:"以预售商品房或者在建工程抵押的,登记机关应当在抵押合同上作记载。抵押的房地产在抵押期间竣工的,当事人应当在抵押人领取房地产权属证书后,重新办理房地产抵押登记。"

有城镇均可发放个人住房贷款。取消对个人住房贷款的规模限制,适当放宽个人住房贷款的贷款期限"。"完善住房产权抵押登记制度,发展住房贷款保险,防范贷款风险,保证贷款安全。"尽管该通知中同样没有明确期房按揭的概念,但无疑对期房按揭的发展起到了推动作用。

（二）我国期房按揭的特征

在我国,期房按揭是开发商、银行和购买人三方之间的一种契约安排,约定购买人将其已预付部分房款而取得的房产权益做抵押,开发商为购买人按期清偿银行贷款做担保,在购买人不能按时履行债务时,银行有权处分标的物并优先得到偿还的民事法律行为。

在开发商、购买人和银行三者之间存在三个连环法律关系,涉及三份法律协议。

开发商与银行之间存在《房屋按揭贷款承诺协议书》,用以规定在银行为开发商开发建设的房产提供按揭服务过程中双方的权利义务,是购买人获得房屋按揭贷款的前提。协议内容包括:银行承诺为开发商开发建设的房产提供按揭服务,按揭贷款总额度、按揭成数、年期、利率,开发商提供担保等。

开发商和购买人之间存在《商品房预售（或销售）合同》,用以规定在商品房预售、销售过程中双方的权利义务,主要涉及购买人所购买的房屋和付款义务等有关房屋买卖的权利和义务。

开发商、购买人和银行三者之间签订《房屋按揭抵押贷款合同》。该合同是开发商、购买人和银行签订的用以规定银行向购买人提供按揭贷款过程中三方权利义务的协议,是购买人获得按揭贷款的关键性法律文件。合同包括贷款金额、期限、利息、还款方式、抵押物的保险、开发商担保责任等内容。商品房预售方是贷款保证人,其保证内容是:保证银行为第一受益人,如预买人或担保人未能依约履行还款责任或担保义务时,银行即可取得预买人在《商品房预售合同》内的全部权益,以清偿其对银行的所有欠款。

（三）我国期房买卖按揭贷款的法律解析

在实践中,银行为个人住房提供贷款的合同通常称为个人住房贷款合同,其多包含期房抵押条款或抵押条款,但合同抬头多不使用"按揭"的表述;[①] 在我国的正式法律文件中,没有使用"按揭"这样的术语,而是使用"预售商品房抵押"或"期房抵押"。[②] 对于期房按揭的法律性质,我国理论界存在不同的认识。

有学者认为期房按揭属于不动产抵押。"期房按揭法律性质,根据对按揭权人与按揭人之间的权利义务关系,无论从设定的目的,还是法律效力方面,期房按揭与房屋抵押是基本相同的,并未超出抵押的范畴,是一种不动产抵押方式。"[③]

有学者认为期房按揭属于权利质押。该说认为,结合楼花的特点分析,期房按揭不是不动产抵押而是债权质押。因为购房人与银行签订期房按揭合同时,由于标的物是尚不存在

---

① 中国建设银行的《个人住房借款合同》、中国银行的《住房借款合同》、交通银行的《个人住房借款合同》、中国工商银行的《个人购房借款合同》,包含抵押条款或抵押加保证条款。唯有中国农业银行的《个人住房按揭合同》明确使用"按揭"二字,但其中的条款依然是抵押的内容。

② 《城市房地产抵押管理办法》第34条第2款规定:"以预售商品房或者在建工程抵押的,登记机关应当在抵押合同上作记载。抵押的房地产在抵押期间竣工的,当事人应当在抵押人领取房地产权属证书后,重新办理房地产抵押登记。"

③ 李国光等:《最高人民法院关于适用中华人民共和国担保法若干问题的解释理解与适用》,吉林人民出版社2000年版,第185页。

或正在"成长"中的房屋,并没有现实存在,因而购房人对作为担保物的楼花不享有任何物权而仅是一种债权,即请求开发商于将来某时交付房屋的权利。这种权利属于债权,此种债权符合可作为权利质押的标的。①

还有学者则指出,按揭是我国内地的银行在抵押担保的实践中吸收、发展、变异曾属英美法系的香港法的基础上而成长起来的一种新型的担保物权形式,是我国现行的抵押、质押制度所不能涵盖的,也是大陆法系的让与担保制度所不能替代的,它是与传统的典型担保和非典型担保皆不相同,但又与它们并列的一种新的担保。②

本书认为,我国内地的期房按揭不是香港地区的楼花按揭,因为我国内地所谓的按揭不具备按揭的根本特征,即按揭权人取得所购房屋的产权。③ 期房按揭也不是简单的不动产抵押,因为在设定期房抵押的时候,不动产还不存在。将之视为权利质押,还不如视为权利抵押。因为预售房屋期权本质上属于不动产取得权(期权),而且其公示方式采登记,视为抵押更准确一些。更为重要的是,在实务操作中,就是按照预售商品房抵押来操作的,只是在未取得房产证之前,不能进行抵押登记(只是在开发商预售备案登记簿中加以标注);而在购买人取得房产证进行登记时,在购买人的所有权的底簿上加载原来"抵押权"登记。在实践中称之为变更登记,将权利抵押变更为不动产抵押。

因此,我国内地的期房按揭是香港地区楼花按揭的"变种",其重要不同是将移转权利于银行的担保变为一种特殊安排的抵押。这种抵押前期表现为"权利抵押",辅之以开发商担保;后期表现为房屋抵押。因此,这里期房按揭本质上仍然属于抵押范畴。甚至《中国银行个人住房贷款业务操作办法》直接称之为"期房抵押"。本书即在抵押范畴内来讨论我国的所谓的期房按揭(期房抵押)。

二、我国期房抵押现实操作

现实中的期房按揭合同往往是三份合同的混合体,大多称为《个人住房借款合同》,包括借贷合同、抵押合同和保证合同三方面的内容。④ 但是,从法律的角度,我们还是按三种合同关系加以分析。

(一)个人住房贷款合同

个人住房贷款合同泛指在购房人购买自住房屋时,以其所购产权住房或期房作为抵押物,向银行申请贷款,用于支付买卖合同项下的房款。在期房抵押贷款的情形下,个人住房贷款合同通常是开发商、预购人(买受人)和银行三方签署的。个人住房贷款期房抵押合同

---

① 刘军、梁文永:《房屋按揭风险防范的法理学研究》,转引自蔡耀忠主编:《中国房地产法研究》第1卷,法律出版社2002年版,第315页。

② 陈耀东:《商品房买卖法律问题专论》,法律出版社2003年版,第190页。

③ 我国内地的期房按揭与香港地区的按揭有诸多不一致的地方。第一,香港的按揭一般只涉及按揭人(购房人)和按揭权人(银行)两方当事人,而我国内地的按揭包括三方,即购买者、房地产开发商和按揭权人(银行)。第二,香港地区的按揭关系与房屋买卖关系相互独立,开发商不是按揭法律关系的当事人,而在我国内地的按揭中,房地产开发商在按揭中充当担保关系。第三,在香港地区按揭关系中,按揭权人实质上取得所购物业的产权至少可以行使留置权,而在我国内地的按揭中,按揭权人(即银行)只能行使优先受偿权,以折价或以拍卖变卖标的物所得价款优先受偿。

④ 如中国建设银行的格式化合同称《个人住房借款合同(抵押加阶段性保证借款)》。合同的当事人为:甲方(借款人、抵押人);乙方(贷款人、抵押权人);保证人(开发商或售房单位)。合同中约定的贷款担保为"抵押加阶段性保证":"乙方以甲方提供的所购住房作抵押,在甲方取得该住房的《房屋所有权证》和办妥抵押登记之前,由丙方提供阶段连带保证责任而向甲方发放贷款的方式。"

通常包括贷款金额、期限、利息、还款方式、抵押物的保险、发展商担保责任等内容。

根据贷款资金的来源，个人住房贷款分为个人住房商业性贷款和个人住房公积金贷款。商业性贷款的资金来源于银行自有资金；而个人住房公积金贷款是政策性的住房公积金所发放的委托贷款，其还款是从贷款人的个人公积金账户中扣付。管理公积金的是各个城市的住房资金管理中心或类似机构。

个人住房购买者往往同时申请两者，称为个人住房组合贷款。个人住房组合贷款即指，符合个人住房商业性贷款条件的借款人又同时缴存住房公积金的，在办理个人住房商业贷款的同时可以申请个人住房公积金贷款，即借款人以所购本市城镇自住住房作为抵押（或其他银行认可的担保方式）可同时向银行申请个人住房公积金贷款和个人住房商业性贷款。

（二）期房抵押合同

期房抵押合同主要涉及当事人、标的物、条款项三方面内容。

1. 期房抵押合同的当事人

期房抵押合同的当事人就是抵押权法律关系的当事人，包括抵押人和抵押权人。期房抵押合同的抵押人是特定的，即预售商品房的购买者，借贷合同的借款人。从借贷合同的角度看，抵押人是债务人，他为自己的债务提供担保。抵押人之所以能够提供担保，是因为他与开发商签署预售合同，使他对预购商品房享有期待权，因而使他有权在该房屋上设定抵押权。

在我国，按揭人有严格限制，仅限于自然人，而不能是非自然人。《个人贷款管理暂行办法》对自然人的条件作了限制：借款人为具有完全民事行为能力的中华人民共和国公民或符合国家有关规定的境外自然人；贷款用途明确合法；贷款申请数额、期限和币种合理；借款人具备还款意愿和还款能力；借款人信用状况良好，无重大不良信用记录以及贷款人要求的其他条件。

期房抵押合同的另一当事人为抵押权人。在期房按揭合同中，抵押权人只能是银行。由于银行作为贷款方与购房者签订借贷合同，这样银行就成为债权人。正是为了保障债权的实现，银行要求预购房屋者在自己预购的房屋上设定抵押，从而成为抵押权人。

在现实中，银行往往要求房地产开发商承担保证责任，因而个人住房（抵押）贷款合同往往也会把开发商列为合同的主体，但这可以视为开发商与银行的另一种法律关系，即保证合同的当事人。只是在操作上将之合并在一份合同中。

2. 期房抵押合同的标的物

期房抵押合同的标的物是未建成但已经被预购人购买的"房屋"，即所谓的"楼花"。期房作为尚未建造或者正在建造而未完工的房屋，不属于具有特定性的独立物，从严格的物权特定原理角度看，其无法成为抵押权的客体。但现代物权适应社会需要，允许那些可交易（可转让、变现）的不动产期待权或不动产取得权（如采矿权）进行抵押。我国的期房抵押也正是为适应我国住房商品化改革而推出的特殊抵押方式。我国允许期房抵押的基本理由是，预售商品房本身是可以流通转让的，自然也可以作为抵押物。为了降低期房抵押的风险，确保交易安全，我国特地设计出开发商保证制度。

3. 期房抵押合同的条款

依据《民法典》第400条第2款，期房抵押合同作为抵押合同的一种，一般应当具备以下条款:(1)被担保的主债权种类、数额。期房抵押合同需要明确借款人贷款额,用于支付哪份预售合同项下房款。(2)债务人履行债务的期限。(3)抵押物的名称、数量、质量、状况、所有权权属或使用权权属。在期房抵押合同中,需要约定清楚商品房的坐落位置、类型、结构、建筑面积、价值及开发商和购房合同的编号。(4)抵押担保的范围。在期房抵押合同中,抵押担保的范围包括贷款金额、利息(包括罚息、逾期利息、复利)、违约金、赔偿金以及为实现债权而发生的费用。(5)当事人认为需要约定的其他事项。如抵押物的保险、抵押物相关文件的保管等。

（三）期房抵押（按揭）的保证

在我国现行的所谓期房按揭合同中,大多有保证的存在。在实务中,一般要求房地产开发商作为"保证担保人"出现在按揭合同中。要求开发商承诺,自合同签订之日起,至借款人取得房产证、办妥抵押登记并将有关抵押文件交贷款人收执之日止,对借款人所欠贷款人的全部贷款本金、利息、逾期利息、罚息及其他相关费用承担连带保证责任。《中国建设银行个人住房贷款办法》甚至将期房按揭贷款称为"抵押加阶段性保证",以区别于普通的抵押。[①] 其中,所谓的阶段性保证即指办理抵押之前的保证。

《中国银行个人住房贷款业务操作办法》第17条对抵押方式也明确规定:"以期房抵押的,多层住宅主体结构必须封顶、高层住宅必须完成总投资的三分之二,抵押人和抵押权人应持依法生效的预购房屋合同到期房坐落的房地产登记机关办理抵押登记备案手续;同时由售房单位提供担保,待该期房竣工交付使用后持《房屋所有权证》办理正式抵押登记。"

在实务操作中,开发公司与银行签订《个人购房贷款项目合作协议》,约定某银行为该项目销售提供按揭贷款服务,在银行放款至房屋办理抵押登记期间,由开发商为购房人提供保证责任。开发商的保证责任主要有两个内容:(1)保证银行期房抵押转换为房屋抵押;(2)贷款偿还保证,也就是在抵押权基础上增加保证(人保)担保,以增加贷款的安全性。具体操作中,银行一般要求开发商按借款人借款金额的一定比例,提取保证金并存入银行专户内。一旦发生风险,银行有权首先从该专户内直接扣划保证金,如果保证金不足,开发商还必须继续提供担保。

在期房按揭中,借款人在购买商品房时该房屋还没有竣工交付,在开发商交付合格商品房之前,"抵押物"在实物上并不存在,对于银行来说,此时风险最大,而这正是房地产开发商造成的。因此,作为银行提供个人住房按揭贷款的条件之一,要求开发商在完整意义上的抵押物形成之前,必须向银行提供连带保证。本书认为,在抵押物形成之后,期房抵押已经转化为房屋抵押(银行完成了抵押权登记),开发商的连带还款保证责任即行终止,除非开发商和银行之间的保证合同另有约定,开发商同意继续为银行的债务提供保证担保。

因此,从按揭制度本身的设计来看,开发商的保证责任是有限制的,其保证责任的目的仅限于保证银行取得房屋抵押权。至于在现实中,开发商与银行的保证合同或其他合同约定开发商为办理抵押权登记后的银行贷款承担保证责任的,应当遵循合同的约定。这样才符合按揭保证制度本身的目的。在此特别提醒开发商注意,在按揭保证中承担责任时,一定要了解将来承担的责任范围后再签署保证协议。

---

① 《中国建设银行个人住房贷款办法》规定,个人住房贷款实行抵押、质押、保证、抵押加阶段性保证等担保方式。

第三节　期房抵押中的风险及其控制

一、期房抵押的融资功能

期房抵押具有明显的融资功能,它解决了购房者资金不足的问题。期房抵押中,由于可以预购商品房作为担保从银行处取得贷款,购房人只需要交付约定房价的 1/5(或更少)作为首期房款即可购得所需房屋,以后可以用分期偿还的方式偿付银行贷款和利息。分期偿还方式无疑大大减轻了普通人因购房而需承受的压力。

期房抵押的融资功能更体现在它解决了开发商的资金不足。开发商只投入少量资金取得土地使用权和项目,就可以通过各种融资手段获得资金,其中最主要的便是预售款。期房抵押作为一种贷款方式,为银行等金融部门开辟了一个有利可图的资金投放市场。对于金融部门来说,期房抵押实际上使得房地产开发与房地产销售两个不同环节和不同融资对象的融资合二为一,避免了商品房开发、销售两个环节中,金融部门既要向开发商贷款投资、又要向购房人融资贷款的交叉占用资金的现象,从而降低了管理成本。此外,由于期房抵押能吸引大量中低收入的居民参与,金融部门的放贷业务得以大大扩张,从而获取了丰厚的抵押贷款利差,而且由于有不动产作为还款担保,此资产投资市场的风险可以说是相对较低的。但是,期房抵押也面临不容忽视的风险。在某种意义上,期房抵押法律关系中的三方当事人(预购人、开发商和银行)均面临风险,只是风险程度和风险的来源各不相同。相对而言,银行和预购人在期房抵押中面临的风险要远远大于开发商。

二、银行在按揭中面临的风险

（一）银行在正常按揭中的风险

首先,银行的风险可能来自开发商。开发商取得贷款后可能将贷款挪为他用甚至携款逃走。或者基于开发商经营管理不善或其他原因导致楼盘烂尾、延期交楼,此时购房合同无法履行,必然导致与之密切相关的按揭合同也无法正常履行,从而损害到银行的信贷资产;开发商所建房屋与合同不符,虽然房屋如期竣工,但所建房屋存在质量不过关、面积缩水等种种问题,此时购房人很容易因此而拒绝继续"供楼"或要求解除楼花买卖合同而损害到银行的利益;开发商开发楼盘未取得土地合法使用权,无法取得房产证或违法预售而使银行面临债权无法实现的风险。

其次,银行的风险也可能来自借款人的违约。国内尚未建立个人信贷能力评价机制,没有完善的失信惩戒制度,借款人所在单位、中介机构协助借款人出具包括虚假收入证明在内的虚假证明文件已经司空见惯,银行个人住房贷款业务相互竞争使许多本来就不具备还款能力的人进入按揭市场。借款人可能因客观原因或基于经济利益的考虑而故意违约。当违约所带来的经济利益超过违约所带来的损失,如楼价下降,抵押住房价值低于应偿债务和应交罚金时,借款人可能会主动违约。借款人也可能因某种客观原因丧失还债能力而违约。当购房人因失业、意外事件而伤残或丧失劳动能力而面临经济状况恶化,或者因其他足以影响其偿债能力的变故而无力继续还款时将会被迫违约。此外,购房人死亡(或被宣告死亡)、失踪(或被宣告失踪)时无人代为偿还或继承人不愿承担还款责任的情况也属于被迫违约。

最后,银行的风险还可能来自抵押物本身的风险。由于期房按揭期间一般较长,在按揭期间,按揭房产可能会因为各种自然灾害或者人为因素而遭到损毁,价值也随之灭失或下降;按揭房产还可能因为市场原因、国家政策调整以及经济区域的布局、交通布局的调整而贬值;甚至在处分按揭房产时,可能因为各种费用的上涨而导致处分成本太高,从而使银行无法得到处分的价值补偿,担保权落空。

（二）假按揭风险

银行遭遇的最大问题是"假按揭"。所谓假按揭,一般是指借款人并不具有真实的购房目的,采取各种手段骗取银行个人住房贷款的行为。假按揭的"假",一是指不具有真实的购房目的,二是指虚构购房行为使其具有"真实"的表象,三是指捏造借款人资料或者其他相关资料等。假按揭大致有两种。一种是开发商直接操盘的假按揭。一般出现在楼盘销售缓滞而又急需回笼资金的情形下。开发商通过自己的员工、亲戚、熟人充当购房者"购买"自己的物业,通过办理"假按揭"套取贷款,达到了提前收回楼款的目的。但这些"购房者"实际上并不还款,而只"落名"。当这些房屋遇到真正的买家时,开发商则提前向银行还贷,到房管局注销抵押登记后转让给购房者。

另有一种假按揭是由购房者之间串通进行的。这种通常发生于二手房交易中。熟悉的买卖双方高估房价,在合同中约定虚假价格,将 80 万元的房屋约定为 100 万元,购买人不用实际支付首付的 20 万元,就可以从银行获得 80 万元贷款,用于支付房款。个别开发商也可能存在类似的安排,使购买人仅用了极少的现金就购买了该房屋,并取得了高额贷款,令银行发出的贷款因接近或相当于物业总市值而处于高风险状态。

一旦发生假按揭,尤其是在开发商操盘的假按揭案件中,开发商往往在取得资金后,不专注于贷款房屋的开发建设,反而转移大量资金,放弃开发项目的后续建设,从而导致工程烂尾或存在严重的质量问题,将风险转嫁给银行,导致不良贷款产生、抵押物变现能力不足,从而形成损失。

银行应加强内部控制制度建设,建立客户筛选机制,确保客户具有真实的购房行为与良好的还款能力,提高防范内部工作人员道德风险的能力。从各银行已经发现的假按揭案例看,内部工作人员的故意或放任几乎是假按揭能够成功的必然组成部分,构建内部工作人员道德风险与能力风险控制制度就成为防范假按揭的最重要措施之一。银行应从授权管理、风险预警、不良贷款目标控制、现场与非现场检查、员工培训等方面加强制度建设,为防范假按揭及其他风险夯实基础。同时,有权机关应该尽快出台对假按揭制造、参与者的处罚措施,明确假按揭行为人和参与人的法律责任,如对制造假按揭的开发商处以罚款、取消其开发资质等行政处罚。

三、消费者在期房按揭中的风险

期房按揭中消费者的风险来源于期房交易本身。期房按揭给购房者造成的最大风险是购房者最后得不到住房。购房者进行期房按揭的目的是获取住房,但如果开发商经济实力太差,尽管借助于按揭贷款,仍然没有足够的资金完成楼房的建设工程,最终不能交工,将形成购房者"鸡飞蛋打"的局面。不仅首付款无法追回,还可能要承担部分银行贷款及利息。尽管购房者可以通过诉讼来主张自己的权益,但如果开发商一无所有,购房者即使赢了诉讼,实际上也得不到多少赔偿。

购房者面临的另一风险是商品房的质量不合格。房地产开发商在将房屋预售出手之后,资金得到回笼,一些没有信誉的开发商往往偷工减料,为求得高回报而忽视房屋的质量,造成房屋质量差、面积缩水、配套不完善、交房延期等情况。购房者不仅因为签署了购房合同,而且还因须履行银行的贷款合同,难以轻易脱身,在预购中要冒很大的风险。

即使质量不存在问题,从预售合同签署到交付房屋通常会有 1 至 2 年的时间,预购人还面临开发商延期交房的风险。开发商会因为各种各样的原因,不能按约定时间交付房屋,给预购人带来损失。

应当说,现行的商品房预售制度缺少对预购人的保护安排,而将预购人的命运完全交给政府有关部门进行把关(如预售许可证),预购人在订立合同时没有多少讨价还价的余地和权利。在付款安排中,虽然在"付款方式及期限"一栏中有"一次性付款""分期付款"及"其他方式"三种选择,但开发商一般只为客户提供一次性付款或银行按揭贷款两种选择。银行按揭虽然对消费者而言是分期付款,但对开发商而言实质是一次性付款,是消费者分期付款给银行,银行代替消费者一次性付款给开发商,开发商将收款的风险转嫁给了银行。这样,在开发商与预购人之间出现了不对等的安排,预购人只剩下要求开发商按合同约定交付房屋的权利,失去了通过房款制约开发商更好履行合同的权利。因此,在商品房预售合同中应当实行分期付款,作为预购人的贷款银行,应当保持支付的房款额略低于该项目的开发进度,保留一部分房款(比如 20%—30% 的房款)在交房时支付,以使预购人和银行均可以制约开发商。

四、开发商在按揭中的法律风险

在期房按揭(抵押)交易中,开发商相对来讲风险要小,因为开发商在这个交易中,从银行获得预售房屋的全部款项,因而在交易中处于相对主动和安全的地位。但是,由于银行、购房人等各方原因以及按揭实际操作中的种种变数,导致开发商在按揭中也存在一些法律风险。

开发商在按揭交易中的法律风险主要来自购房人。购房人逾期还款,会直接导致银行要求开发商承担连带保证责任,或者从开发商的账户中扣划保证金,或者提前收回贷款并要求开发商承担代偿义务。还有在购房人出现骗贷行为时,银行可能提前解除贷款合同并要求开发商承担保证责任;如果开发商销售人员负有责任,会因共同欺骗行为受到银行的追索。

开发商的风险也可能来自银行,例如,银行逾期放款或未按购房人要求放款,有可能造成开发商的资金不足,影响整个项目建设进度,进而影响买卖合同的履行。还有,在借款人未按期还款达一定期限时,银行不积极行使解约权,可能导致开发商保证金被扣划。所有这些也提醒开发商在经营中采取措施,防范风险。

五、我国房地产交易市场风险的调控

自 2000 年以来,我国房地产业持续高速发展,商品房价格节节攀升,导致房地产市场过热,且愈演愈烈。推动市场的主要因素是期房交易,尤其是投资性期房交易,拉动了房屋市场需求,而房屋持续需求又拉动开发商投资和建设,导致房地产行业的发展偏离了市场需求。楼价被房地产投机者人为炒高后,消费者为购房而付出的资金相应增加,继而影响消费者在其他方面的消费,进而对其他行业的发展造成影响。而且一旦房地产泡沫泛起、楼价下跌、炒家赔钱、开发商亏损,更会给就业和消费市场带来压力,最终影响整个经济的正常运行。

在这样的背景下,我国政府逐渐意识到房地产市场过热隐藏的经济风险,因而开始实施

房地产市场的调控措施。其中主要是金融调控措施。

2001 年,中国人民银行发布《关于规范住房金融业务的通知》,要求贷款额与抵押物实际价值的比例(抵借比)最高不得超过 80%,严禁对借款人发放"零首付"个人住房贷款。购买期房的,所购期房必须是多层住宅主体结构封顶、高层住宅完成总投资的 2/3。以上要求试图规范个人住房信贷,避免金融风险。

2003 年,中国人民银行发布《关于进一步加强房地产信贷业务管理的通知》,进一步要求商业银行只能对购买主体结构已封顶住房的个人发放个人住房贷款。对借款人申请个人住房贷款购买第一套自住住房的,首付款比例仍执行 20% 的规定;对购买第二套以上(含第二套)住房的,应适当提高首付款比例。商业银行应将发放的个人住房贷款情况登记在当地人民银行的信贷登记咨询系统,详细记载借款人的借款金额、贷款期限、借款人及其配偶的身份证号码。商业银行在发放个人住房贷款前,应到信贷登记咨询系统进行查询。这些新的房地产信贷政策从房地产开发贷款到消费贷款等条件均提高了门槛,这将促进房地产产业的优胜劣汰,将一些经济实力不足的房地产企业逼出市场,同时扶持中低收入家庭,使这些家庭能更安全地利用期房按揭达到购买住房的目的。

六、个人住房置业担保

为解决金融机构抵押物处置难,降低和分散个人住房贷款风险,从 1997 年开始,上海、成都、沈阳等城市相继开展了住房置业担保试点。在借款人无法满足贷款人要求提供担保的情况下,由住房置业担保公司为其提供专业担保,承担连带责任保证,借款人用其合法房屋依法向担保公司进行抵押反担保。担保公司凭借其房地产经营的优势,在合理安置借款人的同时,负责处分抵押物、最终清偿债务。

为规范该项业务的发展,建设部和中国人民银行于 2000 年发布了《住房置业担保管理试行办法》,初步确定了我国住房置业担保的制度框架。住房置业担保确立了贷款人、借款人及担保公司之间的法律关系。就贷款人而言,因担保公司承担连带责任保证,可以降低贷款风险。就借款人而言,通过住房置业担保方式,提高了其信用水平,有利于实现即期消费。就担保公司而言,由于有借款人提供的抵押反担保的存在,在其一旦履行保证责任,可以通过房地产中介的专业优势,帮助抵押人重新购置或承租与其能力相当的住房,从而得以处分抵押物,弥补损失。

目前,置业担保公司的业务主要是住房公积金贷款担保业务,并在此基础上积极拓展组合贷款担保业务、二手房贷款担保业务、贴息贷款担保、转按揭担保等业务。

第四节　房屋买卖贷款纠纷及其解决

一、房屋预售合同解除与抵押贷款合同关系

房屋抵押合同与房屋买卖(包括预售合同)二者之间关系涉及两个方面:一方面,担保贷款合同未订立时,买卖合同如何处理;另一方面,买卖合同无效或解除后担保贷款合同如何处理。《商品房解释》第 19 条和第 20 条对这两个方面作出了解释。

(一)担保借款合同未订立导致买卖合同解除

《商品房解释》第 19 条将抵押贷款合同未订立区分为两种情形。一种情形是因为某一方当事人的原因导致未能订立商品房担保贷款合同并导致商品房买卖合同不能继续履行

的,对方当事人可以请求解除合同和赔偿损失。

另一种情形是因不可归责于任何一方当事人的原因,未能订立商品房担保贷款合同导致商品房买卖合同不能继续履行的,当事人可以请求解除合同,恢复原状,即出卖人应当将收受的购房款本金及其利息或者定金返还买受人。

对这该解释的应用,这里作两点说明:

第一,第19条的解释意味着,商品房买卖合同与抵押贷款合同相互独立,贷款合同未成立并不当然导致买卖合同不能成立,而是不能履行。这样,一方当事人可以请求解除买卖合同。

第二,在贷款合同未订立的原因方面,如何分清属于某个当事人的责任在实践中存在一些难点。这是因为,买卖合同的当事人为开发商和购买人,而抵押贷款涉及银行。在现实生活中,大多数抵押贷款是由开发商代办的。从理论上讲,贷款合同不成立可归因于开发商或购买人。在因开发商原因未能办成抵押贷款时,可以归因于开发商;在购房者根本不具备条件却通过欺瞒或作弊申请贷款,而不能获得贷款的,可以归因于购房者本人。然而,现实可能是复杂的,也有可能双方履行了预售合同约定的内容,但银行审查认为购房者不符合贷款条件,不能与购房者建立抵押贷款关系。这个时候似乎就不能让购买人承担损害赔偿责任了。

（二）商品房买卖终止与担保贷款合同关系

在以担保贷款作为房屋价款支付方式的条件下,担保贷款合同本身即为房屋买卖合同而存在,是房屋买卖合同实现的一个条件。一旦买卖合同因各种原因终止,贷款合同就无用武之地了。因此,商品房买卖合同终止后,必然涉及贷款合同的解除问题。《商品房解释》

［案例 11–1］

第20条规定:"因商品房买卖合同被确认无效或者被撤销、解除,致使商品房担保贷款合同的目的无法实现,当事人请求解除商品房担保贷款合同的,应予支持。"一般来讲,商品房担保贷款合同的目的就是支付房屋价款,而房屋价款依赖于买卖合同;一旦买卖合同无效或被撤销或其他因素解除,房款支付也就失去意义,因而应当允许当事人解除商品房担保贷款合同（参阅案例 11–1 "齐齐哈尔市公积金管理中心、刘春蕾房屋买卖合同纠纷案"）。

能够请求解除商品房担保贷款合同的当事人只有两个,一个是房屋购买人（借款人）,另一个是银行（贷款人）。作为当事人,银行是可以行使解除权的。不过,该条款显然是保护购买人的一项措施,通常是由购买人提出解除贷款合同,终止履行还款义务。在理论上,购买人可以不提出解除贷款合同。这时,他有权要求开发商将全部房款返还给买受人,买受人继续按贷款合同还本付息。但是,原抵押贷款合同的债权（也是抵押标的）不复存在,反而增加了银行的风险。若银行为减少风险而要求按揭人另行提供抵押物,则该个人住房贷款（按揭）就可能转化为普通抵押贷款。因此,本书认为,考虑到个人住房贷款的特殊性（政策性）,宜采终止原贷款合同的做法。

（三）买卖合同终止的纠纷处理

在买卖合同无效、被撤销或解除的情形下,如果合同已经开始履行,最基本的问题是恢复原状。这意味着,买受人要返还已经受领的房屋（在房屋已经交付的情形下）,出卖人（开发商）要返还收受的购房款。其中,购房款的返还涉及贷款银行（担保权人）的利益。因为在担保贷款的情形下,首付款是由买受人支付的,而剩余的房款实际上是由银行先行支付了,买受人只是分期偿还银行的贷款。因此,在买卖合同解除或终止时,原则上,应由开发商将所收之房屋价款全部退还给预购人或买受人,再由买受人偿还给银行。但在实际中如此操作比较麻烦,往往采取由开发商将贷款直接偿还给银行的做法。而这就要求银行参与到诉讼中。关于此,《商品房解释》第 21 条第 1 款设计了两种解决方案:担保权人(银行)可作为有独立请求权的第三人,申请加入商品房无效、撤销、解除诉讼中;亦可以另行起诉,但法院可以将其与商品房买卖纠纷合并审理。如果银行没有提出请求或没有起诉,根据不告不理的原则,人民法院则仅处理买卖合同纠纷(此时银行将面临再向买受人追偿的风险)。当然,人民法院亦可以依职权追加银行为第三人。

　　《商品房解释》第 21 条第 2 款似乎没有明确区分商品房买卖合同和贷款合同,而是在两个合同均解除的情形下,直接规定"出卖人应当将收受的购房贷款和购房款的本金及利息分别返还担保权人和买受人"(参阅案例 11-2"王忠诚、王琪博金融借款合同纠纷再审案")。该条司法解释充分注意到了购房贷款这一合同的特殊性——借款直接支付给开发商而非借款人,为了保障银行债权得以实现,特别规定了开发商承担归还借款的义务。但是,如果这可以理解为出卖人的一种义务,那么仍然需要银行加入诉讼,人民法院才能一并加以审理,要求开发商直接偿还银行特定的款项。在"某甲诉某房地产公司商品房预售合同案"中,该观点被更详尽地予以阐释,参阅案例 11-3。

[案例 11-2]

[案例 11-3]

二、借款人违约纠纷处理

（一）借款人（买受人）不履行还款义务时银行救济问题

　　在现实中,个人住房抵押贷款的借款人可能出于各种原因不履行银行还款义务。

　　借款人经常因为买卖合同纠纷而不履行贷款义务。购房者按揭贷款的目的是履行房屋买卖合同,所以往往更看重与房地产商的房屋买卖合同,一旦其就房屋交付的时间、质量等与房地产商发生纠纷,就可能以房地产商违反房屋买卖合同为由不履行按揭还款义务。事实上,两个合同相互独立,借款人不能将买卖合同的纠纷作为不履行贷款合同的抗辩理由。

　　借款人也可能因为客观原因而不履行还款义务,如工作变动、家庭收入突然减少或疾病等,使购买人(借款人)确实无法按期归还贷款。借款人也可能因房地产行情变动、打算终止买卖合同等原因,故意不偿还贷款。

　　不管借款人出于什么原因不履行还款义务,都会使银行面临风险。除非借款人(买受人)成功地解除买卖合同关系,且银行从开发商或买受人处成功地索要回已付的本金和应当支付的利息,否则银行不会容忍借款人一直不履行付款义务。此时银行所要做的是及时寻求解除贷款合同的途径,并积极行使优先受偿权或抵押权,以实现自己的债权。

（二）银行债权实现方式

　　在期房抵押交易中,一旦借款人(买受人)不履行还款义务达一定期限,银行便会积极寻求保护,通过各种方式确保债权的实现。银行权利的实现分以下两种情形:

1. 标的物尚未建成

　　在标的物尚未建成时,银行仅对合同项下债权享有优先受偿权(期房抵押中,抵押权人享有的权利)。尽管合同项下的债权指向某个在建工程或特定房屋,但是房屋产权证取得之前,银行不能针对特定的物行使优先受偿权,而且在标的物尚未建成之前,开发商通常须承担连带保证责任。在此时,银行要行使优先受偿权,拍卖合同项下的权利,都必须有开发商(出卖人)的参与。因此,最高人民法院《商品房解释》第 22 条认为,在买受人未与担保权人办理商品房抵押登记手续的情形下,买受人未按约定偿还贷款的,担保权人(银行)起诉买受人,请求处分商品房买卖合同项下买受人合同权利的,人民法院应当通知出卖人(开发

[案例 11-4]

商)参加诉讼;担保权人同时起诉出卖人时,如果出卖人为商品房担保贷款合同提供保证的,应当列为共同被告。依照该解释意思,在前一种情形,即开发商没有提供保证的情形下,开发商应当列为第三人。"刘某诉某房地产开发公司案"是一起典型的因开发商违约、购买人(借款人)不还款,导致买卖合同和贷款合同解除引发纠纷的案件。法院判决开发商不仅要返还从买受人和银行处收到的款项,而且要求开发商赔偿因自己的过错给买受人和银行造成的损失,具有参考意义(参阅案例 11-4)。

2. 标的物已经建成且办理抵押登记手续

根据《商品房解释》第 23 条,买受人未按照商品房担保贷款合同的约定偿还贷款,但是已经取得不动产权属证书并与担保权人(银行)办理了不动产抵押登记手续,抵押权人请求买受人偿还贷款或者就抵押的房屋优先受偿的,应当只起诉买受人,而不能起诉出卖人(开发商)。但是,出卖人提供保证的除外。这也就意味着,在出卖人提供保证的情形下,仍然可以将保证人列为共同被告,要求出卖人承担连带保证责任。即使在出卖人承担保证责任的情形下,保证人也只对物的担保以外的债务承担保证责任。[①] 在"中国建设银行北京海淀

[案例 11-5]

[案例 11-6]

支行诉陆某案"中,法院支持银行向购买人和保证人追讨欠款,判令购买人偿还银行本金及利息,而作为保证人的万泉物业公司承担连带责任(参阅案例 11-5)。一旦购买人不还贷且下落不明,作为保证人的开发商也会非常被动。在"深圳市志健实业有限公司诉李琼房屋买卖案"中,开发商诉请回购房屋没有得到法院支持(参阅案例 11-6)。

[思考题]

1. 简述房屋抵押贷款和购房抵押贷款及其区别。

2. 试述我国二手房买卖转按揭的风险及其防范措施。

3. 简单述我国期房按揭制度并分析其法律性质。

4. 试揭示期房按揭贷款涉及当事人各自的风险及其防范措施。

5. 试以具体案例说明房屋预售合同与抵押贷款合同的关系,说明在抵押贷款合同未订立时或预售合同终止时纠纷的处理规则。

6. 试以具体案例说明,买受人不履行还款义务时,贷款银行实现债权的途径。

---

① 《民法典》第 392 条规定:"被担保的债权既有物的担保又有人的担保的,债务人不履行到期债务或者发生当事人约定的实现担保权的情形,债权人应当按照约定实现债权;没有约定或者约定不明确,债务人自己提供物的担保的,债权人应当先就该物的担保实现债权;第三人提供物的担保的,债权人可以就物的担保实现债权,也可以请求保证人承担保证责任。提供担保的第三人承担担保责任后,有权向债务人追偿。"

第十二章　商品房买卖合同履行

签订商品房买卖合同的目的是出卖人取得价款,而买受人取得房屋所有权。商品房买卖合同履行即围绕双方各自目的的实现而展开。而实现这两个目的又是一个复杂的过程,面临许多法律问题。本章主要针对商品房买卖合同履行过程中涉及的房屋交付、房屋面积差异、惩罚性赔偿、保险等问题进行务实分析,剖析现行法律制度存在的问题,并提出相关建议。

第一节　房屋的交付及其法律后果

一、房屋交付概述

（一）房屋买卖合同中交付的含义

依据民法原理,交付是指移转标的物实际占有和控制的行为。在民法理论中,交付是动产物权变动的公示手段,但仅适用于以法律行为让与动产所有权的情形。而在不动产让与过程中,交付仅仅指不动产实际占有的转移,并非不动产物权变动的公示手段。

实践中,商品房的交付以开发商与购房人之间所签署的"房屋交接确认书"为标志。在签署该交接书之前,开发商应当向购房人出示相关证件的原件,然后由购房人对房屋进行验收,验收后开发商将房屋钥匙交付给购房人。理论上认为,在不动产交易中,交付仅仅针对标的物本身的占有控制而言,并不涉及权利的移转;依据民法典,权利移转须以办理移转登记为要件。但由于我国登记制度不完善和现实的复杂性,司法实践往往采取缓和态度对待登记效力,在不涉及第三人的情形下,往往不简单地认为"不登记,不取得物权",而是根据实际履行情况,考虑买受人是否支付了对价,房屋价值与支付的价格是否合理,出卖人交付房屋、买受人对房屋是否长期占有等情况综合分析判断（参阅案例 12-1 "张致清与冯照霞、崔枫、新乡市新华综合服务有限责任公司侵权纠纷案"）。但在涉及第三人的情形下,购房人即使已经全额付款但若未办理过户登记,法院也认为其不享有房屋所有权（参阅案例 12-2 "孔凡靓、长城新盛信托有限责任公司案"）。

［案例 12-1］

［案例 12-2］

（二）房屋交付的条件

在法律上,判断开发商是否具备交付房屋的条件,主要看一书、一证、一表。"一书"指《建筑工程质量认定书》,即房屋通过有关部门质量验收的凭证;"一证"是指《房地产开发建设项目竣工综合验收合格证》,即房产项目通过有关部门综合验收合格凭证;"一表"（加盖主管部门同意备案印章）,即开发商向主管部门履行验收备案的凭证。

实务中,开发商向购买者除交付上面的一书、一证、一表外,还要交付《住宅质量保证书》《住宅使用说明书》《商品房面积测绘技术报告书》等文件。《住宅质量保证书》指开发商针对房屋质量及保修期限、范围的承诺,《住宅使用说明书》是开发商针对房屋设计、施工及验收中的各项具体技术指标,如抗震指标、墙体结构类型等的相关说明。这些文件在法律上属于开发商交付房屋的附随义务,并不影响房屋交付满足交付条件的实质判断。

（三）房屋交付与风险责任移转的关系

所谓风险责任,是指因不可抗力或意外事故,非因合同当事人的过错导致标的物毁损灭失时损失的承担。关于标的物的风险责任负担,理论上有两种不同的立法例:一种是依所有权归属来确定风险责任的承担者,即由所有权人承担意外风险责任;另一种是依标的物是否实际交付来确定风险责任的承担者,即标的物在交付之前由出卖人承担风险责任,交付之后由买受人承担风险责任,而不问此时标的物的所有权是否移转。

《民法典》没有区分动产和不动产,对风险责任承担之规定可归纳如下:

（1）交付为风险移转的时间界限。除非当事人另有约定或法律另有规定外,风险责任以交付为移转的时间界限。《民法典》第604条规定:"标的物毁损、灭失的风险,在标的物交付之前由出卖人承担,交付之后由买受人承担,但是法律另有规定或者当事人另有约定的除外。"由于不动产物权移转时间和标的物交付时间存在差异,在向受让人交付标的物之后,产权登记过户之前的这段时间内,标的物意外灭失的风险由谁承担呢？本书认为,在"法律另有规定"之前,不动产买卖标的物的风险移转也适用于《民法典》第604条的规定,即自不动产交付后,由受让人承担灭失风险。当然,当事人可以在合同中另行约定风险移转的时间。

（2）违约方承担意外风险责任。《民法典》对买受人、出卖人在买卖合同中标的物意外毁损、灭失的风险作了较为详细的规定,[①] 总的原则是违约方对因违约引起的标的物毁损、灭失的意外风险承担责任。《商品房解释》第8条第2款也对商品房买卖中房屋毁损、灭失的责任加以明确:房屋毁损、灭失的风险,在交付使用前由出卖人承担,交付使用后由买受人承担;买受人接到出卖人的书面交房通知,无正当理由拒绝接收的,房屋毁损、灭失的风险自书面交房通知确定的交付使用之日起由买受人承担,但法律另有规定或者当事人另有约定的除外。

二、房屋交付纠纷及其解决

（一）质量纠纷

商品房买卖质量纠纷,按照时间阶段可以划分为:第一,交付时发现房屋不符合国家或行业标准产生的纠纷;第二,使用过程中出现房屋质量问题引发的纠纷。

在商品房交付时,如果发现质量问题,购房人可以与开发商交涉;协商不成的,购房人可以聘请具有相应资质的建筑工程技术部门检测。在取得确实存在质量问题的证据后,购房人可以向行政主管部门反映并要求处理。如果仍未能解决,购房人可以通过诉讼途径解决。当然,购房人在取得质量问题的证据后,也可以直接向法院起诉。

关于质量纠纷及其解决,参见第七章第四节。

（二）逾期交付

逾期交房是实践中较为常见的纠纷。逾期交房属于违约行为,应当承担违约责任。《商品房解释》对于逾期交房的民事责任作了较为明确的规定:

（1）解除合同。《商品房解释》第11条第1款规定:"根据民法典第五百六十三条的规

---

① 参见《民法典》第605条、第608条、第610条。

定,出卖人迟延交付房屋或者买受人迟延支付购房款,经催告后在三个月的合理期限内仍未履行,解除权人请求解除合同的,应予支持,但当事人另有约定的除外。"

（2）赔偿损失。《商品房解释》第13条第3款规定:"逾期交付使用房屋的,按照逾期交付使用房屋期间有关主管部门公布或者有资格的房地产评估机构评定的同地段同类房屋租金标准确定。"

（三）购房人拒绝受领的正当理由

引起房屋交付纠纷的表现形式既有开发商的迟延交付,也有购房人的拒绝受领。购房人拒绝受领的正当理由主要有两种情形。

1. 开发商擅自变更建筑设计

建筑设计决定了房屋的结构和功能布局,购房人选定拟购买的房屋时,必然关注开发商所提供的建筑设计图。我国法律、行政法规尚未对擅自变更建筑设计的责任作出规定,原建设部《销售办法》对此作了相关规定。依据该《销售办法》第24条规定,商品房销售后,房地产开发企业不得擅自变更规划、设计。经规划部门批准的规划变更以及设计单位同意的设计变更导致商品房的结构型式、户型、空间尺寸、朝向变化,以及出现合同当事人约定的其他影响商品房质量或者使用功能情形的,房地产开发企业应当在变更确立之日起10日内,书面通知买受人。买受人有权在通知到达之日起15日内作出是否退房的书面答复。买受人在通知到达之日起15日内未作书面答复的,视同接受规划、设计变更以及由此引起的房价款的变更。房地产开发企业未在规定时限内通知买受人的,买受人有权退房,买受人退房的,由房地产开发企业承担违约责任。

此外,有些地方法规对擅自变更建筑设计的法律责任作了明确规定。例如,《上海市房地产转让办法》第38条第2款规定:未征得购房人同意,房地产开发企业变更预售商品房的建筑设计的,购房人有权解除预售合同,并由房地产开发企业承担违约责任。在"杨某某诉开发商案"中,由于开发商改变了房屋的整体结构导致合同目的不能实现,法院认为购买人可以解除合同（参阅案例12-3）。

［案例 12-3］

2. 商品房存在影响合同目的实现的质量问题

如前所述,房屋主体结构质量不合格的,购房人可以拒绝受领;房屋质量问题严重影响正常居住使用的,购房人也可以拒绝受领。

需要说明的是,除非另有约定,并非所有的质量瑕疵都可以成为购房人拒绝受领的理由。一般的质量瑕疵,应该通过修复加以解决。在"崔辉与武汉东湖恒大房地产开发有限公司商品房预售合同纠纷上诉案"中,法院认为,购房者不能以房屋存在一般质量问题为由拒绝收房（参阅案例12-4）。除质量瑕疵外,出卖人的瑕疵担保责任还包括特定使用目的的可实现性方面。在"金地集团上海房地产发展有限公司与祝卫良商品房买卖合同纠纷上诉案"中,法院认为,出卖人未及时督促原承租人至工商管理部门办理注销或公司注册地址迁移手续,导致买受人因该地址不能用于工商登记而遭受租金损失,出卖人应承担相应的瑕疵担保责任（参阅案例12-5）。

［案例 12-4］

［案例 12-5］

第二节　商品房面积确定和纠纷处理

一、房屋建筑面积的计算与测算

商品房建筑面积纠纷已经成为当前商品住房交易中的一个主要矛盾。为了规范商品房建筑面积的计算,《销售办法》第 34 条规定,房地产开发企业应当在商品房交付使用前按项目委托具有房产测绘资格的单位实施测绘,测绘结果报房地产行政主管部门审核后用于房产权属登记。

购房人可以从以下两个方面着手保护自身利益:

其一,在商品房预售合同中载明建筑面积(套内面积 + 共用部位分摊面积)。我国大多数地方商品房的出售仍然是以"套内面积 + 共用部位分摊面积"的方式来计算公寓式商品房建筑面积的。因而,购房人应在预售合同中明确记载所购房屋面积的两个构成部分的具体数字,以便将来实际交付房屋时核对。另外,购房人还应当要求开发商提供"商品房建筑面积计算表",该计算表应详细记载建筑面积的具体计算方法和共用部位的具体构成。

其二,交付房屋时要求开发商提供"商品房建筑面积测算表"。一般而言,交付房屋时所测算的实际面积与预售合同所约定的面积之间存在一定的差异,房屋的计算面积通常以实际测算面积为准。但实践中,开发商在交付前实际测算的面积可能与预测面积相差悬殊,而且可能在共用部位面积计算上产生较大差异。由此,购房人的实际得房率会小于依据预售合同所计算出的得房率,因而损害购房人的利益。

为防止自身利益受损,在房屋实际交付时,购房人应向开发商索要"商品房建筑面积测算表",并将其与"商品房建筑面积计算表"比对以核查二者的差异。对于二者的差异,购房人可以依据原建设部《销售办法》或各地的地方规定主张权利。

二、面积差异纠纷的解决规则

如前所述,商品房实际交付面积与预售合同约定面积存在差异是正常的。然而,这种误差应当被限制在合理范围之内。对于这种技术误差的范围我国法律并无明文规定,各地对此规定了不同的地方性标准。《销售办法》将这种技术误差的合理范围界定在绝对值 3% 以内。依据《销售办法》第 20 条的规定,[①]当事人应当在合同中载明合同约定面积与产权登记面积发生差异的处理方式。未作约定的,按以下原则处理:(1)面积误差比绝对值在 3% 以内(含 3%)的,据实结算房价款。(2)面积误差比绝对值超出 3% 时,买受人有权退房。买受人不退房的,产权登记面积大于合同约定面积时,面积误差比在 3% 以内(含 3%)部分的房价款由买受人补足;超出 3% 部分的房价款由房地产开发企业承担,产权归买受人。产权登记面积小于合同约定面积时,面积误差比绝对值在 3% 以内(含 3%)部分的房价款由房地产开发企业返还买受人;绝对值超出 3% 部分的房价款由房地产开发企业双倍返还买受人。

最高人民法院于 2003 年颁布的《商品房解释》第 14 条也对商品房面积误差及其法律

---

① 2003 年 6 月 1 日起施行的最高人民法院《关于审理商品房买卖合同纠纷案件适用法律若干问题的解释》第 14 条照搬了《销售办法》第 20 条规定的大部分内容。

后果作出了相似的规定,2020年《商品房解释》修订后该条文被删除,但《销售办法》第20条的类似规定依然有效。这些规定的出发点在于保护购房者利益。针对面积差异问题,可以区分以下不同情况予以处理:

第一,因建筑设计变更导致的面积差异。预售合同签订后,由于涉及合同双方尤其是买受人的利益,房地产开发企业不得擅自变更规划、设计。否则即属违约,应承担违约责任。

未与购房者事先协商但经过规划部门批准的规划变更,设计单位同意的设计变更导致商品房的结构型式、户型、空间尺寸、朝向变化以及出现合同当事人约定的其他影响商品房质量或者使用功能情形的,房地产开发企业应当在变更确立之日起的合理时间内通知买受人,买受人接到该通知后有权选择是否退房;开发商未尽通知义务或已尽通知义务而导致合同解除的,开发商均应承担违约责任,赔偿因此给买受人造成的损失。其理由在于,合同签订后开发商擅自变更合同内容的行为属于单方违约行为。

在开发商单方擅自变更建筑设计的情况下,购房人未选择解除合同而愿意继续履行合同,如果建筑面积增加,就增加部分购房人不再支付房价款或按照建筑成本价支付房价款;如果建筑面积减少,就减少部分购房人可以要求开发商双倍返还房价款或者请求返还房价款并支付违约金。在"长城公司诉远洋大厦公司商品房买卖合同纠纷案"中,法院支持了原告误差比超过3%的部分房价款由被告双倍返还的主张(参阅案例12-6)。

[案例 12-6]

第二,非因设计变更导致的面积差异。为了加强对购房人利益的保护,本书认为,可以将前述建设部制定的部门规章的内容纳入合同范本。此处不再赘述。

第三,因公摊面积变更导致的面积差异。房屋共用部位建筑面积的分摊将直接影响购房成本的核算。购房人在决定是否购买房屋时必然将公摊面积因素考虑其中,而且开发商完全可以事先控制公摊面积的计算,如果将公摊面积变化所增加的成本转嫁给购房人承担,有失公允。因此,完全可以在合同范本中规定,因公摊面积差异所导致的面积误差,如果面积增加,购房人无须支付房价款;如果面积减少,开发商应双倍返还减少面积部分的房价款。

基于上述理由,本书认为法律上应当确立仅以套内面积计算误差的原则,以此作为商品房面积误差纠纷解决的依据较为科学。

三、产权证书附图之效力

在房地产管理部门核发的产权证书后,通常会附上该房屋单线平面红线图。该单线图在法律上是否属于核发产权证房屋的独立所有部分的范围?实践中,对该问题的认识存在分歧。

一般认为,产权证书后所附的单线图所标明的就是该房屋的独立所有权的范围,即该红线之内的范围由产权证所标明的权利人独立支配,属于独立所有部分。然而,产权证书后所附的红线图既无尺寸比例也未标明四至的尺寸,而且经常出现与商品房预售或出售合同及附图不一致的情形。近年来,出现了不少与产权证书后附图有关的权利范围纠纷。

本书认为,我国实践中管理部门在核发房产证时于证书后所附的红线图并非对产权人独立所有部分的精确界定,仅仅是辅助说明购房人权利的四至范围及相邻关系,其具体精确

［案例 12-7］

的界限应当以合同书及其附图的约定为准。为避免类似纠纷,本书建议房产管理部门在核发产权证书附图上以红线标明四至范围时应当精确,并标注尺寸及比例,否则就可能引发使用纠纷(参阅案例 12-7"某实业公司诉某鞋业公司房屋买卖合同案")。

另外,目前管理部门核发的产权证书,均未记载公摊面积的计算依据及计算方法,也是容易引发纠纷的因素。如果将来房产管理部门能够完善公摊面积的记载则可以大大减少有关纠纷的发生。

第三节　商品房买卖合同履行中的特殊问题

一、一房多卖

实践中,有些房地产开发商将同一商品房多次出卖,侵害了购房人的利益。数个买卖合同中的买方究竟谁能获得房屋的所有权? 各买方的利益应如何保护呢?

依据债法原理,债权债务关系不具有排他性,在同一标的物上可以同时建立两个以上性质相同的买卖合同关系。合同行为的有效要件包括:主体适格、意思表示真实、行为内容适当(合法、确定和可能)以及行为形式合法。因此,只要所卖的商品房尚未过户登记,在其上所设定的两个以上的买卖合同关系均符合有效要件。出现一房多卖时,在民法上必须解决两个法律关系的效力问题,即各买卖合同的效力以及所有权的变动。依前所述,依据民法典,针对同一商品房签订的两份买卖合同的效力问题较为简单,即买卖合同均为有效。在合同效力确定以后,购房人矛盾的焦点将集中于所有权。在两个以上商品房出售合同均有效的前提下,商品房所有权变动问题较为复杂,本书结合民法物权与债权原理提出以下思路:

(1)办理完产权过户登记手续的购房人取得所有权。依据不动产物权变动理论,从商品房产权完成过户登记时起,购房人取得所有权,该购房人的权利从债权转化为物权。如果某个购房人已经取得房屋所有权,其他购房人就不可能再取得该商品房所有权。其他购房人只能依据有效的商品房出售合同向开发商主张违约责任。

这也就是通常所说的"谁先登记,谁先取得所有权"规则。但这一规则的适用存在例外。依据《商品房解释》第 7 条的规定,如果出卖人与次买受人(第三人)恶意串通,另行订立商品房买卖合同并将房屋交付使用(这里应当解释为包含进行移转登记),导致其无法取得房屋的,先买受人可请求人民法院确认出卖人与次买受人(第三人)订立的商品房买卖合同无效,人民法院应予支持(参阅案例 12-8"谢静等与吴月云等确认合同无效纠纷上诉案")。另外,在出现一房二卖,出卖人与次买受人签订合同,交付房屋并完成登记,但不能构成善意取得的,人民法院仍然可以判决已经完成登记的买受人不能取得房屋所有权。

［案例 12-8］

(2)均未办理产权过户手续时,占有人享有优先权。如果各购房人均未办理产权过户登记手续,依据物权法原理,占有该商品房的购房人将享有对抗其他购房人请求所有权变更登记的权利。当然,此处的占有必须是合法占有而不包括非法占有,如未经同意擅自强占等。实践中,这种占有通常表现为房屋交付手续的办理。合法占有商品房的购房人取得房屋的所有权后,其他购房人可以依据有效的商品房出售合同向开发商主张违约责任。从履约成本角度而言,这种解决方案是非常合理的,有利于节约履约成本,维持占有现状,稳定交易秩序,体现公示价值。

(3)既无人办理产权过户手续,也无人占有房屋时,各购房人享有同等顺位的权利。既无人办理完毕产权过户手续,也无人占有房屋时,各购房人均为债权人,他们所享有的债权顺位平等,无先后之分。各购房人均可以向开发商主张交付房屋、办理过户登记手续的权利。然而,现实中的难题是,在系争商品房上只有一个完整的所有权,通常情况下只能有其中的一个购房人取得房屋的所有权。如果所有购房人都来主张商品房的所有权,此时应当如何决定房屋所有权的去向呢?

本书认为,如果开发商并无承担违约责任的困难,应由最早签订买卖合同的购房人取得所有权,而其他购房人通过向开发商主张违约责任获得救济。应该说,这种解决方案符合一般社会交易观念,有助于维护诚信的市场交易秩序。如果开发商难以承担全部违约责任,所有权仍可由最早签订买卖合同的购房人取得,但该购房人应当与其他购房人公平分担因无法从开发商处获得全额赔偿的风险。

二、消费者权益保护法的适用问题

实践中不少商品房购买人以开发商欺诈为由,要求适用《消费者权益保护法》第 55 条判决双倍赔偿的案件。有的法院适用该规定作出了判决,有的法院未适用该条规定。也就是说,商品房买卖合同纠纷是否适用我国《消费者权益保护法》第 55 条的规定,在我国司法实践中尚有较大分歧。

主张不适用该条规定的理由,主要有以下三点:[①]

其一,《消费者权益保护法》制定时所针对的是普通商品市场严重存在的假冒伪劣和缺斤短两的社会问题,所设想的适用范围的确不包括建筑物。同时制定的《产品质量法》明文规定不包括建筑物,可作参考。

其二,考虑到作为不动产的商品房与作为动产的普通商品的差异,商品房买卖中即使出卖人隐瞒了某项真实情况或者捏造了某项虚假情况,与普通商品交易中的欺诈行为亦不能等量齐观,商品房质量问题通过瑕疵担保责任制度可以得到更妥善的处理。

其三,商品房买卖合同金额巨大,动辄数十万元、上百万元,判决双倍赔偿将导致双方利害关系显失平衡,例如一套 30 万元的商品房因木地板材质不符合约定或多计算了几平方米面积,便判决双倍赔偿 60 万元,从一般人的社会生活经验来看,很难说是合情、合理、合法的判决。

本书认为,《消费者权益保护法》调整的对象是消费者合同。所谓消费者合同,是指合同当事人的一方是消费者,另一方是经营者的合同。所谓消费者,是指为生活消费的需要而购买商品或接受服务的自然人。所谓经营者,是指以营利为目的的自然人、法人以及其他经济组织。《消费者权益保护法》第 55 条的立法目的在于以惩罚性赔偿的手段来制裁民事欺诈行为,保护弱势群体的利益。因此,商品房买卖合同纠纷应属于《消费者权益保护法》第 55 条的调整范围。

---

① 梁慧星:《消费者权益保护法第 49 条的解释与适用》,载《人民法院报》2001 年 3 月 29 日,第 3 版。

目前,福建省《房屋消费者权益保护条例》和浙江省《实施〈中华人民共和国消费者权益保护法〉办法》均将商品房预售合同和出售合同作为消费者合同来对待,适用《消费者权益保护法》双倍赔偿规定。尽管这种观念尚未被全国性及地方立法部门普遍接受,但已经得到越来越多的支持。当然,最好的办法是对《消费者权益保护法》进行统一解释,以便在全国普遍适用而不是仅在局部地方适用。

第四节　与商品房交易有关的保险

在签订商品房预售合同时,大多数预购人会选择以抵押借款的形式支付部分购房款。作为债权人的银行,通常会在事先拟订的格式合同中设定抵押担保(物保)和保证担保(人保)。其中的抵押担保,就是预购人以将来交付的房屋作为抵押,担保履行其向银行借款所产生的债务;保证担保,就是由开发商连带承担预购人不能偿还的银行债务。

一般而言,以上两种担保方式足以担保贷款人债权的实现。然而,在实践中,贷款人往往还要求预购人购买保险,进一步保障贷款人债权的实现。

一、财产损失保险

一般而言,该险种所保险的财产,就是被保险人用银行抵押贷款所购置的房屋。被保险人购置房屋后,装修、改造或者其他原因而附属于房屋的有关财产和其他室内财产,不属于保险范围。在这种保险合同中,保险人的保险责任一般为承担因保险事故所导致的房屋的直接损失和被保险人为防止或减少房屋损失所支付的合理费用。[①]

由于下列原因造成保险财产的损失,保险人负责赔偿:(1)火灾、爆炸;(2)暴风、暴雨、台风、洪水、雷击、泥石流、雪灾、雹灾、冰凌、龙卷风、崖崩、突发性滑坡、地面突然塌陷;(3)空中运行物体坠落以及外来不属于被保险人所有或使用的建筑物和其他固定物体的倒塌。

发生保险事故时,被保险人为防止或者减少保险财产损失所支付的合理、必要的费用,由保险人承担。但该费用以借款额为限。

但由于下列原因导致被保险人死亡或伤残,而丧失全部或部分还款能力的,或者造成保险财产损失的,保险人不承担赔偿责任[②]:(1)战争、类似战争行为,军事行动,武装冲突,罢工、暴动、民众骚乱;(2)核子辐射或污染;(3)行政行为或执法行为;(4)地震或地震次生原因;(5)被保险人或其家庭成员的故意行为;(6)被保险人的疾病;(7)被保险人的自杀、自伤、饮酒过度、滥用药物,违法犯罪行为;(8)被保险人擅自改变房屋结构;(9)其他不属于本保险责任范围的原因。

二、还款保证保险

被保险人在保险期限内因遭受意外伤害事故所致死亡或伤残,而丧失全部或部分还款能力,造成连续3个月未履行或未完全履行借款合同约定的还款责任的,由保险人按照一定偿付比例承担被保险人出险时借款合同项下借款余额的全部或部分还款责任。[③]

---

① 参见中国人民保险公司上海市分公司于2001年制定的《上海个人抵押住房综合保险条款》第3条。
② 参见中国人民保险公司上海市分公司于2001年制定的《上海个人抵押住房综合保险条款》第4条。
③ 参见中国人民保险公司上海市分公司于2001年制定的《上海个人抵押住房综合保险条款》第3条。

此种保险属于《保险法》规定的责任保险,即以被保险人对第三人依法应负的赔偿责任为保险标的的保险。此种责任保险的特殊之处在于,以民事合同中的民事责任为保险标的,而一般的责任保险则是以合同以外的民事责任为保险标的。当被保险人丧失全部或部分履行借款合同债务的能力时,由保险人承担向被保险人的债权人履行债务的责任。在"黄某诉某保险公司案"中,法院即判决保险公司承担偿还投保人意外伤害致死后的剩余贷款的责任(参阅案例12-9)。

［案例 12-9］

三、我国房屋抵押贷款保险存在的问题及建议

（一）问题

本书认为,我国目前的房屋抵押贷款保险主要存在以下问题:

其一,投保人的投保自由受到限制。购房人向银行借款的过程中,各银行除了要求借款人用房屋作为还款的抵押物外,还将借款人的抵押房产向保险公司投保财产险作为借款的必要条件。目前,这种财产保险已被个人抵押住房综合保险所取代。这违背了商业保险投保的自愿性原则。银行将所有的预防商业风险的成本转嫁给了购房人,增加了购房人的负担,这是不合理的。

其二,限制了投保人的交费方式选择权。按照保险法规及其相关规定,对于保险期间较长的险种,投保人可以选择一次性缴纳保费或者按一定周期缴纳保费。但在现实中,由银行代为销售的此类保险均要求借款人一次性缴清保费。

其三,在保险期限上,保险公司存在不当得利。目前,购房人购买的期房占很大比例,在购房人向银行借款时,房屋还没有交付给购房人,而购房人已为保险标的缴纳保险费。本书认为,这种做法不合理,购房人可以要求保险公司退还从向银行借款时起到开发商交付房屋时止这一期间的保费。

（二）建议

财产损失保险的目的,是在保险期间发生非归责于被保险人的原因导致的保险财产毁损、灭失时,由保险人承担民事补偿责任。然而,依据前述保险条款来看,其所列举的保险事故几乎是不可能发生的。所列举的原因中,有些根本不可能导致房屋的毁损、灭失,有些发生的概率几乎是零,而且地震原因还被排除在外。本书认为,保险条款的设计应当建立在公平的基础上,但前述保险条款对于保险人的商业运作而言,几乎没有任何风险。

还款保证保险,是以被保险人丧失全部或部分履行能力的残疾或死亡作为保险事故的。此种保险品种的设计具有积极的现实意义,有利于保障银行债权人债权的实现,而且其所担保的风险概率具有合理性。在将来的实践中,我国可以考虑推广该保险品种。

依据我国《保险法》的规定,前述两项保险显然不属于强制保险而属于自愿保险。但在实践中,作为债权人的银行往往要求借款人投保该险种,否则不予贷款。也就是说,虽然法律并没有将其规定为强制保险,但实践操作中却成了变相的"强制保险"。从保护购房者利益、维护保险市场秩序的角度考虑,建议保险业监管部门从严整顿、管理。

[**思考题**]

1. 消费者与开发商签订《商品房认购书》后,一方拒绝签订预售或出售合同时,另一方起诉请求法院判令签订商品房预售或出售合同,或请求直接履行预售或出售合同内容的,法院应否支持? 为什么?

2. 实际交付面积与约定面积存在差异时,购房人如何保护自己利益?

3. 商品房交付过程中可能产生哪些纠纷? 应如何解决?

4. 产权证书的附图效力如何? 在实践中有何作用?

5. 在一房多卖的情形下,有哪些法律关系? 各法律关系的效力如何? 同一商品房的各买受人如何维护自己的权益? 处理此类纠纷的规则如何?

6. 与商品房交易有关的保险主要有哪些? 其功能与主要内容如何? 如何评价保险在商品房买卖实践中的作用?

第十三章　房屋租赁

房屋租赁是商品房开发商实现利润的一种方式,也是许多房地产投资者实现房屋价值的方式。房屋租赁与民法典和房地产管理法有密切联系。本章第一节论述房屋租赁的基本特征、可租赁房屋的要件、租赁合同的内容和形式要件,并在此基础上介绍我国租赁合同的主要类型和政府对房屋租赁管理的框架。第二节论述与租赁合同有关的五大问题,即房屋租赁合同登记的效力、租赁房屋的现状维护、租赁房屋转让的法律规则、房屋转租的法律规则以及房屋租赁关系的终止。

第一节　房屋租赁概述

一、房屋租赁的法律特征

房屋租赁,是指房屋所有人或管理人作为出租人将房屋出租给承租人使用,由承租人向出租人支付租金的行为。房屋租赁合同关系建立后,出租人在租赁期限内将房屋的占有权能、使用权能和收益权能让渡给承租人,承租人支付相应对价即租金。

房屋租赁属于使用权交易,所有权人让渡房屋的占有、使用权,获得收益——租金。出租人转让房屋的使用权,承租人以支付租金作为对价取得房屋使用权。一旦房屋出租,即产生房屋所有权与使用权的分离。出租人提供合同确定的用于特定用途的房屋是出租人的主要义务,而按期支付约定的租金是承租人的主要义务。

虽然有使用权让与,但是租赁关系在法律上始终被认为是债权关系,承租人所享有占有使用房屋的权利仍然被视为债权。承租人对于房屋的占有使用权也被称为租赁权。作为债权,租赁权并不以登记为要件。不过,承租人的承租关系并不因房屋所有权的变动而受影响(即买卖不破租赁),承租人还享有优先购买权。这两项特征使得房屋租赁权具有一些物权特征。但是,租赁权被认为区别于用益物权。其一,租赁权属于债权,租赁关系受合同约束,合同约定的解除条件成就或者当事人合意可以随时解除租赁关系,而用益物权除非有事先约定的条件,不得终止;其二,在租赁关系,出租人具有维护房屋良好状态的义务,包括维修义务,而在用益物权关系,用益物权人负担维修等维持物之现状的义务;其三,从功能的角度,租赁主要适用于短期使用他人房屋的情形,而用益物权通常存续时间较长。

租赁属于长期持续性合同关系,双方应当订立详细的合同确定双方的权利义务。租赁合同成立、生效遵循《民法典》"合同编"的一般原理。除应具备民法典规定的合同一般有效要件外,房屋租赁合同还必须有特殊的有效要件:(1)出租人为房屋的所有权人;(2)租赁双方应当签订书面的合同,约定双方的权利义务。因此,出租人和承租人签订房屋租赁合同时,应当注意查验对方主体资格,是否有有效的身份证件和产权证等足以证明对方有处分权的证据,同时磋商并订立书面租赁合同。

目前,我国调整房屋租赁关系的法律规范有《民法典》《城市房地产管理法》等;住房和城乡建设部还发布了《商品房屋租赁管理办法》①（以下简称《租赁办法》)《公共租赁住房管理办法》,分别规范不同类型的房屋租赁。

二、可租赁房屋要件

出租人拥有可租赁的房屋,且为房屋的所有权人或有处分权是房屋出租的有效要件。

（一）可租赁的房屋及限制

通常,合法取得的房屋均可以出租。但是,出于对社会秩序维护的需要,国家有时对一些房屋是否适格出租作出限制。依据《租赁办法》第6条,以下房屋不得出租:(1)属于违法建筑的;(2)不符合安全、防灾等工程建设强制性标准的;(3)违反规定改变房屋使用性质的;(4)法律、法规规定禁止出租的其他情形。

作为政府部门规章的《租赁办法》,从违反法律强制性规定或者危害公共利益和公共秩序的角度对房屋租赁作出限制（如违章建筑、不符合安全标准）,具有合理性。其中,改变房屋性质,应当指住改商、将房屋区隔成若干小房间出租（俗称群租）的行为②。只是违反此等禁止性规定的租赁合同是否无效,仍然得依法律和行政法规来判断。

最高人民法院在《房屋租赁解释》(2020年修订)中对于违反行政规划和管制而建筑的房屋租赁,也不轻易否定租赁合同的效力,而是认为只要在一审法庭辩论终结前可以补正的即可以认定为有效的租赁。③在司法实践中,如出租房屋系违章建筑,那么租赁合同往往被认定为无效（参阅案例13-1"上海紫岗商贸有限公司与上海塬东工艺品有限公司租赁合同纠纷上诉案"、13-2"浙江银泰投资有限公司、包头市中冶置业有限责任公司房屋租赁合同纠纷案"）。

［案例13-1］

［案例13-2］

（二）出租人拥有所有权或处分权

公民、法人或其他组织对享有所有权的房屋和国家授权管理和经营的房屋可以依法出租。该条规定符合民法的基本原则,房屋所有权人享有出租房屋的权利。因此,对于承租人而言,确保交易安全的最佳方式是查阅出租人的产权登记簿,确信出租人为登记簿上记载的权利;同时,如果有共有的,应当经其他共有人同意或经合法多数同意。

［讨论］关于共有房屋租赁

按份共有和共同共有权利义务关系均有内部与外部之别。在共有房屋上能否设定租赁合同关系,涉及各共有人之决策权,此乃共有之内部关系。在共有之内部关系中,涉及共有

---

① 该办法自2011年2月1日起施行,建设部于1995年发布的《城市房屋租赁管理办法》同时废止。

② 《商品房屋租赁管理办法》第8条还专门规定:"出租住房的,应当以原设计的房间为最小出租单位,人均租住建筑面积不得低于当地人民政府规定的最低标准。厨房、卫生间、阳台和地下储藏室不得出租供人员居住。"

③ 《房屋租赁解释》第2条规定:"出租人就未取得建设工程规划许可证或者未按照建设工程规划许可证的规定建设的房屋,与承租人订立的租赁合同无效。但在一审法庭辩论终结前取得建设工程规划许可证或者经主管部门批准建设的,人民法院应当认定有效。"

第3条规定:"出租人就未经批准或者未按照批准内容建设的临时建筑,与承租人订立的租赁合同无效。但在一审法庭辩论终结前经主管部门批准建设的,人民法院应当认定有效。租赁期限超过临时建筑的使用期限,超过部分无效。但在一审法庭辩论终结前经主管部门批准延长使用期限的,人民法院应当认定延长使用期限内的租赁期间有效。"

人之用益、共有物及应有部分之处分、共有物之管理、共有物之费用负担等内容。在共有物上建立租赁关系,通说认为属于共有物之管理事项。

综合各国、各地区民法之规定,对共有物之管理,既存在全体共有人决定的形式,[①]也存在全体共有人多数决的形式。[②]《民法典》第 301 条规定:"处分共有的不动产或者动产以及对共有的不动产或者动产作重大修缮、变更性质或者用途的,应当经占份额三分之二以上的按份共有人或者全体共同共有人同意,但共有人之间另有约定的除外。"本书认为,租赁是共有物的利用方式,属于法律上的处分,因此共有房屋的出租决定应当适用第 301 条的规定。依据该条的规定,共有人可以在共有协议中约定房屋出租决议方式,在没有约定的情形下,可以适用全体共有人同意或 2/3 共有人同意规则。显然,在只有两个人的情形下,宜实行全体表决,只有在三人以上共有的情形下,才有可能实行 2/3 表决。

假设甲、乙、丙、丁、戊五人共有房屋一套,现乙、丙、丁、戊都不在此居住,只有甲在此居住。后甲欲将该共有房屋出租给庚,但其他的共有人宁愿空着,也不同意将此房屋出租给他人。若甲与庚签订了房屋租赁合同,该房屋租赁合同效力如何?依据上述原理,甲单独签署合同显然属于无权处分范畴,其处分行为效力待定。在该例中,因共有人为 5 人,在共有人对共有物是否设定租赁关系意见不能统一时,应当以适用多数决的形式形成决议,决定是否出租。多数决既考虑了半数以上权利份额持有人利益的保护,又能尽量做到物尽其用,充分发挥物之价值。

在一些特殊情形下,非所有权人亦可以出租房屋,特殊情形主要有以下几种:

其一,国家授权管理、经营的房屋。城市存在许多国有房屋,授权国有管理公司经营管理,那么这些管理公司可以依据所有权人的授权或授权经营关系而直接出租房屋。这里的房屋既包括商业用房,也包括居住房屋。

其二,所有权人授权管理公司管理房屋,这些管理公司依据经营管理合同,可以直接出租房屋。比如,酒店管理公司,对酒店部位或房屋的出租;房屋的代管人,可以出租代管的房屋。

其三,在一些情形下,未取得房屋登记的"房屋所有权"人亦可以出租房屋。房屋竣工验收合格,建设单位即取得房屋所有权。在未登记之前建设单位虽然不可以转让房屋所有权,但是仍然可以出租房屋,处分房屋的使用权。

三、租赁合同要件

(一)租赁合同的内容

《租赁办法》第 7 条规定:房屋租赁当事人应当依法订立租赁合同。房屋租赁合同的内容由当事人双方约定,一般应当包括:(1)房屋租赁当事人的姓名(名称)和住所;(2)房屋的坐落、面积、结构、附属设施,家具和家电等室内设施状况;(3)租金和押金数额、支付方式;(4)租赁用途和房屋使用要求;(5)房屋和室内设施的安全性能;(6)租赁期限;(7)房屋维

---

① 我国台湾地区"民法典"第 820 条第 1 款规定:共有物,除契约另有订定外,由共有人共同管理之。

② 《日本民法典》第 252 条规定:关于共有物的管理事项,除前条情形外,按各共有人应有部分的价格,以其过半数者决定。但保存行为,各共有人均可以实行。《瑞士民法典》第 647 条 b 规定:经该物同时享有大部分份额的绝对多数共有人的同意,可以进行较重要的管理行为,特别是变更农作物或使用方式、缔结或解除使用租赁、用益租赁契约,参与土地改良及委托其权限不限于一般管理的管理人。《德国民法典》第 745 条规定:1.(1)关于符合共有物性质的正常管理和使用,得经过半数票决定之;(2)此项过半数票,应按共有人的份额计算……

修责任;(8)物业服务、水、电、燃气等相关费用的缴纳;(9)争议解决办法和违约责任等。

（二）租赁合同的形式

《城市房地产管理法》第54条规定:"房屋租赁,出租人和承租人应当签订书面租赁合同,约定租赁期限、租赁用途、租赁价格、修缮责任等条款,以及双方的其他权利和义务,并向房产管理部门登记备案。"依据此规定,书面形式是房屋租赁合同的有效要件,未采取书面形式的,不具有强制执行效力。

但是,《民法典》第707条规定,"租赁期限六个月以上的,应当采用书面形式。当事人未采用书面形式,无法确定租赁期限的,视为不定期租赁"。依据此规定,租赁期限6个月以上的租赁合同,应当采用书面形式,并将书面形式作为6个月以上合同的生效要件。但是,当事人未采用书面形式的,且无法确定租赁期限的,视为不定期租赁,合同依然有效。本书认为,《民法典》规定不仅合理,而且属于民事基本法范畴,房屋租赁书面形式效力应当适用《民法典》的规定。

四、房屋租赁类型

（一）居住房屋租赁和非居住房屋租赁

租赁可以按照具体用途加以分类。受土地分类管制影响,我国的房屋按照用途大致可以分为居住用途、商业用途、工业用途和公共事业用途（划拨土地用于公共管理等的房屋）;相应地,房屋租赁也就可以分为居住房屋租赁、商业房屋租赁、工业用途租赁（厂房租赁）和公共事业房屋租赁。当然,在每一类型的房屋租赁合同中,当事人均可以约定特定的用途及其使用条件。一旦租赁合同确定特定的用途及条件,如果出租房屋不能从事这样的业务或实现特定目的,那么出租人即构成实质违约,在合同中可以约定在这种情形下,承租人有权解除合同。

房屋租赁按用途细分,对于指导当事人缔结恰当的租赁合同具有意义,但是对于政府管理没有多大的意义。为了便于政府对租赁合同进行管理,实践中存在将房屋租赁划分居住房屋租赁和非居住房屋租赁的做法。本书认为,非居住房屋的租赁大致包括了居住用途以外的所有房屋租赁。具体房屋类型需根据产权证上的记载确定。

在我国,土地的用途管理也延伸到房屋。如果该承租房屋用于办公,则必须选择非居住用房。因为如果涉及办理营业执照,只有房屋类型为非居住用房的,市场监督管理部门才会核发营业执照。确定房屋类型并选择相适应类型房屋租赁后,在租赁期间内承租人不得擅自改变该房屋用途,否则将视作违约行为。

居住房屋的特殊性在于,它是满足人们基本生活需求的,法律规范的侧重点在于保护租赁关系的稳定和承租人的权利;非居住房屋租赁则用于工商业目的或公共事业,法律规范的目的除了维护租赁双方当事人权益外,更要维护规划确定的房地产利用秩序、国家所有权人收益和税收收入。另外,由于居住房屋租赁的普遍性,对居住房屋租赁管理的成本有时会超过政府财力。基于此,需要区分居住房屋和非居住房屋实施不同的管理。目前,上海、北京、南京等许多城市均出台措施对居住房屋租赁和非居住房屋租赁分别管理,加强对非居住房屋租赁的管理。

在理论上,居住房屋和非居住房屋的界线是清晰的,主要看土地用途和房屋建筑规划。原始设计为居住房屋,经市或区（县）房地局批准居住房屋改变为非居住用途的,可以认定为非居住房屋。但现实中二者的边界可能并不清晰,尤其是在房屋使用过程中会改变其用途。房屋用途转变的管理本身也是房屋管理（包括租赁管理）中的难题。

（二）商品房租售中特殊的租赁形式

在商品房租售实践中，有些地方出现了几种特殊的房屋租赁方式。本书从我国现行法律规定和民法原理角度作以下分析：

1. 商品房预租

商品房预租，是指在新建商品房未办理房地产初始登记、取得房地产权证之前，房地产开发经营企业与承租人签订房屋预租协议，并向承租人收取一定数额的预收款的行为。商品房预租方式的出现，是市场经济客观需要的结果。其作用在于为开发商提供了筹集资金的渠道，减轻开发商资金上的压力。

本书认为，商品房预租合同之签订并非各方当事人最终目的，他们最终乃是为将来签订商品房租赁合同作准备。预租合同与租赁合同之间，构成预约与本约的关系。预租合同的签订仅仅是为签订租赁合同作准备，签订租赁合同才是当事人的目的所在。

关于预租合同之效力，我国实践中一直存在争议。有观点认为，预租合同签订时尚不具备交付房屋供承租人使用的条件，即该合同所指向的房屋尚未完全建成，所签预租合同因缺乏特定之物而无效（参阅案例13-3"银泰公司诉中冶公司案"）。本书认为，预租合同之签订仅在当事人之间产生债的关系，而非在当事人之间设立物权；当事人完全可以在合同中约定，出租人将来履行交付房屋的义务。只要出租人在签订预租合同时享有租赁房屋所有权，虽然尚未办理产权手续，该预租合同仍合法有效（参阅案例13-4"某制药公司诉某房地产公司房屋租赁合同案"）。

［案例 13-3］

［案例 13-4］

2. 商品房先租后售

商品房先租后售是指房地产开发经营企业就其投资建造并已取得产权证书的商品房与他人签订合同，约定将房屋先出租给承租人使用，再根据合同设定的条件或期限将房屋出售给承租人的行为。此种合同的创设也是市场经济客观需求的结果，满足了一部分特殊群体的实际需要。

先租后售合同性质上为一种混合合同；双方当事人首先应当履行的是房屋租赁相关义务，在其中买卖条款生效以后，双方则结束房屋租赁关系而履行买卖相关义务。该合同一般会设定条款来约束出租人出卖房屋的权利，即在合同有效期限内，出租人应当将房屋卖给承租人。依据《民法典》第726条[1]，租赁关系存续期间，承租人享有法定优先购买房屋的权利。过去，出租人侵害承租人优先购买权而出卖房屋的行为，承租人可以申请人民法院宣告无效，但2008年之后，承租人只能请求损害赔偿，不得请求出租人与第三人的买卖合同无效。[2]《民法典》第728条规定，出租人未通知承租人或者有其他妨害承租人行使优先购

---

[1] 《民法典》第726条规定："出租人出卖租赁房屋的，应当在出卖之前的合理期限内通知承租人，承租人享有以同等条件优先购买的权利；但是，房屋按份共有人行使优先购买权或者出租人将房屋出卖给近亲属的除外。出租人履行通知义务后，承租人在十五日内未明确表示购买的，视为承租人放弃优先购买权。"

[2] 最高人民法院关于废止2007年底以前发布的有关司法解释（第七批）的决定（2008年12月8日最高人民法院审判委员会第1457次会议通过）废除了最高人民法院《关于贯彻执行〈中华人民共和国民法通则〉若干问题的意见（试行）》第118条。

权情形的,承租人可以请求出租人承担赔偿责任。但是,出租人与第三人订立的房屋买卖合同的效力不受影响。

租赁关系终止后,承租人是否享有优先购买权应当由双方当事人在先租后售合同中约定。如果当事人在合同中约定,在租赁关系终止后一段时间内承租人仍享有优先购买权的,此种约定是否具有对抗第三人的效力呢?本书认为,此种优先购买权约定如果欠缺公示手段,将不能产生对抗第三人的效力。关于该优先购买权约定之对抗效力,建议借鉴各国关于不动产预告登记制度立法模式,即在不动产登记机关保存的不动产登记簿上登记所约定的优先购买权,这样,该优先购买权才能具有对抗第三人的效力。

3. 房屋售后包租

房屋售后包租,是指房地产开发经营企业或房屋产权人在其投资建造的商品房或存量房出售时与买受人约定,在出售后的一定期限内由出售人以代理出租的方式进行包租,以包租期间的租金冲抵部分购房价款或偿付一定租金回报的行为。这种售后包租合同,也属于无名合同、混合合同,其具体权利义务完全由当事人约定。

在包租期限内,出售人(包租人)以代理人身份将已出售房屋出租给他人。未经产权人(买受人)同意,出售人不得擅自将售后包租房屋再转让给他人。双方所签售后包租合同,在不同阶段将产生不同的权利义务。在房屋买卖阶段,出售人和买受人受买卖条款约束;在包租阶段,出售人与买受人之间为委托合同关系,即出售人(受托人)有义务为买受人(委托人)寻找承租人并代理(或代办)签订租赁合同,否则,出售人(受托人)将按照原合同约定向买受人(委托人)支付约定的最低租金。

商品房租售本来是开发商针对投资性商品房而采取的一种销售方式,但是《销售办法》第11条第2款明确禁止商品房包租销售:"房地产开发企业不得采取售后包租或者变相售后包租的方式销售未竣工商品房。"这样,在我国,商品房包租为行政规章所禁止,这种销售方式一旦发生纠纷,其效力如何存在不确定性。由于《销售办法》仅是部门规章,只有违反法律或者行政法规的合同才是无效合同。因此即便房地产开发企业采取售后包租或者变相售后包租的方式销售未竣工的商品房,也不会导致商品房销售合同的无效。在司法实践中,不乏肯定合同效力的判决(参阅案例13-5"侯某诉某房地产公司房屋买卖合同案");也不乏以"合法形式掩盖非法目的""损害社会公共利益"为由认定售后包租协议无效的案例(参阅案例13-6"夏缅东、唐双尧等57户业主与岳阳市金虹置业有限公司合同纠纷案")。

[案例 13-5]

[案例 13-6]

五、房屋租赁管理

随着我国城市化推进,城市流动人口增加,我国各地房屋租赁成为取得工商业和居住用房的重要途径,但也引发了安全、人口管理等问题。因此,我国各级政府试图对房屋租赁加以管理。《租赁办法》赋予建设行政管理部门对房屋租赁的管理权。目前房屋主管部门对租赁管理的主要内容是租赁登记备案。

依据《租赁办法》,房屋租赁实行登记备案制度,签订、变更、终止租赁合同的,均要向房屋所在地市、县人民政府房地产管理部门登记备案,登记机关备案后向租赁当事人开具房屋租赁登记备案证明。通过租赁合同备案,房地产管理部门可以建立房屋租赁登记备案信息系统。《租赁办法》要求主管部门逐步实行房屋租赁合同网上登记备案,并纳入房地产市场信息系统。

但是,问题在于租赁登记纯粹是行政管理的需要,房屋租赁登记备案仅是符合行政管制规定的凭证,没有私法上的效力。在私法上,房屋租赁登记既没有必要,也不具有任何法律意义。而且租赁登记还会公开出租人和承租人的一些个人信息,租赁当事人对于房屋租赁登记备案消极抵制。因此,房屋租赁备案实施存在一定的困难,实施效果并不理想。

需要探讨的问题是,在私法上没有必要的情形下,对房屋租赁的管理是否必须采取登记备案。房屋主管部门管理房屋租赁的重要理由可能出于房屋安全、保护当事人的利益考虑。比如对房屋质量、消防状况等进行鉴定是否适格出租,满足特定的用途。政府基于公共安全考虑对房屋的使用安全具有管理义务和权力,但这并不一定要通过租赁环节实现。如果政府要进行检查和鉴定,完全可以将鉴定结果放置或记录于房屋登记簿,而无须另行建簿登记。除了公共安全外,房屋是否符合出租条件应当由当事人来判断,而不是由房地产管理部门判断和把关。即使给予政府这样的权力,政府也很难确认一幢公寓是否适合出租或满足出租条件。

1995 年公安部发布的《租赁房屋治安管理规定》要求公安机关对租赁房屋实行治安管理,建立登记、安全检查等管理制度,明确规定了房屋出租人和承租人的治安管理义务,并要求私有房屋出租人向房屋所在地公安派出所申请登记,单位房屋出租的还要签订治安责任保证书。显然,公安机关一直非常重视租赁房屋治安管理。

为进一步加强和改进出租房屋管理工作,维护社会治安秩序,促进房屋租赁业的健康发展,公安部等六部局于 2004 年联合下发《关于进一步加强和改进出租房屋管理工作有关问题的通知》。该通知规定各地公安、综合治理、民政、房地产管理、税务、工商行政管理等部门均具有房屋租赁管理的职责,要充分履行各自的职责,密切配合,齐抓共管,共同管理房屋租赁。

[讨论]租赁管理的困难:以群租治理为例

随着城市的迅速发展,城市房屋价格飞涨,导致许多为了节约居住成本,共同承租房屋的现象发生。少的二三个人合租一间房,多的十来人甚至更多人合租一间房。为满足这样的需求,有些房屋所有者,甚至公司专门经营这样的业务。这样的现象被称为"群租"。

群租现象越来越引起社会关注,它给小区安全、生活秩序、环境带来了新问题。受到干扰的小区呼吁政府对这种现象进行管理,导致一些地方政府专门为此出台政策,治理群租。例如,2006 年,上海市出台《关于加强居住房屋租赁管理的若干规定(试行)》,主旨在于限制房屋所有权人违反规划、分割房屋出租,并规定最低人均居住面积。其第 1 条明确规定:居住房屋应当以原规划设计的房间为最小出租单位,不分门进出的客厅、厨房间、卫生间等均不得单独出租;一间房间只能出租给一个家庭或一个自然人,出租给家庭的,家庭人均承租的居住面积不得低于 5 平方米;禁止居住房屋分割搭建若干小间,按间或按床位出(转)租,变相从事经营活动。

群租现象的出现主要源自社会需求,而只有在业主分割房屋、违章搭建危及公共安全时,政府才有权力和义务进行管理;在居住用房分割,变相从事旅馆经营时,政府可以要求业主符合旅馆业从业条件,服从国家对该行业的特殊管理。同时,治理群租根本上还要依赖住宅物业小区业主自治管理,通过修订业主公约,规范租赁行为。

第二节　房屋租赁中的主要法律问题

房屋租赁虽是典型的民事关系,但是我国也存在对租赁进行管理的规章,因此,需要我们正确认识租赁中的法律问题。

一、房屋租赁合同登记的效力

《城市房地产管理法》第54条规定:"房屋租赁,出租人和承租人应当签订书面租赁合同……并向房地产管理部门登记备案。"原建设部制定的《租赁办法》第14条规定:"房屋租赁合同订立后三十日内,房屋租赁当事人应当到租赁房屋所在地直辖市、市、县人民政府建设(房地产)主管部门办理房屋租赁登记备案,获得房屋租赁登记备案证明。"

关于租赁合同的登记备案在理论界、实务界一直存在争论,主要有以下观点:(1)登记备案与租赁合同效力无关;(2)登记备案是房屋租赁合同关系的成立条件;(3)登记备案是房屋租赁关系的生效要件;(4)登记备案是房屋租赁关系对抗第三人的要件。本书认为,《城市房地产管理法》第54条中也仅规定,房屋租赁,出租人和承租人应当签订书面租赁合同,并向房地产管理部门登记备案;而未将登记备案规定为租赁合同的成立要件或生效要件。作为部门规章,《租赁办法》也仅将租赁合同登记备案作为行政管理措施,因而,不进行登记备案并不意味着租赁合同行为非法、无效,而仅仅违反行政管理规定。

二、租赁房屋的现状维护

房屋物理条件和现状维护是房屋租赁关系中的重要问题之一。通常情形下,在房屋租赁合同中,出租人应当按照合同约定提供相应房屋并负担修缮义务;同时,承租人有维持租赁房屋原状的义务。但是,由于租赁合同目的不同或当事人需求不同,当事人可以约定出租人仅提供房屋,由承租人按照自己的需求装修。[①] 在由承租人装修的情形下,房屋的修缮就包含房屋正常修缮、装修后返修及恶意添附处理等多项内容。因此,房屋出租条件或使用条件、房屋修缮责任是租赁合同需要仔细约定的内容。

(一)房屋修缮责任

房屋修缮责任是指在房屋租赁期间对房屋自然损坏或人为损坏的维修责任。根据《租赁办法》第9条,出租人应当按照合同约定履行房屋的维修义务并确保房屋和室内设施安全。未及时修复损坏的房屋,影响承租人正常使用的,应当按照约定承担赔偿责任或者减少租金。需要说明的是,出租人只按照合同约定的房屋使用条件、状况、要求履行房屋修缮义务,因此,在合同中必须对房屋使用条件、现状等作出明确约定,在交接时双方应当对此作出确认,以确定修缮义务的范围。超出此范围或者因承租人过错造成房屋损坏的,出租人不负担修缮责任,而由承租人负责修复或者赔偿。

出租人在租赁期内应保证租赁房屋处于适格的使用状态被解释为是一项"持续性的无过错物之瑕疵担保责任"。在"上海克梦妮贸易有限公司与上海中金典当有限公司房屋租

---

① 《民法典》第712条充分肯定租赁合同当事人对租赁物的修缮的自主意定权:"出租人应当履行租赁物的维修义务,但是当事人另有约定的除外。"

赁合同纠纷上诉案"中,地铁施工导致的出租房屋损坏,造成承租人的经济损失,出租人虽无过错,也应当向承租人承担赔偿责任(参阅案例13-7)。

［案例 13-7］

（二）承租人对房屋的装修

在房屋租赁中,承租人应当按照合同约定的租赁用途和使用要求合理使用房屋;按照房屋租赁惯例,承租人对房屋的装修是允许的。于是,装修及其添附物的处理成为租赁关系经常发生争议的领域。

租赁房屋的装修应当遵循《民法典》第715条的规定。依据该条,承租人装修须经出租人同意。为了规范承租人的装修行为,《租赁办法》第10条特别规定:"承租人应当按照合同约定的租赁用途和使用要求合理使用房屋,不得擅自改动房屋承重结构和拆改室内设施,不得损害其他业主和使用人的合法权益。承租人因使用不当等原因造成承租房屋和设施损坏的,承租人应当负责修复或者承担赔偿责任。"

关于承租人装修造成的添附,依据《民法典》第715条,承租人未经出租人同意,对租赁物进行改善或者增设他物的,出租人可以请求承租人恢复原状或者赔偿损失。《房屋租赁解释》第7条至第11条详细规定经出租人同意和未经其同意时的装修在租赁合同无效、解除和终止时的处理规则。这些规定主要确立了以下规则:

第一,经出租人同意,承租人装饰装修,在合同无效情形下,区分是否形成装饰装修物,作不同的处理(参见表13-1):

表 13-1　合同无效时对承租人装饰装修的处理

未形成装饰装修物	同意利用	折价归出租人所有
	不同意利用	拆除,拆除造成房屋毁损,承租人恢复原状
形成装饰装修物	同意利用	折价归出租人所有
	不同意利用	双方各自按照导致合同无效的过错分担现值损失

第二,经出租人同意,承租人装饰装修,如果未形成附合的装饰装修物,在租赁期届满或合同解除时,由承租人拆除;因拆除造成房屋毁损的,承租人应当恢复原状。当事人可作相反约定。

第三,经出租人同意,承租人装饰装修,如果已经形成附合的装饰装修物,在租赁期满的情形下,承租人无权请求出租人补偿附合装饰装修费用;在合同解除情形下,区分合同解除原因,适用以下法律规则(参见表13-2):

表 13-2　合同解除时对形成附合的装饰装修物的处理

出租人违约导致合同解除	承租人有权请求出租人赔偿剩余租赁期内装饰装修残值损失
承租人违约导致合同解除	承租人无权请求出租人赔偿剩余租赁期内装饰装修残值损失的,但出租人同意利用的,应在利用价值范围内予以适当补偿
双方违约导致合同解除	剩余租赁期内的装饰装修残值损失,由双方根据各自的过错承担相应的责任
不可归责于双方的事由导致合同解除的	剩余租赁期内的装饰装修残值损失,由双方按照公平原则分担

第二节　房屋租赁中的主要法律问题

但是对于上述规则,当事人均可以作相反约定。

第四,未经出租人同意装饰装修,由承租人负担费用,出租人可请求承租人恢复原状或者赔偿损失。

第五,对于承租人的扩建,凡是未经出租人同意的扩建,不管是否办理合法手续,其发生的费用均由承租人承担,且出租人可请求承租人恢复原状或者赔偿损失。如果经出租人同意的,且办理合法建设手续的,扩建造价费用由出租人负担;未办理合法建设手续的,扩建造价费用由双方按照过错分担。这里的过错应当理解为未办理合法建设手续的过错。

这里所有的装饰装修和扩建都不包括改造或扩建房屋主体结构,这种改造属于法律禁止的行为。正因如此,《房屋租赁解释》第 6 条规定:承租人擅自变动房屋建筑主体和承重结构或者扩建,在出租人要求的合理期限内仍不予恢复原状,出租人请求解除合同并要求赔偿损失的,法院依照《民法典》第 711 条[①] 的规定处理。

三、租赁房屋转让的法律规则

房屋租赁后,出租人并不丧失房屋所有权。其表现之一就是出租人可以转让房屋的所有权。但是,出租人处分房屋的权利受到两个原则的羁绊:买卖不破租赁和承租人优先购买权。

（一）买卖不破租赁原则

《民法典》第 725 条规定,"租赁物在承租人按照租赁合同占有期限内发生所有权变动的,不影响租赁合同的效力",这就是"买卖不破租赁"原则。《房屋租赁解释》对此予以肯定,并将适用范围确定为"租赁房屋在承租人按照租赁合同占有期限内发生所有权变动"。这意味着买卖不破租赁原则可以适用于赠与、互易等各种所有权变动情况。

买卖不破租赁是保护承租人房屋使用稳定政策的产物,它使得租赁成为附着于房屋上的负担,随房屋转让而转让。在某种意义上,它具有妨碍房屋流转的消极后果。当事人可以排除买卖不破租赁原则的适用,而且在以下情形下,承租人不得请求房屋受让人继续履行原租赁合同:(1)房屋在出租前已设立抵押权,因抵押权人实现抵押权发生所有权变动的;(2)房屋在出租前已被人民法院依法查封的。

买卖不破租赁原则的适用并不要求或以租赁合同登记为前提。买卖不破租赁是基于承租人占有房屋的权利确立的规则,买卖房屋时,买受人有查验房屋现状的注意义务,买受人应当或可以知道租赁事实。同时,从诚信交易的角度看,在房屋出租的情形下,出卖人也应当向买受人披露或告知租赁事实。当然,不告知并不能导致承租人不能主张买卖不破租赁的结果。

另外,法律还保护与承租人共同居住人的利益,赋予共同居住人在承租人死亡时,继续原租赁合同的权利。[②] 在个人承租房屋用于营业的情形下,一旦承租主体发生死亡,可能会影响到营业稳定。为了确保营业的连续性,《民法典》第 732 条赋予了共同经营人或其他合伙人承继原租赁合同的权利。

（二）承租人优先购买权原则

除了买卖不破租赁外,承租人还享有另一项特权,即承租人在出租人转让房屋时,承租

---

① 《民法典》第 711 条规定,承租人未按照约定的方法或者根据租赁物的性质使用租赁物,致使租赁物受到损失的,出租人可以解除合同并请求赔偿损失。

② 《民法典》第 732 条规定,承租人在房屋租赁期限内死亡的,与其生前共同居住的人或者共同经营人可以按照原租赁合同租赁该房屋。

人在同等条件下享有优先于其他购买人而购买承租房屋的权利。

《民法典》第726条确认在出租人出卖租赁房屋时承租人享有以同等条件优先购买权，但是房屋按份共有人行使优先购买权或者出租人将房屋出卖给近亲属的除外。法律给予承租人优先购买权的主要理由是，承租人在长期占有、使用房屋过程中形成既定的占有利益，而且形成一定的社会关系。为保持物之利用和社会交往的稳定，法律赋予承租人优先购买权。与买卖不破租赁原则不同的是，承租人优先购买权仅适用于出租人有偿处分房屋的情形下。这里有偿处分包括抵债的情形。[①]

承租人行使优先购买权的前提是出租人告知承租人出卖房屋的意向，而且这种告知或通知应当在出租人与买受人（第三人）签署合同（确定出卖价格）后合理期限内通知。《民法典》第726条规定，出租人履行通知义务后，承租人在15日内未明确表示购买的，视为承租人放弃优先购买权。当然，出租人也可以先询问承租人是否行使优先购买权。如果不行使就径直与第三人签署买卖合同；如果行使，在签署买卖合同后，再提示承租人行使优先购买权。通常，承租人优先购买权适用于普通买卖，在公开拍卖时，承租人即无从行使优先购买权。不过，为了防止纠纷，《民法典》第727条规定，出租人委托拍卖人拍卖租赁房屋的，应当在拍卖5日前通知承租人。承租人未参加拍卖的，视为放弃优先购买权。在"王小琴诉中国农业银行镇江市京江支行等买卖合同案"中，法院认为，被告未依法有效地通知原告参加拍卖行使优先购买权，致使原告不能行使优先购买权，侵犯了原告的权益，被告存在一定的过错，对此应当承担相应的民事责任（参阅案例13-8）。

［案例13-8］

承租人优先购买权也具有妨碍交易的消极意义。为了平衡当事人双方利益，保护交易安全，《民法典》对承租人优先购买权作了一定的限制。第一，确立了出租人未在合理期限尽通知义务的，承租人不得请求买卖合同无效，而只能请求出租人赔偿损失。[②]第二，直接排除了一些情形下不适用承租人优先购买的情形：（1）房屋共有人行使优先购买权的；（2）出租人将房屋出卖给近亲属，包括配偶、父母、子女、兄弟姐妹、祖父母、外祖父母、孙子女、外孙子女的。

四、房屋转租的法律规则

（一）转租及其效果

房屋转租，是指在房屋租赁合同生效以后，承租人将承租的房屋再出租给他人的行为。《租赁办法》第11条第1款明确："承租人转租房屋的，应当经出租人书面同意。"《民法典》第716条规定："承租人经出租人同意，可以将租赁物转租给第三人。承租人转租的，承租人与出租人之间的租赁合同继续有效；第三人造成租赁物损失的，承租人应当赔偿损失。承租人未经出租人同意转租的，出租人可以解除合同。"按上述规定可以将转租行为分为合法转租与非法转租。依据这些规定，出租人同意是承租人转租的有效要件。在有效转租的情形下，承租人并未退出原租赁合同而完全由次承租人取代其地位，承租人只是与次承租人建立了另一个租赁合同关系，承租人仍然应根据原租赁合同向出租人承担义务和责任。可见，转

[①]《房屋租赁解释》第15条规定，出租人与抵押权人协议折价、变卖租赁房屋偿还债务，应当在合理期限内通知承租人。承租人请求以同等条件优先购买房屋的，人民法院应予支持。

[②]《民法典》第728条规定，出租人未通知承租人或者有其他妨害承租人行使优先购买权情形的，承租人可以请求出租人承担赔偿责任。但是，出租人与第三人订立的房屋买卖合同的效力不受影响。

租在性质上并非合同转让行为。

换言之,转租后形成两个相互独立的租赁关系,即出租人与承租人租赁关系和承租人与次承租人之间的法律关系。但是,为了防止承租人的违约影响次承租人的租赁关系,《民法典》第719条特别规定:"承租人拖欠租金的,次承租人可以代承租人支付其欠付的租金和违约金,但是转租合同对出租人不具有法律约束力的除外。次承租人代为支付的租金和违约金,可以充抵次承租人应当向承租人支付的租金;超出其应付的租金数额的,可以向承租人追偿。"

［案例13-9］

未经出租人同意的转租行为属于广义上的无权处分行为,而无权处分的转租合同的效力则存在争议。原《合同法》第51条规定:"无处分权的人处分他人财产,经权利人追认或者无处分权的人订立合同后取得处分权的,该合同有效。"从该条规定可以看出,承租人擅自转租而与次承租人签订的转租合同在签订时处于效力待定状态(参阅案例13-9"袁秋生诉刘晗英房屋租赁合同纠纷案")。

《民法典》删除了《合同法》第51条的规定,并且《民法典》第597条肯定了无权处分合同的效力,"因出卖人未取得处分权致使标的物所有权不能转移的,买受人可以解除合同并请求出卖人承担违约责任"[1]。根据举重以明轻的法理逻辑,在民法典体系下,无处分权之租赁合同也应为合法有效。此外,《民法典》第718条[2]及第716条第2款[3]并未否定转租合同的效力,仅规定了在未经出租人同意的情况下,出租人享有对租赁合同而非转租合同的解除权,据此,转租合同应为合法有效。但《民法典》并未剥夺次承租人进行救济的权利,次承租人仍可以向承租人主张违约责任。在民法典生效后,适用《民法典》支持合同有效司法判决。

为了防止出租人怠于行使权利,妨碍物之利用关系的稳定,《民法典》第718条规定:"出租人知道或者应当知道承租人转租,但是在六个月内未提出异议的,视为出租人同意转租。"这样规定旨在使出租人承担怠于行使权利的不利后果,防止出租人滥用权利。

另外,次租赁合同期限受原租赁合同限制。为了保护出租人利益,《房屋租赁解释》第13条规定,如果租赁合同无效、履行期限届满或者解除,出租人有权请求负有腾房义务的次承租人腾房;在逾期腾房情形下,可要求次承租人支付逾期腾房占有使用费。

(二)无效转租的法律后果

依据《民法典》第716条,转租合同未经出租人同意的,出租人有权解除其与承租人之间所签订的租赁合同。在出租人解除原租赁合同的情形下,存在两个问题:第一,出租人应向谁请求返还出租房屋;第二,无效转租的收益归属。

在解除与承租人签订的租赁合同的情况下,出租人既可以依据原租赁合同请求承租人返还房屋,这是基于原债权债务关系而产生的请求权,也可以基于房屋所有人的身份行使物上请求权,直接请求次承租人返还房屋。因为承租人擅自转租的处分行为的效力以出租人

---

① 这一条沿用了原《买卖合同司法解释》第3条的立法精神,即肯定了在合同有效的前提下,买受人可以解除合同并主张违约责任。

② 《民法典》第718条规定:"出租人知道或者应当知道承租人转租,但是在六个月内未提出异议的,视为出租人同意转租。"

③ 《民法典》第716条第2款规定:"承租人未经出租人同意转租的,出租人可以解除合同。"

的追认为有效要件,在未被出租人追认的情形下,次承租人的承租权即丧失法律基础,所有权人当然可以直接要求无权占有的承租人返还房屋。当然,次承租人亦可以基于无效租赁合同的解除将房屋返还给承租人,由承租人将房屋交还于出租人。

本书认为,该转租租金中只有一部分(转租租金减去原租赁租金产生的差额)属于不当得利。承租人擅自转租,构成对出租人财产权利的侵害,因此所获得的差价并无法律上的原因,属于不当得利,应当返还给出租人。转租收益中,相当于原先租赁合同中租金的部分不能作为不当得利对待,因为承租人毕竟向出租人支付了租金,相当于租金的收益并非承租人的获利,不应当作为不当得利返还。

(三)房屋转租后承租人优先购买权的行使

在房屋转租合同合法有效的情况下,出租人出售租赁房屋时,承租人与次承租人是否都享有优先购买权呢? 要确认是否享有优先购买权,首先必须确定该二人是否具备优先购买权的资格。本书认为,在建立了转租合同之后,次承租人与承租人一样都属于该房屋之合法承租人;既然都属于承租人,当然都享有该房屋的优先购买权。

既然在同一房屋之上存在两个承租人的优先购买权,这两个承租人的优先购买权之间是否存在顺位呢? 如果存在顺位,谁享有更为优先的优先购买权呢? 本书认为,次承租人的优先购买权应优先于承租人的优先购买权。因为次承租人已经实际占有了该租赁房屋。依据民法原理,实际占有的事实即赋予合法占有人以对抗第三人权利的效力。如果次承租人放弃优先购买权,承租人的优先购买权将上升为第一顺序。存在数次转租的情况下,从最后一个转租合同中的承租人开始依次前推,排列各承租人优先购买权顺位(参阅案例13–10"某乙诉某丙房屋租赁合同案")。

[案例13–10]

五、房屋租赁关系的终止

(一)房屋租赁合同终止的事由

房屋租赁是一种合同关系,其解除、终止及其终止的后果均遵循合同法的基本规则。

1. 租赁合同到期

房屋租赁期限,应由当事人约定并记载于租赁合同。依据《民法典》第705条的规定,租赁期限均不得超过20年。租赁期限超过20年的,超过部分无效。这里只是规定约定的租赁期限自合同生效之日起不得超过20年,租赁期限届满,当事人可以续订租赁合同,不受此限。房屋租赁合同期限届满,当事人可以解除合同,但是租赁合同期届满并不一定导致合同终止。

2. 房屋租赁合同的意定解除

房屋租赁合同可因以下原因而终止:(1)当事人协商一致。(2)合同约定的解除条件成就,因当事人行使解除权,而解除合同。

3. 房屋租赁合同的法定解除

房屋租赁合同还可能因法律规定的原因发生而导致当事人解除合同。依据《民法典》第722条,承租人无正当理由未支付或者迟延支付租金的,出租人可以请求承租人在合理期限内支付。承租人逾期不支付的,出租人可以解除合同。

依据《民法典》第724条,有下列情形之一,非因承租人原因致使租赁物无法使用的,承租人可以解除合同:(1)租赁物被司法机关或者行政机关依法查封、扣押;(2)租赁物权属有争议;(3)租赁物具有违反法律、行政法规关于使用条件的强制性规定情形。

（二）房屋租赁合同终止的后果

房屋租赁合同是一种继续性合同,合同解除通常只能向将来发生,而不溯及既往,其消灭效果只能自产生终止原因时起,向将来发生效力。因此,租赁合同一般称为终止,而不称为解除。《民法典》未严格区分解除和终止,因而也称房屋租赁合同的解除,但仅指向将来发生效力的解除。

租赁合同解除或终止后,承租人应当结清租金和费用,腾空房屋并返还于出租人,出租人有义务返还押金或保证金等。承租人在租赁时或租赁期间有装饰装修的,还应当依据前述规则移除或要求补偿或进行损害赔偿等。

[思考题]

1. 房屋出租应当具备何种要件?
2. 我国房屋租赁的具体类型有哪些?
3. 如何解决房屋租赁管理难的问题?
4. 房屋租赁合同登记的法律效力如何?
5. 房屋租赁关系当事人对房屋现状的维护义务如何?
6. 简述房屋转租的法律后果。
7. 试述承租人优先购买权行使规则和法律后果。

第十四章　房地产抵押

房地产抵押应当遵循不动产抵押的基本规则。在《民法典》出台之前,调整房地产抵押的主要是《物权法》和《担保法》;在《民法典》出台之后,不动产抵押形成以《民法典》为基础,其他相关法律为补充的规范体系。房地产抵押与不动产抵押规则近乎一致,没有多少特殊规则。本章主要论述不动产抵押在房地产领域的应用。第一节简要介绍我国房地产抵押制度框架,包括房地产抵押的概念和种类、可抵押财产的范围、房地产抵押权的设定;第二节介绍房地产开发中常用的建设用地使用权抵押与在建工程抵押中的各种法律问题及其可能的解决规则;第三节从房地产法的角度,对房地产抵押中可能出现的权利冲突作一些论述。

第一节　房地产抵押概述

一、房地产开发与交易中的抵押

（一）房地产抵押的概念

《民法典》第 394 条第 1 款明确了抵押的概念:为担保债务的履行,债务人或者第三人不转移财产的占有,将该财产抵押给债权人的,债务人不履行到期债务或者发生当事人约定的实现抵押权的情形,债权人有权就该财产优先受偿。在抵押关系中,享有抵押权的债权人为抵押权人;提供抵押物(房地产)的债务人或第三人为抵押人;抵押人提供担保的物,为抵押物。从所有权人(抵押人)角度而言,设定抵押为物的利用方式,是对物之交换价值的利用,以融通资金或为他人提供信用担保。设定抵押权乃是在抵押物上设定负担。相反,对于抵押权人而言,有效的抵押权使其未得到清偿的债权具有优先受偿效力。抵押权这一用语,乃是从抵押权人角度而言的。

房地产因其本身所具有的固定性、非消耗性等特点,适合设定抵押担保。《城市房地产管理法》第 47 条对房地产抵押也作了明确规定:"房地产抵押,是指抵押人以其合法的房地产以不转移占有的方式向抵押权人提供债务履行担保的行为。债务人不履行债务时,抵押权人有权依法以抵押的房地产拍卖所得的价款优先受偿。"《民法典》第 394 条没有明确可抵押的对象限于房地产。事实上,可抵押的对象一般为不动产,而不动产的主体为房地产。

（二）房地产开发和交易领域的抵押种类

原《担保法》颁布实施之后,建设部于 1997 年发布了《城市房地产抵押管理办法》(后于 2001 年被修订)(以下简称《抵押办法》),对房地产领域的抵押作了实施性规范。《抵押办法》第 3 条规定了三种抵押:一是普通房地产抵押,二是预购商品房贷款抵押,三是在建工程抵押。其中,普通房地产抵押和在建工程抵押在《民法典》中均有体现,应当以《民法典》规定为直接依据。而预购商品房贷款抵押是指购房人在支付首期规定的房价款后,由贷款银行代其支付其余的购房款,购房人将所购商品房抵押给贷款银行作为偿还贷款履行担保的行为。这样的抵押实质就是按揭贷款,只是《抵押办法》并未对特殊抵押形式作出特别规范。即使《抵押办法》对此作出规范,也会因为效力层次低,在司法适用上仅具有参考作用。

二、可抵押房地产的范围

适合于抵押的主要是不动产,而房地产即最主要的不动产。在房地产抵押中,房屋所有权抵押基本上没有限制,受限制较多的是土地使用权。我国《民法典》对可抵押物和禁止抵押物作了明确规定,其中多涉及房地产。

根据《民法典》第 395 条,下列财产可以抵押:(1)建筑物和其他土地附着物;(2)建设用地使用权;(3)海域使用权;(4)生产设备、原材料、半成品、产品;(5)正在建造的建筑物、船舶、航空器;(6)交通运输工具;(7)法律、行政法规未禁止抵押的其他财产。

房地产开发和交易中常用的抵押物为:建筑物和其他土地附着物,建设用地使用权和正在建造的建筑物。

可抵押物的基本条件是:可以确定其范围并可以估价交易。这里的可确定其范围,包括设定抵押权时即可确定的,比如已经建设的房屋;也包括将来可以确定其范围的房屋,比如正在建造的建筑物。这里的可估价交易,主要是指抵押物可以处分或转让,可以变现。抵押权旨在获得交换价值,如果不能交易,即不适格交易。在我国,以划拨方式取得的建设用地使用权原则上不能交易,因而不能用于抵押。但是,满足一定条件的划拨建设用地使用权经过主管部门审批并办理规定手续后可以交易的,可以抵押。

在我国,许多财产的抵押能力被禁止或被限制,这些禁止或限制影响到抵押的效力。根据《民法典》第 399 条,下列财产不得抵押:(1)土地所有权;(2)宅基地、自留地、自留山等集体所有土地的使用权,但是法律规定可以抵押的除外;(3)学校、幼儿园、医疗机构等以公益为目的成立的非营利法人的教育设施、医疗卫生设施和其他公益设施;(4)所有权、使用权不明或者有争议的财产;(5)依法被查封、扣押、监管的财产;(6)法律、行政法规规定不得抵押的其他财产。

三、房地产抵押权的设定

依据物权变动规则,抵押权设定涉及两个法律事实:抵押合同和抵押登记。抵押合同是产生抵押权的依据,抵押登记是抵押权的生效要件。原《担保法》未作区分,原《物权法》则在区分的基础上,建立了新的抵押权设定规则。在此基础上,《民法典》明确抵押权设定的基本要件为:有效的抵押合同 + 抵押权登记。

(一)抵押合同

抵押合同是抵押人(债务人或第三人)和抵押权人(债权人)合意,以某物为债权人设定抵押权,以担保某债务履行的合同。

抵押合同必须采书面形式,否则无效。抵押合同的形式有两种。一种是独立的抵押合同,即债权人与债务人或第三人签署独立的抵押合同,确定抵押权的客体范围、债权及其数额等。它一般适用于第三人为债权人设定的抵押权。另一种是在主合同中增加抵押条款,言明设定抵押权等内容,一般适用于债务人为债权人设定的抵押权。

《民法典》第 400 条第 2 款规定了抵押合同的条款或内容:(1)被担保债权的种类和数额;(2)债务人履行债务的期限;(3)抵押财产的名称、数量等情况;(4)担保的范围。

以上应理解为提示性条款,若缺少其中某些条款,可以补正,原则上不导致抵押合同无效。

（二）抵押权登记

抵押权的设立,其法律效果不仅直接涉及抵押人和抵押权人,还及于抵押人的一般债权人和其他与抵押物有利害关系的人。因此,抵押权的设立必须公示。

依据我国现行物权变动规则,物权登记应为物权变动的生效要件,因而,抵押权登记亦为抵押权设定的生效要件。

依照《民法典》第402条至第404条,我国将抵押权登记的效力分为两类:一类是登记生效,另一类是登记对抗。对于房地产抵押而言,一律适用登记生效规则,不存在登记对抗问题。

抵押登记的依据主要是双方已经签署的主合同和抵押合同。但抵押合同签署与抵押登记之间会间隔一定期限,在抵押人违背诚信原则,拒绝办理登记时,依理论解释抵押权人应有登记请求权,要求抵押人配合登记。如果抵押人拒不配合致使债权人受损的,抵押人应当承担赔偿责任。

登记时一般须向登记机关提交主合同、抵押合同、产权证书等文书。登记机关审验无误后,在抵押物原底簿上记录抵押事项,向抵押权人签发抵押权利证书,即完成登记。

抵押合同是登记的依据,原则上登记记载应与抵押合同相一致。但是,也有可能发生不一致的情形。如果当事人间约定的抵押合同的内容与登记机关登记簿不一致时,以登记簿为准。这是因为抵押权一经登记即产生公信力,即使与登记依据(抵押合同或条款等)不符,仍应当以登记簿为准。这种公信力主要表现在抵押物或抵押财产的范围上,登记的范围少于或多于抵押合同的,均以登记簿为准。

第二节　建设用地使用权抵押和在建工程抵押

房地产开发和交易中最常用的抵押是建设用地使用权抵押和在建工程抵押,二者紧密联系。

一、建设用地使用权抵押

（一）建设用地使用抵押概述

建设用地使用权抵押是指土地使用权人(通常为开发商)以其合法取得的土地使用权以不转移占有的方式作为抵押财产向债权人(通常为银行)作出的履行债务担保行为,当其不能履行债务时,债权人可以将抵押的土地使用权折价或者以变卖的价款优先受偿。建设用地使用权抵押是房地产开发中常见的融资工具,对于房地产开发具有重要意义。

土地使用权抵押的设定本身并不发生土地使用权转移,即土地使用权抵押后,开发商可继续对土地进行占有、收益。但是,抵押使得债权人(银行)获得抵押权,该抵押权使开发商的建设用地使用权受到限制或承受负担。抵押人应当按照土地使用权出让合同的规定,积极地开发、利用土地,促进土地的增值。如果有第三人对土地使用权主张权利,抵押人应当及时通知抵押权人,以保证抵押权人从抵押财产中享有优先受偿的权利。在债务人(开发商)不能清偿债务时,债权人有权依照法定程序处分土地使用权,优先于其他普通债权人清偿其债权。

无论从银行的角度,还是从开发商的角度,设定有效的抵押权都是重要的。设定和取得有效的抵押权最需要注意以下三点:

第一，抵押人须是该宗土地的使用权人。抵押人必须对抵押的土地享有有效的使用权，这里"有效"主要是指抵押人的土地使用权已经获得登记，取得国有建设用地使用权证。

第二，抵押的建设用地使用权必须是可交易土地使用权。在现阶段，须是以出让方式取得的国有土地使用权。如果是以划拨方式取得的土地使用权，那么必须符合一定条件并办理批准手续；如果是集体建设用地使用权，则禁止抵押。

第三，满足抵押权设定要件，即应当签订书面的建设用地使用权抵押合同，并依照规定办理抵押登记。只有经登记，抵押权才能够生效，从而具有对抗第三人的效力。

（二）房地一致规则在建设用地使用权抵押中的应用

我国实行土地使用权与地上建筑物相一致的原则。在土地使用权抵押时，其地上建筑物和其他附着物及一切权益随之一并抵押。所以在签署土地使用权抵押协议时，应详细列出地上建筑物和附着物及其所产生的权益，并予以登记。

原《担保法》第36条规定：以依法取得的国有土地上的房屋抵押的，该房屋占用范围内的国有土地使用权同时抵押。以出让方式取得的国有土地使用权抵押的，应当将抵押时该国有土地上的房屋同时抵押。原《物权法》第182条第1款完全承继了原《担保法》第36条的规定："以建筑物抵押的，该建筑物占用范围内的建设用地使用权一并抵押。以建设用地使用权抵押的，该土地上的建筑物一并抵押。"为了强化这一规则，该条第2款明确规定："抵押人未依照前款规定一并抵押的，未抵押的财产视为一并抵押。"这意味着，在抵押合同中未列明建筑物也因法律的直接规定而成为抵押财产。现《民法典》第397条延续了原《物权法》第182条的规定。

但是，依据《民法典》第417条，抵押权效力不及于土地上的新增房屋，但可以一同拍卖。债权人（抵押权人）对新增房屋拍卖所得价款，无优先受偿权。开发商将一宗土地进行抵押贷款时，一旦开发商不能清偿，抵押权人实现抵押权时，其上所建的全部建筑物也要随同变卖，尽管银行对抵押权设定之后新建建筑物变卖的价款不享有优先受偿权。

二、在建建筑物抵押

（一）建筑过程中的建筑物（在建工程）的可抵押性

在原《物权法》出台之后，实践中一直存在在建工程抵押，《抵押办法》第3条第5款对此作出了规定。依据该款规定，在建工程抵押，是指抵押人为取得在建工程继续建造资金的贷款，以其合法方式取得的土地使用权连同在建工程的投入资产，以不转移占有的方式抵押给贷款银行作为偿还贷款履行担保的行为。最高人民法院2000年出台的《担保法解释》第47条明确肯定了正在建造的房屋可以抵押。①《民法典》第395条明确肯定"正在建造的建筑物"可以用于抵押。这里正在建造的建筑物，习惯上称为在建工程，本书采习惯称谓。

建造房屋可以视为在土地上的添附行为，添附增值部分可以相对地剥离，作为抵押的客体。因而上述法律规定具有法理依据。当然，在建工程的抵押也是现实需要。开发商取得土地使用权，进行施工后极可能出现对资金的需求，从而希望对在建工程单独抵押，进行融资。因此，在建工程抵押被法律认可，在实践中被广泛应用。

---

① 原《担保法解释》第47条规定，以依法获准尚未建造的或者正在建造中的房屋或者其他建筑物抵押的，当事人办理了抵押物登记，人民法院可以认定抵押有效。

（二）在建工程抵押的设定

在建工程抵押需签订书面抵押合同。依据《抵押办法》第28条的规定，除了普通的抵押合同主要条款外，以在建工程抵押的，抵押合同还应当载明以下内容：（1）《国有土地使用权证》《建设用地规划许可证》和《建设工程规划许可证》编号；（2）已交纳的土地使用权出让金或需交纳的相当于土地使用权出让金的款额；（3）已投入在建工程的工程款；（4）施工进度及工程竣工日期；（5）已完成的工作量和工程量。

依据《抵押办法》第30条的规定，"房地产抵押合同自签订之日起30日内，抵押当事人应当到房地产所在地的房地产管理部门办理房地产抵押登记"。

在建工程抵押是否要包括土地使用权呢？

从《抵押办法》对在建工程抵押的定义可以看出，在建工程抵押须将其合法取得的土地使用权连同在建工程的投入资产一并抵押。[①]从理论上讲，这一规定具有合理性。因为在建工程没有独立性，它只能依附于土地使用权，因而要求和土地使用权一并抵押。但在现实中，开发商取得土地使用权后，即可能将土地使用权先行抵押取得贷款。在这样的情形下，本书认为仍然应当允许在建工程抵押，并且仍然将土地使用权列为抵押范围，只是在后的债权人（抵押权人）对于土地使用权没有优先受偿权。尽管在建工程依附于土地使用权，但在建工程抵押可以独立存在（只是处分时不能独立于土地使用权）。

作为独立抵押，在建工程抵押权一经登记即生效力，其效力延续至工程竣工。至于在工程竣工验收取得产权证之后是否办理抵押登记，应由抵押权人选择。[②]

在建工程是否能最终完成尚处于不确定状态，抵押权人为此要承担一定的风险。因此，抵押借款的用途限于在建工程建设。如果允许在建工程用于其他债务的抵押，会增加交易风险。如果抵押人（建设单位）挪用贷款资金于其他项目或减少对在建工程的投资甚至不投资，将极大地损害抵押权人的利益。这时法律应当赋予抵押权人监督抵押人资金运作或投资行为的权利，以确保资金应用于贷款的目的或者给予抵押权人某种救济途径。[③]

（三）在建工程抵押相关问题分析和解决

在建工程涉及许多当事人的利益：首先，在建工程涉及对建设用地使用权享有抵押权的债权人；其次，涉及建筑企业的利益；最后，如果该房屋已经预售，那么还涉及预购房屋人的权益。因此，对在建工程抵押必须采取合理的措施，才能平衡和处理好这些利害关系人的利益。

1. 在建工程抵押与在先土地使用权抵押

开发商取得土地使用权之后即可以进行抵押，而之后开始建筑又可以对在建工程进行抵押。虽然在建工程抵押是独立的，但是因为在建工程处分必须连同土地使用权一起进行，所以在建工程抵押与建设用地使用权关系的处理规则应当是：在建工程设定时，如果建设用

---

① 《抵押办法》第11条规定："以在建工程已完工部分抵押的，其土地使用权随之抵押。"

② 本书认为，《抵押办法》第34条第2款的规定（"以预售商品房或者在建工程抵押的，登记机关应当在抵押合同上作记载。抵押的房地产在抵押期间竣工的，当事人应当在抵押人领取房地产权属证书后，重新办理房地产抵押登记"）不适用于在建工程抵押，至少是否办理抵押登记应当是抵押权人的权利，而不是一项义务。

③ 比如，在抵押人确有必要减少对在建工程的投资或不投资的，应当规定抵押人应另行提供抵押物（价值应与在建工程的预计价值或担保的债务相当），亦可由其先行偿还债务。如果抵押人系恶意减少投资或不投资的，可以参照《民法典》第408条规定的精神进行处理，即抵押权人可以请求抵押人继续投资或提供担保，在遭到拒绝时，抵押权人可以请求债务人履行债务，也可以由抵押人先偿还债务。

地使用权不存在抵押,那么可以连同土地使用权一同抵押;如果建设用地使用权已经抵押,那么在建工程抵押只能限于正在建造中的建筑物,而不能当然地包含土地使用权。不管哪一个债务得不到清偿,需要实现抵押权,建筑物和土地使用权均应一同拍卖,分开估价,仅对自己抵押权效力所及部分行使优先受偿权。

2. 在建工程抵押与建筑企业的利益

根据《民法典》第807条,建筑承包商在发包人未按照约定支付工程款的情况下,承包人就该工程折价或者拍卖的价款享有优先受偿权。这样,如果在建工程存在拖欠工程款的情况,那么在建工程的价值就会缩水;如果忽略工程欠款,还会导致建筑承包商优先受偿权与在建工程抵押权冲突。为了避免这样的冲突,在建工程抵押时,必须查明工程款拖欠情况,以准确评估抵押财产的真实价值。正因如此,《房地产抵押估价指导意见》第17条明确规定,评估在建工程的抵押价值时,在建工程发包人与承包人应当出具在估价时点是否存在拖欠建筑工程价款的书面说明;存在拖欠建筑工程价款的,应当以书面形式提供拖欠的数额。

3. 在建工程抵押与预售房屋

自预售制度推行以来,我国的商品房开发大多采取预售方式,在建造过程中的房屋上又存在未来业主的利益。在法律上,预购人并不享有物权,但是其债权经预告登记之后具有对抗第三人的效力,这里的第三人也包括其后对在建工程享有抵押权的债权人。在建工程设定抵押时,如果该房屋已经预售且已经预告登记,在后的在建工程抵押权必须受预购人对抗效力的债权约束;如果该房屋还未预售,在建工程抵押则产生对抗其后购买人的权利。然而,本书认为,在房屋预售之后,预购人支付了全部价款,虽然不能取得物权,但是此时赋予成立在后的在建工程抵押权人对抗预购人的优先受偿权存在不合理之处。在建工程抵押在先时,理论上可以对抗其后的预购人,但须以在建工程抵押权已经登记公示为前提。在实践中,为了保护预购人或小业主的利益,许多地方将建设用地使用权和在建工程抵押权解除或消灭作为预售的前提条件,由此彻底避免小业主与抵押权人的冲突。①

第三节 房地产抵押中相关权利冲突

一、重复抵押及其纠纷解决

重复抵押是指债务人以同一抵押物的全部价值分别向数个债权人设定抵押权行为,数个抵押权的范围都及于同一抵押物的整体,致使该抵押物上有多个抵押权并存。在房地产开发和交易过程中,最易出现重复抵押现象。一旦同一抵押物上存在数个抵押权,就需要决定各抵押权实现的顺位。

---

① 例如,北京市建设委员会于2006年发布了《关于房地产预售项目抵押信息公示的通知》。北京市建设委员会对预售商品房项目土地使用权及在建工程抵押进行登记,并通过北京市房屋交易管理网信息网公示,其目的在于确保预售时预购人能够知道所购房屋上可能存在的各种负担。该通知还要求在签订商品房预售合同时,房地产开发企业须将预售项目设定抵押的情况在预售合同中书面告知买受人。已签订预售合同的须在补充协议中告知买受人,未告知买受人抵押情况的,一旦发生纠纷,由开发企业承担民事责任。另外,该通知还明确,办理商品房预售合同登记备案时,房屋已设定抵押权的,开发企业应先办理抵押注销登记,开发企业未办理抵押注销登记的,应由房屋买受人在《商品房预售合同签约证明和预售登记申请书》上签署已被告知所购房屋上有抵押权且同意预告登记的书面文字。

原《担保法》第35条规定对重复抵押作了较为保守的规定："抵押人所担保的债权不得超出其抵押物的价值。财产抵押后，该财产的价值大于所担保债权的余额部分，可以再次抵押，但不得超出其余额部分。"该规定只能说是允许一个物上存在两个抵押权，而不是真正的重复抵押。《民法典》第414条规定："同一财产向两个以上债权人抵押的，拍卖、变卖抵押财产所得的价款依照下列规定清偿：（一）抵押权已经登记的，按照登记的时间先后确定清偿顺序；（二）抵押权已经登记的先于未登记的受偿；（三）抵押权未登记的，按照债权比例清偿。其他可以登记的担保物权，清偿顺序参照适用前款规定。"本书认为，该条实质上肯定了重复抵押，并对重复抵押的效力作出了规定。

抵押权之所以可以重复设定，是因为抵押权是价值性支配权，只要有明确的顺位，价值100万元的一幢房屋原则上可以为两笔100万元的借款合同设定抵押。如果债务人偿还了第一笔贷款，那么第二笔贷款的债权人仍然可以实现抵押权。

抵押权顺位实际就是抵押权之间的优先性问题。抵押权顺位奉行"成立在先，权利在先"原则和登记的权利优先于未登记的权利原则。《民法典》第414条即这两个原则的体现。

二、房地产抵押权与租赁权的关系

抵押权的对抗效力体现在他可以对抗在后的物权，尤其是在后设定的用益物权。抵押权以抵押物交换价值为权利对象，用益物权仅针对抵押物使用价值，抵押权的存在对抵押物使用价值不应有影响。因此，一个物上可以同时设定和存在抵押权和用益物权。依据《民法典》，个人不动产上只可以设定地役权，而地役权通常不与抵押权发生直接冲突。

在我国，最易与抵押权相冲突的是租赁权。原《担保法解释》第65条和第66条最先对抵押权与租赁权的关系作了规范。前一条是将买卖不破租赁原理延伸到抵押领域；而后一条肯定了在先的抵押权对在后的租赁权的对抗效力。

《民法典》第405条承继了原《担保法解释》，规定，"抵押权设立前，抵押财产已经出租并转移占有的，原租赁关系不受该抵押权的影响。"抵押权作为价值支配权与租赁使用权本身可以并存，关键是在实现抵押权时，租赁关系是否要终止的问题。按照《民法典》的规定，在抵押权设定后抵押财产出租的，如抵押权已经登记，那么在拍卖时租赁关系得解除；如果抵押权未登记，那么在后的租赁仍然可以存续（拍卖时仍然保留租赁关系）。例如，在"鲁医峰、中国工商银行股份有限公司深圳光明支行金融借款合同纠纷案"中，法院认为，租赁关系不得对抗工商银行光明支行的抵押权（参阅案例14-1）。不过，不管哪种情形，都应不影响承租人优先购买权的实现。例如，在"陈某诉赵某房屋优先买卖权案"中，法院即支持了在后的承租人的优先购买权（参阅案例14-2）。

［案例 14-1］

［案例 14-2］

三、房地产抵押权与建设工程价款优先权

《民法典》第807条规定了建设工程价款优先受偿。[①] 建设工程价款的优先受偿权在理

[①] 《民法典》第807条规定：发包人未按照约定支付价款的，承包人可以催告发包人在合理期限内支付价款。发包人逾期不支付的，除根据建设工程的性质不宜折价、拍卖外，承包人可以与发包人协议将该工程折价，也可以请求人民法院将该工程依法拍卖。建设工程的价款就该工程折价或者拍卖的价款优先受偿。

论上也被称为法定抵押权,因其效力为法律直接规定,故被认为优先于意定的抵押权。最高人民法院于 2021 年施行的《关于审理建设工程施工合同纠纷案件适用法律问题的解释(一)》第 36 条规定,承包人根据《民法典》第 807 条规定享有的建设工程价款优先受偿权优于抵押权和其他债权。原《物权法》制定过程中曾讨论过要将建设工程价款优先权写入其中,以确立其优先于抵押权的地位。但是,原《物权法》最终没有对此作出规范,建设工程价款是否还具有优先性曾引起业界热议。

最高人民法院于 2021 年施行的《关于审理建设工程施工合同纠纷案件适用法律问题的解释(一)》对此前批复及司法实践中的做法作了相应的总结,该解释第 41 条调整了建设工程价款优先受偿权的行使期限:承包人应当在合理期限内行使建设工程价款优先受偿权,但最长不得超过 18 个月,自发包人应当给付建设工程价款之日起算。

根据《民法典》的规定,抵押权具有优先性,在同一标的物上既存在抵押权又存在债权的情况下,抵押权人应优先于债权人而受清偿。《民法典》明确了抵押等担保物权优先受偿,但未明确规定建设工程价款的优先受偿权。本书认为,建筑物工程价款优先权是依据法律规定产生的权利,其理论基础是工程款是承包人人力、物力、财力的结合,它包含了相当部分的劳动报酬,费用性请求权在法律理论上应当优先于融资性请求权。因此,抵押权不应当影响工程价款的优先权效力。

四、房屋抵押权与公权力冲突问题

(一)与国家无偿收回之冲突

《土地管理法》第 38 条、《城市房地产管理法》第 26 条、《暂行条例》第 17 条均规定,土地使用权满 2 年未动工开发的,或连续 2 年未使用的,可以无偿收回土地使用权。

土地使用权设定抵押后满足前述国家可以收回条件的,国家是否可无偿收回土地使用权呢? 1993 年 1 月 20 日,国家土地管理局答复上海市土地管理局公函的解释是:抵押权附属于土地使用权,作为主权利的土地使用权,因行政机关依照《暂行条例》作出收回土地使用权的处罚而消灭时,在该土地使用权上设定的抵押权随之消灭。

本书认为,法律关于国家强行无偿收回土地使用权之规定与土地使用权抵押存在冲突。如果强行无偿收回土地使用权,势必损害抵押权人利益。为了解决这个问题,一方面政府应当考虑适当返还出让金,另一方面建设用地使用权人应当以返还的出让金和(或)提供新担保,以保障抵押权人的利益。

(二)与国家有偿收回之冲突

《土地管理法》第 2 条第 4 款规定:“国家为了公共利益的需要,可以依法对土地实行征收或者征用并给予补偿。”第 58 条规定,为公共利益需要使用土地的,由有关人民政府主管部门报经原批准用地的人民政府或有权批准的人民政府批准,可以收回国有土地使用权。《民法典》第 358 条规定,建设用地使用权期限届满前,因公共利益需要提前收回该土地的,应当依据本法第 243 条的规定对该土地上的房屋以及其他不动产给予补偿,并退还相应的出让金。显然《民法典》的规定更加合理,符合民法基本精神。实质上,因公共利益提前收回土地使用权即相当于征收,如果被征收土地使用权存在抵押权,根据物权法原理,国家征收或因公益收回的补偿金应当提存,代位成为抵押权客体。

(三)与司法或行政强制措施之冲突

已经设定抵押权的房地产被采取查封、扣押或其他强制措施的,抵押权效力是否受影响？本书认为对此应作具体分析。若采取强制措施是为了实现抵押权,则应依据抵押权优先顺位清偿各个债权,此时的强制措施并不会影响抵押权之效力。若采取强制措施是为了实现行政管理部门之行政处罚权,该强制措施可能影响抵押权之效力。如《城市房地产管理法》第 68 条规定:"违反本法第四十五条第一款的规定预售商品房的,由县级以上人民政府房产管理部门责令停止预售活动,没收违法所得,可以并处罚款。"若受处罚的当事人不缴纳罚款,房地产管理部门有权依法对有关房地产采取强制措施,拍卖该房地产以其价款优先缴付罚款。此时即会产生冲突,即抵押权与行政处罚权(公权力)何者优先行使?

实务界通常认为,行政处罚权应优先于抵押权实现,其理由主要是公法效力应高于私法。亦有观点提出,公权与私权二者,先诉者优先行使权利。

本书认为,若抵押权先行成立,抵押权应优先于行政处罚权行使。其理由是:首先,成立在先的抵押权不仅具有对抗其他债权人的效力,而且应赋予对抗公权的效力,否则不足以保护抵押权人之利益;其次,私权应优于公权力得到保护,这一理念在刑法立法中已经得到体现。《刑法》第 36 条第 2 款规定:"承担民事赔偿责任的犯罪分子,同时被判处罚金,其财产不足以全部支付的,或者被判处没收财产的,应当先承担对被害人的民事赔偿责任"。此规定即是优先保护私权的立法佐证。因此,在"某银行诉房管局案"中,合法抵押的房屋因未获得预售许可,而被房地产管理局拍卖,应当先实现抵押权,再实现行政罚款。法院驳回抵押权人要求判令房管局将拍卖款提存,以清偿自己的债权的请求,值得商榷(参阅案例 14-3)。

[案例 14-3]

[思考题]

1. 什么是抵押? 房地产抵押有哪几种? 应如何在房地产上设定抵押权?
2. 我国对房地产抵押的管理有何依据? 其管理主要体现在哪些方面?
3. 在建工程单位抵押的理论基础为何? 如何设定在建工程抵押?
4. 什么是重复抵押? 对于同一房地产上多个抵押权的冲突,应如何处理?
5. 房地产抵押权与租赁权发生冲突应如何解决?
6. 房地产抵押权与建设工程价款优先权(法定抵押权)何者优先? 理由何在?

第十五章　房地产经纪与估价

房地产中介服务是房地产市场健康发展不可缺少的环节。房地产中介服务主要包括房地产经纪业务和房地产估价。本章分别论述房地产经纪制度和房地产估价制度,分别介绍每一种中介行为的法律关系和现行法对两种中介行为的调整。

第一节　房地产经纪

商品房买卖经纪是重要的房地产中介服务,房地产经纪人的中介行为主要包括代理、居间行为,以居间行为居多。另外,经纪人也时常参与商品房包销的营销模式。

一、经纪行为的法律含义

严格地讲,经纪并不是一种行为,而是一种行业的简称。

大陆法系通常并不使用"经纪"一词或确认"经纪制度",而经纪公司所从事的行为大致可以分为两类,一类是居间行为,另一类是代理行为。从理论上讲,房地产经纪人或经纪公司可以实施居间行为,也可以实施代理行为,但以居间行为居多。这是因为不动产买卖,如果经纪人以自己名义签署合同,在合同履行阶段,尤其是过户时,不具有可操作性。

居间行为和代理行为的主要区别在于:在代理的情形下,代理人代表出卖人或买受人签署合同,代理人在买卖合同上具名;而在居间的情形下,经纪人提供交易信息撮合交易,但是并不代理任何一方签署法律文件。在实践中,居间人可以作为见证人,在房屋买卖合同或相关法律文件上签名。这样的签名并不改变其居间地位。

[案例 15-1]

《房地产经纪管理办法》第 3 条将房屋经纪界定为"为促成房地产交易,向委托人提供房地产居间、代理等服务并收取佣金的行为"。之所以有"等"字,可能不排除在特殊的情形下,经纪企业从事包销或其他行为中介业务。在一些特殊情形下,可能存在委托代理房屋买卖的行为,作为民事代理,法律也并不禁止。例如,在"葛某诉袁某代理合同案"中,只能适用代理规则处理当事人之间的纠纷,而不宜一律宣布为无效(参阅案例 15-1)。因此,房地产经纪是一种统称,经纪机构所从事的具体中介服务属于哪种法律行为,应当根据具体的情形加以判断。

二、经纪行业监管

房地产经纪是一个重要的服务行业,如何培养和促进该行业的发展,同时规范房地产经纪企业行为,使房地产经纪企业健康、有序、良性发展,是政府市场监管的重要任务。

（一）经纪人资质管理

房地产经纪是房地产市场的一种专业服务,而对于 21 世纪才兴起的我国房地产市场而言,经纪人培育显得非常重要。1995 年国家工商行政管理总局发布的《经纪人管理办法》,[①] 开始全面规范经纪行为、经纪人和经纪机构,并建立了由行政主管部门主导的经纪人资质管

---

① 该法规于 2016 年 4 月 29 日被《国家工商行政管理总局关于废止和修改部分工商行政管理规章的决定》废止。

制度。据此，从事房地产等行业的专业经纪人，必须通过专业培训，经考核合格获得专业经纪人员资格证书后才能上岗。1996年，建设部发布了《城市房地产中介服务管理规定》[①]对房地产中介服务、经纪服务作出了更为详细的规范。2003年，国务院发布《关于促进房地产市场持续健康发展的通知》，强调健全房地产中介服务市场规则，严格执行房地产经纪人、房地产估价师执（职）业资格制度。为贯彻实施《行政许可法》，国务院在《关于第三批取消和调整行政审批项目的决定》中不再将经纪人纳入行政许可范畴。建设部于2004年发文，将房地产经纪人执业资格注册管理工作转交中国房地产估价师协会，使经纪人资质管理走向行业组织自律管理。2014年国务院发布的《国务院关于取消和调整一批行政审批项目等事项的决定》，正式取消房地产经纪人职业资格的行政许可，此后主要发挥行业自身对从业资质进行自治管理和认定。

自2004年经纪人执业资格注册管理工作的移交给行业协会，房地产经纪管理工作由过去单一行政管理，走向政府监管、行业自律和社会监督相结合的房地产经纪行业管理机制。房地产管理部门对经纪的监管主要表现在对中介机构的设立和服务规范作出规范，对中介机构和从业人员的违章、违法的行为的监督和处罚等。而行业协会的监管主要表现在：对房地产经纪人执业资格注册，推动房地产经纪行业诚信建设，建立房地产经纪人和房地产经纪机构信用档案；开展房地产经纪机构资信评价，建立房地产交易信息共享系统，促使房地产经纪人和房地产经纪机构为居民提供行为规范、诚实信用、信息准确、高效便捷的服务；制定房地产经纪执业规则，探索房地产经纪损害赔偿和执业风险防范制度。

由于我国没有行业自律和自治的基础和传统，我国的房地产中介的行业自治如同其他行业自治一样，存在空间狭小、作用有限等问题。今后的努力方向是：一方面，在法律上确立行业协议的法律地位，赋予行业规则一定的法律效力，推进行业自治；另一方面，政府应当扶助和支持行业自治，建立政府法治和行业自治相互补充、促进的良好机制。

（二）经纪机构管理

经纪业务属于营业行为，因此，任何人从事房地产经纪业务必须进行营业登记，取得营业执照。《城市房地产管理法》第58条第2款明确规定："设立房地产中介服务机构，应当向工商行政管理部门申请设立登记，领取营业执照后，方可开业。"在现行法律下，经济组织的主要形式有独资企业、合伙企业和公司。从事房地产中介服务者可以选择这三种经济组织形式中的任何一种作为房地产经纪机构的组织形式。

设立房地产中介组织除满足特定经济组织营业登记所需要的条件外，还需要满足房地产中介服务机构的条件。《城市房地产管理法》第58条规定了房地产中介服务机构应当具备的条件。在这些条件中，具有足够数量的专业人员是房地产中介经济组织区别于其他经纪组织的主要条件。

按照《房地产经纪管理办法》第11条，房地产经纪机构及其分支机构应当自领取营业执照之日起30日内，到所在直辖市、市、县人民政府建设（房地产）主管部门备案。这是房地产管理部门实施或介入房地产经纪管理的前提条件。

（三）经纪行为规范和管理

房地产经纪行为是经纪机构依约向客户提供服务的商事行为，其内容根据服务不同

---

① 该规定于2001年修正，并于2011年1月被《住房和城乡建设部关于废止和修改部分规章的决定》废止。

而不同,主要由合同确定,法律仅仅填补空白并规定中介行服务提供者应当尽的最起码的义务。《民法典》"合同编"第二十三章关于委托合同的规定可以适用于经纪服务关系,第二十六章关于中介合同的规定也适用于房地产经纪所从事的相关行为。另外,经纪人从事经纪业务还应当遵循住房和城乡建设部发布的《房地产经纪管理办法》。

《房地产经纪管理办法》对房地产经纪的主要规范如下:

第一,房地产经纪机构及其分支机构应当自领取营业执照之日起 30 日内到当地建设(房地产)主管部门备案(第 11 条);并向社会公示机构名称、住所、法定代表人(执行合伙人)或者负责人、注册资本、房地产经纪人员等信息(第 12 条)。

第二,房地产经纪机构应当在其经营场所醒目位置,公示其合法资质证明文件、服务项目、内容、标准、业务流程等内容;代理销售商品房项目的,还应当在销售现场明显位置明示商品房销售委托书和批准销售商品房的有关证明文件(第 15 条)。

第三,房地产经纪机构接受委托,提供经纪服务(提供房地产信息、实地看房、代拟合同等)的应当与委托人签订书面房地产经纪服务合同(第 16 条);提供代办贷款、代办房地产登记等其他服务的,应当向委托人说明服务内容、收费标准等情况,经委托人同意后,另行签订合同(第 17 条)。

第四,房地产经纪服务实行明码标价制度。房地产经纪机构应当遵守法律、法规和规章规定,在经营场所醒目位置标明房地产经纪服务项目、服务内容、收费标准以及相关房地产价格和信息,不得收取任何未予标明的费用(第 18 条);房地产经纪机构未完成房地产经纪服务合同约定事项,或者服务未达到房地产经纪服务合同约定标准的,不得收取佣金(第 19 条)。

第五,房地产经纪机构签订房地产经纪服务合同前,应当向委托人说明房地产经纪服务合同和房屋买卖合同或者房屋租赁合同的相关内容,并书面告知必要的事项(列举七项);提供房地产经纪服务以外的其他服务的,应当事先经当事人书面同意并告知服务内容及收费标准(第 21 条)。

第六,房地产交易当事人约定由房地产经纪机构代收代付交易资金的,应当通过房地产经纪机构在银行开设的客户交易结算资金专用存款账户划转交易资金(第 24 条)。

随着法治化进程的推进,政府对于民商事行为的监管愈来愈从主体监管走向行为监管,从事前管制走向事后监督和处罚。因此,房地产管理部门应当更加重视对房地产经纪行为的监管,加大对违规和违法经纪行为的惩罚力度。

三、典型经纪行为——中介行为的法律分析

(一)中介活动及其法律调整

中介活动,是指中介人向委托人报告订立合同的机会或者提供订立合同的媒介服务,委托人支付报酬的活动。

在房地产中介机构开展中介活动时,中介人仅促成合同的订立或为合同的签订提供媒介服务,并不直接参与合同的订立。在所签订的商品房买卖合同中,不会出现中介人的名义。依据《民法典》之规定,中介人在促成合同成立的情况下,由委托人支付报酬,未促成合同成立的,中介人不得请求支付报酬,但可以要求委托人支付中介活动的必要费用。[①] 最高

---

① 《民法典》第 963 条规定:"中介人促成合同成立的,委托人应当按照约定支付报酬。对中介人的报酬没有约定或者约定不明确,依据本法第五百一十条的规定仍不能确定的,根据中介人的劳务合理确定。因中介人提供订立合同的媒介服务而促成合同成立的,由该合同的当事人平均负担中介人的报酬。中介人促成合同成立的,中介活动的费用,由中介人负担。"第 964 条规定:"中介人未促成合同成立的,不得请求支付报酬;但是,可以按照约定请求委托人支付从事中介活动支出的必要费用。"

人民法院有关"珠海横琴一达拉青投资合伙企业、海南盛达建设工程集团有限公司居间合同纠纷案"的裁判中涉及居间义务完成的标准、居间费用调整的问题（参阅案例 15–2）。中介行为促成买卖合同后，非因中介人过错造成买卖合同解除，中介合同仍然有效，且中介人不承担违约责任（参阅案例 15–3"董凤义诉汪秋香、周海珠房屋买卖合同纠纷案"）。

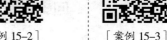

［案例 15–2］   ［案例 15–3］

在房屋中介交易中，最易发生的纠纷主要还有：经中介公司牵线后"挑单"自行成交的行为，此时中介公司是否可以获取佣金？出卖人选择几家中介公司挂牌出售房屋，而最终只能选择一家中介公司介绍的买家签署合同，此时，其他经纪公司可能也有投入，却无法分享佣金，是否可要求出卖人违约赔偿？最高人民法院发布的指导案例 1 号对此作了澄清，认为禁止买方利用中介公司提供的房源信息却绕开该中介公司与卖方签订房屋买卖合同的约定合法有效。但是，当卖方将同一房屋通过多个中介公司挂牌出售时，买方通过其他公众可以获知的正当途径获得相同房源信息的，买方有权选择报价低、服务好的中介公司促成房屋买卖合同成立，其行为并没有利用先前与之签约中介公司的房源信息，故不构成违约（参阅案例 15–4"上海中原物业顾问有限公司诉陶德华居间合同纠纷案"）。《民法典》第 965 条是对该指导案例裁判观点的继承与发展，正式从制度上否定了"挑单"行为的正当性。该条规定，委托人在接受中介人的服务后，利用中介人提供的交易机会或者媒介服务，绕开中介人直接订立合同的，应当向中介人支付报酬。

［案例 15–4］

（二）对中介活动的规制

1995 年，国家工商行政管理局发布了《经纪人管理办法》。此后，大多数省市自治区相继出台了地方法规《经纪人（管理）条例》。此外，各个地方行政主管机关（主要指房地局、工商局、物价局）还出台了针对经纪活动的收费标准、经纪人的执业规范等相关管理措施。纵观各地的规定及操作实践，对房地产经纪活动主要有以下规制措施：（1）对居间人从事活动设定收费上限标准；（2）禁止居间人索取或收受委托合同规定以外的酬金或其他财物；（3）禁止房产商的经纪机构和人员从事本公司的房地产经纪业务；（4）禁止无照经营、超越经营范围和非法异地经营；（5）禁止经纪组织或经纪人压低卖出价格自行收购后高价格转卖的行为；（6）限制房地产经纪人自己直接（先买后卖）从事房地产交易活动。《房地产经纪管理办法》第 25 条规定了房地产经纪机构和房地产经纪人员不得从事的行为。

目前，我国经纪人行业自律缺乏，有些经纪人甚至不履行起码的查验房屋权属源信息的义务，导致被法院判决承担责任（参阅案例 15–5"谷兰惠诉天津合生源房地产经纪有限公司居间合同纠纷案"）。还有的中介公司利用对房屋价格的判断优势，转手倒卖房屋赚取差价（参阅案例 15–6"殷蕾与北京中天置地房地产经纪有限公司居间合同纠纷上诉案"）。在"郭卫平诉贵州广盛源房地产经纪有限公司等房屋买卖合同纠纷案"中，法院认为，中介人未将有关订立合同的事项如实告知委托人，未尽到妥善的居间义务，应返还中介费（参阅案例 15–7）。

［案例 15–5］　　　　　　［案例 15–6］　　　　　　［案例 15–7］

四、商品房包销

商品房包销是商品房销售的一种模式，是房屋开发和销售分工的结果；商品房包销是房地产经纪公司代理销售一手房的一种模式，是房地产经纪服务中的一种特殊类型。

（一）商品房包销及其分类

房地产商为了尽快筹集建房资金、收回投资利润，采用了与包销商联手销售商品房的促销新方式——商品房包销。包销形式的出现，是社会分工越来越细的产物，促进了房屋销售的专业化。

最高人民法院《商品房解释》第 16 条对包销的含义作了解释，即出卖人与包销人订立商品房包销合同，约定出卖人将其开发建设的房屋交由包销人以出卖人的名义销售的，包销期满未销售的房屋，由包销人按照合同约定的包销价格购买，但当事人另有约定的除外。

商品房包销行为，可以根据不同的标准作不同种类的区分：以包销房屋状况为标准，可分为现房包销和期房包销；以包销涉及开发商开发房屋的范围为标准，可分为全部包销和部分包销；以包销基价为标准，可分为确定基价包销和比例基价包销。基价包销指开发商与包销商只约定包销基价、付款期限，对外销售时由包销商决定销售价格；比例基价包销指开发商与包销商约定将对外销售价格的一定比例返还给开发商，剩余部分作为包销商的报酬。

（二）包销行为的法律性质

关于商品房包销行为的法律性质，理论界、实务界有代理说、买卖说和两合说三种观点。本书认为，两合说较为合理。

商品房包销行为具有两合行为的性质。包销行为，在不同的阶段表现为不同的性质；在包销期限之内为一种委托代理关系，包销期限届满以后则为一种买卖关系。在包销关系中，并非仅仅存在代理关系，还可能存在买卖关系，因此代理说并未全面概括商品房包销的性质。在包销关系中，包销商的目的并非购买开发商的商品房，因而买卖说也难令人信服。本书认为，代理说、买卖说都不能准确说明商品房包销的性质，只有两合说才能概括商品房包销的性质。

商品房包销包含内部关系和外部关系两个方面。内部关系即开发商与包销商之间的关系，外部关系即包销商或开发商与购房者之间的关系。这两个方面实际上存在以下三种法律关系：

第一，开发商与包销商之间的包销关系。包销关系又分为两个阶段：（1）在包销期限内，由包销商承包销售开发商的商品房，包销商以开发商的名义向购房者出售商品房，包销商与开发商在此期间为一种代理关系，即开发商委托包销商对外销售商品房。（2）包销期限届满后，由包销商购入剩余商品房，此时包销商与开发商之间为一种买卖关系。

第二，开发商与购房者之间的买卖关系。虽然商品房买卖合同的签订都是由包销商具体完成,但此时开发商仍然为商品房的所有者并且具有商品房出售资格,商品房出售合同一方当事人仍为开发商。在包销商代理销售时期,因包销代理行为,在开发商与购房者之间建立商品房买卖关系。

第三,包销商与购房者之间的关系。在包销期限内,包销商是开发商的销售代理人,代理开发商与购房人签署房屋买卖合同;在包销期限届满后,包销商以自己名义销售房屋情形下,则房屋买卖关系直接在包销商与购房人之间建立。

综上所述,商品房包销总体上是一种代理行为,但在包销商买断或包销期满后,包销商又成为房屋出卖人。处理商品房包销法律问题,必须区分具体情况,适用不同的法律。

（三）商品房包销纠纷及其解决

商品房包销交易量大,并牵涉众多的购房人,开发商应当谨慎选择包销人,规范运作包销方式。包销常见的纠纷主要有:

1. 包销是否需要经纪人资质

个人从事商品房包销是否需要特殊的资质,是实践中经常遇到的问题。实际从事包销行为的有境内外企业法人,也有境外居民（商人）;有从事房地产开发经营的公司,也有从事其他行业的公司,有经纪人公司也有非经纪公司。本书认为,包销属于商品房销售方式,选择怎样的销售人,应当由房地产开发公司来判断,政府或法律不宜干预。因此,在"朱定仁与衡阳市锦和房地产开发有限公司商品房包销合同纠纷上诉案""郴州标点房地产行纪有限公司、戴新明商品房委托代理销售合同纠纷再审案"中,在没有强制性规定个人不能包销外销商品的情形下,应当认定包销协议有效（参阅案例 15-8、15-9）。

［案例 15-8］

［案例 15-9］

2. 阴阳合同价格的认定

在包销关系形成以后,可能会出现包销商与购房人之间所签合同的价款和开发商与购房人之间所签订合同的价款不一致的情形。这就是一般所称的阴阳价格。毫无疑问,购房价格只能是两个价格中的一个,因此,如何认定真实的购房价格是发生价格纠纷时必须解决的问题。通常,为了规避税收而将交易价金减少的房价条款应当视为无效。所以在"孙某诉某房产公司房屋买卖合同案"中,法院没有支持孙某返还 7 万元差价和赔偿利息损失的诉讼请求（参阅案例 15-10）。

［案例 15-10］

3. 包销商的诉讼地位

购房者与包销商之间,就商品房买卖合同发生纠纷时,有的购房人只将包销商列为被告,也有的将包销商和开发商列为共同被告。究竟应当如何确定该类诉讼的当事人呢?

《商品房解释》第 18 条对于包销商的诉讼地位作了较为明确的规定,即对于买受人因商品房买卖合同与出卖人发生的纠纷,人民法院应当通知包销人参加诉讼;出卖人、包销人和买受人对各自的权利义务有明确约定的,按照约定的内容确定各方的诉讼地位。

依据《商品房解释》,结合司法实践操作,本书认为,发生此类纠纷并且引发诉讼时,当事人的确定与商品房出售合同的签订有直接关系。

如果出售合同中的卖方一栏加盖的是开发商的印章,而包销商仅是作为代理人身份签章的,则此类合同发生纠纷时应以开发商为被告。当然,如果还涉及包销商返还购房价款、赔偿损失等的,应将包销商列为第三人,以利于案件的执行。

如果出售合同中的卖方一栏加盖的是包销商的印章,即以包销商为卖方的,则此类合同引发的诉讼应当以包销商为被告。

4. 包销收益的限制

关于包销收益即佣金的限制,国家计委、建设部曾联合发布《关于房地产中介服务收费的通知》。[①] 有些地方又根据该通知规定,出台了地方性文件,如上海市物价局、上海市房屋土地资源管理局联合发布的《关于本市房地产中介服务收费的通知》。《关于房地产中介服务收费的通知》规定,房屋买卖代理收费,按成交价格总额的 0.5%—2.5% 计收。实行独家代理的,收费标准由委托方与房地产中介机构协商,可适当提高,但最高不得超过成交价格的 3%。房地产经纪费由房地产经纪机构向委托人收取。但在市场经济应当起主导作用的今天,这些规范合理性将受到质疑,在司法中不宜依据该"通知"轻易判决超出比例的佣金无效(参阅案例 15-11 "商品房包销佣金案")。

[案例 15-11]

第二节 房地产估价

一、我国房地产估价制度概述

在实行市场经济的今天,市场成为决定所有可交易财产价值的主要因素。作为一种可交易的商品或财产,房地产的价格一般也应由市场来决定,即由当事人协商确定房地产交易价格。但是由于房地产的特殊性,为确保房地产价格的公平合理性,专门为房地产交易或纠纷处理服务的房地产评估机构随之诞生。

(一)房地产评估和估价制度

1992 年,建设部颁布《城市房地产市场评估管理暂行办法》,对房地产评估制度作了详细的规定。该办法适用于城市规划区内房地产市场活动中需要确定房地产价值或价格的评估管理。1994 年《城市房地产管理法》第 33 条规定:"国家实行房地产价格评估制度。房地产价格评估,应当遵循公正、公平、公开的原则,按照国家规定的技术标准和评估程序,以基准地价、标定地价和各类房屋的重置价格为基础,参照当地的市场价格进行评估。"该条确立了房地产价格评估的基本原则。

之后为了推进和规范房地产估价行业发展,建设部于 2005 年发布了《房地产估价机构管理办法》(后经 2013 年、2015 年两次修订),于 2006 年发布了《注册房地产估价师管理办法》(后 2016 年被修订)。

房地产估价也称为房地产价值评估,过去多称为房地产价格评估,现在还经常称为房地产评估。一般情况下,房地产估价和房地产评估可以不作区分,能够交换使用。但是,严格说来"估价"与"评估"含义不完全相同。估价是对价值分析、测算和判断的活动,是价值评估的代名词;而评估的含义很宽泛,不仅限于对价值进行评估,还可指查验某人、某物或者某

---

① 该文件于 2014 年被国家发展改革委、住房和城乡建设部《关于放开房地产咨询收费和下放房地产经纪收费管理的通知》部分废止。

项工作、活动,以判断其表现、能力、质量、效果、影响等。因此,在建立房地产价值评估管理体制时,使用了房地产估价,从事房地产价值评估的专业人员称为估价师。

按照《房地产估价机构管理办法》,房地产估价活动包括土地、建筑物、构筑物、在建工程、以房地产为主的企业整体资产、企业整体资产中的房地产等各类房地产评估,以及因转让、抵押、房屋征收、司法鉴定、课税、公司上市、企业改制、企业清算、资产重组、资产处置等需要进行的房地产评估。

房地产估价师和房地产估价机构除了从事价值评估业务(即估价),通常还从事下列房地产估价衍生业务和咨询顾问业务:(1)价值分配业务。例如,把包含土地价值和建筑物价值在内的房地产总体价值在土地和建筑物之间进行分配;把采用成本法测算出的一个商品房小区的平均房价在各幢、各楼层、各单位之间进行分配;把采用成本法测算出的一个开发区或土地一级开发片区的平均地价在开发完成后的各地块之间进行分配;把一宗土地的价值在其上建筑物的各单位之间进行分配,即所谓"高层建筑地价分摊"。(2)价值减损评估业务。例如,因规划修改、污染、工程质量缺陷等导致的房地产价值减损评估。(3)相关经济损失评估业务。例如,因征收、征用房地产造成的停产停业损失评估。(4)房地产咨询顾问业务。例如,房地产市场调研、房地产投资项目可行性研究、房地产开发项目策划、房地产项目调查评价、房地产购买分析、房地产最高最佳利用分析、房地产资产管理等。

由此可见,房地产估价是房地产评估的核心业务或重要组成部分,但房地产评估业务的范围远大于房地产估价业务。房地产估价师可以从事房地产评估业务,或者房地产评估业务也主要是由房地产估价师从事的。

(二)房地产评估业务管理

房地产主管部门非常重视房地产估价和评估业务的培育、规范和发展。自1992年建设部颁布《城市房地产市场评估管理暂行办法》(以下简称《评估管理暂行办法》),我国房地产评估管理体制日渐完善,初步建立政府监管、行业自律和社会监督相结合的行业管理模式;在管理方式上实现了从事前监管向全过程监管,从静态监管向动态监管,从被动监管向主动监管的转变。

1. 评估(估价)机构的管理

根据《评估管理暂行办法》,我国的房地产评估机构分两类。一类是由城市人民政府房地产行政主管部门设立的官方评估机构,它是房地产市场管理机构的组成部分,是房地产市场评估的职能机构。官办评估机构主要承办本行政区域内涉及政府税费收入及由政府给予当事人补偿或赔偿费用的房地产估价业务以及受当事人委托的其他房地产估价业务。另一类是经过政府主管部门核准成立的民办房地产评估事务所。欲从事房地产市场估价业务的单位,可向房地产行政主管部门提出申请,经审查同意,并经市场监督管理部门核发营业执照,成立房地产估价事务所。

评估机构和评估事务所除了在机构性质上的不同外,它们接受评估事务的范围也不一样。官办的评估机构可以接受任何种类的房地产估价事务。对任何性质的房地产市场价值估价,当事人均可委托房地产估价机构或房地产估价事务所进行。但涉及国家征收税费、由政府给予当事人补偿或赔偿费用的房地产买卖、租赁、赠与和拆迁补偿,其估价必须由当地人民政府房地产行政主管部门的估价机构承办。此类房地产若未经房地产估价机构估价,房地产交易管理部门不得为其办理交易立契手续,房地产产权管理部门不得为其办理产权转移变更手续。而对于其他类型的房地产交易,当事人可自愿选择评估(或不评估),并自愿选择评估机构。

我国设置两类房地产评估机构主要原因有二:一是我国可交易房地产均是以国家所有的土地为基础,且存在公有房屋的市场交易等,为保护国有财产,防止在房地产交易中国有资产的流失,设定政府评估机构以保护国有资产;二是国家担心完全由专业评估机构评估,若评估价格太低则影响房地产税赋,若评估价格太高又影响城市改建的成本。因此,特别规定涉及国家征收税费、由政府给予当事人补偿或赔偿费用的房地产买卖、租赁、赠与和拆迁补偿的房地产估价由政府评估机构承担。为此,财政部等四部局发布了《清产核资中土地清查估价工作方案》及《清产核资中土地估价实施细则》,专门对土地价格评估作出规范。

2. 房地产估价机构资质管理

依据《房地产估价机构管理办法》,我国对房地产估价机构实施资质管理和业务监督管理,建设行政主管部门负责房地产估价机构监督管理工作。该办法将房地产估价机构资质分为一、二、三级,分别由国务院建设行政主管部门负责一级房地产估价机构资质许可,省级人民政府建设行政主管部门负责二、三级房地产估价机构资质许可。每一级资质机构从事的业务有所限制:一级资质房地产估价机构可以从事各类房地产估价业务;二级资质房地产估价机构可以从事除公司上市、企业清算以外的房地产估价业务;三级资质房地产估价机构可以从事除公司上市、企业清算、司法鉴定以外的房地产估价业务。暂定期内的三级资质房地产估价机构可以从事除公司上市、企业清算、司法鉴定、房屋征收、在建工程抵押以外的房地产估价业务。

3. 房地产估价师注册和执业管理

为规范和管理房地产估价师的注册、执业、继续教育和监督管理,建设部于 2006 年发布了《注册房地产估价师管理办法》(后于 2016 年被修订)。依据该办法,我国房地产估价师实行注册执业管理制度。只有取得执业资格的人员,经过注册方能以注册房地产估价师的名义执业。由建设主管部门管理房地产估价师注册、执业活动。《注册房地产估价师管理办法》规定了注册房地产估价师的注册条件(第 7 条),初始、延续和变更注册(第 8 条,第 10—12 条),证书管理等内容(第 16—18 条)。

《注册房地产估价师管理办法》对注册房地产估价师执业作出了详尽的规范。依据规定,取得执业资格的人员应当受聘于一个具有房地产估价机构资质的单位,经注册后方可从事房地产估价执业活动(第 19 条);由聘用单位接受委托并统一收费(第 21 条)。该办法还规定估价师执业守则和规范,并通过行业自律和政府监管,约束估价师诚信、客观、合法执业。

4. 房地产估价执业管理

依据《房地产估价机构管理办法》,房地产估价业务应当由房地产估价机构统一接受委托,统一收取费用;房地产估价师不得以个人名义承揽估价业务,分支机构应当以设立该分支机构的房地产估价机构名义承揽估价业务(第 26 条)。房地产估价实行估价回避制度,房地产估价机构及执行房地产估价业务的估价人员与委托人或者估价业务相对人有利害关系的,应当回避(第 27 条)。房地产估价机构承揽房地产估价业务,应当与委托人签订书面估价委托合同(第 28 条)。房地产估价机构未经委托人书面同意,不得转让受托的估价业务。经委托人书面同意,房地产估价机构可以与其他房地产估价机构合作完成估价业务,以合作双方的名义共同出具估价报告(第29条)。房地产估价报告应当由房地产估价机构出具,加盖房地产估价机构公章,并有至少2名专职注册房地产估价师签字(第32条)。房地产估价机构应当妥善保管房地产估价报告及相关资料(第34条),并为当事人保密(第35条)。

《房地产估价机构管理办法》明确列举了房地产估价机构禁止的行为(第33条),并赋予县级以上人民政府房地产行政主管部门监督检查和可能采取的强制措施的权力(第38条)。

（三）房地产评估的程序

《评估管理暂行办法》第10条详细规定了房地产市场估价的程序:

1. 申请估价

当事人向估价机构或估价事务所递交估价申请书;估价申请书应当附有标的物的产权证书和有关的图纸、资料或影印件。估价申请书应当载明下列内容:当事人的姓名(法人代表)、职业、地址;标的物的名称、面积、坐落;申请估价的理由、项目和要求;当事人认为其他需要说明的内容。

2. 估价受理

估价机构或估价事务所收到估价申请书后,应当核查当事人的身份证件、标的物产权证书及估价申请书,对符合条件者交由不少于2名估价人员承办。

3. 现场勘估

承办人员应当制订估价方案。到标的物所在地进行实地勘丈测估,核对各项数据和有关资料,调查标的物所处的环境状况,并做好详细记录。

4. 综合作业

承办人员应综合各种因素进行全面分析,制作估价结果书并由承办人员签名。估价结果书由承办估价业务的估价机构或估价事务所签署意见并加盖单位公章后,书面通知当事人。

二、房地产估价的法律责任

（一）房地产估价机构和估价师的责任

房地产估价存在两种不同类型:一是鉴证性估价(或称证据性估价、公证性估价);二是咨询性估价(或称参考性估价)。为估价委托人向第三方证明或者说服第三方而提供的估价,即估价报告是给委托人以外的特定第三方特别是给众多的不特定的第三方使用的,如为上市公司关联交易提供参考依据的估价,估价报告具有"公共产品"性质,通常属于鉴证性估价。为估价委托人自己使用而提供的估价,即估价报告是供委托人自己使用的,如为委托人确定投标报价提供参考的估价,估价报告是一种"私人产品",通常属于咨询性估价。在这两种不同性质的估价中,估价机构和估价师都要承担一定的法律责任,但鉴证性估价承担的法律责任一般要大于咨询性估价。

房地产估价师的法律责任可以归类于专家责任范畴。不论是何种性质的估价以及承担的法律责任的大小如何,估价机构和估价师都应认真对待,勤勉尽责地去完成。其中鉴证性估价应"独立、客观、公正",咨询性估价应"为委托人争取最大的合法权益"。如果注册房地产估价师违法执业或因自己过错导致客户损失,应当依法承担损害赔偿责任。

我国对房地产估价机构和估价师实施行政管理。估价机构和估价师违反这些规定,行政机关对房地产估价机构和估价师要进行一定处罚。依据《注册房地产估价师管理办法》,提供虚假材料申请房地产估价师注册或以欺骗、贿赂等不正当手段取得注册,均给予处罚;

对未经注册,擅自以注册房地产估价师名义从事房地产估价活动的,所签署的估价报告无效,县级以上地方人民政府建设(房地产)主管部门可以给予警告,责令停止违法活动、罚款等处罚。对于注册房地产估价师有行政规章规定禁止行为的,主管部门可以给予警告,责令其改正,没收违法所得等行政处罚。

另外,估价师的行为构成犯罪的,有关机构将依法追究其刑事责任。

（二）房地产估价民事赔偿责任的承担

由于注册房地产估价师是在估价机构(评估公司或评估事务所)执业,凡是执业引发的责任应当首先由执业机构对外承担责任。如果具体行为人存在过错,房地产估价机构可以追究有过错的执业人员的责任。通常如果因为一份房地产估价报告引发民事赔偿责任,只有在其评估报告上签字或盖章的评估师才承担这样的责任。

在我国,房地产估价机构由自然人出资,以有限责任公司或者合伙企业形式经营。在采取合伙企业形式时,当合伙企业资产不足以承担赔偿责任时,每个合伙人还连带承担责任;而在公司形式下,房地产估价机构仅以公司资产对外承担责任。

[思考题]

1. 商品房买卖经纪行为有哪些类型？其各自的特征如何？
2. 简述我国对房地产经纪的规范框架。
3. 简述商品房包销的法律性质。
4. 试述房地产估价的法律责任。

第十六章 房地产市场监管和税收

房地产交易通常指经营行为,并非民法上惯常使用的概念,但房地产交易本身属于民事关系,应当遵循民事法律基本规范,同时它受房地产法强制性规范调整,要接受国家对房地产市场的各种监管。本章是房地产交易规范和管理的一般论述,主要介绍房地产交易和房地产市场的基本概念以及我国对房地产交易进行管理的基本框架,揭示现行房地产管理体制和措施及其存在的问题。最后简要介绍目前房地产交易税收政策和主要类型。

第一节 房地产交易和房地产市场

一、房地产交易和房地产市场概述

（一）房地产交易

《城市房地产管理法》第2条第4款对房地产交易作了定义:"本法所称房地产交易,包括房地产转让、房地产抵押和房屋租赁。"该法第四章则对房地产交易作了专门的规范。

房地产转让包括土地使用权单独转让以及因房屋所有权转让导致土地使用权与房屋所有权一并转让。从交易的角度,房地产转让即是通常所说的买卖,只是因为土地使用权的转让不宜称为买卖,而被称为转让。因此,房地产转让泛指房地产权利人彻底放弃其房地产权利,并将其移转于受让人的行为。在转让术语下,转让的当事人被称为转让人和受让人;在买卖的语境下,转让的当事人被称为出售人（出卖人）和买受人（购买人）。

房地产抵押是贯穿于房地产交易的重要形式,既可以作为房地产开发经营的融资手段,也可以辅助房屋买卖等交易。房屋租赁是指让渡房地产使用权而获得租金收益的交易行为。租赁使房屋所有权人在不放弃房屋所有权的情形下,获得房屋投资收益。

在房地产法中,房地产交易仅限于土地使用权和房屋所有权的转让、抵押和租赁。在房地产开发过程中,房地产开发项目本身也可以随土地使用权转让,房地产开发公司也可以通过股权转让或公司并购实现房地产本身的转让。另外,商品房销售过程中还存在包销或代理销售的形式,在房地产交易各个环节还有房地产中介交易。因此,无论从交易方式还是交易类型来看,房地产交易在现实中均是一个宽泛的概念。其范围远远大于《城市房地产管理法》界定的几种交易形式,应当将其界定为房地产市场各种交易行为的总称。因此,房地产交易可以认为是房地产市场的另一种表达。

（二）房地产市场

房地产市场也没有确切的内涵和外延。从类型上看,房地产市场包括房屋市场和土地市场。

房屋市场分一手房市场和二手房市场。首次出售商品房的市场称为一手房市场,而将人们拥有的各类房屋进行出售的市场称为二手房市场。无论从政府调控的角度,还是从房地产法研究的角度,一手房市场无疑是重点。

在我国,土地市场仅指土地使用权的交易市场。土地使用权交易是整个房地产市场的基础,没有土地使用权交易,就不可能有整个房地产市场的存在。土地使用权交易分为土地一级市场和二级市场。一级市场专指政府出让土地使用权的交易,本质上为国家创设土地使用权的过程,决定着土地(使用权)的供应;土地使用权的二级市场,是指已经为民事主体取得的土地使用权的再次转让,其转让人为建设用地使用权人,是既有土地使用权在不同主体间的流转。土地的二级市场还包括本属于不可交易的划拨土地使用权的转让,这种转让实际上伴随政府出让手续的办理。

总体上,房地产市场是由土地的一级市场和二级市场以及房屋的一手房市场和二手房市场组成的。这是从政府管理的角度对房地产市场的分类,便于政府针对不同的市场进行调控。

（三）房地产交易及其规范的性质

房地产交易属于平等主体之间的民事合同关系。即使在土地使用权出让交易中,国家也是以所有权人身份出现的,完全采取公开竞价的市场机制选择受让人,缔结出让合同。即使存在审批等行政成分,也不能改变其民事行为的性质。土地使用权的转让以及房屋买卖纯粹是民事主体之间的物权转让行为。

作为民事法律关系,房地产交易受《民法典》调整,民事法律规范应当成为房地产交易的基本规范。任何房地产交易均应当遵循《民法典》中有关物权取得的基本规范。房地产交易属于因法律行为取得物权的情形,因而单纯的合同不能产生物权取得或变动效力,只有经登记后当事人才能取得物权。房屋建筑属于事实行为,因建筑取得物权,无须登记,建设单位即可取得物权,只是不登记不得处分。因此,本书有关房地产交易的基础规则均以《民法典》为依据。

房地产交易具有如下特点,这些特点决定了房地产交易受强制性法律规范的调整以及政府的监管:

第一,许多房地产交易当事人事实上地位不平等。土地使用权出让的一方当事人为政府,另一方为民事主体,显然不能按照民事物权的设定规则规范土地使用权出让交易。商品房一手买卖中一方当事人为开发商,另一方通常为个人,经济地位不平等,加之房地产交易中存在较多信息不对称,因此,需要强制性规范保护处于弱势地位的当事人。

第二,房地产交易构筑房地产市场,而房地产市场是受政府调控的市场,房地产产业是受政府监管的产业。一方面,房地产市场关系百姓安居乐业,关系生存保障和社会安定;另一方面,房地产产业是国民经济的重要产业,政府需要采取措施促进产业发展,规范市场行为。因此,在我国,房地产市场是一个受政府干预的重要经济领域。

房地产产业受到管制,房地产市场受到调控,这决定了房地产交易受特别法——房地产管理法调整。房地产管理法属于经济法范畴,着重规范房地产开发企业的经营行为,规范政府房地产交易行为和管理行为,因而表现出房地产管理法的强制性、行政性。房地产管理法的主要目的在于:其一,控制房地产转让的条件,保护经济秩序和交易安全,如商品房预售买卖的条件,土地使用权转让的条件等,建立房地产权转让行政规制的一般框架;其二,消除因经济地位不平等、信息不对称等导致的欺诈行为,确保房地产交易安全。

综上,房地产交易既受民事法律规范调整,也受属于经济法范畴的房地产管理法调整。

二、政府在房地产市场中的角色

（一）政府在房地产市场中的多重角色

在我国,政府是房地产市场中的重要主体。由于我国特殊的土地归属体制,国有土地由政府代表国家行使权利,因而政府在房地产市场中的角色远比在其他市场更具复杂性和多样性。概括起来,政府在房地产市场中承担如下角色:

第一,政府是土地的供应者。土地一级市场完全控制在政府手中,政府通过土地利用总体规划、建设用地审批等行政措施控制土地的供应量、供应类型及转让价格。为了避免国有资产流失,同时也为了房地产开发用地取得的公平,政府引入公开竞争机制——拍卖、招标和挂牌,而这些竞价机制在房地产市场需求旺盛的情形下,导致土地价格不断攀升。

第二,政府是房地产市场的参与者。政府通过参与房地产市场,进行房地产开发获得收益。政府不仅通过出让土地使用权获取土地收益,而且设立许多国营或国有企业进行土地储备开发,将生地变成熟地,然后再出让。另外,政府还设立许多国营或国有房地产开发公司,直接参与房地产开发。这些开发活动成为地方政府财政的主要来源。

第三,政府是市场的调控者。政府需要稳定经济、防范金融风险、保障社会公平、解决民生问题,因此政府又设法抑制高扬的房地产市场价格、抑制房地产开发投机行为。

第四,政府是民生问题的解决者。政府的社会公共事务管理者角色决定了关心民生、解决居民居住问题是政府的重要职责。因此,在推进住房商品化,促进商业性房地产业发展的同时,政府还应当投资建设保障性住房,满足特定人群的需求。

但是,政府的这些角色却存在冲突。作为市场的参与者,政府希望价格上涨,因而房价走低时,政府即采取救市措施;作为社会管理者和市场监管者,政府希望平抑价格,解决广大居民的基本居住问题;作为民生问题的解决者,政府希望将保障性住房建设连同商业开发一并考虑解决,通过与开发商各种"交易"缓解政府财政支出压力。因此,如何理顺这些关系,应当是政府在今后实施监管过程中不断思考和完善的问题。

（二）政府在房地产市场中应有的角色

首先,应当区分政府在商品房市场中的角色和保障性住房供给中的角色。在商品房市场,政府可以作为一个经济人(或利益主体);而在保障性住房供应中,政府只能作为一个公共产品或服务的提供者(公益主体)。角色定位不同,直接决定政府行为的性质、行为规则不同。政府应当将两类房屋的建设、供应分开,将商品房建设完全定位于商业或经营模式(亦即狭义的房地产开发),并将之作为众多产业之一进行管理和发展;而对于保障性住房则定位于非营利性模式,其开发建设应当由政府支付(纳入公共福利开支范畴)。如果政府将二者混同在一起,就会扰乱两类房地产开发建设行为,导致政府与商品房开发商进行某种非商业的安排,而这些非商业的安排又会转嫁给社会或潜在的购买人。政府应当建立和培植独立于商品房开发的经济适用住房和廉租住房建设体系,建立系统化、规范化的管理制度,增加市场供给,给房地产市场的发展创造良好的环境。

其次,应当区分政府的市场行为和市场监管行为。政府既是房地产市场的参与者,又是房地产市场的调控者,这两种角色存在一定的冲突。许多业界人士希望政府在房地产市场中做好宏观调控者,而不是微观操作者,更有人提出,房地产市场的出路在于彻底的市场化,认为政府应尽快从房地产市场利益的主体角色中淡出,退位为市场的游戏规则制定者和裁判者以及市场失效问题的解决者。政府应从房地产市场上的运动员的角色转变为制定市场的运行规则,培育和发展市场以及扶持弱势群体上。这无疑是房地产市场发展的正确方向。

然而,事实上,在相当长一段时期内,政府不可能退出房地产市场,我们只能希望政府尽可能站在中立的立场上,制定规则或政策,实施监督和管理。在制定政策和规则时,应当将政府利益置之度外,将地方经济利益或影响置之度外。这需要改变既有的考核标准,使政府不再担负起发展经济的"使命",政府官员不以地方经济发展作为考核标准,同时将公共住房保障制度的落实情况列入地方政府的政绩考核体系中。

政府在房地产市场中的角色与政府在区域经济发展中的角色紧密联系在一起,同时也与政府垄断土地所有或供应联系在一起。政府成了房地产市场直接和间接的获益主体。另外,住宅本身具有公共性的特征,商品房开发产业的特殊性,又决定了政府干预房地产业的必要性。在这样的条件和背景下,政府既不能够完全撤出房地产市场,也不能不干预房地产市场。政府在房地产市场的角色仍然是多重的、冲突的,而要正确地定位政府的角色,需要政府区分不同行为,更需要进行政府体制改革和完善相应的制度设计。

第二节　房地产市场管理框架

一、房地产市场管理概述

（一）房地产市场管理体系

我国对房地产市场的管理主要体现在以下四个方面。

第一,对土地市场的控制,通过建设用地总量控制、建设用地使用权出让和划拨程序及入市交易控制,达到控制房地产市场供应总量的目的。

第二,对房地产项目的批准,以此控制房地产市场产品供应量和供应的种类。

第三,对房地产开发项目实施的监管以及对建筑市场的规范,确保房地产开发和交易的安全。

第四,对房地产交易市场的监督,实行从预售监管到商品房买卖各个环节的管制。

可以说,房地产开发市场的行政监管渗透到从立项、建设用地使用权获得到房地产租售交易的各个环节。本书前面几章已经涉及前三个方面的行政监管,下面略谈一下商品房交易市场的监管。

房地产交易监管是指政府设立的房地产交易管理部门及其他相关部门通过法律的、行政的、经济的手段,对房地产交易活动行使指导、监督等管理职能。房地产交易管理是房地产市场管理的重要内容。《城市房地产管理法》也充分肯定了各级建设行政主管部门、土地管理部门对房地产交易的管理职责。

（二）房地产交易的管理机构及其职责

房地产交易的管理机构主要是指由国家设立的从事房地产交易管理的职能部门及其授权的机构,包括国务院建设行政主管部门,即住房和城乡建设部,省级建设行政主管部门即各省、自治区建设厅和直辖市房地产管理局,各市、县房地产管理部门以及房地产管理部门授权的房地产交易管理所(房地产市场产权管理处、房地产交易中心等)。

房地产交易管理机构的主要任务是:(1)对房地产交易、经营等活动进行指导和监督,查处违法行为,维护当事人的合法权益;(2)办理房地产交易登记、鉴证及权属转移初审手续;（3）协助财政、税务部门征收与房地产交易有关的税款;（4）为房地产交易提供洽谈协议、交流信息、展示行情等各种服务;（5）建立定期信息发布制度,为政府宏观决策和正确引导市场发展服务。

（三）商品房交易监管的主要内容

我国对商品房交易市场的行政监管涵盖了从预售到产权登记的各个环节,不仅有对交易行为本身的监督和干预,还有宏观调控措施。本书在介绍各类交易中均会涉及政府对交易的管理问题,就商品房的交易管理而言,大致有以下几方面。

1. 预售审批

现行法律为商品房预售设定条件,并实行商品房预售审批。在预售的同时进行预售登记和预售合同的备案。同时要求售楼现场悬挂预售许可证、经备案的合同样本,增加公示,保护预购人的利益。

2. 商品买卖合同备案制度

为了加强对商品房交易的管制,自 2000 年之后,一些地方对商品房现房销售实行备案制度,房地产开发企业现售前应将符合现售条件的有关文件证明报房地产行政主管部门备案,在有条件的地方进行网上备案登记。

3. 权属登记

在我国,权属登记（无论是初始登记还是变更登记、注销登记）是由行政机构或经行政机构授权的机构完成的,是房地产管理部门履行房地产管理职责的重要工作。房地产权属登记是房地产行政管理的基础,准确完整的产籍资料是进行房地产管理的重要依据。现行法律理论和司法实践通常也将房地产权属登记机构的行为界定为具体行政行为（房地产登记行政行为）,具有行政法的效力。

（四）房屋面积监测

为避免房屋面积计算、公用面积分摊、房屋使用性质等方面的纠纷,房地产开发企业在基础工程完成后,申领《商品房预售许可证》前,可持《建筑工程规划许可证》《建设用地使用权证》及规划部门批准的建筑图纸等相关资料,委托有资质的房地产测绘机构进行面积预测,明确套内建筑面积、公用分摊面积。预测结果可作为申报预售许可的前置条件。工程竣工后,面积实测无变化的,直接确认预测成果。

二、房地产价格管理

（一）房地产价格管理概述

目前,我国对房地产价格实行一定的管理,主要表现政府对房地产交易价格的管理和交易价格申报制度。

1994 年,《城市房产交易价格管理暂行办法》颁布。该办法规定房产交易价格及经营性服务收费,根据不同情况分别实行政府定价和市场调节价,其具体规定为:向居民出售的新建普通商品住宅价格、拆迁补偿房屋价格及房产交易市场的重要的经营性服务收费实行政府定价;房产管理部门统一经营管理的工商用房租金,由当地人民政府根据本地实际情况确定价格管理形式;其他各类房屋的买卖、租赁价格,房屋的抵押、典当价格及房产交易市场的其他经营性服务收费实行市场调节。对实行市场调节的房产交易价格,城市人民政府可依据新建商品房基准价格、各类房屋重置价格或其所公布的市场参考价格进行间接调控和引导。必要时,也可实行最高或最低限价。由此,该办法确立了国家对房地产价格直接管理和间接管理相结合的模式。

《城市房地产管理法》第 35 条规定:"国家实行房地产成交价格申报制度。房地产权利人转让房地产,应当向县级以上地方人民政府规定的部门如实申报成交价,不得瞒报或者作不实的申报。"2001 年,建设部修正的《城市房地产转让管理规定》对之作了细化:"房地产转让当事人在房地产转让合同签订后 90 日内持房地产权属证书、当事人的合法证明、转让合同等有关文件向房地产所在地的房地产管理部门提出申请,并申报成交价格";"房地产管理部门核实申报的成交价格,并根据需要对转让的房地产进行现场查勘和评估";"房地产转让应当以申报的房地产成交价格作为缴纳税费的依据。成交价格明显低于正常市场价格的,以评估价格作为缴纳税费的依据"。

房地产交易价格管理的主要目的有:(1)保护正当的价格竞争,禁止垄断、哄抬价格,保护交易公平或当事人利益;(2)防止交易当事人减逃税收和费用,保护国家利益。

(二)房地产价格评价制度

《城市房地产管理法》34 条规定:"国家实行房地产价格评估制度。"1992 年,建设部颁布《城市房地产市场评估管理暂行办法》,对房地产评估制度作了详细的规定。关于房地产估价中介管理,请参阅本书第十五章。

三、房地产市场管理体制和手段

(一)房地产市场的管理体制

房地产从开发到交易涉及许多政府部门,房地产市场管理更是千头万绪,建立统一的或相互协调房地产行政管理体制是保持房地产市场稳定健康发展的关键。在这些部门中首先涉及土地主管部门、建设主管部门、规划部门之间的关系。在这些管理部门中,尤其以土地与建设(房屋)管理部门之间的关系为主要焦点。

北京、上海、天津和深圳等城市都曾经实行房屋和土地管理合一的体制。但北京市和上海市先后从"房地合一"集中管理模式改革为"房地分离"体制。

2004 年之前,北京市仅存在国土资源和房屋管理局,之后实行房地分离,设置北京市国土资源局,并将房屋行政管理和住房制度改革职责划入市建委,市建委成为负责北京市建设、房屋行政管理以及住房制度改革的机构。

在 2008 年之前,上海市仅有上海市房屋土地资源管理局,统一管理土地和房屋建设。2008 年进行机构改革,组建市住房保障和房屋管理局,不再保留市房屋土地资源管理局,将市房屋土地资源管理局的住房建设管理和房地产市场调控、物业行业管理等职责以及市建委的拆迁管理职责,整合划入市住房保障和房屋管理局。与此同时,组建市规划和国土资源管理局,不再保留市城市规划管理局。将市城市规划管理局的职责、市房屋土地资源管理局的土地和矿产资源管理职责,整合划入市规划和国土资源管理局。

房地产合一管理模式,有利于土地与房屋建设的统一,尤其是有利于房地产交易和市场的管理。但是其与中央一直实行的土地与房屋管理的职能分开、实行土地垂直管理的行政机构调整方向不一致,加上统一本身可能也不利监督,导致两大城市最终走向分立管理体制的道路。

但也有相反趋势的改革。根据 2009 年的机构改革方案,深圳市组建规划与国土资源委员会,撤销了规划局、国土资源和房产管理局。这样的改革方案被认为是为了解决目前城市总体规划与土地利用规划编制脱节、体制不畅、日常管理中职能交叉等问题,以提高规划编制的科学性、前瞻性和实施的有效性。

上述情况说明,房地产管理体制还未形成全国统一的模式,各地房地产管理体制不尽相同且在不断调整。这也意味着我国房地产管理体制还在不断完善。有研究者对于理顺我国城市房屋行政管理体制提出如下建议,并提出探索城乡建设大部门体制改革的设想:[①]（1）建立有机统一的房屋行政管理体制。行政管理体制应当科学设置,紧密者组合,相近者配合,这是机构改革的基本思路。由于房屋与建设的每一个阶段和环节都非常紧密,因此,在机构改革过程中,要充分考虑房屋与建设之间的紧密关系。例如,北京市和上海市已经将房屋管理职能从原来的土地和房屋管理合一的体制下剥离出来,使房屋的建设和管理成为一个有机统一的整体。（2）建立以建设行政主管部门统一归口管理的房屋管理体制。房屋管理在客观上需要熟悉其建造过程的机构长期管理和维护,保证其结构的稳定、功能的正常和艺术品质的延续。这就天然地选择了建设行政主管部门统一归口房屋管理的体制。

（二）房地产市场的调控手段

我国房地产市场需要政府监督和管理,但是政府应当采取怎样的监管措施对房地产市场进行监管,什么样的制度措施是有效的和可行的,却没有现成的答案。

面对不断上升的房地产价格,政府不断地出台政策重申政府对市场的监管作用,强调政府应当进一步加强和改善房地产市场调控,稳定市场预期,促进房地产市场平稳健康发展。比如,从2008年起,国务院办公厅不断发布关于房地产市场调控的文件[②],提出政府应当采取差别化的土地、金融、税收等政策,促进房地产市场健康发展。

在我国,政府可以采取的措施主要有以下几种:

1. 土地供应政策

政府可以调控土地供应的总量、结构和时序,以此调节房屋市场的结构。比如,政府可以减少商品房开发用地供应,而增加限价商品住房、经济适用住房、公共租赁住房等用地的供应,以缓解市场供应压力。

2. 信贷政策

政府可以采取的信贷政策主要集中在购房信贷和开发信贷两个方面。在购房信贷方面,政府可制定不同的购房信贷政策,抑制投资购房规模。比如,对首次购房和购买二套及以上房屋采取不同的购房贷款政策,提高二套房贷款首付款比例。例如,2010年,二套房贷款首付款比例提高到房价的40%。在房地产开发企业的信贷管理方面,政府可以提高房地产项目资本金,严格房地产开发企业信贷条件,加强对信贷资金流向和跨境投融资活动的监控,防范信贷资金违规进入房地产市场。

3. 税收政策

政府可以采取差别化的住房税收政策,对于个人购买普通住房与非普通住房、首次购房与非首次购房实行差别化税收政策。不符合规定条件的,一律不得给予相关税收优惠。

---

① 王珏林、翟宝辉、周江、周达:《我国部分城市房屋行政管理体制及相关问题研究》,载《城乡建设》2009年第1期。

② 它们分别是:《国务院办公厅关于促进房地产市场健康发展的若干意见》（2008年）、《国务院办公厅关于促进房地产市场平稳健康发展的通知》（2010年）、《国务院办公厅关于进一步做好房地产市场调控工作有关问题的通知》（2011年）《国务院办公厅关于继续做好房地产市场调控工作的通知》（2013年）。

4. 市场监管措施

房地产主管部门可会同有关部门,严厉查处违法违规用地和囤地、炒地行为,查处捂盘惜售、囤积房源等违法违规行为,遏制中介服务机构价格欺诈、哄抬房价以及违反明码标价规定等行为;合理确定商品住房项目预售许可的最低规模,建立健全新建商品房、存量房交易合同网上备案制度,使房地产开发企业在规定时间内一次性公开全部房源,严格按照申报价格,明码标价对外销售。

总之,在稳定房地产市场方面,政府可以针对房地产行情和变化,及时采取差别化的土地、金融、税收等政策,促进各类房屋的有效供给,抑制投资投机性购房,引导和促进房地产市场健康发展。

（三）住房保障与市场调控并重房地产市场调控政策

面对价格不断走高的楼市,政府对住房制度建设的思路开始由"注重市场"转变为"市场与保障并重"。

2007 年,国务院办公厅发布《国务院关于解决城市低收入家庭住房困难的若干意见》。该意见指出:低收入家庭主要通过廉租住房外加经济适用住房解决;中等收入家庭根据各地实际可以采取限价商品房和经济租用房的办法解决;高收入家庭主要通过市场解决。2009 年,住房和城乡建设部等公布《2009—2011 年廉租住房保障规划》,宣布从 2009 年至 2011 年,要基本解决 747 万户现有城市低收入住房困难家庭的住房问题。2010 年国务院办公厅发布的《关于促进房地产市场平稳健康发展的通知》又将保障房建设计划翻番,提出在 2012 年前为 1540 万户城市低收入家庭提供保障性住房。另外,2014 年,国家还采取了公共租赁住房与廉租住房并轨措施,要求各地公共租赁住房和廉租住房并轨运行（并轨后称公共租赁住房）。[1]

在 2016 年,国家开始构建符合国情、适应市场规律的房地产平稳健康发展长效机制。当年的中央经济工作会议首次提出"房住不炒"的定位,同时推出"租购并举"措施[2],建立多主体供给、多渠道保障,不断促进我国住房市场健康有序发展。

第三节 房地产交易中的税收

一、房地产税和房地产费

（一）房地产税

税收是国家行使其职能,取得财政收入的一种特定分配关系。税收具有强制性、无偿性和固定性三个基本特性。

房地产税有广义和狭义两种含义。广义的房地产税,是指房地产开发经营中涉及的税,包括城镇土地使用税、耕地占用税、房产税、契税、印花税、城市维护建设税、固定资产投资方向调节税、营业税、企业所得税、外商投资企业和外国企业所得税、个人所得税等。狭义的房地产税,是指以房地产为课税依据或者主要以房地产开发经营流转行为为计税依据的税,

---

[1] 2013 年,住房和城乡建设部、财政部、国家发展改革委发布《关于公共租赁住房和廉租住房并轨运行的通知》。

[2] 2017 年,住房和城乡建设部等九部委联合印发《关于在人口净流入的大中城市加快发展住房租赁市场的通知》,要求加快发展住房租赁市场,广州、深圳、南京等 11 个城市陆续展开住房租赁试点。

包括城镇土地使用税、耕地占用税、固定资产投资方向调节税、房地产税、契税和土地增值税六种。

征收房地产税,不仅是国家政府财政收入的一个重要来源,而且是调整房地产占有、使用、交易关系,调节房地产收益分配,控制房地产投机,促进房地产合理利用的有效手段。房地产税收对房地产市场的供给和需求有着重要的调节作用。

（二）房地产费

1. 房地产费概述

房地产费是指依据法律和法规,由国家行政机关、事业单位向房地产开发企业、房地产交易各方、房地产产权人等提供服务（管理）,或者国家授权开发利用国家资源而收取的费用。房地产费也是国家取得财政收入的一种形式,一般表现为各种管理费、服务费、补偿费等。目前,有关房地产方面的收费比较多,也比较乱,且各地收费标准不一。

根据国家有关规定,房地产费可以分为两类:第一,国家作为国有土地所有权人向建设用地使用权人收取的相关土地使用费,这也是国家授权开发利用国家资源而收取的费用。例如,征用土地补偿费、安置补助费等。第二,国家行政机关、事业单位提供房地产相关服务而收取的费用。例如,登记费、勘察费、权证费、拆迁管理费、房屋估价收费等。

2. 房地产费规范化历程

房地产费是基于政府机构实行管理和提供服务而向被管理或被服务人收取的成本。房地产费本身没有调节房地产市场的作用,也不应有这样的作用,更不能成为各类行政机关、事业单位巧立名目,获取利益的手段。由于我国目前行政机关的不规范行为,许多费目的收取缺乏科学性、规范性,也缺乏监督,导致房地产交易中的收费项目过多,房地产权人负担过重,人们往往规避正常的房地产手续,妨碍健康有序的房地产市场的形成。

1996年,国家计委、财政部发布《关于取消部分建设项目收费进一步加强建设项目收费管理的通知》,取消了48项未按规定程序批准、明显不合理的住宅建设收费。2001年,国家计委、财政部、农业部、国土资源部、建设部、国务院纠风办《关于开展农民建房收费专项治理工作的通知》对于农民建房收费进行了规定。2002年国家计委、财政部颁布实施的《关于规范房屋所有权登记费计费方式和收费标准等有关问题的通知》对住房房屋所有权登记费统一规定为按套收取,其他房屋所有权登记费统一规范为按宗定额收取,而不再以房屋价值量定率计收。《民法典》第223条也明确规定了登记费的收取,不动产登记费按件收取,不得按照不动产的面积、体积或者价款的比例收取。但是应当看到,由于行政部门利益存在差异,房地产费的收取标准在有些地方存在不统一的情形。房地产费的规范,还须进一步完善。

二、我国目前房地产交易的税费种类

涉及房地产税费的法律和规章相当复杂,以下列举了房地产买卖的主要税种及其依据。根据房地产市场需求的不同,国家出台了一些相应的政策予以调整。如2008年下半年,房地产市场出现需求不足的情形,国务院办公厅出台《关于促进房地产市场健康发展的若干意见》,调整营业税的征收年限,同时减免了一些税费的收取。各地具体税费的收取存在些许不同,按各地交易中心收取标准实施,参见表16-1。

表 16-1　房地产买卖需要缴纳的税种及主要法律依据

	类别	简要说明	主要法律依据
房地产买卖所需缴纳的税	契税	在我国境内转移土地、房屋权属,承受的单位和个人为契税的纳税人,应当缴纳契税,征收的标准是按成交价格的3%—5%收取。契税的具体适用税率,由省、自治区、直辖市人民政府在前述规定的税率幅度内提出,报同级人民代表大会常务委员会决定,并报全国人民代表大会常务委员会和国务院备案	《契税法》
	城市维护建设税	纳税人所在地在市区的,城市维护建设税税率为营业税税额的7%;纳税人所在地在县城、镇的,税率为5%;纳税人所在地不在市区、县城、镇的,税率为1%	《城市维护建设税法》
	教育费附加	教育费附加是国家为发展教育事业,筹集教育经费而征集的一种专项资金,依营业税额来计费,税率为3%	《征收教育费附加的暂行规定》
	房产税	房产税是对坐落在城市、县城、建制镇和工矿区范围内的房产征收的一种税收。房产税实行的是比例税率:以房产余值(房产原值一次减除10%—30%)为计税依据的,税率为1.2%;以租金收入为计税依据的,税率为12%。个人按市场价格出租的居民住房用于居住的,房产税减按4%税率征收	《房产税暂行条例》
	印花税	房屋买卖双方要缴纳印花税,印花税要贴在房屋买卖契约正本上,按照房屋买卖成交价的0.3‰交纳	《印花税法》
	房屋所有权登记费	原有住房及其建设用地分别办理各类登记时收取的登记费,统一整合调整为不动产登记收费,即住宅所有权及其建设用地使用权一并登记,收取一次登记费。规划用途为住宅的房屋(以下简称"住宅")及其建设用地使用权申请办理下列不动产登记事项,提供具体服务内容,据实收取不动产登记费,收费标准为每件80元	《关于不动产登记收费有关政策问题的通知》《关于不动产登记收费标准等有关问题的通知》
	证书工本费	不动产登记机构收取不动产登记费,核发一本不动产权属证书的不收取证书工本费。向一个以上不动产权利人核发权属证书的,每增加一本证书加收证书工本费10元	《关于不动产登记收费有关政策问题的通知》《关于不动产登记收费标准等有关问题的通知》

类别		简要说明	主要法律依据
房地产买卖所需缴纳的税	耕地占用税	人均耕地不超过一亩的地区（以县、自治县、不设区的市、市辖区为单位，下同），每平方米为10元至50元；人均耕地超过一亩但不超过二亩的地区，每平方米为8元至40元；人均耕地超过二亩但不超过三亩的地区，每平方米为6元至30元；人均耕地超过三亩的地区，每平方米为5元至25元。 各地区耕地占用税的适用税额，由省、自治区、直辖市人民政府根据人均耕地面积和经济发展等情况，在前款规定的税额幅度内提出，报同级人民代表大会常务委员会决定，并报全国人民代表大会常务委员会和国务院备案。各省、自治区、直辖市耕地占用税适用税额的平均水平，不得低于本法所附《各省、自治区、直辖市耕地占用税平均税额表》规定的平均税额	《耕地占用税法》
	城镇土地使用税	城镇土地使用税每平方米年税额：大城市1.5元至30元；中等城市1.2元至24元；小城市0.9元至18元；县城、建制镇、工矿区0.6元至12元 省、自治区、直辖市人民政府，应当在上述税额幅度内，根据市政建设状况、经济繁荣程度等条件，确定所辖地区的适用税额幅度	《城镇土地使用税暂行条例》
	土地增值税	土地增值税是对有偿转让国有土地使用权及地上建筑物和其他附着物并取得收入而征收的一种税收。实行四级超率累进税率。自2008年11月1日起，对个人销售住房暂免征收土地增值税	《土地增值税暂行条例》

[**思考题**]

1. 试论述房地产交易的双重性质。
2. 政府在房地产市场中有哪些角色？如何理顺这些角色？
3. 简述商品房交易监管的主要内容。
4. 简述政府对房地产市场的主要调控手段。

第四编

居住物业管理

第十七章 区分所有制度

区分所有是指两个或两个以上的主体分别独立地拥有一幢物业的所有权形式。区分所有制度将同一栋建筑物划分为专有部分和共有部分，并将业主的权利相应地区分为专有权、共有权和成员权（管理权），进而构成一种复合型所有权体制。我国《民法典》对建筑物区分所有作出了正式规定。本章基于区分所有的基本原理，结合我国法律、法规的相关规定对区分所有之专有权以及共有权进行全面分析，重点论述区分所有之共有部分的界定以及区分共有与公共所有的界分，并结合案例对现实中的问题作了讨论。

第一节 区分所有制度：居住区区分所有

一、区分所有的基本理论

根据传统的民法理论，一个物上只能存在一个物权，物权的客体必须是独立的、特定化的物。这也就意味着一幢房屋、一幢楼房仅能成立一个所有权，并由一个主体享有，如果两个以上的主体享有一幢楼房，只能选择共有制度，即两个以上的主体对同一个物享有一个所有权。但事实是，民法共有制度不能很好地解决现代楼房所产生的问题，因为共同共有严格约束了共有人的意志；即使采用按份共有，每个共有人只能享有价值上的份额，而不能对某一个特定的物享有独立物权。一方面，共有关系的形成需要共同购买、合建或其他方式形成共同共有的意思，这对于多层楼宇来说，基本上因人多而不可能。另一方面，由于每个人不享有独立的权利，共有人之间就必然存在相互的牵制，例如每个人对于其份额的处分要受其他共有人意志左右，各共有人的优先购买权就是共有份额转让的限制。因此，共有不能很好地解决多人拥有同一幢物业的问题，于是区分所有制度就应运而生。

（一）区分所有的基本含义

区分所有是将某一幢房屋特别是楼宇，按其本身结构区分为各个独立单元，每一单元均构成一个相对独立的所有权客体（独立的物），由此在一幢房屋上形成了两个或多个所有权。

这里独立的单元是与其他部分分割开来可以独立使用的最小单位的建筑空间，如居住楼宇中的一套房，也可以是一层或一纵向单元。一般来说，最小单位是建筑设计时决定的（如住宅楼的一套），但有时也可以在房屋建成后人为地划分成独立单元（如办公楼中可以以一层为单位，也可以以多层为一个单元）。

这些独立的单元即成为区分所有的客体。区分所有权最主要的标志是取得专有部分或独立部分的所有权。

但是，这些区分为各个单元的房屋，仍然构成一个整体。各单元所有人不仅共享一块地基，而且每一单元房及其使用都离不开整个房屋共用设施的支撑。这些地基、共用部位和设施等即构成全体区分所有权人的共用部分。显然，建筑物的单元区分具有相对性，仅仅拥有独立单元不能实现对房屋的使用。因此，建筑物区分所有权人必须同时拥有共用部分的所有权,才能完整实现居住或其他使用功能。

因此,区分所有制度建立在如下认识基础之上:既承认房屋作为一种整体(一个物)存在的事实,又承认这个整体中可以划分为相互独立的部分,各个部分上成立相对独立的所有权,同时各区分所有权人对共用部分又拥有共同所有权。由此形成对独立部分享有独立所有权与对共用部分享有共同所有权相结合的一种独特的房屋所有权形式。

总之,区分所有对于客体物的基本要求是:在同一个物(可以是房产,也可以是地产)上可以相对独立地区分为一定数量的独立部分,而独立部分之间存在共同的联结,构成一个整体。区分所有是对独立部分专有权、对共用部分共有权以及对物业管理权三者融为一体的所有权形态。

(二)区分所有的法律特征

与其将区分所有看作一种所有权形式,不如说其是一种公寓式建筑的归属和利用体制。区分所有具有以下法律特征:

第一,独立的房屋所有权形式。建筑物所有权是一种以专有权为主导的独立的所有权,也是一种可为权利主体自由转让或处分的权利。因此,区分所有是以独立单元(部分)为客体的独立的房屋所有权形式,而不是共同所有形式。其独立性表现在,区分所有权人可以自主享用专有部分,并自主处分所有权。在产权登记时,共用部分的持份权和成员权无须单独登记,在权利登记证书上也无须表明。

第二,区分所有由专有部分所有权、共用部分持份权及成员权三种权利构成,具有复合性。但它以专有权为主导,其他两种权利均随自用部分所有权取得而自然取得,随自用部分所有权丧失而自动丧失,随专有权的转移而转移。因此,专有权与其他两种权利的地位即相当于主权利与从权利关系。

第三,权利主体身份具有多重性。建筑物区分所有权因涉及三重权利,因而区分所有权人的身份也具有多重性。对自用部分享有专有所有权,为所有权人;对共用部分享有共同所有权,为共有权人;对区分所有建筑物享有管理权,为成员权人。这三重身份以自用部分的所有权人身份为主。

(三)区分所有与共有的区别

区分所有和共有的主要区别可以概括为以下三点:

第一,共有是两个以上的人拥有同一套(间或幢)房屋,不是一种独立的所有权形式;而区分所有则是多人分别拥有同一幢建筑独立部分的所有权和共用部分的所有权,从而构成独立的所有权形式。前者在一个物上只存在一个所有权,而后者在一栋建筑物上存在多个独立所有权。

第二,共有关系解除时,共有人可以行使优先购买权;而区分所有人之间根本不存在优先购买权。这也充分体现出区分所有权的独立性。

第三,共有的登记簿册只有一个,依据这一个簿册向每个共有人签发不独立的共同所有权证;而区分所有人每人一个登记簿册,每个人拥有独立的产权证——所有权证书。这也是两者最主要的区别。

二、我国的区分所有制度

(一)《民法典》的规定

我国由于人多地少,大多数城市居住房屋采区分所有形式。但很长一段时间并没有法律规范区分所有权①。原《物权法》第六章"业主的建筑物区分所有权"确认了建筑物区分所有制度,使我国区分所有有了法律依据。《民法典》第 271 条规定:"业主对建筑物内的住宅、经营性用房等专有部分享有所有权,对专有部分以外的共有部分享有共有和共同管理的权利。"据此,区分所有是将独立部分专有权、对共用部分共有权以及由此而产生的物业管理权融为一体的所有权体制或所有权形态。

（二）我国区分所有的基础:物业管理区

无论在理论上,还是在立法上,区分所有都是针对建筑物而言的,甚至区分所有理论是以一幢或一群相联系的建筑物为基础而设计出来的。但是,建筑物并非空中楼阁,而必须建立在土地基础之上。建筑物区分所有必须与土地联系起来考虑。我国的建筑物区分所有是以物业管理区为基础的,而物业管理区的建筑物区分所有即居住区区分所有。

在理论上,既然区分所有是以承认各区分所有权人共有一个物为前提的,那么,一个区分所有权的范围就取决于共有物业的范围。也就是说,共有物的范围决定着一个业主团体（区分所有权）的边界。

《物业管理条例》使用了物业管理区概念,并规定一个物业管理区成立一个业主大会。②实践中,大多将一个物业管理区边界等同于一个业主团体（区分所有权）的边界。因此,在我国,一个物业管理区的业主当然地构成一个业主团体,而物业管理区则成为全体业主共同支配的客体的边界。

物业管理区如何划分? 由谁来划分呢?

《物业管理条例》第 9 条第 2 款规定:"物业管理区域的划分应当考虑物业的共用设施设备、建筑物规模、社区建设等因素。具体办法由省、自治区、直辖市制定。"该条例对我国物业管理区划分作出原则性的规定,照顾到物业的共用设施设备、建筑物规模、社区建设等因素,但考虑我国不同地区物业管理发展水平差异很大,所以授权地方政府根据具体情形作出规定。

一些地方对物业管理区划分已经作出了规范。例如在上海,根据《上海市住宅物业管理规定》,区房屋行政管理部门负责核定物业管理区域。建设单位在申请办理住宅建设工程规划许可证的同时,应当向区房屋行政管理部门提出划分物业管理区域的要求,区房屋行政管理部门应当在 5 日内核定物业管理区域。建设单位在房屋销售时,应当将区房屋行政管理部门核定的物业管理区域范围,通过合同约定方式向物业买受人明示;尚未划分或者需要调整物业管理区域的,区房屋行政管理部门应当会同乡、镇人民政府或者街道办事处,按照第 8 条的规定,结合当地居民委员会、村民委员会的布局划分物业管理区域。调整物业管理区域的,还应当由专有部分面积占比 2/3 以上的业主且人数占比 2/3 以上的业主参与表决,并应当经参与表决专有部分面积过半数的业主且参与表决人数过半数的业主同意。物业管理区域调整后,区房屋行政管理部门应当在相关物业管理区域内公告。③

---

① 1989 年 11 月 21 日建设部令第 5 号发布的《城市异产毗连房屋管理规定》被 2011 年《住房和城乡建设部关于废止和修改部分规章的决定》废止。异产毗连房屋的规定主要是从利用的角度规范,不能认为是对区分所有的规范。

② 《物业管理条例》第 8 条第 1 款规定:物业管理区域内全体业主组成业主大会。第 9 条第 1 款规定:一个物业管理区域成立一个业主大会。

③ 参见《上海市住宅物业管理规定》（2004 年 8 月 19 日上海市第十二届人民代表大会常务委员会第十四次会议通过,2010 年 12 月 23 日第一次修改,2018 年 11 月 22 日第二次修改,2020 年 12 月 30 日第二次修改）。

在我国,由于业主没有介入前期的房屋建筑过程中,通常不可能对物业管理区划分的范围或大小有发言权;业主通常是因购买房屋而被动地加入已经确定的物业管理区,成为业主团体的一员。

（三）物业管理区划分的误区

作为区分所有的基础,物业管理区应当是一个私法概念,本质上是业主所有权支配的对象或客体。但在现实中,不仅业主对其所有权客体不能做主,而且只能被动地接受按照规划上居住区的要求来划分物业管理区的制度安排。

有关居住区的国家标准为 2018 年住房和城乡建设部发布的《城市居住区规划设计标准》①。该标准为强制性国家标准。依据该标准,居住区按居民在合理的步行距离内满足基本生活需求的原则,可分为 15 分钟生活圈居住区、10 分钟生活圈居住区、5 分钟生活圈居住区及居住街坊四级。各级标准控制规模如表 17-1 所示。

表 17-1　居住区分级控制规模

距离与规模	15 分钟生活圈居住区	10 分钟生活圈居住区	5 分钟生活圈居住区	居住街坊
步行距离 /m	800~1 000	500	300	—
居住人口 / 人	50 000~100 000	15 000~25 000	5 000~12 000	1 000~3 000
住宅数量 / 套	17 000~32 000	5 000~8 000	1 500~4 000	300~1 000

一个独立的居住区用地至少包括住宅用地、公建用地、道路用地和公共绿地等四种土地。居住区（生活区）规划要充分考虑社会、经济和环境三方面的综合效益,在符合城市总体规划的前提下,统一规划、合理布局、因地制宜、综合开发、配套建设,其配建设施须与居住人口规模相适应。成片开发的住宅区,除房屋验收外,还有进行小区规划验收。在这样的事先周密规划和配套建设下,根据《物业管理条例》第 9 条的标准,15 分钟生活圈居住区、10 分钟生活圈居住区、5 分钟生活圈居住区及居住街坊均可能成为一个独立的物业管理区,因为四种层次居住区除了居住人口规模不同外,它们都被道路分隔,均是具有居民生活所需的公共服务设施的生活区②。

我国的商品房开发是由政府主导的。政府事先进行规划,同时根据规划出让土地使用权。在规划上,为了居住区整体功能的实现,每一块土地由一个开发商开发,导致规划中的

---

① 根据住房和城乡建设部公告 2018 第 142 号文件,《城市居住区规划设计标准》(GB50180—2018)为国家标准,自 2018 年 12 月 1 日起实施。原国家标准《城市居住区规划设计规范》(GB50180—93)同时废止。

② 根据《城市居住区规划设计标准》,15 分钟生活圈居住区,是指以居民步行 15 分钟可满足其物质与生活文化需求为原则划分的居住区范围,一般由城市干路或用地边界线所围合,居住人口规模为 50 000~100 000 人（约 17 000~32 000 套住宅),配套设施完善的地区;10 分钟生活圈居住区,是指以居民步行 10 分钟可满足其基本物质与生活文化需求为原则划分的居住区范围,一般由城市干路、支路或用地边界线所围合,居住人口规模为 15 000~25 000 人（约 5 000~8 000 套住宅),配套设施齐全的地区;5 分钟生活圈居住区,是指以居民步行 5 分钟可满足其基本生活需求为原则划分的居住区范围,一般由支路及以上级城市道路或用地边界线所围合,居住人口规模为 5 000~12 000 人（约 1 500~4 000 套住宅),配建社区服务设施的地区;居住街坊,是指由支路等城市道路或用地边界线围合的住宅用地,是住宅建筑组合形成的居住基本单元,居住人口规模在 1 000~3 000 人（约 300~1 000 套住宅),并配建便民服务设施的地区。

物业管理区（建筑物区分所有区域）往往又与独立地块开发相吻合。这样，一个物业管理区的边界实际上就与划定的地块边界（即土地使用权边界）相一致，也就与规划意义上的居住区（生活区）重合。

以居住区为基础进行的物业管理区划分带来了许多弊端。

第一，混淆了私法（物权法）上的客体与公法（规划法）区域定位的关系，导致区分所有权的客体定位丧失其本来的特性。

第二，物业管理区取决于独立居住区（生活区）规划的理念导致新建物业管理区愈建愈大，以节约公共部分（绿地、道路和公建配套等）成本或扩大受益面。但是另一方面，生活区之间相互封闭，又容易导致配套公共设施的重复建设，造成公共资源的巨大浪费。

第三，公共配套建设的独立导致物业管理区与居住区（生活区）等同。一个生活区，为一个物业区域；一个物业区域，也可能是一个生活区。

第四，私法上的物业管理区与公法上的居住区的混淆导致部分公共领域变成了私人领域，即本来应当为公共所有（国家所有）的公共绿地、公共道路和公建配套设施都内化为物业管理区业主的共有部分，成为私有财产。然而，这对于业主而言是一种额外的负担，因为本来应由政府负担的公共设施开发以及维护费用通过物业管理区域的划分转嫁于业主承担。

第五，物业管理区与居住区混同还导致私权失灵。因物业管理区域规模过大，业主之间较少存在共同利益联结点，致使业主自治难以实现，因而再次寻求政府的介入，物业管理始终难以摆脱政府的干预。

三、我国区分所有的基本样态：居住区区分所有

（一）居住区区分所有：理论分析

如前所述，区分所有是以承认区分所有权人共同享有同一物，并对该物享有共有权为前提的。因此，对于区分所有而言，首先须确定区分所有权共有的客体。除非存在一幢建筑物，该建筑物可以成为共有的联结点外，区分所有的共有客体只能从土地中去寻找，这一点在土地私有的情形下比较明显。因为在土地私有的情形下，区分所有的逻辑基础是相互毗连的群房或围楼甚至是某一共用设施，如游泳池的共有。在英美法域的美国、加拿大、新加坡用 Condominium，称公寓楼中的一套公寓房，而 Condominium 本意即共有；每个区分所有的专有部分仅仅是共有的一个相对独立的组成部分，离开共有就很难奢谈区分所有。若存在两幢以上的建筑物，能够成为全体区分所有权人共有的物，只能是土地。既然承认区分所有共有一宗土地，那么共有物的基础便是建筑物依赖的该宗土地，由此产生该宗土地上建筑物的共有。因此，区分所有权的共有部分，只能理解为一宗土地上的全部建筑物。建筑物区分所有在本质上是房地产一体化概念的产物。

在我国，区分所有人不能共同拥有土地，只能共同拥有土地使用权，因而我国的区分所有建立在业主共同拥有一块土地使用权基础之上。实际上，这样的效果与房地合一具有异曲同工之处。我国的房地主体一致、一同处分原则即土地与建筑物被视为同一物的法律观念上提出的一个变通规则。就我国而言，在某种意义上，建筑物所有权附含土地使用权，《民法典》所规定的"业主的建筑物区分所有权"应当理解为包括土地使用权的区分所有。

由此可见，居住区区分所有即是业主共有一宗土地（使用权）及其土地之上全部建筑物，在这些建筑物中又区分出相对独立的部分的一种区分所有。

（二）居住区区分所有：实证分析

如前所述，在我国存在居住区规划，而居住规模与土地使用权相互配合，导致我国区分所有的确定基本上也是以同一块土地使用权为基础的。在开发商取得土地，根据规划要求进行建筑，并将建筑区分成若干独立的部分销售给业主之后，就形成基于土地使用权共有的区分所有。尽管在某种意义上说，同一块土地上的建筑物具有共同性或相互联系，但是在物权法上，每一幢建筑物都是独立的物，一幢建筑物作为一个物可以分割成独立的部分，形成区分所有。因此，在有两幢以上建筑物的居住小区，其共有部分的基础只能是土地，在土地共同联结点上，每个建筑物才能联系在一起，因而使每幢建筑物上的区分所有权人共同组成一个独立的业主团体。

居住区区分所有直接源自我国住宅开发规划和商品房成片开发制度。一宗土地尽可能形成独立的生活功能区，交由一个开发商开发，形成功能齐全或具有一定独立性的物业管理区。在楼房与楼房之间的共有道路、共有绿地、公共基础设施用地均构成一个小区的共有的客体。这些共有土地和设施因服务于该块土地上全体业主，因此构成该块土地的共有部分。

居住区区分所有大致有两种类型：一种类型是以独立业主为基础的居住区区分所有，如单体别墅业主形成的居住小区；另一种类型是以区分所有业主为基础的居住区区分所有，即每幢楼的区分所有权人组成的居住区区分所有。在后一种情形下，每一幢的业主之间存在建筑物共用权，又与其他楼宇的业主组成小区的区分所有。本书认为，居住区区分所有是我国区分所有的常态，可以厘清业主团体组成的基础和范围。本书论述的区分所有，除非特别说明，均指居住区区分所有。

居住区区分所有与建筑物区分所有的重要区别在于，居住区区分所有是从土地（使用权）角度，而不是从房屋的角度区分的。一幢房屋中的共有部位和设施，在居住区区分所有情形下，都成为同一物业管理区上所有区分所有权人的共同部分。在这里，每幢建筑物的共有部位或共有设施不再是主要的，楼宇之间的空间地带、绿化地带、道路、娱乐设施等则成为主要的共有部分，每一幢楼宇的共有部位和设施则因土地的共有而当然地成为共有部分。

第二节　业主自治管理的法律基础：区分所有基本原理

既然一个物业管理区是全体业主的共有范围，那么，该小区即纳入业主共有权范畴，由业主共同实施管理。而业主实施管理的基础权利即区分所有权。

一、区分所有之专有权

区分所有的标志性权利为专有权，即权利人对建筑物专有部分所享有的权利。而专有部分的构成在法律上需要满足一定的要件，所以对专有部分的界定直接影响专有权的行使，对区分所有权的实现具有根本性的意义。

（一）专有部分及其构成要件

在区分所有体制下，自用部分即属于区分所有权人独立支配的部分，也称专有部分。房屋，无论是独有，还是楼房里的区分所有，都是一定排他支配的空间，只是区分所有的空间四壁与其他相连，不完全独立为一个物。

按照建筑物区分所有理论，对自用部分范围的界定，应当具备两个要件，一个是构造上的独立性,另一个是利用上的独立性。[①]

构造上的独立性,即在物理构造上建筑物中的某一部分与其他部分区分开来成为一个独立空间,即能够明确区分彼此空间;在实务上一般以有无固定墙壁间隔为判断依据。

利用上的独立性,主要是指建筑物的用途是否构成为某种目的而独立利用的单位,即能够排他使用或利用;其判断依据主要是有无直接的出入口和内部专用设备。

最高人民法院《关于审理建筑物区分所有权纠纷案件具体应用法律若干问题的解释》(以下简称《区分所有解释》)第2条在这两个条件之外,还增加了第三个条件,即能够登记成为特定业主所有权的客体。应当说,这个条件是前面两个条件的结果或表现。当然,从结果上也可以反推,凡是可以登记为某个特定业主的独立部分,均可为专有部分。

另外,《区分所有解释》还特别规定,规划上专属于特定房屋,且建设单位销售时已经根据规划列入该特定房屋买卖合同中的露台等,应当认定为《民法典》第二编第六章所称的专有部分的组成部分。该条赋予了开发商根据规划条件,明确特定部位为专有部分的权利。

满足以上条件的物理空间即可以分割成独立部分,成立独立的区分所有权。通常,这便是公寓楼宇中的一个单元。至于专有部分的范围,人们提出了许多学说,如中心说、空间说、最后粉刷表层说和壁心说等。[②]这四种学说的主要分歧在于,究竟应将墙壁视为专有部分,还是共有部分,或者将墙壁分割成两半,而成为不同的专有部分。本书认为中心说为适当。也就是说,每一个区分所有人所拥有的房屋的范围是由隔墙和地板之中心界线限定的,只不过由于墙壁和地板功能的特殊性,区分所有权人对该专有部分的权利要受到限制,不得对建筑和他人的安全造成妨碍。

(二)专有权及其限制

区分所有权人对建筑物自用部分或专有部分享有单独所有权。《民法典》第272条规定,业主对其建筑物专有部分享有占有、使用、收益和处分的权利。业主行使权利不得危及建筑物的安全,不得损害其他业主的合法权益。

专有部分是区分所有权的识别标志。也就是说,一个区分所有的物权主要是通过登记对专有部分范围的记载加以识别其客体范围的,通常以房地产登记部门备案的编号及其面积作为依据。在当事人买卖房屋时,也主要是查验专有部分,签署买卖合同,一旦取得专有部分所有权,即取得整个建筑物区分所有权。

在法律上,对专有部分的所有权与独有房屋的所有权是一样的,都是一种排他的支配

---

① 这是日本关于建筑物区分所有权客体的要件的观点。陈华彬在其著作《现代建筑物区分所有权制度研究》第96—104页还介绍了美国、德国、法国等国家和地区的观点,除了法国定位于使用上的排他性外,其余也都采同样的观点。因此,两要件说也可以说是普遍观点。

② 中心说认为区分所有建筑物专有部分的范围达到墙壁、柱、地板、天花板等境界部分厚度之中心。空间说则认为专有部分范围仅限于由墙壁(共同墙壁)、地板、天花板所围成的空间部分,而界线点上的分隔部分如墙壁、地板、天花板则为全体或部分区分所有人共有。最后粉刷表层说认为专有部分至于指壁、柱等境界部分表层之粉刷部分,亦即境界壁与其他境界之本体属共用部分,但境界壁上最后粉刷的表层部分则属专有部分。壁心和最后粉刷表层说是折中的一种学说,认为专有部分之范围应依内部关系与外部关系而定,对于区分所有权人之间,尤其是有关建筑物之维持、管理关系上,专有部分应仅包含壁、柱、地板及天花板等境界部分表层所粉刷之部分;但在外部关系,尤其是对第三人(如买卖、保险或税金等)关系上,专有部分的范围则及于壁柱、地板及天花板等境界部分厚度之中心线。温丰文:《论区分所有建筑物之专有部分》,载《法令月刊》第42卷第7期,转引自陈华彬:《现代建筑物区分所有权制度研究》,法律出版社1997年版,第105—107页。

权。区分所有权人对其专有部分，可以自主占有、使用、收益、处分；在消极方面表现为区分所有权人有排除他人妨害、请求停止侵害、赔偿损失的权利。区分所有权人可以自主地行使这两方面权利，如区分所有权人处分专有部分时，无须征得其他区分所有权人同意，其他区分所有权人没有优先购买权；同时，一旦专有部分受到侵害，区分所有权人可以自主地以自己的名义提起侵害之诉。

但是区分所有权人对专有部分的权利受到一定的限制。区分所有权人的限制或义务主要表现在：（1）维持原状之义务。区分所有权人对专有部分的维护、修缮等不得妨碍邻人的安全或危及整体建筑的安全。（2）应当按照原房屋设计的结构、用途使用房屋，如不得将卧室改装成卫生间，不得对承重墙拆移等。（3）不得擅自改变物业使用性质，如将居住房屋改为商用房屋。[①]（4）专有部分不得与建筑物共有部分分别处分或设定负担，比如只移转专有部分，而不移转相应的停车位（共有部分）。

区分所有权人对专有部分的所有权之所以受到限制，是因为专有部分并非真正独立的物，而是依存于共有部分的、相对独立的空间。区分所有权的独立，仅仅是法律上的独立。

独有房屋所有权人拥有房屋本身和房屋占用的土地（土地的使用权），即所有权人不仅拥有房屋构成的空间，而且这种空间是立足于地面的。同时，所有权人对房屋实体构成的拥有也是完整的，他拥有构成房屋的四周墙壁和楼顶或屋顶。这样，独有房屋所有权人就不仅拥有房屋构成的空间，而且拥有构成该空间的基地、墙壁和屋顶。

而在建筑物区分所有，不仅建筑物不独立存在，而且土地也不能独立存在。首先，区分所有权人所拥有的房屋不直接与土地相联结，其所拥有房屋不直接占用某一块地皮，每个区分所有权人与其他区分所有权人共同拥有建筑物所占用土地的使用权。其次，区分所有权人拥有的房屋实物结构也是不完整的，墙壁、屋顶和地板都是共用的，因此，区分所有权人对于房屋四壁不拥有完整的所有权。

正因为有这样的特点，建筑物区分所有权受到一定限制。这里的限制不仅仅是基于一般的相邻关系而施加的限制，也是基于专有部分与共用部分不可分或建筑物的整体性而产生的限制。也就是说，区分所有权人除了像独有所有权人之间要尽相邻关系的义务外，还必须考虑各自独立部分结合成一个整体这一事实，共同维护整体物业的存在和良好状况。作者将其概括为区分所有权人不得违反全体业主共同利益之义务。区分所有的外墙属于共有，但各区分所有权人对各自外墙具有利用权，只是不得妨碍邻人使用，与独立房屋的利用形成鲜明的对比（参阅案例 17-1"谢东等诉吴小敏建筑物区分所有权案"、17-2"张艳玲与陈卫超业主专有权纠纷案"）。

［案例 17-1］

［案例 17-2］

二、区分所有之共有权

区分所有权表现为对专有部分的排他支配权，但区分所有权人对专有部分权利的行使离不开对共有部分的享用，因为专有部分是置于共用部分范围之内的，共用部分将专有部分

---

① 《民法典》第 279 条规定，业主不得违反法律、法规以及管理规约，将住宅改变为经营性用房。业主将住宅改变为经营性用房的，除遵守法律、法规以及管理规约外，应当经有利害关系的业主一致同意。

联结成为一个整体。我们把对共有部分的权利称为建筑物区分所有权人的共有权,简称共有权。共有权的客体是共有部分,关于共有部分的划分,将随后论述。

（一）区分所有中的共有与普通共有的关系

关于建筑物区分所有之共有权性质,学界有总有、按份共有、共同共有等不同见解。大多数国家及我国台湾地区均承认区分所有权人对共用部分存在份额。[①]

本书认为,建筑物区分所有的共有权应解释为按份共有。具体理由可阐述如下:首先,在区分所有中,专有部分是有面积的,每个业主共有部分分摊的面积是按照专有部分的面积计算的,因此,业主对共有部分实际上是享有份额的。其次,业主在物业管理中,对共有部分管理成本的分摊也是以专有部分面积分摊的。《民法典》充分肯定了按照业主专有部分所占建筑物总面积的比例分摊共有部分以及各项费用和收益等。[②] 所有这些均表明区分所有权人对于共用部分是存在份额的。因此,我们更加倾向于将业主对共用部分的共有权定位为按份共有,这样也便于实务操作。但是,尽管这里将共用部分所有权定位于按份所有,但是这种按份所有与一般的按份所有权具有重要的区别。

区分所有中的共有与普通共有的区别如下:

首先,区分所有中的共有是因每个区分所有权人的房屋在客观上结合在一起而形成的一种共有关系,且这种共有关系具有永久不可分割性;普通共有则是针对独立的财产或物的一种共有关系,可因共有关系的解除而被分割,转化为单个所有权。

其次,因共用部分服务于建筑物整体或专有部分(具有从属性),因而区分所有中的共有对共有部分的权利具有从属性。区分所有权人的共有权是随着专有权的取得而自然取得的,一般不需要专门的协议或约定。亦有学者将之概括为区分共有权的得丧变更取决于专有所有权的得丧变更。[③] 归根到底,这是因为共有部分不是独立的物,而是从属于自用部分的物;对共有部分的权利,不是一种独立的权利,而是从属于自用部分所有权的从权利。

再次,建筑物区分共有权人的权利义务与普通共有关系中的权利义务不尽相同。在普通共有关系中,共有权人的权利和义务仅局限于就共有物而发生的使用、收益、处分等权利。而由于建筑物共有部分不可分割,区分所有中的共有权一般仅限于静态利用,只有在特殊情形下,满足特定条件时才涉及共有部分的处分。

最后,区分所有权人共有权的行使具有团体性。区分共有人的权利和义务不仅因为双方的共有部分而发生,而且因为区分所有权人聚集在一幢建筑物中而发生,因相邻、共同居住而发生。实质上,区分共有是因各区分所有权人所拥有的房屋在结构上联系在一起而形成的一种权利义务关系;而这种权利义务关系在一定程度上是以拥有共同部分为支撑点的,这种共有关系所包含的权利义务远远超出一般财产共有中的权利义务。

（二）区分所有权人对共有部分的权利和义务

在理论上,专有权依存于共有权,没有共有权的行使,对于专有部分的利用即不可能。

---

① 参见[德]鲍尔·施蒂尔纳:《德国物权法》(上册),张双根译,法律出版社 2004 年版,第 639—640 页;王泽鉴:《民法物权》第 1 册(通则·所有权),中国政法大学出版社 2001 年版,第 256 页;温文丰:《论区分所有建筑物共用部分之法律性质》,载《法学丛刊》第 131 期等。

② 《民法典》第 283 条规定:"建筑物及其附属设施的费用分摊、收益分配等事项,有约定的,按照约定;没有约定或者约定不明确的,按照业主专有部分面积所占比例确定。"

③ 参见王泽鉴:《民法物权》第 1 册(通则·所有权),中国政法大学出版社 2001 年版,第 256 页。

但是,因业主对专有部分的共有权并非独立的权利,导致区分所有的业主的共有权呈现一定特殊性。

1. 区分所有权人对共有部分的权利

主要表现为使用权、收益权和处分权。具体阐述如下:

(1)使用权。如前所述,对共用部分的使用是区分共有权的核心内容。原则上,对共用部分的使用权不具有排他性,任何人不能够阻止其他建筑物区分所有权人的合理使用。但在能够平均使用的情形下,也不妨碍在共用部分上成立专用权,比如地下储藏室或停车位的利用,可以明确到每一位共有人。

(2)收益权。对于建筑物所有权人共有的部分,可以出租如制作楼宇广告、户外广告等。一般来说,这些收益应作为业主共同的收益,用作物业管理费用、建筑物维修基金等公共用途。如果有结余,也可以按比例分配。

(3)处分权。共用部分归全体区分所有权人共有,其共有权自然包含处分权。这里的处分既包括物理处分,如增建、扩建,也包括改变用途、租赁、转让等法律处分行为。处分权归全体业主,必须按照业主集体决策机制(如表决权机制)形成共同意志,才能行使;不同的处分,表决机制不完全相同。

2. 区分所有权人对共有部分的义务

这些义务主要表现在以下三方面:

(1)依共用部分的本来用途使用共用部分。这一义务旨在使共用部分的使用合理化。所谓依本来用途使用,即指依据共用部分的种类、位置、构造、性质、功能或目的等来使用。比如在通道中禁止堆放杂物、妨碍通行等。

在实践中,较有争议的是居改非(住改商)问题,即居住用户改为经营性用房。依据《民法典》第279条规定:"业主不得违反法律、法规以及管理规约,将住宅改变为经营性用房。业主将住宅改变为经营性用房的,除遵守法律、法规以及管理规约外,应当经有利害关系的业主一致同意。"依据该条,业主只有在法律、法规和协议公约均允许的情形下,才可能进行居改非(住改商),而且还得经有利害关系的业主同意。这里的利害关系业主,根据《区分所有解释》,应当理解为本栋建筑物内的其他业主。对于本栋建筑物之外的业主,主张与自己有利害关系的,应证明其房屋价值、生活质量受到或者可能受到不利影响。在居改非(住改商)问题上,《民法典》显然采取更为柔性的政策,把能否居改非问题交给其他法律或公约来决定。

(2)维护共用物完整性和保持良好状态的义务。这一义务与上一个义务相联系,即要求区分共有人,无论是对部分共用物,还是对全体共用物,都不要轻易地改造、破坏其原有的功能,以维护其正常状态;同时负担维修、改造共用设备和附属设施的费用。在"钟宝强等诉盛名公司案"中,法院认定被告擅自下挖一楼扩建地下空间的行为即违反该义务,危及整体楼宇安全,构成了侵害区分所有权的行为,应当恢复原状,赔偿损失,情节严重的,侵权人还需要承担刑事责任(参阅案例17-3、17-4"邓建生以危险方法危害公共安全案")。

(3)不得单独处分共有部分的义务。如前所述,共有部分是附属于专有部分的,不得与专有部分分割处分,妨碍其他区分所有权人利益的实现。

[案例17-3]

[案例17-4]

（三）共有权的义务性及其实现

建筑物区分所有的共有权和专有权不可分割，只是对于区分所有权人而言，往往真实地感受到对专有部门的支配，而忽略对共有部分的共有权。在居住区区分所有下，共有部分更是漫无边际，共有权观念更加淡漠。实际上，在区分所有中，区分所有权人直接受益的是专有部分，共有部分的受益具有间接性，区分所有权人对共有部分的共有权当然地意味着其有权共同管理共有部分，但是共有部分的管理更是一种负担。因此，区分所有之共有权与其说是一种权利，不如说是一种义务，至少是附含义务的权利。正因如此，《民法典》第273条第1款明确规定："业主对建筑物专有部分以外的共有部分，享有权利，承担义务；不得以放弃权利为由不履行义务。"

区分所有权人对共有部分的管理权派生于共有权。不管是共有权，还是管理权，均因业主不可分割的共有关系而团体化，业主不能单独实现对共有部分的管理，只有在团体中，通过一定组织方式实现共有权和管理权。此时，区分所有权人的共有权即转化为共有团体中的投票表决权，管理权实际上就是区分所有权人参与自治组织、进行自主决策的权利的概括。

区分所有权人基于对共有部分共有权及其派生的管理权对共有部分实施管理，即是我们通常所讲的物业管理。物业管理本质上是业主管理权的行使，也可以说是业主管理义务的履行。因此，物业管理权来自区分所有权人的物权，只是这种物权需要通过业主团体自治实现，物业管理制度即要建构业主自治的实现机制和体制。

第三节　业主共有权、管理权的基础：共有部分

一、业主自治管理的形成

（一）业主自治管理体制的推行

改革开放之后，计划经济到市场经济转型也带来了社会转型，其中的一个重要表现是政府将一部分管理职能还给社会，国有企事业单位回归于市场主体定位，不再"包办社会"，单位对职工的管理与控制逐渐弱化、单纯化，城市居民逐渐由"单位人"转变为"社区人""小区人"；在将人还原于社会的同时，也将公民的住房商品化、社会化，由公民自由购买房屋，自由选择住处，形成社会化的居住小区。

这种变革促使社会化居住小区的形成。如前所述，政府在进行商品房开发过程中，按照居住区理念进行规划设计，形成一个个独立的生活小区——物业管理区。由于政府和单位的退出，社会化居住小区需要一定机制实现其生活的社会化、组织化和秩序化，即业主自我管理——社会自治管理体制。

业主自治管理体制的基础是业主的物权——对房屋（及土地使用权）的区分所有权。物权属于私权范畴，基于私权形成物业管理区域的治理，属于典型的社会自治。

（二）业主自治管理存在的问题

建筑物区分所有旨在明确共居一楼宇业主之间的权利边界，以定分止争，同时通过"共有关系"将所有业主"团结起来"，共同决定物业的利用，形成物业利用秩序。

自从20世纪末推行业主自治体制下的物业管理制度以来，我国的物业管理行业得到飞速的发展，成为国民经济的重要行业。物业管理制度建设方面取得显著的成就。2003年，

国务院发布了《物业管理条例》；为规范物业管理行为，国家推行物业企业资质制度、物业管理师制度、物业企业公开竞聘制度等，改进物业服务企业服务质量和服务水平。但自从我国实行住房商品化、社会化改革以来，不仅原有住宅区的物业管理存在问题，就连新建小区的物业管理也一直不能令人满意。以私权为基础的自治显得软弱无力或失灵，我国的物业小区治理面临先进制度与国情不符的尴尬。本书认为，物业管理的许多问题来源于业主怠于行使物业管理权，业主决策和监督不到位，根本上不能形成基于私权的自治机制。但这不能完全归责于业主权利意识不强、我国缺失自治传统等文化因素，而是要从我国物业管理制度设计中存在的缺陷寻找原因。我国物业管理制度设计缺陷的一个重要方面是物业小区社区化、共有关系公共化、业主物业管理与政府社区管理义务边界不清等。

如前所述，我国许多新建物业小区均是遵循居住规划国家标准进行的，而执行的结果导致公法上生活区与现实中区分所有权范围（业主团体范围或物业小区范围）相一致，导致每一个物业小区都成为包含许多公共领域和设施的功能齐全的社区。业主共有的不仅是他们可能感知、使用的共有部位，更有大面积的公共设施等，由此业主的共有权就被无限地泛化，丧失私权的利益联结因素，成为公共财产。在这种情形下，业主积极行使所谓的私权，几乎是不可能的；即使业主想积极行使权利，也因人数太多、难以形成合意而搁浅。也就是说，在推行业主自治为基础的物业管理时，致使本来应当由政府承担（建造和管理）的大部分公共领域和设施，变为由业主自己承担（建造和管理），希望通过私权治理（协商机制）完全替代政府治理（公共管理——服从机制），实现对公共事务的管理。这样的制度设计，无疑是走向另一极端，过分夸大私权力量，赋予社会自治过多的功能。

因此，为正确地引导业主自治，走向业主自治和政府管理相互协调的社会治理模式，我们需要在物业小区划分、业主自治机制等方面重构我国基于业主自治的物业管理体制。这里仅讨论我国区分所有中共有部分划分的问题。

二、共有部分的范围

（一）共有部分的认定

共有部分，是一幢建筑物的各区分所有权人共同所有的部分。共有部分的本质特征表现为其性质或功能是服务于整个建筑物的使用或全体区分所有权人的利益。简言之，共有部分是整栋建筑物的附属物。有关共有部分范围的界定存在以下两种规则。

规则一：专有部分以外的即共有部分

在区分所有体制中，建筑物要么为专有部分，要么为共有部分，一般没有介于二者之间的情形。一旦专有部分确定之后，其余的即共有部分。因此，划分两者最简便的方法是先对专有部分进行界定，然后剩余的即可以属于共有部分。[①] 这样就形成区分所有中共有部分划分或确定的第一个原则，即先界定专有部分，剩余部分即共有部分。

专有部分的界定相对简单，即前面提出的构造上的独立性和利用上的独立性两个实质性标准。这两个标准适用的结果是，专有部分均是可以获得登记，取得独立产权的部分。也

---

① 有的国家（如日本）就是采取排除法界定共用部分的范围。日本《建筑物区分所有权法》第 2 条第 4 款规定，共用部分为"专有部分以外的建筑物部分，以及不属于专有部分之建筑物附属物和依本法第 4 条第 2 款之规定而约定为共用部分之附属建筑物"。

可以反过来讲,凡是不能单独确权,不能取得产权的即应属于共有部分。[①]因此,从结果上,专有部分的确定依据的是登记,从实质上则是看其能否满足构造上以及利用上的独立性,即能否成为民法上相对的独立物。

规则二:公共部分之外的为共有部分

上述共有部分的确认规则在只有一幢或连体群房的情形下是有效的。在这种情况下,业主们共同拥有一个独立的物,他们每个人所拥有的专有部分依存于这个物之中,除了自有部分,当然就成为共有部分,不存在与业主没有直接关系的公共领域和公共设施。但在一个物业管理区的情形下,一个小区的业主之间的共同联结因素仅仅是土地(使用权),每幢建筑物皆为独立的物,每幢建筑物业主之间缺乏有形的联结因素。能够联系他们的却是公共道路、公共绿地、公共设施占有的土地,而这些土地和设施的利用恰恰具有公共性。当业主取得房屋时,在法律上,业主尽管共同拥有土地(使用权),但这种共有却因无形而无从感知,或因无限大而无从把握,或因不直接关系自己利益而被弱化。因此,本书提出,居住区的区分所有不宜以土地使用权的边界作为小区业主的共有部分。业主共有部分,应当先将政府负责的公共部分排除,剩余的才属于业主。这便是业主共有部分划分的第二个规则。

最高人民法院《区分所有解释》对共有部分的划分,基本上采纳上述两个规则。该解释第3条在确定共用部分和设施时有一个兜底规则:"其他不属于业主专有部分,也不属于市政公用部分或者其他权利人所有的场所及设施等";甚至对于建设用地使用权,业主的共有建设用地也排除了"属于业主专有的整栋建筑物的规划占地或者城镇公共道路、绿地占地"。这意味着,并非小区范围内所有的建设用地使用权均归全体业主共有,而是将一幢建筑物占有的土地使用权归该幢业主享有,排除市政公用部分的建设用地使用权才归小区的全体业主共有。这实际上区分出部分共有和全体共有。

(二)法定共有部分

在理论上,共用部分似乎容易确定,但在现实中则不然。为便于划定共有部分,《民法典》规定了一些部位当然属于共有部分,即法定共有。

依据《民法典》第274条和第275条的规定,法定共有的情形包括:(1)建筑区划内的道路,属于业主共有,但属于城镇公共道路的除外。(2)建筑区划内的绿地,属于业主共有,但属于城镇公共绿地或者明示归个人的除外。(3)建筑区划内的物业服务用房,属于业主共有。(4)道路和公共场地停车位。建筑区划内规划用于停放汽车的车位、车库由当事人通过出售、出租或者附赠等方式约定其归属,但必须首先满足业主的需要。

《民法典》的规定,反映了上述共有部分认定的两个基本规则,即专有部分以及公共绿地和道路之外的部分,才属于共有部分。

《区分所有解释》对共有部分的划分又作了具体规定。该解释第3条所述建筑物的基础、承重结构、外墙、屋顶等基本结构部分,通道、楼梯、大堂等公共通行部分,消防、公共照明等附属设施、设备,避难层、设备层或者设备间等结构部分,亦可视为法定共有之规定。

为了限制建设单位对共有部分的处分,《物业管理条例》第27条特别规定,"业主依法

---

① 上海市房屋土地管理局印发的《关于〈上海市居住物业管理条例〉有关条文的应用解释》(已废止)曾从是否可以单独存在并拥有房地产权证的角度,划分了专有部分和共有部分:不能单独确权、无单独拥有房地产权证的物业,作为物业的共用部位、共用设备、公共设施。其中共用部位、共用设备属整幢业主所有,公共设施属物业区域内的业主所有。

享有的物业共用部位、共用设施设备的所有权或者使用权,建设单位不得擅自处分"。由此即可防止建设单位在出售房屋时将法定共有部分保留或划分为特定小业主的专有部分。

（三）共有部分与专有部分划分难题：以停车位为例

划分共有部分与专有部分的功能主要在于建立物业利用秩序。对于共用部分任何业主都不享有排他使用权,只能采取随机或轮流的方式加以使用,如对道路、楼梯或电梯的使用。但有些共有部位的利用需要固定专用,比如停车场,因为轮流使用容易带来停车秩序的混乱。在一个空间充裕的小区,可以为每一户业主划定一块地区停放车辆,设定专用权。但是,一个小区有多少停车位,一个小区业主需要多少停车位,都是业主不能控制的,甚至也是开发商不能预料的。因此,停车位秩序的构建一直是区分所有制度设计中的难题。

从理论上讲,一个小区在规划和建设时,可以按户建设足够的停车位,并将之纳入共有部位范畴,每户在共有部分上设定专用权,由特定业主对特定部位排他使用。但是,这在现实操作中遇到一些困难。因为业主对停车位的需求不尽一致,每个业主的专有面积也不同,将停车位成本平均分摊到房屋成本中,销售时存在一定障碍。于是,我国主要采取销售时由业主自愿选择购买的方式。原《物权法》于立法过程中,对停车位存在许多争议,最终在第74条明确了停车位规则,将停车位分为法定共有停车位和约定专有停车位两类。《民法典》第275条和第276条延续了该规定。[①]

占用业主共有的道路或者其他场地上设置停车位的,应属于业主共有,即属于法定共有停车位。

约定专有停车位主要指规划用于停放汽车的车位、车库,应当首先满足业主的需要,满足的方式由交易双方约定,既可以出售或赠与,也可以租赁。如果开发商将车位出售或赠与小业主,那么车位或车库成为业主的专有部分（属于专有部分的从物）;如果开发商采租赁形式让业主使用,那么车位也属于专有部分,只是开发商享有所有权。

在停车位规则中,"应当首先满足业主的需要"体现了业主权益优先保护的价值取向,约定规则也是兼顾业主和开发商两者利益的立法选择。但是,约定规则下,车位、车库的归属方式主要由开发商决定,这容易导致车位、车库成为专有部分（要么为业主所有,要么为开发商所有）,几乎排除了成为共有的可能性。

[讨论]约定归属的后果

在原《物权法》出台之前,《深圳经济特区房地产转让条例》规定,房地产首次转让合同对停车场、广告权益没有特别约定的,停车场、广告权益随房地产同时转移;有特别约定的,经房地产登记机关初始登记,由登记的权利人拥有。在深圳,几乎每个购房者在签订购房合同时都会被要求与开发商签一张"附表四",其内容是承认包括屋顶、外墙面、房屋附着物、会所、停车场等公共设施的所有权应该归开发商所有。2003年12月,江山等61户业主状告深圳某开发商,请求确认被告方起草的售房格式合同中预售附表四的1、2、3、4条款无效并撤销。但是该案经过一审、二审,业主的诉求最终没有得到法院的支持。

---

① 《民法典》第275条规定:建筑区划内,规划用于停放汽车的车位、车库的归属,由当事人通过出售、附赠或者出租等方式约定。占用业主共有的道路或者其他场地用于停放汽车的车位,属于业主共有。《民法典》第276条规定:建筑区划内,规划用于停放汽车的车位、车库应当首先满足业主的需要。

在原《物权法》出台之前，也有法院判决将未约定的地下停车库归属于全体业主共有的案例。在"星汉城市花园业主委员会诉星汉公司案"中，法院即根据车库附属于土地（使用权）原理，认定在销售合同没有事先约定车库是独立开发，并未计入销售房屋成本，也未单独要求业主认购的情形下，应当推定停车库作为小区房屋的附属物随销售而转移给整体小业主，形成全体业主的共用部位（参阅案例 17-5）。但是，在"陈某诉金致达房地产开发有限公司案"中，业主以开发公司所取得车位属于公摊面积为由，要求获取车库租金收益未得到法院支持（参阅案例 17-6）。

［案例 17-5］

［案例 17-6］

三、共有与公共所有的界线

（一）业主共有与公共所有的界分问题

城市规划既是合理利用城市空间的需要，也是现代人居环境改善的重要表现。因此，我国在商品房建设过程中，按照居住功能定位、规划居住区，无疑是现代城市发展的需要。但现行居住区规划要求商品房集中开发与土地使用权出让制度相互配合，致使区分所有的范围与功能齐全的居住区已无区别，从而使大量的公共土地和设施纳入业主共有范畴，增加了业主的负担和义务。

根据《城市居住区规划设计标准》的定义，住宅用地，指住宅建筑基底占地及其四周合理间距内的用地（含宅间绿地和宅间小路等）；公建用地，是与居住人口规模相对应配建的、为居民服务和使用的各类设施的用地，应包括建筑基底占地及其所属场院、绿地和配建停车场等；道路用地，指居住区道路、小区路、组团路及非公建配建的居民汽车地面停放场地；公共绿地，指满足规定的日照要求、适合于安排游憩活动设施的、供居民共享的集中绿地，应包括居住区公园、小游园和组团绿地及其他块状带状绿地等。

显然，在一个小区中，只有住宅用地是用于建筑目的，其余的土地虽然也是服务于小区业主生活，但是用途上或利用上具有公共性。显然，这些土地是否要纳入业主所有范畴（即业主共有范畴），完全可以根据情况作不同的制度安排。

比如，公共绿地本身也可以作为公共产品，由政府提供，而不是由居民自己花钱建设和养护；再有，道路用地及其照明设施，本身也可以纳入市政建设范畴，由政府出资建设和维护；供居民健身娱乐的公共场所，本身也是政府应当提供的公共产品。原本属于公共所有的部分之所以被纳入业主共有的范畴，主要原因可能有三个：

第一，我国商品房采取整体开发、销售制度，一旦开发商将房屋销售完毕，其从政府受让的土地使用权即整体转移到业主共有，由此便形成居住区区分所有。

第二，以特定地块（土地使用权）为边界，凡是生活区规划中的所有项目均交由开发商开发，其开发成本最终转嫁给业主。然而，对于政府来说，则减少了公共设施以及公共服务方面的开支，甚至是免除了政府的所有维护义务。

第三，物业小区建设采取封闭模式，凡是特定土地使用权上因规划要求配建的生活设施，理论上只有小区业主享有，由业主支付绿化、景观、环境、公共设施等成本也是理所当然。

但是本书认为，整体开发、整体移交，由业主共有特定地块范围内的所有土地和设施的做法，使私人过多地承担了政府应当承担的义务，导致过分依赖私权利解决社区公共生活设施和环境条件的问题。公有部分的共有化看似给予居民更多的私权和自治，事实上则导致共有关系的泛化,导致业主自治管理失灵。

因此,应当改变居住区规划设计上的封闭体系,结合路网等级和商业配套公建,形成有层次的开放社区;在开放性社区,可以形成相对独立的小型居住环境,来构成物业小区。在一个完整规划的生活区,可以有若干建筑群形成独立的业主团体共有范畴,业主团体仅仅以相互联系的建筑为基础构建,而在相对独立的建筑群之间留有足够的公共空间,形成公共道路、公共绿地、公共活动场所等。而这些土地由政府投资建设和维护,不应当纳入业主共有范畴。虽然该空间是为附近社区和周边居民服务的,但它毕竟属于公共设施,应当纳入市政建设范畴。这样多层次的开放社区,还可以满足不同关系的居住人群,形成不同性质的交往空间。

（二）业主自治管理和政府社区管理的界分

物业管理区域中的共有部分是业主共有权（管理权）的基础,而公共土地和公共设施则是政府公共管理权的基础,适当地界分二者的关系有利于形成业主基于私权的自治和政府基于公共管理权的社区管理的合理分工。业主基于建筑物及其占用土地的共有权形成的自治管理,仅仅限于物业利用秩序。至于公共安全、公共卫生、公共设施、公共场所等,仍应由政府负担。关于此,我们将在第十八章详细论述。

总之,共有部分的合理划分,不仅可以限定业主和业主共同体之间的行为边界,而且还可以确定私人（业主）与政府之间的权利义务关系。

[思考题]

1. 简述区分所有的基本含义及其特征。
2. 简述区分所有与共有的区别,并以实际案例分析之。
3. 试述我国物业管理区划分的误区。
4. 试述我国居住区区分所有的特征。
5. 试述区分所有体制下专有部分和共有部分的划分标准及其实践意义。
6. 简述区分所有权人的专有权的基本特征及其附随义务。
7. 简述区分所有权人的共有权与一般共有权的区别。
8. 试述共有部分物业的利用体制,并以实际案例分析专有使用权的形成。
9. 试述业主共有与公共所有的界分及其意义。

第十八章 物业管理的法律基础:业主自治

基于小区物业的共有权,业主享有共有物业的管理权,这种管理也被称为业主自治。业主自治是整个物业管理的基础。本章以《民法典》和《物业管理条例》为基础,结合我国各地有关物业管理的规定,首先简要论述了物业管理的业主自治机制,并对业主、业主团体、业主委员会、业主小组、物业服务企业等物业管理法律关系主体的概念、性质作了具体分析;其次,对业主自治的最高规范——管理规约,分别从理论和实践的角度进行了全面的解析,特别是对其制订、修改和生效以及内容规定等方面存在的法律问题,在充分探讨的基础上,提出了相应的解决方案。最后,揭示我国物业管理中存在基础性问题,即物业自治管理与政府公共行政之社区管理的分工、协调问题,并提出解决之道。

第一节 物业管理概述

业主自治的实质内容是物业管理。在区分所有权体制下,业主的所有权及于小区范围内的共用部分,因而管理物业小区范围内的共同事务既是业主基于共同所有而产生的权利,同时也是业主的义务。

一、物业管理的本质:业主的权利和义务

《物业管理条例》第2条规定:"本条例所称物业管理,是指业主通过选聘物业服务企业,由业主和物业服务企业按照物业服务合同约定,对房屋及配套的设施设备和相关场地进行维修、养护、管理,维护物业管理区域内的环境卫生和相关秩序的活动。"

从该条的规定,很容易将物业管理看作物业服务企业的事情,或者将物业管理看作业主选聘物业服务企业,由物业服务企业按照合同实施对物业的管护活动。实质上,物业管理是业主的权利和义务,是业主基于共有部分的共有权而产生的管理权利和管理义务。对此,《民法典》第284条第1款作了明确规定:"业主可以自行管理建筑物及其附属设施,也可以委托物业服务企业或者其他管理人管理。"该条款充分肯定了物业管理权利属于业主,业主有自己管理建筑物及其附属设施的权利,物业服务企业或管理人管理只是业主管理权行使的结果。

物业管理主要涉及业主的共有部分,在某种意义上,物业管理对于业主而言也是一种负担或义务。《民法典》第273条明确了业主对建筑物专有部分以外的共有部分享有权利,承担义务,并且特别规定"不得以放弃权利为由不履行义务"。

总之,物业管理权是区分共有权的当然内容,而物业管理即区分所有管理权的行使过程,也是业主物业管理义务的履行。

二、物业管理的内容

业主基于区分所有权而产生的物业管理权应当覆盖专有部分以及共有部分。然而,专有部分的管理一般由业主独立行使。通常讲到的物业管理仅指业主针对共有部分的管理。

长期以来,物业管理的内容被认为包括对物的管理和对人的管理。

所谓对物的管理,指对建筑物、基地及附属设施之保存、改良、利用乃至处分等所为之物

理上之管理。实践中，对物的管理主要包括对共有部位、共用设施的维护、保养、修缮等具体事项。

所谓对人的管理，系指对区分所有权人因聚居生活而形成的团体所为之社区管理。就管理对象而言，不仅包括区分所有权人，也包括物业的使用人以及出入物业区域之人。管理事项一般包括：对建筑物的不当毁损行为；对建筑物的不当使用行为，以及其他对业主生活造成不当妨害的行为等。在"顾然地诉上海巨星物业有限公司财产损害赔偿案""陕西名苑物业管理有限公司诉杨雷倩案"中，物业公司制止业主超负荷安装设施、违章搭建等不当装修行为，均得到法院的支持。依据《民法典》第284条，业主可以自行管理建筑物及其附属设施。所以，业主物业管理的范围仅限于对建筑物及其附属设施的管理，对物的管理应当为物业管理的本义，本书采此观点（参阅案例18-1、18-2）。

［案例18-1］

［案例18-2］

三、物业管理的模式

物业管理权属于业主，但具体的管理事务并不一定由业主实施。在小区物业管理中，往往涉及众多繁杂事务，业主组织和实施具体的管理事务较难实现。因此，在推行住房商品化改革过程中，针对商品化、社会化的居住小区，我国主要推行委托物业管理模式，即由建设单位或者业主委托专业的物业服务企业进行管理。这既是社会分工的必然结果，也是居住小区管理的需要。

需要指出的是，《民法典》第284条也充分肯定了业主实施物业管理的自主权。由此，我国存在两种物业管理模式：其一，业主自行管理模式；其二，业主委托管理模式。

业主自行管理模式是指业主不仅通过业主大会、业主委员会建立业主自治机构，而且具体实施物业管理事务。在业主自行管理模式下，由业主组织实施物业管理，而不是委托物业服务企业执行物业管理事务，但业主可以雇用专业物业管理人员实施物业管理，比如雇用水工、电工、清洁工等从事具体的服务工作。这些专业的物业服务人员与业主管理组织之间是雇佣关系，而不是委托关系。

业主委托管理模式是指业主将物业管理的执行事务交由专门的物业服务机构，业主仅负责物业管理中的重要事项，通过业主大会行使管理权。委托管理模式下，具体事务均由物业服务企业执行。但委托管理，不是业主管理权的移转或授权，而是物业管理事务处理和执行权限的转移。实践中，因业主并没有很强的决策和监督能力，时常发生物业服务企业实际上代替业主行使管理权的现象。

根据我国《民法典》第284条的规定，委托物业管理中的物业受托人主要有两种，一种是物业服务企业，另一种是物业管理人。至于什么是物业管理人，至今并没有权威的说法。本书认为，现在的物业管理主要依赖企业形态的物业管理组织，将来可能出现物业管理职业经理人，他们有一定的经理资质，可以接受业主委托，提供物业管理服务。物业经理人适合于微型小区或一幢建筑的物业管理。

业主自行管理和委托管理的主要区别在于业主是否直接组织实施物业管理。在业主自行管理模式下，业主直接组建物业管理机构，组织实施物业管理，但物业服务提供者既可以是业主自身，也可以是其他雇员；在委托管理模式下，业主将物业管理的组织实施委托于物业服务机构,由其聘请和雇用人员,实施物业管理。不过,需要指出的是,不管是自行管理,还是委托管理,业主自治都是必要的前提或者是物业管理不可或缺的内容。

就我国目前而言,业主自行管理的实现存在一定的障碍。主要是业主直接组建的物业管理组织的法律性质问题。因为物业服务企业均是营利组织,业主自行管理模式下由业主直接组建的物业管理组织则具有非营利性。因此,在物业管理中若要推行自行管理模式,首先需要明确业主自行物业管理组织的法律性质,并规范其收支以及日常运营规则,使其更好地维护和实现业主的权益。

第二节　业主自治的法律构架

业主虽然有共有关系联结点,但这种共有关系区别于完整物的共有,因而业主不能采一般共有关系实现管理。在区分所有体制下,业主必须以业主团体的形式,通过建立一定的组织机构,遵循共同的管理规章,实现共同事务的管理。相对于政府管理,这种业主自我管理机制也被称为业主自治。

一、业主

(一)业主的界定

依据《物业管理条例》第 6 条,房屋的所有权人为业主。

业主,一般意义上是指物业管理区域中的区分所有权人。对于商品房而言,业主是指办理了产权过户手续,被登记为产权人的买受人。对此,《区分所有解释》第 1 条第 1 款作了明确规定:"依法登记取得或者依据民法典第二百二十九条至第二百三十一条规定取得建筑物专有部分所有权的人,应当认定为民法典第二编第六章所称的业主。"

在法律上,仅仅办理了商品房预售或者签署买卖合同登记,因没有取得物权不能成为业主。但一旦房屋交付之后,已经占有房屋虽未办理登记的房屋买受人,亦可以视为业主。《区分所有解释》第 1 条第 2 款基于此原理,对业主作出了扩张解释:基于与建设单位之间的商品房买卖民事法律行为,已经合法占有建筑物专有部分,但尚未依法办理所有权登记的人,可以认定为《民法典》第二编第六章所称的业主。

在开发商保留车库或车位所有权的情形下,车库所有权人是否可以享有业主地位成为需要在法律明确的问题。在原《物权法》实施前已经发生过类似案例(参阅案例 18-3"车库业主独立投票权案"),今后将会成为司法实践疑难问题。

［案例 18-3］

(二)业主的权利

物业管理是业主基于物权而产生的权利。在物业小区,业主基于共有关系当然地享有物业共有部分的管理权,即物业管理权。在实践中,业主的共有权、管理权一般具有团体化特征,所以业主须通过一定的组织机构行使物业管理的权利。为了明确业主的物业管理权,《物业管理条例》第 6 条规定了业主在物业管理活动中的具体权利。依据该条规定,业主在物业管理活动中,享有下列权利:

1. 提议权

根据《民法典》第 277 条,业主可以设立业主大会,选举业主委员会。这需要业主参与和动议。业主的提议权包括两种:一是提议召开业主大会会议,并就物业管理的有关事项提出建议；二是提出制定和修改管理规约、业主大会议事规则的建议。参与制定自制性规范，是单个业主参与物业管理活动，行使成员权的主要形式之一。

2. 投票表决权

业主有权参加业主大会会议，行使投票权。由于业主的共有权已经团体化，业主成员不直接参与物业管理事项，所以业主成员的意志必须通过全体业主的集体意志予以体现，并且必须服从于集体决议。

3. 选举权

业主有权选举业主委员会成员，并享有被选举权。业主委员会是业主大会的执行机关，关系着业主利益的实现，因而业主委员会由业主选举产生，选举业主委员会或者更换业主委员会成员是全体业主共同决定的事项。同时，业主亦可以作为候选人被选举为业主委员会的组成人员，确保其直接参与管理的权利。

4. 监督权

业主的监督权主要有四项：（1）监督业主委员会的工作；（2）监督物业服务企业履行物业服务合同的情况；（3）对物业共用部位、共用设施设备和相关场地使用情况享有知情权和监督权；（4）监督物业共用部位、共用设施设备专项维修资金（以下简称"专项维修资金"）的管理和使用。通过这些监督行为，业主可以及时纠正物业小区自治性管理组织以及物业服务公司违反自治性规范甚至违法的行为，以保障全体业主的共同利益。

［案例 18-4］

在"夏浩鹏等人诉上海市闸北区精文城市家园小区业主委员会业主知情权纠纷案"中，业主诉请业主委员会公布、查阅建筑物及其附属设施维修基金的使用情况、业主委员会的决定及会议记录、共有部分的收益、物业服务合同等，获得了法院支持（参阅案例 18-4）。《物业管理条例》还规定，业主有权按照物业服务合同的约定，接受物业服务企业提供的服务。然而，业主接受物业服务的权利系基于合同而产生，因此无须法律再将之明确规定为法定权利。

（三）业主的义务

在享有以上权利的同时，业主亦应履行相应的义务。依据《物业管理条例》第 7 条的规定，业主在物业管理活动中，应当履行下列义务：

1. 遵守自治规范

业主公约、物业管理（涉及物业共用部位和共用设施设备的使用、公共秩序和环境卫生的维护等方面）规则等自治性规范制定以后，全体业主都应遵守。业主违反业主公约等自治性规范的，应按照自治性规范中的条款承担相应责任；造成其他业主损失的，应承担民事赔偿责任。

2. 交纳物业管理费和维修资金

业主虽然是物业管理的权利人，但物业服务合同并非由业主而是由自治性管理组织与物业服务公司签订。然而，自治性管理组织签订物业服务合同并非实现该组织自身利益，而是着眼于全体业主成员的共同利益。也就是说，业主是物业管理实施的具体受益者。实质上，自治性管理组织乃是代表业主与物业服务公司签订合同。因此，受益的业主成员应依据自治性组织的决议交纳物业管理费。同样，维修资金用于物业区域的共用部位、共用设施等部位，全体业主成员均受益，因而，该部分的维修费用应当由全体业主承担。

3. 遵守并执行业主大会作出的决定

4. 其他法律、法规规定的义务

二、业主团体

在一个居住小区,业主分散于不同楼宇,因共同关系联系在一起,需要通过一种机制管理共同物业和共同事务,由此产生业主自治机制。根据《民法典》规定,业主可以设立业主大会,选举业主委员会,以此实现业主对共同事务的管理。业主自治的前提是业主团体的承认,而业主团体有效运行的基础是业主公约。因此,业主自治的法律框架大体上可以表述为:业主因建筑物的区分所有权组成业主团体,并因此共同签署和遵循管理规约,通过业主大会决定共同事务,由业主委员会执行业主大会的决定。

(一)业主团体的性质及其法律基础

在理论上,业主因共有关系自然地组成一个团体,业主必须借助这个团体实现其对内以及对外事务的处理。只是《物业管理条例》和《民法典》均没有采纳业主团体概念。

业主团体的形成具有两个法律基础:

第一,业主共同购买非独立存在的单元式(公寓式)房屋的行为。业主团体的主要法律基础是区分所有中的共有关系。虽然每个业主在购买房屋的时候没有意思联络,但是因为所购房屋在事实上相互联结,或者系同一块土地上的一幢建筑物,共享土地(使用权)和相关共同设施,因而构成共有关系。在某种意义上,业主团体的成立不是业主自主自愿选择的结果,而是建筑物互联或共同生活在一个物业小区的必然结果。

第二,在形式上,业主在购买区分所有体制下的房屋时,也会签署一份业主公约(又称为管理规约),该公约即为业主团体的章程。签署业主公约即意味着加入业主团体,自愿履行团体协议中规定的义务。因此,业主公约使业主成员之间建立了一种法律上的权利义务关系,并因此构成一个业主团体。

如果说购买对于加入和形成业主团体而言是一种事实行为,那么签署业主公约则是一个法律行为。因此,物业区域内的全体业主们因共同购买了同一幢或同一个小区内的不动产而聚集在一起。他们之间不仅存在建筑物上的自然联结关系,而且存在契约上的法律联结。由此各购买人即形成了业主团体,并具有法律上的主体资格。业主团体通过业主大会和业主委员会形成全体业主的集体意志,进而实现管理上的自治。

在承认业主基于共有关系组成业主团体的情形下,业主即为该团体的组成人员,业主的共有权和管理权也由此演变为业主团体中的成员权,业主对共有部分的管理权必须通过业主团体来实现,而业主实现其权利的方式则是召开业主大会。

(二)确立业主团体概念的必要性

现行法律虽没有接受业主团体这一概念,却直接规定了业主团体的权力机构(业主大会)和执行机构(业主委员会)。显然,没有业主团体就不可能有业主大会,业主大会只能认定为一个团体或组织的权力机构。

因未承认业主团体及其主体地位,《物业管理条例》作出了一些奇怪的安排:(1)由业主大会代表和维护物业管理区域内全体业主在物业管理活动中的合法权益(第8条),而业主大会不可能具有主体地位;(2)一个物业管理区域成立一个业主大会(第9条),似乎业主大会即一个区域的组织机构;(3)业主委员会需要向物业所在地的区、县人民政府房地产行政主管部门和街道办事处、乡镇人民政府备案(第16条),但通常来讲,作为业主大会的执行机构,业主委员会不需要备案。

不承认业主团体的主体地位则会影响到全体业主行为的主体资格。比如,在侵害全体业主利益时,应由哪一主体代表全体业主提起诉讼,现实中颇有争议。有的选择团体诉讼,也有的通过业主大会提起诉讼,更多的是选择由业主委员会代表全体业主提起诉讼。但从理论上讲,这些方式的运用在法律上均不妥当。

事实上,无论法律是否予以承认,只要特定业主之间构成共有关系,即存在业主团体。在法律上,这样的团体可以视为"非法人团体",属于自然人和法人之外的第三类民事主体。非法人团体的成立不需要登记,也无需政府批准,即可构成民事主体概念。之所以承认该民事主体的存在,主要在于解决全体业主行为的主体资格问题。因为在区分所有体制下处理共同事务时,单个业主不再具有主体资格,全体业主对外必须有标识其存在的组织,而且法律承认其具有服务于全体业主利益的权利能力和行为能力。这样不仅便于全体业主对共有物的处分、对共同事务的处理(如诉讼),也便于第三人识别,保护交易安全。因此,业主团体的主体地位是必须在法律中予以确立的一项重要制度。

由于法律上不承认业主团体,因而现实中大多由业主大会作为业主团体的"替代品"。故在《物业管理条例》的规定中不得不使用"物业管理区域内全体业主组成业主大会"(第8条)、"一个物业管理区域成立一个业主大会"(第9条)的表述,这里的"组成"和"成立"均是针对一个主体的用语。同时,业主大会也拥有印章[1],业主大会公章对外即可代表全体业主。由此,业主大会即具有"双重身份",既是团体(主体),又是团体的权力机关。

业主团体(业主大会)的民事权利能力仅仅局限于小区物业管理事项,不能扩及至其他事项。业主团体,乃基于物业活动之便利这一特定目的而成立的,只能服务于该特定目的。由全体业主选举产生的业主委员会(或管理委员会)代表业主团体对外实施与物业管理有关的活动或行为。

（三）业主团体的机关

像任何一个团体一样,业主团体也需要有实现其意志的机关。业主团体的机关为业主大会和业主委员会。业主大会是业主团体的权力机关,由其决定需要业主共同决定的事项。业主委员会由业主大会选举产生,是业主大会的执行机关。

关于业主大会的职责和运作、业主委员会的组成和职责,将在下文详述。

（四）业主团体的章程

在实践中,业主购买房屋时,需签署一份临时管理规约;理论上,将业主公约解释为业主团体协议或业主团体章程。

2007年修订前的《物业管理条例》使用了"业主公约"的概念,其中第17条曾规定业主公约应当对有关物业的使用、维护、管理,业主的共同利益,业主应当履行的义务,违反公约应当承担的责任等事项依法作出约定。但原《物权法》没有使用"业主公约",而使用"管理规约"的说法[2]。在该法出台之后,国务院根据有关规定,将"物业管理企业"修改为"物业服务企业",并将"业主公约"修改为"管理规约",将"业主临时公约"修改为"临时管理

---

① 《业主大会和业主委员会指导规则》(建设部于2009年12月1日发布)第34条明确规定:业主委员会办理备案手续后,可持备案证明向公安机关申请刻制业主大会印章和业主委员会印章。

② 原《物权法》第83条规定,业主应当遵守法律、法规以及管理规约。

规约"。之后,许多地方也据此将"业主公约"更换为"管理规约"。《民法典》也延续了这一规定。

因此,业主团体的章程应当称为管理规约。关于管理规约,参见本章第三节的论述。

三、业主大会

（一）业主大会的成立

因业主大会的双重性,业主大会的成立亦具有业主团体成立的功能。在这个意义上,业主大会成立特指首次业主大会的筹备和召开。

显然,业主是业主大会成立的主体,也是业主大会的发动者。但是,究竟该如何发起成立业主大会,法律规定并不十分明确,许多业主对成立业主大会积极性也不高、参与程度较低。《民法典》第277条特别规定,地方人民政府有关部门、居民委员会应当对设立业主大会和选举业主委员会给予指导和协助。《物业管理条例》第10条明确物业所在地的区、县人民政府房地产行政主管部门或者街道办事处、乡镇人民政府均有指导业主成立业主大会、选举业主委员会的义务（以下简称"相关政府部门"）。

2009年12月,建设部发布的《业主大会和业主委员会指导规则》（以下简称《指导规则》）对业主大会的成立,尤其是对政府协助指导作了明确规定。按照《指导规则》,业主大会成立的主要规则如下:

第一,建设单位有向有关政府部门报送筹备首次业主大会所需文件资料的义务。在物业管理区域内,当交付的专有部分面积超过建筑物总面积50%时,建设单位即应当按照要求向当地相关政府部门提交文件资料。[①]

第二,业主提出筹备书面申请,相关政府部门负责组织、指导成立首次业主大会会议筹备组（第9条）,并对筹备组的组成及其公示方法等作了规定。[②]

第三,筹备组完成首次业主大会的筹备工作。《指导规则》第12条对筹备工作项目作了具体规定。

然而,并不是所有的物业小区均需要成立业主大会,《物业管理条例》规定了业主大会成立的例外。其中第10条规定,"只有一个业主的,或者业主人数较少且经全体业主一致同意,决定不成立业主大会的,由业主共同履行业主大会、业主委员会职责"。

（二）业主大会会议、职责和表决机制

1. 业主大会会议召集

根据《物业管理条例》,业主大会会议分为定期会议和临时会议。业主大会定期会议应当按照业主大会议事规则的规定召开。经20%以上的业主提议,业主委员会应当组织召开业主大会临时会议（第13条）;召开业主大会会议,应当于会议召开15日以前通知全体业

[①] 该规则第8条规定:"物业管理区域内,已交付的专有部分面积超过建筑物总面积50%时,建设单位应当按照物业所在地的区、县房地产行政主管部门或者街道办事处、乡镇人民政府的要求,及时报送下列筹备首次业主大会会议所需的文件资料:（一）物业管理区域证明;（二）房屋及建筑物面积清册;（三）业主名册;（四）建筑规划总平面图;（五）交付使用共用设施设备的证明;（六）物业服务用房配置证明;（七）其他有关的文件资料。"

[②] 该规则第10条规定:"首次业主大会会议筹备组由业主代表、建设单位代表、街道办事处、乡镇人民政府代表和居民委员会代表组成。筹备组成员人数应为单数,其中业主代表人数不低于筹备组总人数的一半,筹备组组长由街道办事处、乡镇人民政府代表担任。"第11条规定:"筹备组中业主代表的产生,由街道办事处、乡镇人民政府或者居民委员会组织业主推荐。筹备组应当将成员名单以书面形式在物业管理区域内公告。业主对筹备组成员有异议的,由街道办事处、乡镇人民政府协调解决。建设单位和物业服务企业应当配合协助筹备组开展工作。"

主,应当同时告知相关的居民委员会(第14条)。

依据《物业管理条例》第12条的规定,业主大会会议可以采用集体讨论的形式,也可以采用书面征求意见的形式。前者为会议方式,后者则为非会议方式,但两者都可能通过表决方式决定管理事项或通过管理决议。另外,采用书面征求意见形式的,应当将征求意见书送交每一位业主;无法送达的,应当在物业管理区域内公告。凡需投票表决的,表决意见应由业主本人签名。

无论采用何种形式,业主大会须有物业管理区域内专有部分占建筑物总面积过半数的业主且占总人数过半数的业主参加才具有法律效力,同时该双重要件也是形成有效决议的前提。

业主可以委托代理人参加业主大会会议。

2. 业主大会的决议事项

如前所述,业主通过业主大会的形式共同决定物业管理事项,因此,需由业主共同决定的事项即业主大会的决议事项。根据《民法典》第278条第1款,下列事项由业主共同决定:(1)制定和修改业主大会议事规则;(2)制定和修改管理规约;(3)选举业主委员会或者更换业主委员会成员;(4)选聘和解聘物业服务企业或者其他管理人;(5)使用建筑物及其附属设施的维修资金;(6)筹集建筑物及其附属设施的维修资金;(7)改建、重建建筑物及其附属设施;(8)改变共有部分的用途或者利用共有部分从事经营活动;(9)有关共有和共同管理权利的其他重大事项。

根据该条第2款,业主共同决定事项,应当由专有部分面积占比2/3以上的业主且人数占比2/3以上的业主参与表决。决定前款第6项至第8项规定的事项,应当经参与表决专有部分面积3/4以上的业主且参与表决人数3/4以上的业主同意。决定前款其他事项,应当经参与表决专有部分面积过半数的业主且参与表决人数过半数的业主同意。

修订后的《物业管理条例》第11条的规定与上述规定大致相同。

3. 业主大会的投票权和表决机制

在业主团体中,业主的共有权、管理权集中表现为业主大会中的投票权。因此,业主的投票权在业主自治中具有非常重要的地位。但是《民法典》并没有规定业主的投票权应如何计算,只是强调有效的业主大会决议既要考虑专有部分面积,又要考虑业主人数。《区分所有解释》第8条以及住房和城乡建设部《指导规则》均对业主人数和面积的计算方法作了规范,二者的规定基本一致。

按照《指导规则》,业主的投票权数由专有部分面积和业主人数确定。投票业主专有面积应达总面积的法定比例。专有部分面积按照不动产登记簿记载的面积计算;尚未进行登记的,暂按测绘机构的实测面积计算;尚未进行实测的,暂按房屋买卖合同记载的面积计算。总面积为一个小区专有部分面积的总和(第23条)。

业主人数,按照专有部分的数量计算,一个专有部分按一人计算(即使有共有人,也只有一个表决权)。但建设单位尚未出售和虽已出售但尚未交付的部分,以及同一买受人拥有一个以上专有部分的,按一人计算;业主人数即业主总人数(第24条);至于车位、摊位等是否计入专有部分,则由业主大会议事规则约定(第25条)。参与投票的业主人数除以业主总人数即可知投票是否达到法定比例。

《指导规则》第27条规定,物业管理区域内业主人数较多的,可以幢、单元、楼层为单位,推选一名业主代表参加业主大会会议,推选及表决办法应当在业主大会议事规则中规定。这主要是为了提高业主大会议事和决策的效率。但是,以幢、单元、楼层为单位时,业主代表必须能够代表本单位全体业主的利益或者采取事先听取或征询所有业主意见的方式,否则也会产生代表效力问题。

（三）业主大会决议的效力

根据《民法典》第280条,业主大会或者业主委员会的决定,对业主具有约束力。业主大会或者业主委员会作出的决定侵害业主合法权益的,受侵害的业主可以请求人民法院予以撤销。《物业管理条例》第12条对此也作了类似的规定。

从法理上讲,业主大会的决议或决定对业主产生约束力应以决议的有效为前提。因为业主大会决议可能在实体上违法或侵害他人（包括业主）合法权益而无效。业主大会决议有效的形式要件为:(1)业主大会是经过合法程序召集或进行的;(2)业主投票达到法定人数和代表的面积数。业主大会的决议不得违反法律规定,这可以视为业主大会的有效的实质要件。为了防止少数业主操纵业主大会或者业主大会的某些决议事项侵害业主的利益,业主可以请求人民法院撤销业主大会的决定（参阅案例18-5"苏源集团江苏房地产开发有限公司诉南京市江宁区颐和南园业主委员会业主撤销权案"）。《区分所有解释》第12条明确规定,受侵害业主应当在知道或者应当知道业主大会或者业主委员会作出决定之日起一年内行使撤销权。在司法判决例中,关于撤销权的案例除了考虑一年期限外,更重要的是结合业主委员会委员决定的合法性等情况进行裁决。在"李英姿、樊纳新诉常熟市明珠佳苑业主委员会、常熟市明珠物业管理有限公司业主撤销权纠纷案"（参阅案例18-6）中,法院认为业主委员会为维护小区的正常生活秩序,与常熟市明珠物业管理有限公司签订物业服务合同并无不妥,未支持原告撤销物业服务合同诉求,但在"万震宇诉新天地华庭业主委员会等业主撤销权纠纷案"（参阅案例18-7）中,法院认为业主委员会委员有权代表业主与业主大会选聘的物业服务企业签订物业服务合同,但业主委员会无权自行决定选聘或解聘物业服务企业,因而支持原告撤销业主委员会物业服务企业选聘决定的请求。

［案例18-5］

［案例18-6］

［案例18-7］

四、业主委员会

（一）业主委员会的产生

业主委员会是业主大会（业主团体）的执行机关或管理机关,负责业主团体的日常事务。

业主委员会由首次业主大会选举产生,之后可以通过业主大会对其进行增补或调整。

在我国,业主委员会作为业主团体的组织机构,乃基于业主团体的意思自行设立,业主委员会经选举产生后应当经所在地人民政府行政主管部门登记确认。登记确认的主要目的是便于房地产管理部门对物业小区的管理,因而此处的登记仅仅是为行业管理之便利所履行的备案手续,不是业主委员会的成立要件。

虽然无须将登记作为业主委员会成立的要件,但可以将登记作为业主委员会委员(包括换届选举产生的新任委员)取得合法资格的要件。目前,在我国业主自治能力还比较弱的情况下,由行政主管部门对业主委员会委员的资格把关,有利于引导业主走向自治之路,有利于防止一些不诚实的业主利用业主委员会委员的资格损害大多数业主的利益。

(二)业主委员会的法律地位

业主委员会只是业主团体(业主大会)的执行机关或管理组织,既不是法人,也不是独立的非法人团体或组织。业主委员会成立的目的,就是能够代表业主团体对内进行日常管理事务,并且对外实施与物业管理相关的具体行为。业主委员会本身不具有独立的民事主体资格。但是,业主大会并非常设机构,在现实中,业主团体的许多事务,尤其是与物业管理相关的事务大多是由业主委员会执行的。例如,《物业管理条例》赋予业主委员会与物业服务企业签订物业管理服务合同的权利,《民法典》赋予业主委员会代表全体业主提起诉讼的权利,业主委员会的决定对全体业主具有约束力。然而,这种做法与代表机关的相关理论不吻合。在这里,我们并不否认业主委员会的行为能力,但其应当以全体业主即业主团体的名义实施各种法律行为。关键是业主要对业主委员会的行为进行监督和约束,以使其行为符合业主利益。为此,《指导规则》第36条规定了业主委员会应当向业主公布的情况和资料,并在第37—48条对业主委员会的运作和行为制定了详细的规范。这些规范旨在约束业主委员会忠实地履行其职责,为全体业主利益服务。

(三)业主委员会的职责

依据《物业管理条例》第15条以及《指导规则》第35条的规定,业主委员会应当履行以下职责:

一是召集业主大会会议,报告物业管理的实施情况。业主委员会乃业主团体的常设机关,负责业主团体日常事务的实施及运行。尽管物业服务企业由业主大会选聘,但物业服务合同的履行只能由业主委员会负责监督,因而,业主委员会应向业主大会报告物业管理的实施情况。

二是执行业主大会的决定和决议。业主大会系业主团体之权力机关,并非常设机关,因此,业主大会的决定和决议需要业主委员会予以执行和实现。

三是代表业主与物业服务企业签订物业服务合同。业主委员会为业主大会的执行机关,需代表业主与业主大会选聘的物业服务企业签订物业服务合同。所谓"代表"是指,业主委员会负责与物业服务企业就物业服务合同条款进行磋商和沟通,并以业主大会而非业主委员会的名义签订物业管理服务合同。

四是沟通和监督职责。业主委员会应及时了解业主、物业使用人的意见和建议,监督并协助物业服务企业履行物业服务合同。物业服务合同履行过程中,必然会出现一定问题或纠纷,此时,业主委员会应当及时将业主及其使用人的意见和建议反馈给物业服务企业,并监督物业服务企业履行义务,以便提高物业服务质量,及时化解矛盾和纠纷。此外,业主、业主团体配合物业服务合同履行,仍需借助业主委员会的力量才能够完成,如业主委员会应督促业主交纳物业服务费及其他相关费用。

五是监督管理规约的实施。管理规约是物业小区的最高自治规范,对创造物业小区的和谐环境具有重要作用。业主委员会作为业主团体的执行机关,有义务负责管理规约的具体实施工作,及时调解业主之间因物业使用、维护和管理产生的纠纷;组织并监督专项维修资金的筹集和使用。

六是业主大会赋予的其他职责。业主委员会还需执行业主大会赋予的其他职责,诸如草拟管理规约、业主委员会章程,对物业服务企业的选聘或解聘提出建议,对物业维修资金的筹集、使用、管理提出建议,监督检查共有建筑、共用设施的使用情况等。

第三节　业主自治的最高管理规范:管理规约

关于业主自治的最高管理规范,理论上和实践中普遍使用"业主公约"的概念,但《民法典》将其称为"管理规约"。由此,《物业管理条例》等涉及区分所有、物业管理的规范性文件均作了相应调整。管理规约为业主自治的最高规范。

一、管理规约概述

管理规约,是物业管理区域内全体业主就物业的使用、维护、管理以及业主的权利、义务和责任等有关业主共同利益的事项所达成的书面自治规则。在物业管理区域内,为保障全体业主舒适、愉快的生活环境,业主必须采取有效的管理方式对业主之间的利害关系加以调整。其中,通过业主大会订立管理规约,是实现区分所有建筑物有效管理的重要途径。《物业管理条例》对管理规约作了较为详尽的规定,内容主要涉及物业的使用、维护、管理,业主的共同利益,业主应当履行的义务以及违反规约应当承担的责任等事项。

管理规约,依据私法自治原则衍生出来的规约自治原则而制定,只要不违反法律之强制性规定,不违反公序良俗原则,不变更或排除区分所有权的本质,均可产生法律上的效力。[1]

管理规约制定后,各国一般规定交由管理人保管。没有管理人时,由业主大会决议交由特定人保管。对于利害关系人的阅览请求,无正当理由不得拒绝。

二、管理规约的性质

关于管理规约的性质,学界存在不同观点。目前,主要有以下几种:(1)管理规约是业主(区分所有权人)之间的非单纯债权性质的契约;(2)管理规约是众多业主(区分所有权人)之间的社会化的契约;(3)管理规约具有合伙性质、集团性质;(4)管理规约类似于劳动法上的劳动协约;(5)管理规约是有关区分所有权人相互之间权利义务关系的基本规定,属于自治法规或自治规则。

本书认为,管理规约是业主团体的最高自治规范和根本性自治规则,其地位和作用相当于业主团体的"宪法"。管理规约的约束力不仅及于全体业主,[2]而且及于物业使用人[3]、管理人。这一点是一般的契约所不具有的特征。

管理规约既然是业主团体的最高自治规范,在物业区域的自治性规则体系中,则处于最高地位,统率其他所有自治规范。业主大会及业主委员会所做的决议不得与之相抵触。业主大会议事规则、业主委员会章程、各种具体的管理制度等自治规范均应以管理规约为指导。

---

[1]　梁慧星主编:《中国物权法研究(上)》,法律出版社1998年版,第405页。

[2]　《物业管理条例》第17条第3款规定:"管理规约对全体业主具有约束力。"

[3]　《物业管理条例》第47条规定:"物业使用人在物业管理活动中的权利义务由业主和物业使用人约定,但不得违反法律、法规和管理规约的有关规定。物业使用人违反本条例和管理规约的规定,有关业主应当承担连带责任。"

三、管理规约的制订、修改及生效

管理规约是全体业主合意而形成的团体意思,其制定与修改均需全体业主参与。当然,管理规约不可能反映每一个业主成员的意愿,只能通过多数决的方式形成全体业主的集体意志。

关于管理规约的制定、修改及废止,各个国家的立法及实务操作并不完全相同。管理规约的制定,归纳起来主要有两种途径:其一,由业主大会决议而设定;其二,由开发商(建设单位)预先设定,在售房时由各个买受人签字加入而形成。为了使管理规约的内容明确化、具体化,并考虑管理规约保管及查阅之便,各个国家的法律通常都要求采用书面形式设定管理规约并加以登记。① 管理规约的修改及废止均通过业主大会表决而为之。

在我国,依据《物业管理条例》第 22 条的规定,建设单位应当在销售物业之前,制定临时管理规约,对有关物业的使用、维护、管理,业主的共同利益,业主应当履行的义务,违反临时管理规约应当承担的责任等事项依法作出约定。建设单位制定的临时管理规约,不得侵害物业买受人的合法权益。临时管理规约因物业买受人之加入行为对业主产生当然地拘束力,即在前期物业管理中承担管理规约之功能。

管理规约是业主居住区域中的自治规范,因此,业主理所当然具有制定和修改管理规约的权利。根据《物业管理条例》第 12 条,业主大会可以采用集体讨论或书面征求意见的形式召开业主大会会议,业主大会决定本条例第 11 条第 5 项和第 6 项规定的事项,应当经专有部分占建筑物总面积 2/3 以上的业主且占总人数 2/3 以上的业主同意;决定本条例第 11 条规定的其他事项,应当经专有部分占建筑物总面积过半数的业主且占总人数过半数的业主同意。② 由此可见,我国管理规约的制定也包括两种方式,即业主大会的决议方式和建设单位预先设定并经物业买受人承诺遵守的方式。前者因业主合意而制定,后者则因物业买受人之加入行为而产生。但是,对于建设单位所制定之临时管理规约,物业买受人没有发言权,只能被动地予以承诺。所以,《物业管理条例》亦规定,建设单位制定的临时管理规约,不得侵害物业买受人的合法权益。

关于管理规约的生效时间,尽管《物业管理条例》未作规定,但依据私法自治原则,管理规约的生效时间应为业主大会或业主代表大会通过的时间。另外,对于特定继受人的约束力,不应以登记为要件,而应产生当然的约束力。

四、管理规约的内容

管理规约纯属业主自治规范,因而,各国均规定管理规约的内容由业主自由协商确定。具体因建筑物的规模、用途及其习惯、生活水平而有所不同。有的国家在相关立法中对管理规约的内容作了指引性的列举,有的则是由政府主管部门提供管理规约的示范文本,供业主团体制定时参考。依据《指导规则》第 18 条之规定,管理规约应当对以下主要事项作出规定:(1)物业的使用、维护、管理;(2)专项维修资金的筹集、管理和使用;(3)物业共用部分的经营与收益分配;(4)业主共同利益的维护;(5)业主共同管理权的行使;(6)业主应尽的义务;(7)违反管理规约应当承担的责任。

具体而言,物业的使用、维护、管理既包括共有部分,亦包括专有部分,如禁止饲养危险

---

① 梁慧星主编:《中国物权法研究》(上),法律出版社 1998 年版,第 406 页。

② 参见《物业管理条例》第 12 条第 3 款。

或具有其他妨碍的动物,不得改变物业的使用目的,禁止堆放危险物品及影响环境卫生的物品等。关于业主共同管理权的行使一般包括业主团体及其管理机构的设置、人数、权限、运行方式,管理人的选任、任期、解任及职责,业主会议及管理人会议的运作,管理费用的缴纳等。

另外,共用部分的情况均可事先在管理规约中作出约定,包括对共用部分的持份比例、全体共用部分和局部共用部分的范围以及业主对车位、车库等建筑物附属部分之所有权是否计入专有部分之面积等。

五、实践中的相关法律问题

管理规约的作用仅限于规范全体业主和物业使用人对物业的使用、管理等行为,管理规约并非行政规范。因此,管理规约的条款应符合自治规范的本质。以下,我们将对实践中的几个问题作些分析。

(一)管理规约能否设定处罚权

实践中,有的管理规约规定,业主违反管理规约时,应由业主委员会对该业主实施罚款、扣押、或没收违章工具、拆除违章建筑等处罚措施。

本书认为,行政处罚权只有法律、行政法规才能设定,民事性质的"公共契约"等自律性约定不能设定处罚权。况且,法律对实施处罚的机关也有严格限制,只有国家司法机关和行政机关才具有行政处罚的职能。管理规约仅是一种自治规范,因而不能设定行政处罚权,业主委员会作为一个自治性的组织也无权实施行政处罚措施。

但是,管理规约可以约定一些民事责任的承担方式,如停止侵害、消除危险、排除妨害、赔偿损失等。涉及行政处罚措施时,业主委员会应及时报告有关行政管理部门,由行政部门依法处理。另外,业主的利益遭受侵害时,受害业主可以直接向人民法院起诉。

(二)物业的承租人应否受管理规约约束

管理规约中可以规定,业主在出租物业时应将承租人遵守管理规约作为租赁合同的条款之一,[①]并且应在租赁合同中明确约定由出租人或承租人交纳物业管理费用。即使业主在出租物业时,未将管理规约作为租赁合同的条款之一,承租人仍应受到管理规约的约束。本书认为,管理规约是针对不动产物业的使用、管理等行为而设定的,物业区域内的物业所有人或使用人(含承租人)对物业的使用、管理等行为均应受管理规约的约束。《物业管理条例》没有直接规定物业使用人是否应当受到管理规约的约束,但在第47条第2款中规定:"物业使用人违反本条例和管理规约的规定,有关业主应当承担连带责任。"该规定强化了管理规约的执行效力,物业的使用人不仅应当受到管理规约的约束,对于物业使用人违反管理规约的行为,业主应当承担连带责任。

(三)如何保障管理规约的有效执行

管理规约,旨在协调全体业主的行为,营造一个和谐愉快的生活环境。本书认为,要确保管理规约功能的实现,必须采取一定的责任追究方式。《物业管理条例》及各地有关规定,并没有赋予业主委员会以及其他主管部门对违反管理规约的行为采取强制措施的权力。因而,在我国实践中,管理规约难以发挥业主最高自治规范的作用。

---

① 《物业管理条例》第47条第1款规定:"物业使用人在物业管理活动中的权利义务由业主和物业使用人约定,但不得违反法律、法规和管理规约的有关规定。"

依据我国台湾地区"公寓大厦管理条例"规定及其实践之操作,对违反管理规约的行为,可以根据情况分别采取不同的措施加以制止。

[案例 18-8]

（1）在维护、修缮专有部分、约定专用部分或行使权利时,妨害其他住户的安宁、安全及卫生状况的;他人维护、修缮专有部分、约定专用部分或设置管线必须进入其专有部分时,拒绝他人其进入的;为了维护保养共有部分之需要进入住户之专有部分,被拒绝的;经协调仍有妨害或拒绝进入的,可以按照其性质请求各该主管机关予以处理或诉至法院请求必要之处置。"张某诉某物业服务公司案"即是典型的违反规约装修引发的诉讼（参阅案例 18-8）。

（2）住户任意实施变更大厦周围上下、外墙面、楼顶平台及防空设施之构造、颜色、使用目的,设置广告物等行为时,应予制止,并报请主管机关处以罚款,该业主应于一个月内恢复原状;未恢复原状的,由主管机关恢复原状,其费用由该住户承担。

（3）对不按照设置目的和通常方法使用共用部分的行为,应予制止,并可以按照其性质请求各该主管机关进行处理或诉至法院请求必要的处置;如有损害,可以请求赔偿。

（4）对专有部分、约定专用部分的使用方式违反设计或管理规约时,应予制止,并报请主管机关处理,要求其恢复原状。

（5）住户实施破坏公共安全、公共卫生、公共安宁等行为时,应予制止,或召集当事人协调处理,必要时可以报请主管机关处理。

（6）对拖欠分担金（管理费）达到一定数量标准,或有其他违反管理规约的行为被处以罚款后仍不改正或继续违反的,或违反管理规约情节严重的,管理委员会应促请区分所有权人会议决议,诉请法院强制其迁离;如果住户为业主,可以诉请法院强制其出让区分所有权。

（7）前述强制出让判决生效后 3 个月内不自行出让并完成过户登记手续的,管理委员会可申请法院拍卖。

按照上面的介绍,我国台湾地区对违反管理规约的行为规定了较为严格的强制手段,这样就使管理规约具有一定的威慑力,保证了管理规约的有效执行。我国目前的物业管理法律制度缺乏类似的强制手段,建议将来对物业管理立法加以完善。

第四节　业主自治与政府公共管理之协调

如前所述,随着现代物业小区规模的逐步扩张,物业小区与行政规划法上的居住区出现交叉和混同的现象,由此导致业主物业管理和政府社区管理在范围上的混淆以及职能上的错位,其结果则加重了业主的负担,也使政府的公共管理职能不能发挥其应有的功能。所以,在明晰物业管理含义的基础上,厘清物业管理以及社区管理的界限,明确政府在公共事务管理中的不同角色,有利于我国业主自治机制的构建与实现。

一、物业管理与社区管理

（一）社区与社区管理

社区是指由若干社会成员聚集在一定地域所形成的生活共同体。通常认为,社区具有以下特点:其一,特定范围的地域条件;其二,共同居住在该地域的特定人口;其三,具有共同的公共设备和生活服务设施;其四,具有或隶属于一定的社会管理组织。规划法中的生活区,主要是从满足一个社区生活功能的角度进行规划,由此形成了不同的社区。

社区管理属于公共管理范畴,包括文教卫生管理、市容秩序管理、市政设施管理、社会治安管理、环境保护管理、计划生育管理、老龄人口管理、流动人口管理、邻里关系以及房屋管理等。社区管理主要由政府承担,但是,随着经济体制改革的深入导致社会转型,我国的社区管理体制也在不断变革,基本上形成了政府管理与居民自治管理相结合的体制。然而,社区管理仅限于公共事务管理,目的是建立良好的社会秩序。尽管社区管理可能涉及特定的物业小区(生活社区),并且可能存在社区居民自治管理,但这种自治的产生不是基于业主的共有权,而是基于公民民主权利(公民自治管理权)。

1991年,民政部从我国国情出发,借鉴国外社区发展经验,鲜明地提出了社区建设这个概念,旨在以社区建设为切入点,强化城市基层社会的管理,加强城市基层政权和群众自治组织的建设。1998年,配合国家政治体制改革与政府机构调整,国务院正式赋予新组建的民政部基层政权和社区建设司"指导社区管理工作,推动社区建设"的职能,从而在制度上保证了我国社区建设的健康发展。现在社区管理,在各地有不同的做法,但基本上形成了以街道办事处为主导,以居民委员会为主体力量的社区管理体制。

在法律上,居民委员会是居民自我管理、自我教育、自我服务的基层群众性自治组织,但现实中,居民委员会执行着基层政府的职能。[1]

居民委员会的主要职责和任务是:宣传宪法、法律、法规和国家的政策,维护居民的合法权益,教育居民履行依法应尽的义务,爱护公共财产,开展多种形式的社会主义精神文明建设活动;办理本居住地区居民的公共事务和公益事业;调解民间纠纷;协助维护社会治安;协助人民政府或者它的派出机关做好与居民利益有关的公共卫生、计划生育、优抚救济、青少年教育等项工作;向人民政府或者它的派出机关反映居民的意见、要求和提出建议。居民委员会应当开展便民利民的社区服务活动,可以兴办有关的服务事业。

(二)物业管理与社区管理的区别

物业管理与社区管理是两类不同的法律关系或行为。

物业管理是业主基于区分所有权对其共有部分(物)实施的管理,本质上是物权的行使,是物的利用管理,从性质上而言属于私法范畴,由私法调整;而社区管理则是社会公共事务管理,是政府行使公共职能与公民自治相互协调的社会治理方式。

具体而言,社区管理与物业管理存在以下不同:

1. 实施主体不同

社区管理由政府主导,社区居(村)民委员会组织实施;物业管理的主体则是特定物业小区的业主,由业主主导,业主自己组织实施或委托专业化物业服务企业实施。

2. 管理性质不同

社区管理是社会公共事务管理,具有公共性、社会性,本质上属于行政管理或公共管理;物业管理是业主物权的行使。另外,物业小区一般规模较大,虽然其管理也具有一定公共性,但最终目的仍然是服务业主团体利益。

---

[1] 居委会制度确立于1954年《城市居民委员会组织条例》,尽管在居委会建立之初,行政和法律部门就强调了其居民自治性质,但过去实际上是作为基层政府组织建设的或者是无名有实的政府基层政权的"腿"。1989年《城市居民委员会组织法》再次对居委会性质作出明确,并努力将居委会塑造成社区自治组织,但实际上很难做到。

3. 管理内容不同

社区管理主要是针对人或人的行为，旨在构建和谐的社会秩序，实现社会治理目标，包括计划生育、婚姻家庭、卫生健康、社区文化、就业安置、老龄工作、商业网点、社区服务等；物业管理则以物的管理为主要内容，如共有部位和共有设施的维修、养护、清扫保洁以及物业的使用秩序等。

4. 资金来源不同

社区管理的资金主要依靠政府拨款，也可以开辟多元化的资金筹集渠道，如社会和企事业单位捐助等形式；物业管理的成本则来自业主，业主支付的物业管理费是维持物业管理的主要资金来源。

（三）物业管理与社区管理的混淆及其弊端

现实中，社区管理往往与物业管理针对相同的地域和人口，因而两者之间具有密切的联系，甚至被概括为"地域重合、硬件共享、宗旨相同、目标相近"四个方面。[①] 物业管理者既是社区硬件的管理者，又是社区居民——业主的服务者。在普遍推行委托管理的情形下，物业管理被赋予了某些社区管理功能（尽管法律上没有这样的规定）。街道办事处、居（村）民委员会仅保留或强化其社区管理的公共行政职能（如计生、民调、民政等福利性服务），原来的社区服务（如安全、卫生、绿化、公共设施等）职能被完全或部分转嫁到物业管理范围之中。物业管理虽然是业主基于对共有物的管理需要而进行的物之管理，但事实上，却超越了物之管理的功能，导致现实中物业管理承担许多社区管理的职责。

本书认为，物业管理与社区管理混同的原因主要有以下四个方面：

第一，在一些新规划的生活区，小区规模逐渐扩大，本应由政府建设和维护的公共绿地、场所和设施演变为由业主承担建设成本并负担维护义务，导致社区管理与物业管理在地域范围和管理内容上高度重合。

第二，我国的物业管理起初就具有填补社区管理空白的作用，因而存在将物业管理与社区管理混淆的迹象。[②]

第三，在社会转型过程中，强调社会自治，而物业管理恰恰建立在特定小区业主自治基础之上，因而业主自治被错误地等同于社区居民自治管理，受到推崇。

第四，我国的居住小区不是以建筑物而是以物业小区为基础进行构建的，因而物业管理客观上包含社区管理内容。因此，物业管理，尤其是现在的物业小区管理，明显肩负着社区管理的功能。

物业管理与社区管理在范围上的混淆以及内容上的重叠，带来了许多弊端：（1）政府将许多公共事务转嫁给居民（业主），利用私权自治实现社会公共服务的目的，不仅增加了业主的负担，而且导致政府行为与社会行为相互交织，难以明晰；（2）物业小区与社区的混合，

---

① 参见陈淑云：《城市居住区物业管理与社区管理有效整合机制》，载《华中师范大学学报（人文社会科学版）》2009 年第 5 期。

② 20 世纪 80 年代，商业房地产开发首先在深圳特区实验，大量的商品房出售后形成的小区既没有街道办事处，也没有居委会，深圳很多新开发出来的社区就把公共服务的工作交给了物业公司来做。全国第一家物业管理公司正是在这样一个特殊的历史背景下诞生的。1991—1992 年，民政部先后召开了三次全国性的社区建设理论研讨会，并把深圳社区物业管理和社区治理的成功经验向全国范围内推广。于是，我国的居住物业管理从一开始就具有替代社区管理的功能。开放式、专业化、社会化的物业管理很快成为我国社区治理模式转变过程中的一支重要力量。参见宋梅：《论物业管理在社区治理中的作用》，载《河北青年管理干部学院学报》2009 年第 6 期。

致使业主团体或其共有范围无限扩大,业主的决策和监督机制难以实现,因而业主自治落空或私权管理失灵;(3)导致物业管理超负荷运转,以至于物业服务难以满足业主的需要,业主与物业管理者之间的矛盾和纠纷不断。

[讨论]问题一:业主是否应当为社区管理提供办公场所?

由于社区工作的开展需要办公用房,生活区规划即要求新建小区为社区管理配备一定房屋。若按要求配备,按照区分所有规则,该配套房屋应当属于全体业主共同共有;若没有配套用房,也可能出现社区委员会向业主委员会或物业服务企业索要用房的现象。显然,政府应当为社区管理组织提供房屋,其用地应当采划拨土地,其房屋也应当属于公共房屋。

问题二:业主委员会何以负担小区管理重担?

物业管理的主体应当是业主,业主必须对共有部分的利用和管理作出决定,并监督物业服务企业的管理行为。但是,现实中业主决策和监督机制缺位,业主大会召开不了,许多小区的业主委员会形同虚设,有效运行的少数业主委员会也完全依赖少数业主的奉献精神。这是因为,多数物业小区也是一个大社区,不仅业主众多,而且共有部位、公共场所、公共设施范围较广,业主委员会所承担的管理工作已非兼职。这种无偿服务,只有热心公益的业主能够胜任。业主委员会肩负着居住区业主共有财产保值、增值的责任,关系着全体业主的利益,关系着对物业管理的监督以及业主自治的实现,在物业小区泛化为社区的情形下,非专任、无报酬的业主委员会不可能担当小区管理的重任。

问题三:物业服务企业何以担当执行公共事务的角色?

物业服务企业不是社区管理机构,它是受业主委托管理共有物业的服务主体。但是,由于物业小区与社区在规划上的重合,许多公共场所、公共设施等均纳入小区业主共有范围,因而许多带有公共性的事务,自然而然地被委托至物业企业,比如小区的休闲广场、露天体育设施和场所、绿地、小区公共道路等。这些本该由政府负担、纳入公共财政、由政府负责管理的公共部位,却被归入业主管理的范畴,直接由物业企业承担。另外,还有小区的公共卫生、公共安全、社区生活秩序等,也或多或少地由物业企业承担。显然,物业企业承担了不该由私人业主承担的公共角色。

二、政府在物业管理中的职责

政府即是公共事务的管理者,又可作为独立的民事主体而存在,所以,政府在物业管理中具有双重身份。在公共事务管理中,政府享有权力,负担社会公共事务管理的职责;在普通民事关系中,政府则享有一般民事主体应有的权利,并承担相应的义务。另外,业主也具有双重身份,业主即是物业管理的主体,同时也是政府公共服务的对象。明确政府在物业管理中的各种角色,才能准确定位政府在物业管理中的职责,充分发挥政府在公共事务管理中应有的职能,使业主物业管理与政府公共管理相互协调,共同维护物业小区全体业主的权益。

(一)政府作为业主:直管公房的产权人

在法律上,政府是直管公房的所有权人。根据物业管理的基本原理,作为所有权人的政府当然有权利也有义务管理其所有的房屋。只是直管公房属于国有财产,直管公房的管理不仅仅是物业管理,还包括资产管理。在推行住房制度改革过程中,直管公房的管理体制也在发生变化。例如,起初,上海市区房地局授权区房地集团管理直管公房,负责直管公房的资产管理、物业管理、小区整治改造等;后来各区房地集团改制,直管公房产权管理划转为区国有资产经营公司或其他单位,行政管理归区房地局,物业管理委托已改制的物业管理公司,形成相互分工、各司其职、各尽其责的管理体制。

但是,直管公房管理包括基础管理、产权管理、使用管理、产业管理、安全管理、修缮管理、租赁管理、资产处置和拆迁补偿等许多内容,如何理顺相关部门职责,建立协作配合、有效管理的机制也并非易事。就物业管理而言,直管公房物业管理公司不是由房屋的实际使用人(使用权人)委托,而是由政府(产权人)委托,但是房屋的使用权人则是服务的对象。直管公房物业管理的管理权并非直接来源于房屋使用人(真正的业主),而是来源于法律上的产权人(登记簿上记载的产权人)。因此,直管公房的物业管理在本质上区别于商品房(私有房屋)中的物业管理。

(二)政府作为公共事务管理者:政府的社区管理义务

政府推行社会自治,并不等于政府免除其社会管理义务。居住小区推行物业管理,也并不等于居住小区的所有土地、场所、设备均应为业主共有而由其负担建造和维护的义务。因此,我们必须正确区分政府与居民在社区建设以及管理服务中的职责和义务。

作为公共产品和公共服务的提供者,政府在社区建设和管理中,需履行以下义务:(1)绿地、中心广场等供居民活动场所;(2)休闲娱乐设施场所、体育场所和设施;(3)道路设施,包括小区内的供公众使用的道路、路灯;(4)公共卫生,包括公共场所的清洁、垃圾处理等;(5)公共安全,治安一向被认为是政府向社会提供的公共服务。

在我国,一个规划功能齐全的物业小区,其中的公共绿地、公共道路和公共设施用地均被界定为开发商的配套建设。小区业主购买商品房之后即成为这些公共部位的共有权人,同时亦使业主的物业管理覆盖这些公共设施。因此,政府不仅转嫁了小区内公共物品的建设,而且免除了其维护义务。

同样,在现行的物业管理中,小区安全和卫生管理这两项管理义务也与政府的公共安全与公共卫生义务相重合。显然,小区范围内的安全保卫、公共卫生并非不应由业主或物业企业负责,但是二者的界线在哪里,现实中并不清楚。

《物业管理条例》第20条规定了业主大会、业主委员会与居民委员会之间的职责协调问题。但是,这一规定只是将业主定位于配合政府或居民委员会工作的角色,并未明确规定政府应当承担的义务。目前,若要从现代物业管理中区分出政府应当承担的社区管理义务,仍然是现实操作中存在的一大难题。

(三)政府作为公共事务管理者:物业管理秩序的构建和监管

政府是社会公共事务的管理者,对一些特殊的行业均需进行监督和管理。由于政府对社区具有管理义务,而物业管理又与政府的社区管理具有交叉性,物业管理的实施效果直接关系着政府社区管理的实现。因此,政府对居住小区物业管理秩序的构建和监管也是政府社区管理义务和职能的表现。《物业管理条例》第5条第2款明确规定:"县级以上地方人民政府房地产行政主管部门负责本行政区域内物业管理活动的监督管理工作。"因此,房地产行政主管部门是政府作为公共事务管理者的具体实施单位。

目前,《物业管理条例》针对政府的公共职能,规定了以下管理义务:

第一，指导业主大会、业委会的成立。《物业管理条例》第10条明确规定，同一物业管理区域内的业主，应在当地人民政府房地产行政主管部门的指导下成立业主大会，并选举产生业主委员会。

但在实践中，该项工作的开展并不尽如人意。因为物业管理的实施只是业主自身的权利、义务，然而，在现实情形中，业主普遍怠于行使权利。另外，市、县一级的行政管理部门负责管辖的物业小区众多，亦无力主动履行指导、帮助成立业主大会的工作。

第二，物业企业资质管理。2004年建设部发布的《物业管理企业资质管理办法》（后于2007年被修改，现已失效），对全国物业企业推行资质管理，实行三级资质等级制度。物业服务企业需到房地产主管部门申请核定资质等级，不同资质等级的企业可提供物业服务的范围不同。政府主管部门从企业的硬件、人员、资金、管理项目和诚信经营等方面进行审核，对于管理水平低、收费不规范、社会形象差的企业进行清理，整顿并规范物业管理市场秩序。

第三，监督物业服务收费。《物业管理条例》第42条规定："县级以上人民政府价格主管部门会同同级房地产行政主管部门，应当加强对物业服务收费的监督。"可见，物业服务收费的标准实行国家监管制度，其监管机关是县级以上人民政府的价格主管部门及其同级房地产行政主管部门。但是，目前采取的国家备案制度作用有限，一些城市基本上采取放任的做法。

第四，处理物业纠纷。《物业管理条例》第48条规定，县级以上地方人民政府房地产行政主管部门应当及时处理业主、业主委员会、物业使用人和物业服务企业在物业管理活动中的投诉。但在实践中，针对各种纠纷的投诉，政府部门缺乏全面介入民事纠纷处理的法律依据，因其无权限制民事主体的行为，往往只能采用协商、调解的办法，费时费力，却收效甚微，不能够有效地解决物业管理中的各种纠纷。

第五，物业企业行为管理。房地产行政主管部门有权对物业企业的日常管理工作进行监管与考核，严肃查处不具有相应资质的企业从事物业管理经营行为，并对物业企业的各种违法行为进行监督和处罚。

总之，《物业管理条例》并非强调政府参与物业管理，而是强化政府的外部协助和监管物业管理职能。其指导思想是将物业管理视为业主的事情，对那些不产生外部影响、不涉及公共利益的私人事务（物业管理事务），不设置政府的行政管理权，不进行行政规制；对应当由业主自行处理的事务，不设定行政强制措施以及行政处罚。但是，由于物业小区的规模远远超出了私权自治的范围或能力，容易导致私法失灵，因而在现有小区规模或业主团体规模不变的情形下，我国的物业管理仍需要政府的介入和参与，需要强化政府的监督和管理。

（四）政府作为公共事务管理者：房屋的公共行政管理

作为社会公共事务管理者，政府还负有房屋安全使用管理义务，这一义务与物业管理基本上没有关系，但是也存在交叉。

《物业管理条例》第55条仅仅涉及物业的安全使用义务，并将其完全施加于业主。[①]但是，房屋安全涉及公共利益，房屋是否危及公共安全则需要一定的规范予以界定，并由政府

[①] 《物业管理条例》第55条规定："物业存在安全隐患，危及公共利益及他人合法权益时，责任人应当及时维修养护，有关业主应当给予配合。责任人不履行维修养护义务的，经业主大会同意，可以由物业服务企业维修养护，费用由责任人承担。"

进行管理。因此,政府负有监管房屋安全,防止危及公共安全的事件发生的责任。房屋使用安全包括对房屋的定期检查维护、特殊季节和气候条件下的应急检查、危险房屋治理、禁止随意拆改公共部位承重结构等。为了社会公共安全,法律可以对政府施加以下义务:

第一,政府有义务进行房屋安全使用管理,禁止危害物业整体安全和公共安全的行为。

第二,房屋修缮、重新改造等重大行为均需遵循一定规范,政府有义务督促业主履行维修、改造义务,必要时建立强制维修管理制度。

第三,房屋用途变更管理。虽然《民法典》将房屋用途变更权交于业主,但是,房屋用途与土地用途联系在一起,而土地用途则受严格管制。不仅如此,房屋使用也关系公共秩序。因此,政府有义务管理房屋用途的变更,具有充分理由时,政府可以阻止危害社区生活秩序的变更。

为了维护公共秩序和公共安全,也为督促业主积极履行义务,进一步明确物业服务企业的管理职责,房地产管理法需赋予房屋行政主管部门对房屋使用加以管理的权利。目前,我国公寓式住房正处于大量增长时期,该产权模式下公共利益的维护需要业主的共同努力。

[思考题]

1. 试述业主自治的含义。
2. 简述业主的界定及其权利与义务。
3. 简述业主团体的概念及其性质。
4. 简述业主团体、业主大会与业主委员会之间的关系。
5. 简述管理规约的概念及其性质。
6. 试述临时管理规约的设定及其效力。
7. 简述物业管理与社区管理的区别。
8. 试述政府在物业管理中的角色及其职责。

第十九章　委托物业服务及其行业监管

物业管理是业主共有权、管理权的行使和表现,是建筑物区分所有权本身应有的含义。但是,物业管理尤其是物业小区管理涉及许多繁杂琐碎的事务,需要专业化的物业服务机构实施。因此,委托物业管理是我国物业管理的普遍现象。本章即论述典型的物业小区委托专业物业服务企业管理所涉及的法律问题。

第一节　物业服务行业及其管理

住宅物业管理是伴随我国住房制度改革而出现的现象,专业的物业管理不仅成为居民生活的重要组成部分,也成为国民经济中的重要行业。不过,因为住宅物业管理关涉居民生活和社会公共秩序,所以物业管理首先是一种服务,其次才是一种行业。这决定了政府对物业管理要进行一定程度的监管。

一、委托物业服务和物业服务主体

（一）委托物业服务

《民法典》第 284 条在肯定业主可以委托他人实施物业管理时,使用了"物业服务企业"这样的概念。本书认为这充分肯定了人们通常所讲的"物业管理"本质上即物业服务的理念。物业管理本身是业主自身的权利,是共有权、管理权的行使和表现。任何他人对物业实施的"管理"均属于接受业主委托,完成特定的事项、处理特定的事务,也即向业主提供服务。因此,任何第三方对物业的管理本质上都是服务。

过去,物业管理中的"管理"曾被扩大解释,物业服务被理解为不仅受业主委托而且还受政府的监管甚至指示,物业管理与政府社区管理混同。现在,无论在理论上,还是在立法上,均认为物业管理是基于私权的业主自治管理,既区别于社区的公共事务管理,更区别于政府的公共行政管理。因此,《民法典》使用了"物业服务"来强调物业管理的服务性质。只是基于习惯,我们仍然使用物业管理来表述物业服务。

不过,我们亦应当承认,物业服务演绎为物业管理也与现在业主自治不到位有关。居住物业小区管理首先要求业主对所有的共同事务形成共同意志,对各项共同事务作出决定或处理。但是,由于现实中业主自治管理不到位,业主怠于行使权利,许多物业小区的业主大会难以成立或不能召开有效的会议,这就导致业主的受托人自行决定,实施管理。在这种情况下,似乎就有物业服务企业"管理"业主的嫌疑。因此,物业服务企业对物业小区的管理能否成为一种真正的服务,除了正确地界分社区管理和物业管理,还原物业管理于物业服务之外,还需要业主积极行使权利,实现业主自主、自治管理。

（二）物业服务行业和从业主体

委托物业服务的普遍性是物业服务行业兴起和存续的前提。物业服务行业是我国住房制度改革的产物,在政府不再直接提供和管理住房之后,必然要建立和完善相应的社会自治管理体制。物业小区业主自治管理由两个重要的制度构成:其一是业主区分所有体制的建立，承认业主对共有物业的管理权，并建立相应的自治管理机制；其二是发展社会化、专业化的物业服务企业，由其承担大量、繁杂的物业管理事务。

自 20 世纪 90 年代开始推行专业化物业管理以来，物业管理作为一种新的行业类型已在社会化分工中逐步被认同，走专业化、产业化发展之路成为物业管理的必然趋势。这个行业被称为"物业管理业"，亦即物业服务业。物业管理逐步成为我国重要的产业。由于物业管理，尤其是居住物业管理与社区管理重合，关系着居民的居住环境和生活秩序，具有公共性，因而国家一直重视规范和发展物业管理业，使物业服务企业更好地服务于业主利益，服务于社区和谐。

从事物业服务的主体被称为物业服务主体。在现阶段，物业服务主体主要是物业服务企业。物业服务企业，是指按合法程序成立并具有相应资质条件的从事物业服务业务的企业。物业服务企业的形式主要有独资、合伙和公司三种，目前主要以公司的形式出现。因此，物业服务企业习惯上也被称为物业管理公司。企业是经营组织或营利性组织，物业服务企业收益的主要来源是业主的物业管理费。

居住物业属于居住使用，而居住使用本身不属于商业行为，因而居住物业管理不一定非要作为商业行为来对待，也不一定非要通过经营性的组织来实现。国家应当允许非营利机构的存在和发展，以便作为居住小区物业服务的另一种形式。在非营利组织的管理下，居住物业管理服务可以收费，但是该费用主要是为了解决物业管理成本问题，不存在营利目的，也不存在股东分配。由此，《民法典》规定的业主自治管理即有实现的可能，因为业主可以组成非营业性机构来实施物业管理。业主是该组织的主体，其物业管理费只需支付物业管理成本，而无须给"股东"（业主）分配红利。

除了非营利组织外，《民法典》还提出了物业管理人概念。物业管理人是物业专业经理人或项目经理和专业技术人员。这些人员将取得一定资质并在一定的组织形式下，接受业主的委托，为业主提供服务。具体措施有待政府出台管理办法加以规范。

因此，物业服务企业只是也只应当是物业服务行业的主体之一，除了物业服务企业之外，还有物业经理人及非营利性的业主组织。今后我国的物业管理应当朝着主体多元化的方向发展，结束物业服务企业一统居住物业管理的时代，给业主更多的选择权，使其自主选择多样的物业模式和途径。这意味着非营利性的组织（含业主自治组织）可以从事物业管理。

二、物业服务企业监管

物业服务企业属于特殊类型的服务企业，被纳入行政监管的范围。行政监管的主要措施有：设立条件监管、行为监管和信誉管理。

（一）物业服务企业设立的程序条件和实质条件

物业服务企业的设立既要符合法律规定的企业设立的一般标准，又要满足针对物业管理行业所设定的特殊条件。目前，我国各地对物业服务企业的设立由两个部门负责管理，一个是市场监督管理部门，另一个是房地产管理部门。物业服务企业成立的基本程序是：（1）向所在地房地产主管部门提出申请，获得资质审核；（2）到所在地市场监督管理部门申请企业名称登记、法人注册登记和开业登记；（3）到税务部门进行税务登记，并到公安机关（或授权单位）进行公章登记和刻制，由此即完成物业服务企业的设立。

市场监督管理部门是核准企业民事主体资格的最终机构。市场监督管理部门核准登记，颁发营业执照的时间为物业服务企业成立的时间。经过市场监督管理部门核准成立的企业,从核准之日起即具有相应的民事主体资格。

物业服务企业的设立条件在各地有所不同。一般而言,物业服务企业的设立应当符合以下条件:(1)具备一般企业的登记条件;(2)注册资本最低限额为 10 万元以上[1];(3)具有专业技术人员若干名[2];(4)拥有或受托管理建筑面积 2 万平方米以上的物业[3]。

关于物业服务企业的设立条件,我国并未统一,而是由各地根据实际情况自行规定。对于前三项条件,本书认为是非常合理的。这种条件的设定有利于严格把握管理企业的市场准入,以稳定物业管理市场秩序。其中,第三项条件反映了物业服务企业的本质要求,应当严格把关。但是,对于第四项条件,本书认为要求过高。如果必须满足第四项要求,一般而言是无法新设一个物业服务企业,因为物业服务企业在设立之前通常不可能拥有或管理几万平方米物业。所以,只有房地产开发企业或改制之前的房管所才能开办物业服务企业。设定这一条件,不利于形成新的物业服务企业,不利于营造物业管理业务的市场竞争环境,不利于物业管理业务的健康发展。

（二）物业服务企业的资质管理

资质,即企业经营能力等级。我国现阶段对某些企业实行资质管理,其目的就是对市场主体——企业进行规范。企业只能从事与其资质等级相适应的经营活动,而不能超越资质等级经营。资质等级的评价因素包括资金的数额、专业人员的数量、经营业绩及经验等。自2000 年起,我国房地产管理部门开始对物业服务企业实施资质管理。

1999 年,建设部制定和发布了《物业管理企业资质管理试行办法》（2000 年 1 月 1 日起施行）,开始推行物业服务企业的资质管理制度,并于 2004 年发布正式的《物业管理企业资质管理办法》。在原《物权法》出台之后,2007 年对该办法作了修正,将名称改为《物业服务企业资质管理办法》。2018 年 3 月 8 日,住房和城乡建设部决定废止《物业服务企业资质管理办法》,这意味着物业服务企业资质认定成为历史,物业资质被全面取消。2017 年12 月 15 日,住房和城乡建设部颁布了《关于做好取消物业服务企业资质核定相关工作的通知》,明确了取消物业资质后物业企业的管理方式,具体如下:

第一,各地不再受理物业服务企业资质核定申请和资质变更、更换、补证申请,不得以任何方式要求将原核定的物业服务企业资质作为承接物业管理业务的条件。

第二,切实承担物业服务属地管理主体责任,按照业主自我管理与社会化服务相结合的原则,积极推动将物业管理纳入社区治理体系。县级以上房地产主管部门要会同城市管理、民政、公安、价格等有关部门按照各自职责指导监督物业管理工作,充分发挥街道办事处或乡镇人民政府在加强社区党组织建设、指导业主大会和业主委员会、监督物业管理活动等方面的重要作用,建立健全物业管理联席会议制度,维护社区和谐稳定。

第三,建立健全物业服务标准和服务规范,规范物业服务合同行为,明确物业服务企业责任边界,引导物业服务企业增强服务意识,创新服务理念,提升服务品质。

第四,进一步落实物业承接查验制度,指导监督建设单位、业主和物业服务企业依法做好物业共用部位、共用设施设备的查验和交接工作,厘清各方主体之间的权利义务关系,减

---

① 关于最低注册资金,各地的地方性规定有所不同。例如,上海市规定为 10 万元,吉林市规定为 20 万元。

② 关于专业技术人员,各地的地方性规定也不相同。例如,上海市规定为中级以上的不少于 3 名。

③ 关于拥有或受托管理的建筑面积,各地的地方性规定不尽相同。例如,吉林市规定为 2 万平方米以上,南通市规定为 3 万平方米以上。

少开发建设遗留问题,确保物业服务项目交接的平稳顺利。

第五,完善物业服务投诉平台,畅通投诉渠道,建立健全投诉反馈机制,明确受理、处理投诉的程序和要求,加强投诉反馈监督检查,及时解决群众有效投诉,预防化解物业服务矛盾纠纷。

第六,加强物业服务行业事中事后监管,制定随机抽查事项清单,建立健全"双随机"抽查机制,合理确定抽查的比例和频次,对发现的违法违规行为,依法依规加大惩处力度。

第七,加快推进物业服务行业信用体系建设,建立信用信息共享平台,定期向社会公布物业服务企业信用情况,建立守信联合激励和失信联合惩戒机制,构建以信用为核心的物业服务市场监管体制。

物业服务事关广大人民群众的切身利益。各地要把加强物业服务市场监管作为保障和改善民生的重要举措,确保各项措施落实到位,并及时上报落实情况。

（三）物业服务基本规范

《物业管理条例》对物业服务作了基本规范。根据该条例,物业服务企业从事物业服务主要有以下要求：

第一,物业服务企业应当与业主委员会签署书面物业服务合同,严格依据合同提供服务（第34、35条）。

第二,物业服务企业承接物业时,应当与业主委员会办理物业验收手续,终止时要将物业管理用房和物业管理资料交还给业主委员会（第36、38条）。

第三,物业服务企业不得将该物业区域内的全部物业管理一并委托给他人管理,但可以将专项服务业务委托给专业性服务企业完成（第39条）。

第四,物业服务收费应当遵循合理、公开以及费用与服务水平相适应的原则,区别不同物业的性质和特点,在法律或政府规定的范围内约定收取（第40条）。

第五,物业服务企业在代收水、电、气、热、通信、有线电视等费用时,不得向业主收取手续费等额外费用（第44条）。

第六,住宅物业的建设单位应当通过招投标的方式选聘具有相应资质的物业服务企业,只有在特殊情形下,经主管部门批准才可以采用协议方式选聘有相应资质的物业服务企业（第24条）。

由于政府对物业服务企业的监管从主体资格延伸到主体行为,上述服务规范均可能成为物业服务行为监管的内容,成为影响物业服务企业资质和信用评价的因素。

（四）物业服务企业行为监管

物业服务行为是物业服务企业基于物业服务合同向业主提供的私法行为,因此业主是物业服务行为的主要监督者。然而,由于物业小区的社区性以及业主自治管理的缺位,致使物业服务企业的服务存在不规范之处,甚至存在物业服务企业欺压业主的现象。

《物业管理条例》仅明确政府对物业服务收费的监督（第42条）。另外,县级以上地方人民政府房地产行政主管部门有义务受理业主和物业服务企业在物业管理活动中的投诉,实质上赋予房地产行政主管部门投诉处理权。但是,现实中的物业纠纷不断涌现,有时不仅牵涉业主与物业服务企业的利益,甚至酿成社会不稳定因素,导致各地政府不得不加强对物业管理活动的监督和管理。目前的监管仍然是建立在企业资质管理框架之下,通过资质管理对物业服务企业进行监督检查,规范物业服务企业的行为。

一些地方政府基于《物业管理条例》等出台了相应的地方性法规或地方政府规章,规范政府部门对物业服务行为的监管。比如,北京市住房和城乡建设委员会于2009年发布《北京市物业服务企业资质动态监督管理暂行办法》,将对物业服务企业的监管延伸到物业服务行为的全过程。依据该办法,北京市建立全市统一的物业服务企业资质动态监管平台,市住房城乡建设委和区县房屋行政管理部门采取日常巡查、集中检查和抽查的方式,按照市物业服务企业违法违规行为记分标准,对物业服务活动进行检查、处理、记分,并按照记分对物业服务企业作出相应处理。福州、牡丹江等市也有相应的规章出台。

政府对物业服务企业的动态监管是将物业服务企业的主体资质与信用评价相结合,在对物业服务企业行为监管的基础上,建立企业信用档案,将企业信用档案情况与资质审验、资质转正、资质升级审核等挂钩,约束企业规范服务。这样的监督检查,无疑是政府对物业服务行为进行监督的正确选择。

三、物业服务企业收费及监管

《物业管理条例》第40条规定,物业服务收费应当遵循合理、公开以及费用与服务水平相适应的原则,区别不同物业的性质和特点,由业主和物业服务企业按照国务院价格主管部门会同国务院建设行政主管部门制定的物业服务收费办法,在物业服务合同中约定。该条确立了物业收费的基本原则,同时确立国家对物业服务收费的管理,物业收费必须按照国家的物业服务收费办法进行。

(一)物业服务企业收费规范框架

作为营利性组织,物业服务企业向物业小区提供的服务是有偿的,物业小区的业主要向物业服务企业支付服务费用。物业服务企业所有的运营成本和收益主要来自业主交纳的费用。为了规范物业服务收费行为,保障业主和物业服务企业的合法权益,国家发展和改革委、建设部于2003年发布了《物业服务收费管理办法》[①],成为规范和指导物业收费的主要规章。另外各个地方也有相应的地方法规,针对各地情形作出特别规范。

《物业服务收费管理办法》第2条对物业服务收费作了界定。据此,物业服务收费是指物业服务企业按照物业服务合同的约定,对房屋及配套的设施设备和相关场地进行维修、养护、管理,维护相关区域内的环境卫生和秩序,向业主所收取的费用。

根据我国行业管理分工,由国家价格主管部门会同建设行政主管部门负责对物业服务收费的监管,分级管理。《物业管理条例》第42条特别明确,县级以上人民政府价格主管部门会同同级房地产行政主管部门,应当加强对物业服务收费的监督。根据《物业服务收费管理办法》,物业服务收费实行政府指导价和市场调节价相结合的方式;具体定价形式根据不同物业的性质和特点由地方政府主管部门确定。物业服务收费实行政府指导价的,有定价权限的人民政府价格主管部门应当会同房地产行政主管部门根据物业管理服务等级标准等因素,制定相应的基准价及其浮动幅度,并定期公布,具体收费标准由业主与物业服务企业根据规定的标准在合同中约定。实行市场调节价的物业服务收费,由业主与物业服务企业在物业服务合同中约定。

物业服务收费监管的重点和目标是建立"质价相符"的物业服务收费机制。为便于业主对物业收费的监督,《物业服务收费管理办法》规定,物业服务企业对物业服务应明码标

---

① 《物业服务收费管理办法》自2004年1月1日起执行,《城市住宅小区物业管理服务收费暂行办法》同时废止。

价,在物业管理区域内的显著位置,将服务内容、服务标准以及收费项目、收费标准等有关情况进行公示。同时,物业服务的主管部门也要对物业服务企业的服务内容、服务标准、收费项目和收费标准等进行监督、检查;物业服务企业违反价格法律、法规和规定,由政府价格主管部门依据《价格法》和《价格违法行为行政处罚规定》予以处罚。

（二）物业服务企业收费方式和构成

《物业服务收费管理办法》确立了物业服务企业的两种收费方式,一种是包干制,另一种是酬金制。包干制是指由业主向物业服务企业支付固定物业服务费用,盈余或者亏损均由物业服务企业享有或者承担的物业服务计费方式;酬金制是指在预收的物业服务资金中按约定比例或者约定数额提取酬金支付给物业服务企业,其余全部用于物业服务合同约定的支出,结余或者不足均由业主享有或者承担的物业服务计费方式。在物业服务实践中,通常采用包干制,因为在包干制下,业主的监督成本相对要小。

《物业服务收费管理办法》还对包干制和酬金制的具体构成和规则作了详细规范。在包干制下,物业服务费用的构成包括物业服务成本、法定税费和物业服务企业的利润,并明确规定了物业服务成本支出的具体项目;在酬金制下,预收的物业服务资金包括物业服务支出和物业服务企业的酬金,实行年度决算,在年终决算前,预收的物业服务支出属于代管性质,为所交纳的业主所有。

需要指出的是,以下三种费用不属于物业收费:(1)物业共用部位、共用设施设备的大修、中修和更新、改造费用从专项维修资金列支,不得另行收费(或计入物业服务成本);(2)物业管理区域内,供水、供电、供气、供热、通信、有线电视等单位应当向最终用户收取有关费用(物业服务企业可以代收,但不得向业主收取手续费等额外费用);(3)物业服务企业对业主专有部分提供服务收取的费用。物业服务企业对个别业主专有部分提供的服务属于一般物业服务范围之外的特殊服务,其费用自然应当由接受特殊服务的特定业主另行支付。

（三）物业服务企业经营收入

《物业管理条例》第37条规定:"物业管理用房的所有权依法属于业主。未经业主大会同意,物业服务企业不得改变物业管理用房的用途。"这决定了物业服务企业不得利用物业用房从事与物业无关的活动,更不能用于经营,包括出租他人经营。

在一个居住物业小区,存在一些共用部位和设备可以用于经营或对外提供服务,物业服务企业也时常利用这些部位和设备"创收"。但在法律上,这些共有部位和设备属于全体业主,利用这些设施的经营收益应当归属于业主。为了明确这一点,《物业服务收费管理办法》第18条规定:"利用物业共用部位、共用设施设备进行经营的,应当在征得相关业主、业主大会、物业管理企业的同意后,按照规定办理有关手续。业主所得收益应当主要用于补充专项

维修资金,也可以按照业主大会的决定使用。"在"无锡市春江花园业主委员会诉上海陆家嘴物业管理有限公司等物业管理纠纷案"中法院确立了这样的规则:物业企业利用业主共有部分产生的收益,在没有特别约定的情况下,应属全体业主所有,并主要用于补充小区的专项维修资金,物业服务企业对共有部分进行经营管理的,可以享有一定比例的收益。这无疑应当成为业主与物业企业应当遵循的规则,至于物业企业应当分享多少收益最好通过合同事先约定好(参阅案例19-1)。

［案例 19-1］

第二节　物业服务关系

物业服务关系的建立以物业服务合同的缔结为前提,然而,基于物业服务关系的复合性特征,与一般的私法合同相比较,物业服务合同亦有其典型性,主要受物业服务关系之特别法规范。物业服务关系虽然基于平等主体之间的协议而建立,但因物业管理具有一定的公共性特征,仍然需要政府对其进行监督和管理,以便在物业管理的全过程规范建设单位以及物业服务主体的行为,协助建立良好的物业服务环境,提高物业服务质量,维护业主权益。

一、物业服务关系概述

(一)物业服务关系的性质

物业服务关系是业主与物业服务企业之间通过缔结物业管理服务合同而建立的服务关系。

物业服务是综合性的专业技能和劳务的提供。之所以是综合性的,是因为物业服务涉及诸多事项,包括共有部位和设施的保养和维修、绿化和清洁、保安和物业利用秩序维护等。

物业服务的对象是业主,服务内容仅限于事务处理,而不包括对外代表业主从事某种法律行为。为履行物业服务,物业公司对外从事的必要的交易,是物业服务企业自身的行为,不属于代表业主对外从事的行为。

物业服务关系是业主与物业服务企业平等主体之间的法律关系,这首先决定了物业服务的有偿性,物业服务合同双方当事人互负义务,业主(业主团体)的主要义务是支付物业管理费,而物业服务企业的主要义务是履行物业服务。其次,该关系主要受私法调整,但由于物业服务的社区性,加之物业服务中物业服务企业往往处于优势地位,所以,需要专门的法律调整物业服务关系,物业服务行业便纳入了政府监管的范畴。因此,物业服务关系首先是合同关系,受合同法调整,在此基础上,亦受特别法调整,受政府的行政管制。

(二)物业服务关系的类型化

作为平等主体之间的服务关系,物业服务关系因合同缔结而建立。物业服务合同的类型,影响法律对物业服务关系的判断。关于物业服务合同在我国合同法中的分类,理论界存在委托合同说、承揽关系说、混合合同说和无名合同说。所有这些说法仍然是从合同法角度出发,套用现行《民法典》"合同编"规定的 19 种合同得出的结论。

如果非要从合同法角度界定物业服务合同,那么最恰当的应是委托合同。从物业服务企业管理权的来源来讲,物业服务关系的建立是基于业主的委托。离开业主的委托,物业服务企业不享有任何管理权,也不负担任何管理义务。

从合同法的角度来定位物业服务合同不是特别妥当。因为物业管理法(或条例)本身就属于特别法,特别法可以创设新合同类型,没有必要非要套用现行《民法典》"合同编"去定位物业服务合同。物业服务合同本身的特殊性足以使其为一种特殊的合同类型,即确定业主与物业服务企业之间权利义务关系的合同。虽然我们不需要在合同法中确立其独立地位,但仍可适用合同法解决物业服务合同中出现的一般性问题,而物业管理关系中的特殊问题则适用物业管理法方面的规范予以解决。二者是普通法和特殊法的关系。

（三）物业服务关系中的代理权

在现实生活中,物业服务企业的一些行为,显然属于代表业主所为,比如,物业服务企业对外签署的广告位的租赁合同。依据法律规定,这种行为需要事先经过业主(业主委员会)的授权,才有法律效力。在物业服务企业未经授权对外签署此类合同的情形下,该合同在法律上属于效力待定,除非业主追认,否则该合同无效。

二、物业服务关系的建立和终止

物业服务关系建立的标志是物业服务合同的缔结,其终止的标志则是合同的解除。物业服务企业的选择需要通过竞争机制产生,物业服务企业接手物业管理和退出也都是这一过程不可缺少的内容。

（一）建设单位对物业服务企业的选聘:前期物业管理关系的建立

委托物业管理产生于业主之需要。在一个小区的房屋出售给买受人之前,开发商(又称建设单位)是小区的业主,当然有权委托物业服务企业管理未出售的小区房屋。由此,出现了特殊的前期物业管理,即在业主、业主大会选聘物业服务企业之前,由开发商选聘的物业服务企业从事物业管理。

应当说,建设单位可以自行管理物业,但是实践中开发商往往是自行设立一家公司专门从事物业管理,该公司一般成为开发商的子公司或关联公司。《物业管理条例》第 24 条第 2 款特别规定,住宅物业的建设单位,应当通过招投标的方式选聘具有相应资质的物业服务企业,只有投标人少于 3 个或者住宅规模较小时,经物业所在地的区、县人民政府房地产行政主管部门批准,才可以采用协议方式选聘具有相应资质的物业服务企业。但是,对于非住宅物业,国家只是提倡建设单位按照房地产开发与物业管理相分离的原则,通过招投标的方式选聘具有相应资质的物业服务企业。

2003 年《前期物业管理招投标管理暂行办法》的颁布,显然是为了避免建设单位自设物业服务企业管理住宅物业。实行前期物业管理招投标,可以杜绝暗箱操作,为物业管理行业创造一个公开、公正、公平的环境,培育健康、有序、可持续发展的物业服务市场;实行公开招投标也便于落实承接验收制度,督促开发企业兑现销售承诺,减少业主接房后矛盾纠纷的产生,维护广大业主的利益。

《物业管理条例》为开发商实施前期物业管理规定的义务主要包括:(1)开发商应当与选聘的物业服务企业签订书面的前期物业服务合同(第 21 条);(2)开发商应当在销售物业之前,制定临时管理规约,不得借此侵害物业买受人的合法权益(第 22 条);(3)建设单位应当向买受人提示临时管理规约并予以说明(第 23 条);(4)建设单位应当按照规定在物业管理区域内配置必要的物业管理用房(第 30 条)。基于此,前期物业管理关系按照法定程序即可建立,为前期物业管理的实施奠定了基础。

（二）小区业主对物业服务企业的选聘:物业服务关系的建立

通常情况下,物业买受人在房屋买卖时,实际上也购买了前业主(建设单位或开发商)委托他人提供的服务。也就是说,在新业主合法解除前期物业服务之前,前期物业服务当然地被业主所接受。为了使这样的承继具有法律基础,《物业管理条例》第 25 条特别规定:"建设单位与物业买受人签订的买卖合同应当包含前期物业服务合同约定的内容。"这使业主对前期物业服务的承认具有了法律依据。

为了防止前期物业服务关系对业主的束缚,《民法典》第 284 条特别规定,业主有权依法解聘和更换建设单位聘请的物业服务企业或者其他管理人。同时,《物业管理条例》第26条进一步强调,即使前期物业服务合同有明确的期限,在期限未满之前,业主也可以更换前期物业服务合同,业主委员会与物业服务企业签订的物业服务合同生效时,前期物业服务合同即自行终止。

业主选聘物业服务企业必须遵循一定的程序,即业主须通过业主大会选聘物业服务企业,并且采绝对多数投票机制,需要有2/3以上业主人数和面积数才合法有效。至于业主如何通过业主大会机制选聘物业服务企业,目前法律没有强制性的规定。《物业管理条例》第3条只有原则性的规定:"国家提倡业主通过公开、公平、公正的市场竞争机制选择物业服务企业。"显然,只要业主大会决定机制合法有效,那么业主即可以自主地决定是否继续聘任前期物业服务企业,自主选择合适的物业服务企业。对于业主而言,招投标方式是最理想的选聘方式,因其有利于业主选择信誉良好、价格合理的物业服务企业。

当业主大会合法地选聘特定的物业服务企业之后,则由业主委员会代表全体业主与物业服务企业签署物业服务合同,物业服务关系得以建立。

（三）物业服务合同的主要内容

物业服务合同是物业管理关系建立的前提和基础。物业服务合同属于长期持续性合同,因此,《民法典》和《物业管理条例》均明确规定物业服务合同须采书面形式。物业服务合同旨在明确双方的权利义务,物业服务企业据此实施物业管理行为。

《物业管理条例》第34条第2款规定,物业服务合同应当对物业管理事项、服务质量、服务费用、双方的权利义务、专项维修资金的管理与使用、物业管理用房、合同期限、违约责任等内容进行约定。《物业管理条例》中关于建设单位应当以招投标方式选聘物业服务企业、物业服务企业应当具有资质证书等规定,系管理性强制性规定,而非效力性强制性规定,不影响前期物业服务合同的效力（参阅案例19-2"林星与延边锦绣天景物业公司物业服务合同纠纷案"）。

［案例 19-2］

依据合同法基本原理,该规定的内容为物业服务合同的必要条款,也就是物业服务合同必须包含这些条款。虽然不完全具备这些条款并不必然导致合同无效,但完善的合同仍然是防止纠纷的最好办法。

当然,第34条之规定也仅仅是概括性列举,物业服务合同仍然可以根据具体情况自主约定一些特别的服务事项及其相互的权利和义务。

物业服务合同往往涉及一些较为专业的技术性条款,所以,一般的业主大会难以自己独立起草物业管理服务合同。为此,我国政府有关管理部门曾出台了物业服务合同的示范文本。例如,原建设部推出的《前期物业管理服务协议（示范文本）》,原建设部、原国家工商行政管理总局推出的《物业管理委托合同（示范文本）》。此外,某些地方政府管理部门也推出了物业服务合同示范文本,如深圳市《物业服务合同（示范文本）》、上海市《物业管理服务合同（示范文本）》和《前期物业管理服务合同（示范文本）》。这些示范文本可以为业主大会或业主委员会拟定物业管理条款提供参考。关于物业服务关系的具体内容,本章第三节将予论述。

（四）物业服务合同的终止

如前所述,物业服务合同属于持续性长期性服务合同,非经合法理由并经过必要的解除或终止程序不得随意终止。

　　物业服务合同不属于一般的委托合同,不能适用《民法典》第933条的规定,[①]业主大会和物业服务企业都不可以随意解除物业服务合同。只有在法定的情形下,基于充分的理由,当事人才可以解除物业服务合同,终止物业服务关系。物业服务合同提前终止的原因主要有以下几种:(1)约定解除合同的条件成就;(2)事后协商解除;(3)因物业服务企业被解散、撤销、破产等原因注销而终止;(4)合同期限届至。当事人双方在物业服务合同中约定的期限届满,且又未约定续延合同期限时,合同关系终止。

[案例 19-3]

　　物业服务离不开建筑结构等技术资料,物业资料是物业服务合同实施的必要依据。因此,《物业管理条例》第38条明确规定,物业服务合同终止时,物业服务企业应当将物业资料交还于业主委员会,并与业主新选聘的物业服务企业办理交接工作,应当避免"业委会诉A物业服务企业物业资料丢失案"中物业公司没有交接物业资料,而要求赔偿损失的情形(参阅案例19-3)。

　　在物业更换过程中,最易产生财务、账册等交接、退房等纠纷。在"成都永诚物业有限责任公司诉江华社区业主委员会、第三人成都龙泉江华物业有限责任公司物业服务合同纠纷案"中,不得借助法院判决清退物业用房;在"北京鸿图展翔物业管理有限公司与北京市朝阳区九台2000家园业主委员会物业服务合同纠纷上诉案"中,法院确认以下业委会有权代表全体业主向鸿图公司提起诉讼资格,撤出物业公司应当公布物业管理期间公共部位租赁的相关收支情况和物业管理服务费用收支账目,经营出租收益应返还全体业主;在"南京宁设物业管理有限责任公司与殷明物业服务合同纠纷案"中,法院认为,物业服务合同到期后不予续聘,物业公司拒绝移交物业管理权而要求业主支付自物业服务到期日至人民法院判决其移交物业管理权期间物业服务费的,人民法院不予支持(参阅案例19-4、19-5和19-6)。

[案例 19-4]　　　　　　[案例 19-5]　　　　　　[案例 19-6]

三、物业服务关系中的行政协助和监管

　　物业服务关系本身是私法性质的合同关系,应由业主和物业服务企业协商确定各自的权利和义务。居住物业服务合同涉及一个物业区域的众多业主,需要政府适度的规范和干预,以保护处于弱势的业主利益。《物业管理条例》对物业服务关系作了很好的规范,为政府介入物业服务关系提供了依据。从实践来看,现行的物业管理对于政府的介入存在强烈的需求,政府介入的范围也越来越广。目前,政府对物业服务的监管可分为前期物业服务监

---

　　① 根据《民法典》第933条的规定,委托人或者受托人可以随时解除委托合同。因解除委托合同造成对方损失的,除不可归责于该当事人的事由以外,应当赔偿损失。

管和后期物业服务监管。

（一）前期物业服务监管

前期物业服务监管的重点在于置备完善的物业档案资料，实行公开招投标制度，建立公开竞争的物业服务市场。前期物业服务监管的内容主要包括以下几点：

第一，监督建设单位形成物业管理基础资料。《物业管理条例》第29条规定，在办理物业承接验收手续时，建设单位应当向物业服务企业移交下列资料（本书亦称为物业档案资料）：（1）竣工总平面图，单体建筑、结构、设备竣工图，配套设施、地下管网工程竣工图等竣工验收资料；（2）设施设备的安装、使用和维护保养等技术资料；（3）物业质量保修文件和物业使用说明文件；（4）物业管理所必需的其他资料。物业服务企业应当在前期物业服务合同终止时将上述资料移交给业主委员会。这些物业管理资料是整个物业管理的必要条件。《物业管理条例》将物业档案资料的形成作为建设单位的义务，是非常有必要的。由于业主自治机构的组建需要一段时间，因此，如何监督建设单位履行这一义务，成为房地产主管部门的重要任务。

第二，监督物业服务企业对物业资料的移交。物业管理的基础资料必须完整、及时移交，才能使物业管理得以延续，顺利进行。因此，《物业管理条例》第38条明确规定，物业服务企业在物业服务合同终止时，应当将物业档案资料交还于业主委员会，并与业主新选聘的物业服务企业办理交接工作。

第三，实行前期物业管理招投标备案制度。县级房地产主管部门对本辖区内物业管理的招投标活动进行监督管理。首先，审核各投标人提交的材料是否符合法律要求，把好前期物业服务企业准入的关口；其次，对住宅物业的开发建设单位未通过招投标方式选聘物业服务企业或者未经批准擅自采用协议方式选聘物业服务企业，或者相互串通、以不正当手段谋取中标的，进行行政处罚。有些地方还实行物业服务合同备案制度，对物业服务企业签订的物业服务合同进行审核，并以此监督物业项目是否属于违规承接，合同是否包含法律禁止的内容等。

（二）后期物业服务监管

后期物业服务监管主要指政府对物业服务关系更替时的监管。

业主虽然是物业服务企业的选聘者，但是，因为业主自身组织的涣散，有时长期难以成立业主大会，甚至业主与前期物业服务企业之间存在严重的冲突，所以业主在选聘、更换物业服务企业以及终止物业服务协议时，需要房地产主管部门的协助和监督。在这一阶段，政府的角色更多的是协助业主，维护业主利益，实现物业服务企业在更换过程中的平稳过渡。因此，主管部门应当指导业主大会和物业服务企业按照程序，依法进行物业管理项目的交接工作。尤其是区（县、市）房地产行政主管部门、街道（乡镇）物业管理站应指导业主委员会在合同解除前，依法组织召开业主大会会议选聘新的物业服务企业，签订物业服务合同；同时监督原物业服务企业在合同解除之日起，在规定时间内退出该物业管理区域，并按照规定向业主委员会或新选聘的物业服务企业移交物业管理用房和物业管理所需的相关资料等。在合同期限内物业服务企业不得擅自退出物业项目管理服务，企业擅自退出物业项目管理服务的，政府可以将企业违规行为记入企业信用档案。

政府对物业服务关系的监管，主要体现为对建设单位以及物业服务企业的规范和管理，旨在建立良好的物业管理服务秩序，以便维护全体业主的共同利益。

第三节 物业服务关系的内容

物业服务的对象为业主,物业服务关系中义务的履行以及权利的实现,在很大程度上取决于物业服务企业的物业服务质量。因此,物业服务关系的内容,也主要体现为物业服务企业的义务和责任。在物业服务实施的过程中,业主与物业服务企业之间往往会因物业管理费用、物业服务质量等问题产生矛盾和纠纷。在物业服务实践中,需要有效的纠纷解决机制,以便为利益遭受损害的主体提供切实可行的救济方式。

一、物业服务企业的基本义务

物业服务关系的基本义务,即业主与物业服务企业根据法律规定或者合同约定需要承担的义务。物业管理是业主的权利,当业主将物业管理事务委托于物业服务企业时,仍免除不了其应有的义务,并且其应与物业服务企业相互配合,维护全体业主的共同利益。物业服务企业之基本义务大多基于业主与物业服务企业之约定而产生。

(一)物业服务企业的职责

依据《物业管理条例》的规定,物业管理服务具体职责由双方当事人在物业管理合同中加以约定。一般而言,物业服务企业的职责就是保持住宅和共用设施完好、环境整洁优美、小区秩序良好,保障物业使用方便、完全,具体内容如下:

第一,按照国家及地方规定的技术标准和规范以及业主委员会审定的物业管理服务年度计划,实施管理服务。

第二,在业主、使用人使用房屋前,将住宅共用部分,共用设备、设施使用、维护的方法、要求、注意事项以及法规、规章的有关规定书面告之业主、使用人。

第三,经常对物业管理区域进行全面的巡视、检查,定期对住宅的共用部位,共用设备、设施进行维护。

第四,发现住宅的共用部位、共用设备损坏时,立即采取保护措施,并按照物业管理服务合同的约定进行维修。

第五,接到物业损坏报修时,限时进行维修和处理。

第六,做好物业维修、更新及其费用收支的各项记录,妥善保管物业档案资料和有关的财务账册。

第七,定期向业主委员会报送物业维修、更新费用的收支账目,接受审核。

第八,定期听取业主委员会、业主、使用人的意见和建议,改进和完善管理服务。

第九,负责小区自治范围内的治安、安全管理,及时排除安全隐患。

治安管理,是指物业服务企业根据物业服务合同以及管理规约在物业区域内采取的防盗、防意外事故等措施,以保障物业区域内良好的治安环境。物业服务企业在实施物业区域治安管理行为时,应严格遵从国家的法律规定,严禁安保人员滥用权利,严禁强行搜身、使用暴力等行为。否则,安保人员以及物业服务企业应承担法律责任。

物业保安义务的范围时常存在争议。在案例19-7"庄加义诉新新物业管理有限公司案"中,法院确立了这样的规则:物业管理企业在尽到安保义务、未违约的情况下,对业主因遭遇治安和刑事案件所受到的人身损害和财产损失不承担赔偿责任,除非物业管理企业对此事项有特别承诺。在案例19-8"周雪良诉海盐新城物业有限公司违反安全保障义务责任纠纷案"中,法院确立以下规则:认为物业企业是否违反安全保障义务,除根据法律规定和物业服务合同约定外,还应当结合业主交纳的物业费水平、物业公司的安保能力以及有关行为的性质等予以综合考量。物业公司的安全保障义务是一种行为义务而非结果义务,如果物业公司已经履行了法定和约定义务,即使业主有人身和财产损害,物业公司也不应承担赔偿责任。这些规则对于法院认定物业安保义务具有普遍的参考价值。在案例19-9"山东永大物业管理公司与胡勇燕等物业服务合同纠纷再审案"中,法院也得出相似的结论。

[案例19-7]　　　　[案例19-8]　　　　[案例19-9]

在一些案例中,法院认定物业企业未尽到保护业主财产安全方面的义务,判令物业公司赔偿业主一定损失。比如在案例19-10"陈意文诉广州花都金城物业管理有限责任公司物业服务纠纷案"中,法院认定物业公司对讼争商铺的失窃负有一定的过错责任,酌定物业管理公司承担一定赔偿责任;在案例19-11"宜春安居物业服务有限公司、李蓉物业服务合同纠纷案"中,法院认为,由于物业公司未采取有效防范措施或未及时采取查控措施,导致业主财产被盗的,物业公司应对业主财产损失承担相应的补充赔偿责任;在案例19-12"天津市盛业物业服务有限公司、张梅荣物业服务合同纠纷案"中,法院认为,因公共楼道照明灯未正常照明,业主被其他人员放置的物品绊倒发生损害,属于物业公司未尽到相应的管理责任,物业公司应承担相应的赔偿责任。

[案例19-10]　　　　[案例19-11]　　　　[案例19-12]

第十,按照物业管理服务合同约定的要求,做好业主委员会、业主、使用人委托的其他管理事项。

除上述规定外,物业服务企业应当配合居民委员会做好社区管理、社区服务的有关工作。

（二）物业服务企业和业主的共同义务及相互协作

在物业区域中,物业服务的内容主要指向全体业主的共有部位以及共用设备、设施。物业区域的共有部位和设施属于全体小区业主共有。这些部位和设施并非属于某栋楼的共有部位,而是整个物业小区的共有部位,涉及全体业主的利益。因此,无论是业主还是物业服务企业对其均负有一定的维护义务,不得擅自处分,对此,《物业管理条例》作了较为具体的规定:(1)不得改变公共建筑和共用设施的用途(第49条);(2)不得擅自占用、挖掘小区公共部位(第50条);(3)不得擅自利用公共部位和共用设施设备从事经营活动(第54条)。

在实践中,对物业公司是否应当阻止业主危害物业安全的装修、侵占共用部位等行为,以及制止到什么程度,均有争议。在案例19-13"青岛中南物业管理有限公司南京分公司诉徐献太、陆素侠物业管理合同纠纷案"中,法院清晰地阐明了以下规则:物业管理公司有义务也有权对于违反业主公约及物业管理规定的行为加以纠正,有权制止业主擅自破坏该庭院绿地的行为,以维护小区正常的物业管理秩序,维护小区全体业主的共同利益。

［案例 19-13］

二、物业服务企业的附加义务

在实践中,物业管理被附加了部分社区管理义务,本书称之为物业服务企业的附加义务。物业服务企业的附加义务,一般并非基于物业服务合同而是基于法律的直接规定而产生。根据《物业管理条例》第45条和第46条的规定,对物业管理区域内违反有关治安、环保、物业装饰装修和使用等方面法律、法规规定的行为,物业服务企业应当制止,并及时向有关行政管理部门报告。由此可见,社区管理义务主要包括社区环境管理以及社区安全管理。社区管理义务的交叉性必然牵涉业主、物业服务企业和政府有关部门之间的关系及其行为协调的问题。

（一）物业服务企业的环境管理

根据《物业管理条例》的相关规定,本书认为,社区环境管理主要包括以下几个方面的内容:

1. 物业小区环境污染防治

物业区域内的污染防治,包括防止产生有毒有害气体和恶臭气体,防止排放有毒粉尘,防止随意排放污水,防止产生过大的噪声,以免影响物业区域内居民的正常生活。

2. 物业环境保洁服务管理

保洁服务管理,是指物业服务企业实施各种措施保护物业环境,防止环境污染。保洁服务管理主要针对物业区域内的道路、空地、绿地等公共地方。但是非属于城镇公共道路、绿地以及业主共有的楼梯、电梯间、大厅、天台等仍然是物业服务企业按照物业服务合同之约定应负的基本义务,物业服务企业应负责物业区域内的日常生活垃圾的收集、分类和清运工作。

3. 物业环境绿化管理

物业环境绿化管理,是指在物业区域内空地和道路两旁种植花草树木或采取其他手段美化物业区域环境。物业服务企业可以协同业主委员会制定物业区域内的绿化管理规定,以提醒进入物业区域内的人们保护绿化环境。

（二）物业服务企业的小区安全管理责任

物业安全管理,是指物业服务企业采取各种措施,以保障业主和使用人的人身财产安全,维持正常的生活和工作秩序,包括治安管理、消防管理。

治安管理以及消防管理本属政府有关部门公共行政的职责范畴,现在已将物业小区内的相关义务附加于物业服务企业。因此,物业服企业除了按约履行物业服务合同之外,在治安管理的范围内,应当依据有关法律法规,配合公安机关维护物业区域内的人身、财产安全,并制止其他妨害公共安全和社会秩序的行为。

在消防管理方面,物业服务企业应依据《消防法》和《高层建筑消防管理规则》,防范火灾隐患,以确保物业区域内居民的人身财产安全。物业服务企业按照相关规定应配备并培训消防员;管理并养护消防器材设备,定期检查、及时更新,确保消防水源畅通;经常向物业区域内的居民开展防火教育;监督、检查物业区域内的业主或使用人房屋装修作业,采取积极防火措施;发现消防隐患,应及时责令当事人整改,甚至上报消防管理部门处理。

（三）政府与业主、物业服务企业之间的关系

区分物业服务企业的基本义务与附加义务的意义即在于明确政府相关部门（包括房地产行政管理部分、街道办事处、居（村）民委员会以及乡镇人民政府）与自治主体的职责范围,促使政府认真履行其公共服务的职能,引导公民自治制度的健康发展。

政府公共服务的范围以及质量,是衡量社会发展程度的一个指标。根据我国目前的情形,若想推行业主自治机制的实施并促使其良性发展,必须明确政府公共事项以及物业小区业主之共同事项的界限。物业小区虽然是独立的居住区域,但无论是从小区成员还是从业主团体的角度而言,仍然是政府公共服务的对象,仍然是公共设施、设备的受益者。所以,物业小区亦在政府公共服务的范围之内。

从另一个角度看,物业服务企业是营利性组织,其服务之对价为全体业主交纳的物业管理费用;政府公共服务之资金来源则是公民的税收或者是社会的统筹。如果政府将本属于公共服务的职责转嫁于物业服务企业,那么业主为了享受同一权益,却支付了双重费用,对于业主而言,明显系不应承受之重。

政府与自治主体既存在管理与被管理的关系,亦存在服务与被服务的关系。物业服务企业是自治主体的委托服务单位,理应接受政府相关部门的指导,以便更好地为全体业主提供优质的物业服务;物业服务企业亦有义务配合相关行政部门维护社会秩序与公共利益,但物业服务企业以及物业小区之业主对于公共事项以及公共利益仅有配合之义务,而不应让其取代政府公共服务的主体地位。

[思考题]

1. 政府对物业管理企业的监管主要体现在哪些方面?
2. 分析物业服务关系的性质以及类型。
3. 物业服务企业的基本义务有哪些?
4. 试述物业服务企业的附加义务的内容和特点。

附录 本书引用重要法律文件

简称	全称	颁布及修改时间	颁布机关
《宪法》	《中华人民共和国宪法》	1982 年颁布，1988、1993、1999、2004、2018 年五次修正	全国人大
《土地管理法》	《中华人民共和国土地管理法》	1986 年颁布，1988、1998、2004、2019 年四次修改	全国人大常委会
《城市房地产管理法》	《中华人民共和国城市房地产管理法》	1994 年颁布，2007、2009、2019 年三次修正	全国人大常委会
《城乡规划法》	《中华人民共和国城乡规划法》	2007 年颁布，2015、2019 年两次修正	全国人大常委会
《招投标法》	《中华人民共和国招标投标法》	1999 年颁布，2017 年修正	全国人大常委会
《建筑法》	《中华人民共和国建筑法》	1997 年颁布，2011、2019 年两次修正	全国人大常委会
《合同法》	《中华人民共和国合同法》	1999 年颁布，2021 年废止	全国人大
《担保法》	《中华人民共和国担保法》	1995 年颁布，2021 年废止	全国人大常委会
《物权法》	《中华人民共和国物权法》	2007 年颁布，2021 年废止	全国人大
《民法典》	《中华人民共和国民法典》	2020 年颁布	全国人大
《行政复议法》	《中华人民共和国行政复议法》	1999 年颁布，2009、2017、2023 年三次修改	全国人大常委会
《行政诉讼法》	《中华人民共和国行政诉讼法》	1989 年颁布，2014、2017 年两次修正	全国人大常委会
《契税法》	《中华人民共和国契税法》	2020 年颁布	全国人大常委会
《暂行条例》	《中华人民共和国城镇国有土地使用权出让和转让暂行条例》	1990 年颁布，2020 年修订	国务院
《开发条例》	《城市房地产开发经营管理条例》	1998 年颁布，2011、2018、2019、2020 年 ① 五次修订	国务院

---

① 《城市房地产开发经营管理条例》于 2020 年进行两次修订。

续表

简称	全称	颁布及修改时间	颁布机关
《土地实施条例》	《中华人民共和国土地管理法实施条例》	1998年颁布，2011、2014、2021年三次修订	国务院
《拆迁条例》	《城市房屋拆迁管理条例》	1991年颁布，2001年修改，2011年废止	国务院
《建设工程质量管理条例》	《建设工程质量管理条例》	2000年颁布，2017、2019年两次修订	国务院
《建设工程勘察设计管理条例》	《建设工程勘察设计管理条例》	2000年颁布，2015、2017年两次修订	国务院
《建设工程安全生产管理条例》	《建设工程安全生产管理条例》	2003年颁布	国务院
《物业管理条例》	《物业管理条例》	2003年颁布，2007、2016、2018年三次修订	国务院
《房屋征收条例》	《国有土地上房屋征收与补偿条例》	2011年颁布	国务院
《不动产登记暂行条例》	《不动产登记暂行条例》	2014年颁布，2019年修订	国务院
《城市房地产开发经营管理条例》	《城市房地产开发经营管理条例》	1998年颁布，2011、2018、2019、2020年[①]五次修订	国务院
《城镇土地使用税暂行条例》	《中华人民共和国城镇土地使用税暂行条例》	1988年颁布，2006、2011、2013、2019年四次修订	国务院
《开发资质规定》	《房地产开发企业资质管理规定》	1993年颁布，2000、2015、2022年三次修改	建设部
《预售办法》	《城市商品房预售管理办法》	1994年颁布，2001、2004年两次修正	建设部
《城市房地产转让管理规定》	《城市房地产转让管理规定》	1995年颁布，2001年修正	建设部
《抵押办法》	《城市房地产抵押管理办法》	1997年颁布，2001、2021年两次修改	建设部
《租赁办法》	《商品房屋租赁管理办法》	2010年颁布	住房和城乡建设部

---

① 《城市房地产开发经营管理条例》于2020年进行两次修订。

简称	全称	颁布及修改时间	颁布机关
《公共租赁住房管理办法》	《公共租赁住房管理办法》	2012 年颁布	住房和城乡建设部
《房地产经纪管理办法》	《房地产经纪管理办法》	2011 年颁布，2016 年修正	住房和城乡建设部等
《保修办法》	《房屋建筑工程质量保修办法》	2000 年颁布	建设部
《销售办法》	《商品房销售管理办法》	2001 年颁布	建设部
《挂牌规定》	《招标拍卖挂牌出让国有土地使用权规定》	2002 年颁布，2007 年修订为《招标拍卖挂牌出让国有建设用地使用权规定》	国土资源部
《适用房办法》	《经济适用住房管理办法》	2004 年颁布，2007 年修订	建设部、国家发展改革委、国土资源部和中国人民银行
《建筑业企业资质管理规定》	《建筑业企业资质管理规定》	1995 年颁布，2001、2007、2015、2016、2018 年五次修改	建设部
《建设用地审查报批管理办法》	《建设用地审查报批管理办法》	1999 年颁布，2010、2016 年两次修正	国土资源部
《建设工程勘察质量管理办法》	《建设工程勘察质量管理办法》	2002 年颁布，2007、2021 年两次修改	建设部
《建设项目选址规划管理办法》	《建设项目选址规划管理办法》	1991 年颁布	建设部、国家计委
《招标拍卖挂牌出让国有土地使用权规范（试行）》	《招标拍卖挂牌出让国有土地使用权规范（试行）》	2006 年颁布	国土资源部
《已购公房出售办法》	《已购公有住房和经济适用住房上市出售管理暂行办法》	1999 年颁布	建设部
《指导规则》	《业主大会和业主委员会指导规则》	2009 年颁布	住房和城乡建设部
《土地储备管理办法》	《土地储备管理办法》	2007 年颁布，2018 年修订，现已失效	国土资源部等
《确定土地所有权和使用权的若干规定》	《确定土地所有权和使用权的若干规定》	1995 年颁布，2010 年修改	国家土地管理局

附录　本书引用重要法律文件

续表

简称	全称	颁布及修改时间	颁布机关
《土地权属争议调查处理办法》	《土地权属争议调查处理办法》	2003 年颁布, 2010 年修正	国土资源部
《注册房地产估价师管理办法》	《注册房地产估价师管理办法》	2006 年颁布, 2016 年修正	建设部
《房地产估价机构管理办法》	《房地产估价机构管理办法》	2005 年颁布, 2013、2015 年两次修正	建设部
《民通意见》	《关于贯彻执行〈中华人民共和国民法通则〉若干问题的意见（试行）》	1988 年颁布, 2008 年部分修改	最高人民法院
《土地使用权解释》	《关于审理涉及国有土地使用权合同纠纷案件适用法律问题的解释》	2005 年颁布, 2020 年修正	最高人民法院
《商品房解释》	《关于审理商品房买卖合同纠纷案件适用法律若干问题的解释》	2003 年颁布, 2020 年修正	最高人民法院
《担保法解释》	《关于适用〈中华人民共和国担保法〉若干问题的解释》	2000 年颁布, 2021 年废止	最高人民法院
《施工合同解释》	《关于审理建设工程施工合同纠纷案件适用法律问题的解释》	2004 年颁布	最高人民法院
《区分所有解释》	《关于审理建筑物区分所有权纠纷案件具体应用法律若干问题的解释》	2009 年颁布, 2020 年修改	最高人民法院
《物业纠纷解释》	《关于审理物业服务纠纷案件具体应用法律若干问题的解释》	2009 年颁布, 2020 年修改	最高人民法院
《房屋租赁解释》	《关于审理城镇房屋租赁合同纠纷案件具体应用法律若干问题的解释》	2009 年颁布, 2020 年修正	最高人民法院
《强制执行征收规定》	《关于办理申请人民法院强制执行国有土地上房屋征收补偿决定案件若干问题的规定》	2012 年颁布	最高人民法院

简称	全称	颁布及修改时间	颁布机关
《土地使用权解释》	《关于审理涉及国有土地使用权合同纠纷案件适用法律问题的解释》	2005 年颁布，2020 年修订	最高人民法院
《施工合同解释（一）》	《关于审理建设工程施工合同纠纷案件适用法律问题的解释（一）》	2020 年颁布	最高人民法院

读者意见反馈

为收集对教材的意见建议,进一步完善教材编写并做好服务工作,读者可将对本教材的意见建议通过如下渠道反馈至我社。

咨询电话　　400-810-0598

反馈邮箱　　gjdzfwb@pub.hep.cn

通信地址　　北京市朝阳区惠新东街 4 号富盛大厦 1 座

　　　　　　高等教育出版社总编辑办公室

邮政编码　　100029